楊天石文集

廖海昌題

第 贰 卷

中国思想
朱熹与王阳明

杨天石 著

海南出版社
·海口·

图书在版编目(CIP)数据

中国思想：朱熹与王阳明/杨天石著．——海口：海南出版社，2023.12
ISBN 978-7-5730-1381-1

Ⅰ.①中… Ⅱ.①杨… Ⅲ.①朱熹（1130-1200）-哲学思想-研究②王守仁（1472-1528）-哲学思想-研究 Ⅳ.① B244.75 ② B248.25

中国版本图书馆 CIP 数据核字 (2023) 第 204340 号

中国思想： 朱熹与王阳明
ZHONGGUO SIXIANG : ZHUXI YU WANGYANGMING

作　　者：	杨天石
出 品 人：	王景霞
责任编辑：	闫　妮
执行编辑：	姜雪莹
责任印制：	杨　程
印刷装订：	天津联城印刷有限公司
读者服务：	唐雪飞
出版发行：	海南出版社
总社地址：	海口市金盘开发区建设三横路 2 号
邮　　编：	570216
北京地址：	北京市朝阳区黄厂路 3 号院 7 号楼 101 室
电　　话：	0898-66812392　010-87336670
电子邮箱：	hnbook@263.net
经　　销：	全国新华书店
版　　次：	2023 年 12 月第 1 版
印　　次：	2023 年 12 月第 1 次印刷
开　　本：	787mm×1092mm　1/16
印　　张：	31
字　　数：	400 千
书　　号：	ISBN 978-7-5730-1381-1
定　　价：	138.00 元

【版权所有，请勿翻印、转载，违者必究】
如有缺页、破损、倒装等印装质量问题，请寄回本社更换。

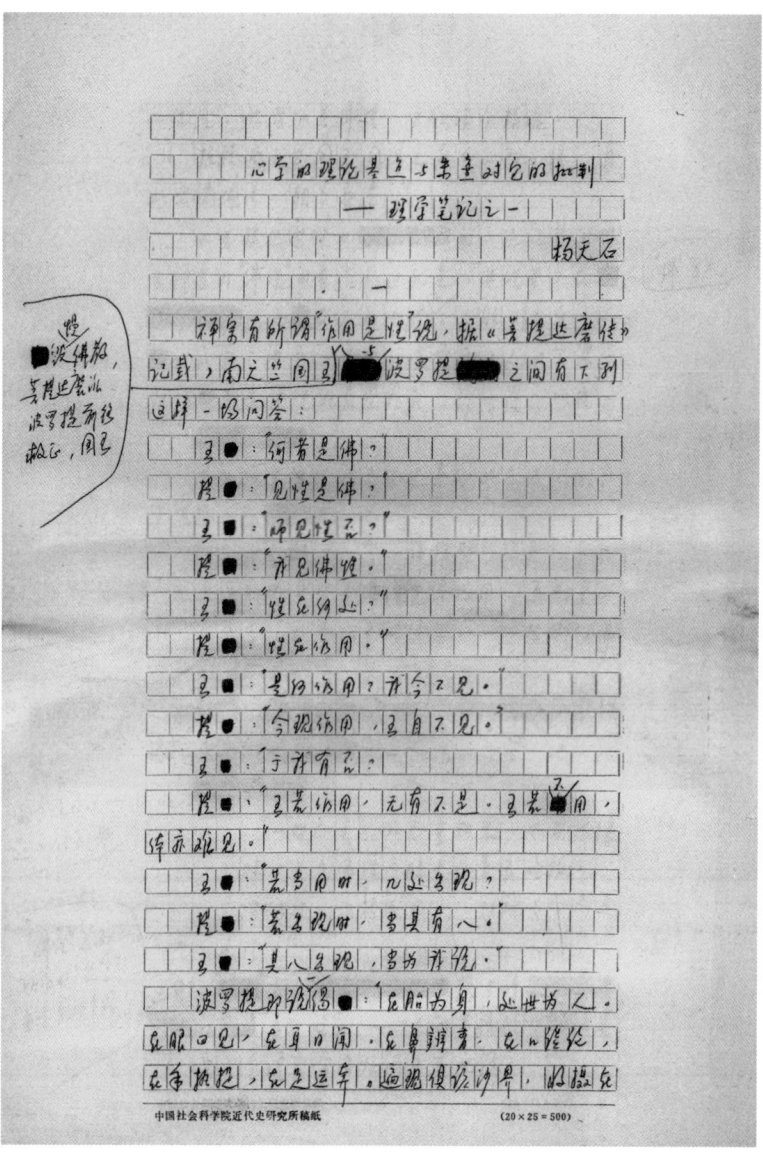

杨天石先生手稿

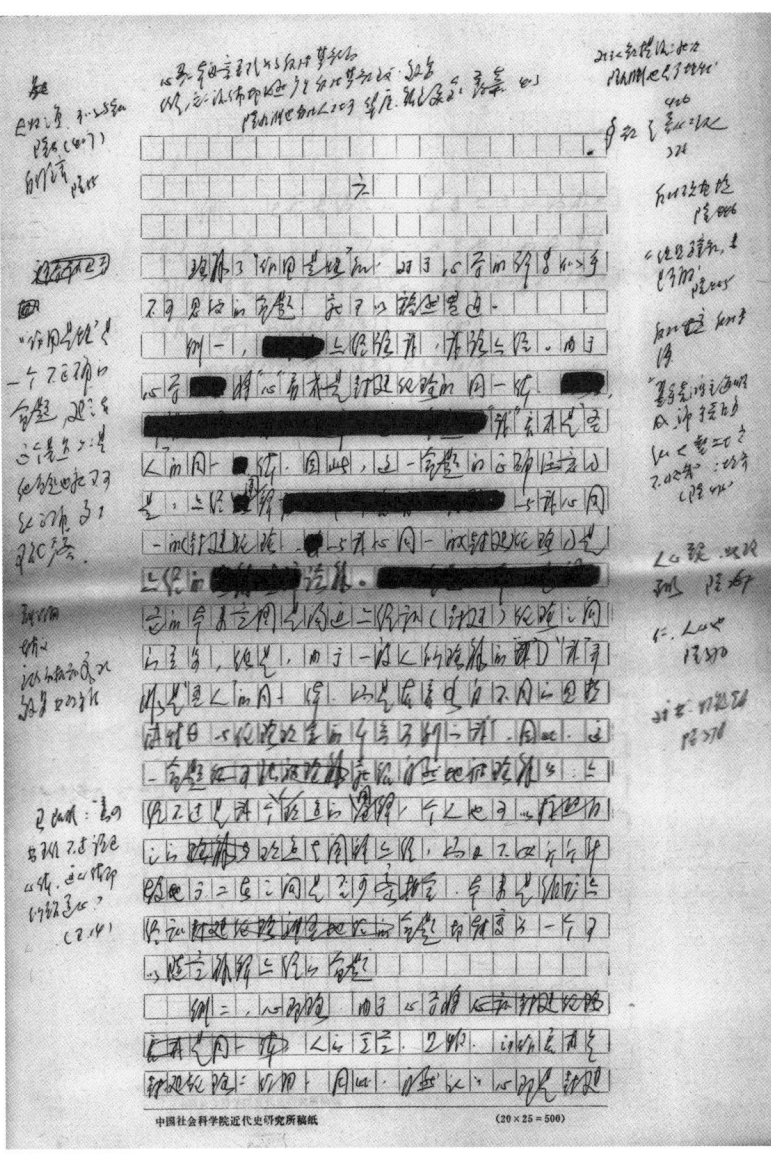

杨天石先生手稿

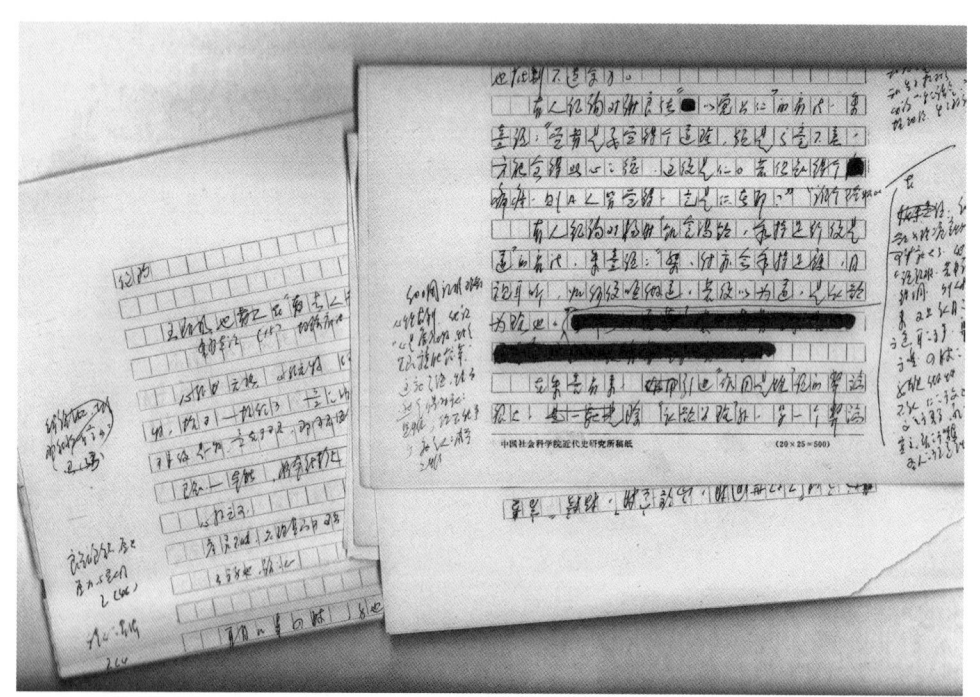

杨天石先生手稿

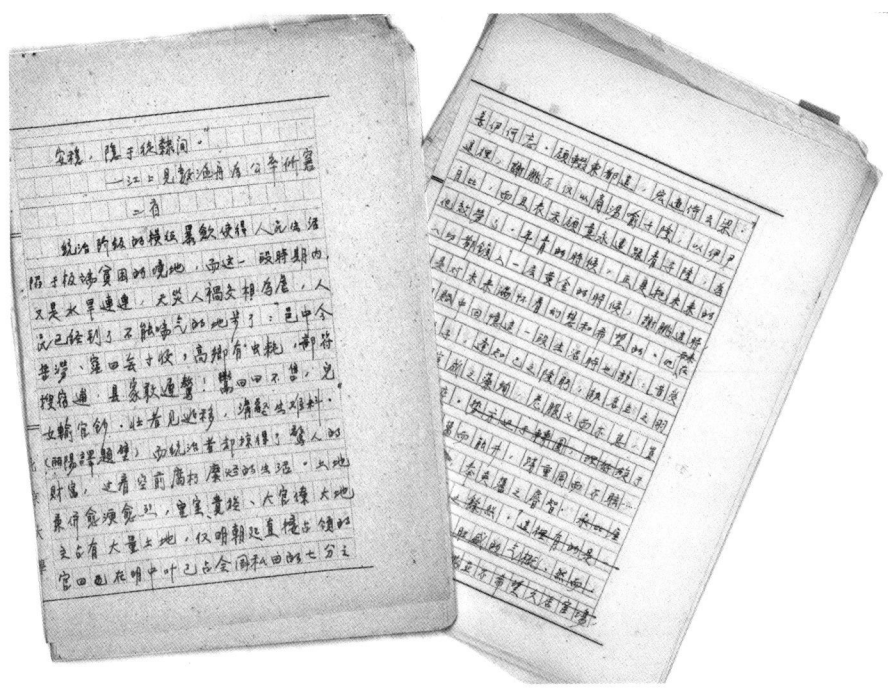

杨天石先生手稿

杨天石先生手稿

自序

本书包括我的《朱熹及其理学》《朱熹学术思想四论》《王阳明及其心学》以及研究旧时所称"王学左派"的《泰州学派》等四种著作，附录我在不同时期写过的几篇关于儒学、佛学和思想史文章。读者会奇怪，杨天石毕业于北京大学中文系汉语言文学专业的文学专门化，怎么会研究中国古代思想史呢？

我自幼爱好文学，爱写诗，进入文学专门化后，也老老实实地在研究唐诗，特别是"三李"中的李白、李商隐两家。李商隐以写名为《无题》而大多为朦胧的爱情诗著名，但是在他为中唐作家元结（次山）的文集作《后序》时却说了句："孔氏固圣矣，次山安在其必师之邪！"自汉武帝独尊儒术以后，孔子即被尊为"大圣"，成为学子、文人们必须尊崇的偶像。可能当时有人批评元结"不师孔氏"，这在普遍"尊孔""崇孔"的时代，是个非常严重的问题。李商隐却不以为然，勇敢地站出来为元结辩护。李商隐还写过一篇《上崔华州书》，其中竟然说："夫所谓道，岂古所谓周公、孔子者独能邪？盖愚与周、孔俱身之耳！""愚"就是"余"，李商隐自称。真是不得了。李商隐认为自己与周公、孔子的身体一个样儿,"俱身之耳"!同是两只眼睛、一张嘴,两个耳朵。周公、孔子能,我李商隐也能。何其狂妄!但是,在这貌似狂妄的语言里,却包含着一个朴素的真理——人人起点相同、生而平等,表现出李商隐思想的卓越特识。尽管他没有系统的长篇大论,但是我仍然尊他为"王充以后又一人"。

研究李商隐等作家,使我认识到,研究文学史,必须懂得思想史,懂得哲学史。于是我便阅读侯外庐先生领衔挂帅写作的名著——多卷本《中国思想通史》,进而精读《马克思、恩格斯文选两卷集》和列宁的《唯物主义和经验批判主义》等书,对思想史和哲学史下起功夫来。与此同时,我开始阅读宋明道学诸大家的著作。由于宋明理学和佛学,特别是和禅宗的关系很深,我便开始学习和研究佛学。当时,哲学研究所研究员吴则虞教授正在编辑《中国佛教思想文选》,吴教授年纪大,患高血压卧病在床。他家住西单辟才胡同,离我位于宣武门内西拴马桩的家很近。我那时正在和平门外的北京师范大学第一附属中学当语文教员,时值"文革",不上课。我便自愿当他的助手,帮他抄佛经。

1970年8月23日,中共中央在庐山召开九届二中全会。林彪、陈伯达、吴法宪、邱会作、叶群等在会上鼓吹"天才论"。31日,毛泽东针对陈伯达所编《恩格斯、列宁、毛主席关于称天才的几段语录》,写了《我的一点意见》。其中毛泽东问道:"人的知识(才能也属于知识范畴)是先天就有的,还是后天才有的,是唯心主义的先验论,还是唯物论的反映论,我们只能站在马列主义的立场上,而决不能跟陈伯达的谣言和诡辩混在一起。"[1]会后,学术界特别是哲学史界普遍展开对唯心主义先验论的批判。明朝的"心学"大师王阳明认为人的道德观念是

---

[1] 中共中央文献研究室编:《毛泽东年谱(1949—1976)》,第6卷,中央文献出版社2013年版,第330页。

人心固有的，即所谓"良知良能"，因而被认为是中国先验论的典型代表。当时的（北京）中华书局想找人写一本关于王阳明的书，批判先验论，找来找去找不到人，我印象中仿佛是我大学时代的同学陈铁民君推荐，中华书局便来找我，那时我正研究王阳明，便欣然应邀。尽管我那时教两个班的语文课，还兼班主任，但我仍然以很快的速度写出了五万余字的初稿，中华书局也以很快的速度审读，以致连明显的错字都未及校正，便匆忙付印出版。初版就印了30.2万册。"文革"期间无书可出，出版业普遍凋零。《王阳明》的出版得到社会的关注和读者的欢迎，我收到许多读者的鼓励来信。

"泰州学派"的创始人王艮出身低微，父亲是煮盐的"灶丁"，王艮本人幼时也参加过煮盐劳动，因家贫辍学。后来师事王阳明，创立学派，弟子有四百八十余人之多。其中有些人出身贫贱，如林春，是王艮家的童工，长大以织草鞋为生。朱恕，是樵夫。夏廷美，是农民。韩贞，是烧制砖瓦的窑工。这一派人认为"百姓日用是道"，其教学特点是以"日用现在指点良知"，即以人们日常生活的现成例子，说明人的道德观念是天赋的、人心固有的。因此，这一学派一度被哲学史界称为"王学左派"。我出生于江苏省兴化县（今兴化市）戴家窑，是韩贞其人故乡韩家窑的南邻。家父杨退安先生从韩贞的后人手中借到韩贞的作品《韩乐吾诗集》，说是诗，其实不过是有韵的讲学语录。其内容为禅宗六祖慧能的《六祖坛经》和道家思想的混合体。他主张"性空"，"万理具在人心，人心本有天则"，反对人的实践活动，甚至连人的思维、语言活动也反对，主张"不识不知"，"坦然寂静"，又主张"顿悟"，"胸无一物"。在生活态度上则主张与世无争，淡泊自然。1569年，苏北里下河地区大水，人民生活困苦，"汹汹思乱"，韩贞奉县令指派，驾船巡游，宣扬"养生活计细思量，切勿粗心错主张。鱼不忍饥钩上死，鸟因贪食网中亡"，因此老百姓虽卖妻鬻子，始终安定不乱。韩贞去世后，皇帝赐以"东海贤人"匾额，为之树立了高大牌坊。这些地方，完全看不到泰州学派的人民性、进步性和"异端"色彩。我将韩贞的思想写成文章，寄给《光明日报》的"哲学专刊"。该刊改题为《韩贞的保守思想》发表。

韩贞一文发表后，我产生了进一步研究泰州学派创始人王艮的念头，写成《关于王艮思想的评价》一文。该文的观点和当时的哲学史大家侯外庐、嵇文甫、吕振羽、杨荣国等人完全唱反调。例如，他们认为是唯物主义，我则认为是唯心主义；他们认为是叛逆，我则认为宣扬退让、妥协、驯服，是奴隶道德的鼓吹者等等。我将文章寄给当时中国科学院哲学社会科学部管理的刊物《新建设》。我的大学同学谭家健君当时在该刊当编辑，他请侯外庐先生亲自审阅。此文虽与侯先生等完全唱反调，但侯先生不以为忤，相反却表示：此文是讲道理的，可以发表。事后，他指示，调我进历史研究所思想史研究室，直接在他领导下工作，理由是：我当时虽然是中学教师，但将来一定会做出成绩。

本人关于韩贞的小文迅速引起哲学史界的关注，由于《韩乐吾诗集》此前不为世人所知，因此侯外庐的两位大弟子、历史研究所的专家李学勤和杨超亲自到师大附中来向我借书，其研究曾被毛泽东夸为"凤毛麟角"的北京大学哲学史大家任继愈先生，也派人持信前来借阅。任继愈先生在阅读该书后，写作《中国哲学史》第三册时全部接受了我关于泰州学派的观点。

《泰州学派》一书于 1980 年 10 月由中华书局出版。书中，我不仅考察了王艮及其族弟王栋、次子王襞的思想，而且考察了传说中晚明的几个具有怪异色彩的人物，例如颜钧、罗汝芳与何心隐。他们提出"制欲非体仁"论，和道学家们"去人欲，存天理"的主张唱反调，几乎反对朱熹、王阳明所提倡的省、察、克、治以及主静、持敬等一整套内心修养方法，被视为"鱼馁肉烂，遂复非名教所能羁络"（《明儒学案》卷三二）。这几位，在哲学史、思想史上很少被人谈到。此外，我还研究了真正的道学家耿定向对于真正的"异端"思想家李贽的否定。因此，我的书可以说是第一本研究泰州学派的专著。不幸的是，知道该学派的人实在太少，所以第一版只印了3900册，和《王阳明》印数的差距实在太大了。近年来，泰州学派另一重要学者颜钧的著作被发现，1996年由中国社会科学院历史研究所的黄宣民教授整理，与《韩贞集》合为一册，以《颜钧集》的书名出版。此后，泰州学派得到学界更多的重视和关注。南京大学成立泰州学派研究中心，泰州地方当局设立纪念馆，不止一次召开国际讨论会，好多家出版社出版了相关研究著作约二十种，几乎形成一个小热潮。[1]这是我始料未及的。

中华书局当时的编辑包遵信人长得又小又矮，人称"小老包"。他研究中国哲学很深，活动能力又很强，提议编《中国哲学》，以书代刊，由三联书店（生活·读书·新知三联书店）出版。前后出过二三十本吧？承他高看，邀我和李泽厚加入编委会，并且代他主持该书的"资料与回忆"专栏。他对我说"外老"（侯外庐的敬称）对李泽厚和你加入编委会很高兴、很欢迎，这使我悚然受惊。李泽厚是闻名中外的哲学、

---

[1] 以本人所知，有陆镇余主编：《泰州学派学术讨论会纪念论文集》（1987）；林子秋、马伯定、胡维定：《王艮与泰州学派》（1999）；胡维定：《泰州学派的主体精神》（南京出版社，2001）；周琪主编：《泰州学派国际学术讨论会论文集》（江苏古籍出版社，2001）；张树俊：《泰州学派宣传教育思想研究》（江苏省哲学社会科学十五规划课题，群言出版社，2004年5月）；蔡文锦、杨呈胜：《泰州学派通论》（江苏人民出版社，2005）；季芳桐：《泰州学派新论》（巴蜀书社，2005）；蔡桂如：《泰州学派》（江苏文艺出版社，2007）；姚文放：《泰州学派美学思想史》（社科文献出版社，2018）；吴震：《泰州学派研究》（中国人民大学出版社，2009）；胡学春：《真：泰州学派的美学范畴》（社科文献出版社，2009）；宣朝庆：《泰州学派的精神世界与乡村建设》（中华书局，2010）；龚杰：《王艮评传》，南京大学出版社，2011）；林子秋：《泰州学派启蒙思想研究》（南京大学出版社，2011）；朱兆龙：《王艮传》（中国历史文化名镇历史文化丛书，南京出版社，2011）；张树俊：《泰州学派》（江苏人民出版社，2016）；卢佩民主编：《泰州学派文化》（江苏地方文化名片丛书，南京大学出版社，2016）；李敖主编：《何心隐集、李贽集》（天津古籍出版社，2016）；宣朝庆：《泰州学派》（江苏人民出版社，2018）；周群：《泰州学派研究》（南京大学出版社，2021）；周群：《泰州学派研究》（商务印书馆，2022）。

美学大家，我何人？不过是一个不入流的哲学史爱好者罢了。有一次，在"外老"家开编委会，那时，"外老"已经瘫痪，坐在轮椅上，不能说话。这是我第一次见到"外老"，当"小老包"将我引见给"外老"时，我除了祝他健康外，什么也说不出来。不仅如此，后来"小老包"调到国家出版局，多次组织不定期的哲学座谈会，研究中国哲学史上的若干重大问题，参加者有提出"一分为三"观点的著名学者庞朴、参与写作名文《实践是检验真理的唯一标准》的孙长江以及北京大学的名教授楼宇烈等，意外的是，"小老包"竟也邀我参加。我受宠若惊，开会时照例洗耳恭听，很少发言。现在除楼宇烈健在外，庞朴、孙长江、"小老包"等都已作古，思之怃然。

小老包对我的《王阳明》的写法很欣赏，《泰州学派》出版后，他要我写一本关于朱熹的书。我自然很乐意。王阳明是"心学"大师，我再写一本关于"理学"大师的书自是理所当然。于是，欣然动笔，记得在我调入近代史研究所，开始研究中华民国史后，我还在继续写。该书1982年3月由中华书局出版，取名《朱熹及其哲学》，15.5万字，首印两万二千册。这样，关于宋明道学的两大流派我就都写到了。此外，"小老包"还约我写过一本《中国近代史上的尊孔和反孔斗争》，书写完了，也交稿了，但是由于批林批孔运动已经结束，"小老包"又已调离中华书局，接手的编辑陈铮先生要我改写为《中国近代思想史》，我觉得那样改工程量太大，就搁下了。

我原来学文学，善于用浅显明白的语言表达和分析艰难深奥的哲学命题。例如，我在叙述"理学"和"心学"这两大"道学"流派的不同时，从思维途径和论证方式入手，指出朱熹是从火必向上，水必向下，四条腿的椅子抽去一条腿必定坐不稳等自然现象出发，以此论证为子尽孝、为臣尽忠等道德伦理观念的必然性；而王阳明则是以目自明、耳自聪等人的生理本能的天赋性，论证子孝、臣忠等道德伦理观念同样具有天赋性。这样的叙述和分析就将"理学"和"心学"两大流派的区别及其致误原因讲得很清楚明白,似乎前人还没有这样讲过。

2000年,中国出现文化热,我的同事、朋友丁守和教授正在主编十卷本《中国思想家宝库》,要我写一卷。当时我正在日本京都大学人文科学研究所讲学,遂对《朱熹及其哲学》一书作了压缩和修改。一是考虑到朱熹是百科全书式的学者,治学范围广泛,仅谈理学,不足以体现朱熹思想和学术的全部,于是增写了经学思想、史学思想、文学思想、教育思想等四章。二是增写了《朱熹与后世》一章,叙述朱熹对身后中国及其在日本、韩国、越南和西方世界的影响。该书于2001年12月31日在日本京都大学国际交流会馆改毕,次年4月,由(香港)中华书局出版,取名《朱熹》。丁守和教授还曾要我以《王阳明》为题另写一卷,但我当时实在太忙,推辞了。

我此前写《王阳明》,着眼于批判先验论,因此论述比较严厉。对于阳明思想及其流传中的积极因素,例如阳明学的思想解放作用缺少叙述和分析,可以说是大缺陷。2001年,我在写作《朱熹》时,已经比较注意发掘其思想中的合理内核。2018年1月,我在香港开源书局出版《大思想家朱熹》。2019年1月,我在东方出版社出版《朱熹:孔子之后第一儒》时,特别注意发掘传统文化中的积极成分和今后仍可为世所用的部分,因此,加写了《代序:以理制欲是人类社会永恒的道德要求》,副题为《宋明儒学关于"理""欲"关系的现代启示》,其中指出:人的物质欲望和精神欲望的合理性与正当性,是推动社会进步和发展的力量,作为社会、政府和执政党,应该充分地发展物质生产和精神生产,满足人民群众不断增长的合理欲望;但是人的欲望又是危险的,不可任其发展、膨胀,必须加以约束和限制。因此"以法治国"和"以德治国"必须相辅相成。《代序》特别指出:

"理"和"欲"的矛盾是人类和人类社会的永恒矛盾，认识和发现这一矛盾是宋儒的贡献，中国思想家的贡献，因此，提倡以"理"制"欲"，或以"理"控"欲"，是人类社会的永恒道德要求，谓之普世价值，谁曰不宜？

这些话，似乎前人也还没有讲过。

我在研究中国古代思想史时，读过清代桐城人方东树的《汉学商兑》，发现此人的哲学"党性"很强，他的书所批判、所"商兑"的都是以"汉学"二字掩盖的进步或"异端"思想，我曾经想以该书为线索，写一部书，题为《从晚明到清初的思想界》，但是，还是因为忙，一直没有动笔，现在已经步入老境，今生今世，恐怕再也没有机会了。

著者，2022年4月8日，时年八十又六

目 录

自序

第一编　朱熹及其理学

第一章　改铸儒学的新需要　　3
第二章　生于忧患、长于坎坷的大思想家　　7
　　一、由禅学走向道学　　7
　　二、反对议和　　10
　　三、道学体系的形成　　13
　　四、在南宋王朝的政争中　　17
　　五、升沉之间　　24

第三章　社会政治思想　　29
　　一、从"外攘"为重到"内修"为重　　29
　　二、"怀德"与"畏威"　　32
　　三、以"讲明义理"治天下　　35

第四章　理为"天地万物之根"的世界本原论　　38
　　一、规律与伦理的综合　　38
　　二、真理与谬误并存的理气关系说　　42
　　三、万物之间的同一与差别　　45
　　四、中国式的人文主义精神　　50

第五章 "天命"与"气质"相结合的双重人性论 54
一、人尽皆同的"天命之性" 54
二、人的多样性决定于气禀 56
三、敞开了成圣成贤的大门 58

第六章 唤醒天赋观念的"格物致知"论 60
一、"醒与睡" 61
二、在外的"儿子"与在家的"儿子" 62
三、自"铢积寸累"以至"一旦豁然贯通" 67
四、对知行关系的全面展开 70

第七章 "克人欲、存天理"的修养论 73
一、以理制欲 73
二、将身心锁在"模匣子"里的主敬说 78

第八章 "一中又自有对"的辩证法 80
一、"一分为二，节节如此" 80
二、"不可相无"与"无日不相胜" 82
三、"阴极生阳，阳极生阴" 83
四、"小变而不失其大常" 85
五、"和则交感而万物育" 88

第九章 鹅湖之会与朱熹、陆九渊的异同 89
一、"性即理"与"心即理"的激辩 89
二、"太极""无极"之争 93

第十章 义利之辨与朱熹、陈亮的分歧 96
一、由打猎引起的争论 96
二、"仁义"为重还是"功利"为重 97
三、哲学分歧与政治分歧 101

第十一章　朱熹理学的历史命运　　　　　　　　　103
　　一、南宋统治集团终于承认了道学　　　　　　103
　　二、封建统治者的"取法"和进步思想家的批判　109

第十二章　朱熹与世界　　　　　　　　　　　　　117
　　一、日本　　　　　　　　　　　　　　　　　117
　　二、朝鲜　　　　　　　　　　　　　　　　　119
　　三、越南　　　　　　　　　　　　　　　　　121
　　四、西方　　　　　　　　　　　　　　　　　122

第二编　朱熹学术思想四论

第一章　经学思想　　　　　　　　　　　　　　　127
　　一、《易经》　　　　　　　　　　　　　　　127
　　二、《诗经》　　　　　　　　　　　　　　　132
　　三、《书经》　　　　　　　　　　　　　　　134
　　四、《春秋》　　　　　　　　　　　　　　　135
　　五、《礼经》　　　　　　　　　　　　　　　136
　　六、《孝经》　　　　　　　　　　　　　　　137
　　七、《四书》　　　　　　　　　　　　　　　138

第二章　史学思想　　　　　　　　　　　　　　　139
　　一、读史明理，知所鉴戒　　　　　　　　　　139
　　二、"裁之以理"，"主在正统"　　　　　　　142
　　三、"直书其事，美恶自见"　　　　　　　　145
　　四、纲目并举，期于简明　　　　　　　　　　146

第三章　文学思想　147

一、道为文之本　147

二、诗与志　150

三、诗须是平易　151

四、艺术上的慧眼　152

第四章　教育思想　154

一、以"明人伦"为唯一目的　155

二、人生教育的三阶段　156

三、教学过程中的主体与主导　157

四、学习过程中的五个环节　159

第三编　王阳明及其心学

第一章　农民革命风起云涌的年代　163

第二章　牧师和刽子手的双重职能　168

一、从朱熹走向陆九渊　168

二、破山中"贼"与破心中"贼"　174

三、维护封建正统——镇压宁王朱宸濠反叛　179

四、和罗钦顺辩论，接受泰州学派的创始人王艮为徒　181

五、继承孟子，提出"致良知"思想　182

六、镇压瑶族、壮族起义，未能践约和罗钦顺辩论，
病逝于北归舟中　183

第三章　先验论的哲学思想　188

一、心外无物　188

二、心外无理　196

三、不假外求，向内寻找　198

　　　　四、不由闻见　　　　　　　　　　　　202

　　　　五、是非求于心　　　　　　　　　　　207

第四章　复归"良知"的"格物"论　　　　　211

第五章　合二而一、颠倒头脚的知行关系　　218

第六章　满街都是"圣人"　　　　　　　　　226

第七章　不可抗拒的历史趋势　　　　　　　232

第四编　泰州学派

第一章　"天坠"之梦说明了什么　　　　　　239

第二章　泰州学派的创始人王艮　　　　　　　243

第三章　"身"为天下、国家之本的"淮南格物"论　250

　　　　一、宇宙在我，万化生身　　　　　　251

　　　　二、立吾身以为天下国家之本　　　　254

第四章　"天然自有""现现成成"的道德论　　260

　　　　一、天然自有，不费些子气力　　　　260

　　　　二、心之本体，着不得纤毫意思　　　264

　　　　三、乐向心中寻　　　　　　　　　　270

第五章　所谓"百姓日用是道"　　　　　　　275

　　　　一、以日用现在指点良知　　　　　　276

　　　　二、逻辑上的"无类比附"　　　　　279

　　　　三、百姓日用而不知　　　　　　　　283

　　　　四、存在着"认欲为理"可能　　　　288

　　　　五、鼓吹封建道德的"性能易命"说　291

第六章　王襞及其弟子韩贞　　298
一、王襞"自然之谓道"的哲学思想　　298
二、被毒害了的奴隶韩贞　　307

第七章　颜钧、罗汝芳、何心隐思想　　317
一、颜钧、罗汝芳的"制欲非体仁"论　　317
二、何心隐思想剖析　　336

第八章　耿定向对于李贽思想的否定　　356
一、对孔、孟和孔、孟之道的态度　　363
二、对若干封建道德的态度　　364
三、对人性的看法　　366

结束语　　371

后记　　375

附　录

君子：儒学的理想人格　　379
禅宗的"作用是性"说与朱熹的批判　　394
关于王艮思想的评价　　406
韩贞的保守思想　　427
儒学在近代中国　　432
蒋介石与宋明理学　　444
以理制欲是人类社会永恒的道德要求　　465

小引

朱熹的哲学在当时称为道学，与明代王阳明的"心学"并称时，则称为"理学"。它是中国封建社会后期的统治思想，也是中国历史上最完整的客观唯心主义体系。

对于这个体系，明清之际，《宋元学案》的编者之一全祖望曾经评价，"致广大，尽精微，综罗百代"。这当然是一种极端的颂扬，但是，它确也表达了朱熹哲学的部分特征。

朱熹的哲学以孔孟思想为主干，兼取佛、道，特别是禅宗、华严宗的学说，广泛"综罗"了孔伋、董仲舒、王弼、韩愈、李翱、邵雍、周敦颐、程颢、程颐等唯心主义先行者的材料，容纳了张载等唯物主义者的部分观点，构成了一个集大成的体系。不同于一般粗糙的唯心主义，朱熹的哲学比较完整，比较严密，也比较精致，还比较狡猾。它是对中国剥削阶级统治人民、麻醉人民思想的一个理论总结。

朱熹哲学也具有很多合理的成分，这就是：对必然性、规律性以及事物之间的统一性和差别性的认识，某些方面向唯物论和无神论的靠近，对认识过程和知行关系的深入、细致的分析，对于矛盾两个方面对立而又统一关系的认识,等等。这些,都需要我们仔细地加以清理和剥离。

恩格斯说过:"一个民族想要站在科学的最高峰,就一刻也不能没有理论的思维。"又说:"这种能力必须加以发展和锻炼,除了学习以往的哲学,直到现在还没有别的手段。"[1]解剖朱熹的哲学体系,将有助于我们锻炼理论思维,端正思想路线,从而更好地学习马克思主义的辩证唯物主义。

---

[1] 恩格斯:《自然辩证法》,人民出版社 1955 年版,第 23、24 页。

第一编

朱熹及其理学

第一章
改铸儒学的新需要

中国古代社会发展到宋朝，社会经济有充足的发展，但是国力却十分孱弱。在《看镜有感》一文中，鲁迅说：

> 遥想汉人多少闳放，新来的动植物，即毫不拘忌，来充装饰的花纹。唐人也还不算弱，例如汉人的墓前石兽，多是羊，虎，天禄，辟邪，而长安的昭陵上，却刻着带箭的骏马，还有一匹驼鸟，则办法简直前无古人。
>
> ……不知道南宋比现今如何，但对外敌，却明明已经称臣，惟独在国内特多繁文缛节以及唠叨的碎话。正如倒霉人物，偏多忌讳一般，豁达闳大之风消歇净尽了。直到后来，都没有什么大变化。

鲁迅的看法相当有见地。和汉、唐比起来，宋王朝的统治体系日趋严密，明显缺乏开拓进取精神和"豁达闳大之风"。

宋王朝建立于唐末农民大起义和五代的分裂割据之后。前者使赫赫炎炎的唐王朝从此一蹶不振，后者造成了持续五十余年的混乱，像走马灯似的变换出五个朝代、十个割据政权。官僚们今日臣晋，明日降汉，后日下拜于周，几乎不知道儒学长期标榜的"忠义"等伦理为何物。这种情况迫使宋朝统治者开国伊始就不得不认真地思考对策。太祖建隆二年（961），赵匡胤问他的宰相赵普："天下自唐季以来，数十年间，帝王凡易八姓，战斗不息，生民涂地，其故何也？吾欲息天下之兵，为国家长久计，其道何如？"（《续资治通鉴长编》卷二）怎样汲取唐末到五代这一段历史的经验，为宋王朝制订"长久"之计，这不仅是赵匡胤，也是宋代一切有远见的思想家所关心的。道学，可以说是对这个问题的一种回答。

宋王朝制定的国策是：防内重于防外。太宗赵匡义说："外忧不过边事，皆可预防，奸邪共济为内患，深可惧也。"（《宋绶传》，《宋史》卷二九一）基于这样的认识，宋朝统治者对辽、西夏、金等王朝的诸多侵扰，长期采取妥协政策。景德元年（1004），宋真宗和辽订立澶渊之盟，答应每年向辽方输银十万两、绢二十万匹。徽宗宣和七年（1125），女真贵族乘灭辽余威，率军攻宋，包围北宋首都汴京（今河南开封）。第二年，金兵攻破汴京，俘虏太上皇徽宗和他的儿子钦宗。建炎元年（1127），徽宗第九子赵构在南京（今河南商丘南）即位，仓皇南逃，直到建炎四年（1130），才在杭州建立了偏安政权。绍兴九年（1139），秦桧代表赵构接受和议：宋向金称臣，年贡银二十五万两、绢二十五万匹。

宋王朝又是个残酷压迫、剥削农民的王朝。由于以"不抑兼并"为国策，官僚大地主阶级疯狂地占有土地，"千顷而不知止"。广大农民无地或少地，不断沦为"佃客"，被迫以收入的五成至八成向地主缴纳地租，忍受利息高达百分之二百至三百的高利贷剥削。此外，农民还要承担宋王朝的各种赋税，从事无偿的劳役，生活极为困苦。和王安石同时的青年诗人王令在《梦蝗》一诗中写道：一面是"一身万椽家"，一面则是"贫者无室庐"；一面是"一口千仓储"，一面则是"贱者饿无食"。

这正是宋代社会贫富悬殊、贵贱迥别的生动写照。

残酷的压迫必然引发激烈的反抗。宋王朝建立不久,太宗淳化四年(993),川蜀地区就爆发以王小波、李顺为首的起义,把唐末农民战争中的"平均"要求发展为"均贫富"的口号。史载,王小波曾说:"吾疾贫富不均,吾为汝均之。"义军所至处,没收地主和土豪的财富,除其家生活需用外,"一切调发",分给贫苦人民。徽宗宣和二年(1120),东南地区又爆发以方腊为首的起义。誓师时,方腊慷慨陈词:天下国家本同一理。如果子弟们耕田纺织,终年劳苦,得不到一点粮食、布帛,却被父兄们掠夺一空,父兄们稍不如意,还要鞭笞酷虐子弟们。这种情况,至死不休。难道大家能甘心吗?起义群众轰雷似的回答:"安有此理!"起义后,方腊自称"圣公",年号"永乐",杀官吏,"劫富室",焚烧官舍、学宫、僧院,并迅速攻克杭州。方腊起义十年后,湖湘地区又爆发了钟相、杨幺领导的起义。这次起义除了提倡经济上的"均贫富"外,政治上则要求"等贵贱"。钟相说:"法分贵贱贫富,非善法也。我行法,当等贵贱、均贫富。"起义军把宋王朝的法律称为"邪法",坚决打击地主、官吏,没收其财产以实现"均平"。起义得到了广大群众的热烈拥护,"人皆乐附而行之,以为天理当然"(《三朝北盟会编》卷一三七)。和前代比起来,宋代的农民起义达到了一个新的高度。

迫于严重的民族和阶级矛盾,北宋中期,王安石曾经进行改革。在思想上,他认为世界的本源是"元气",事物发展的规律是"新故相除",主张"天变不足畏,祖宗不足法,人言不足恤"。在政治上,他主张抑制兼并,限制一部分大地主和大商人的特权,发展生产,"富国强兵"。王安石的改革虽然旨在维护地主阶级的根本利益,也强调"经术正所以经世",不敢违背当时的统治思想,但是仍然遭到以司马光为首的旧党的反对,最终失败。

为了安定社会、调节矛盾、巩固统治,北宋王朝一面大力强化国家机器，建立了空前严密的中央集权制度，一面则对旧有的精神武器进行改铸，力图进一步加强儒学伦理对社会各阶层的教化力量。

隋唐时期，佛学曾经是重要的统治思想，但是，佛教"无父无君"，对传统的儒学伦理又有所破坏。中唐以后，由于僧侣地主和世俗地主矛盾的尖锐化，出于打击地方割据势力和加强中央集权的需要，韩愈提出道统说，力图以儒学代替佛学。但是，韩愈的弟子李翱在崇儒的同时，又吸收了佛学的某些部分。宋王朝建立后，这一趋势继续发展。赵匡胤当皇帝不久，就亲自为孔子作赞文，以示崇儒。同时，宋朝统治者也崇佛、崇道，提倡三教兼容与合流。真宗赵恒声称，佛教与孔孟"迹异而道同"，"三教之设，其旨一也"。这种情况，自然大大鼓励了思想家们去做援佛入儒或援道入儒的工作。仁宗时，周敦颐以儒学为主体，吸收佛、道思想，虚构了一个以"无极"为本原的宇宙生成体系，提倡"主静""无欲"，宣扬"君君、臣臣、父父、子子、兄兄、弟弟、夫夫、妇妇，万物各得其理然后和"，成为宋代道学的开山祖师。神宗时，周敦颐的弟子程颢和程颐站在旧党一边，攻击王安石变法"用贱陵贵，以邪妨正"（《续资治通鉴长编》卷二一〇），大骂"介甫之学"是"坏了后生学者"的"大患"。他们以孔、孟的继承人自居，大讲《论语》《孟子》和《礼记》中的《大学》《中庸》两篇，宣扬"父子君臣，天下之定理"，并且进一步吸收佛学，提出了一个以"理"为主要范畴的哲学体系。

在历史发展中，一切现实、合理的事物都会在一定的条件下丧失自己的必然性与合理性。在统治阶级内部斗争加剧、行为失范日益严重的情况下，在一次又一次农民起义的冲击下，宋王朝要为既定社会秩序的"合理性"辩护，必然要根据新的形势做出新的论证，从而教育全体社会成员，规范其行为，以"理"为主要范畴的道学体系便产生和发展起来了。

这是一个需要儒学而又要改铸儒学的时代，最后，这个任务是由朱熹完成的。

第二章

生于忧患、长于坎坷的大思想家

宋高宗建炎四年（1130）农历九月十五日，朱熹出生于福建南剑州的尤溪县（今福建省三明市下辖县）。

这一年，北来的金兵烧掠了杭州城；钟相等人在洞庭湖畔举起义旗，要求"等贵贱，均贫富"。对于宋王朝来说，真可谓内忧外患交相袭来。

一、由禅学走向道学

朱熹的父亲朱松（1097—1143），字乔年，徽州婺源（今属江西）人。一世祖在唐末时任婺源镇将，此后，朱家一共传了六代，都没有人取得什么大的功名，家道逐渐中落。朱松自称"某少贱贫"，甚至说过自己有饿毙沟壑的危险。徽宗政和年间，朱松在福建担任过县尉、监税等小吏。高宗绍兴年间，他担任过"秘书省正字""著作佐郎""史馆校勘"等文职。绍兴十年（1140），朱松因反对秦桧主和被赶出朝廷，出知饶州，他乘机要了一个主管祠庙的闲职。这种官，只有一个头衔，可以干领薪水,不用到职。自此,朱松便住在福建南剑州的邻邑建阳。

南剑州是程颢得意弟子杨时的故乡。北宋神宗年间,杨时到北方从学于程颢,学成返乡的时候,程颢目送他,兴奋地说:"吾道南矣!"程颢死后,杨时又到北方从学于程颐。一天,程颐瞑目端坐,杨时与游酢二人侍立不去。当程颐醒来的时候,门外积雪已经一尺多深。这就是有名的"程门立雪"的故事。晚年,杨时一直在故乡讲学,使南剑州成为程学在南方的传播中心,据说弟子达千人之多。朱松曾经从学于杨时的弟子罗从彦,因此,也热衷于二程之学,和当地道学家们交往密切。

南剑州的道学环境,朱松和道学家的关系,都对朱熹的一生产生了深刻的影响。

朱熹出生之后三天,照例举行"洗儿"典礼。朱松作诗说:"行年已合识头颅,旧学屠龙意转疏。有子添丁助征戍,肯令辛苦更冠儒!"汉高祖刘邦曾经把儒生的帽子摘下来撒尿,朱松大概对此有点牢骚,所以表示朱熹长大以后,要让他去打仗、守边,不再戴儒生的帽子了。但事实上,朱熹五岁时就被送去上学,朱松作诗谆谆告诫:"故乡无厚业,旧箧有残书。夜寝灯迟灭,晨兴发早梳。"要他用功读书,以便成家立业,由鱼化龙。

就在这段时期,朱熹听人谈起天地无边的道理而陷入沉思。朱熹自述说:"某自五六岁,便烦恼道:天地四边之外是什么物事?见人说四方无边,某思量也须有个尽处。如这壁相似,壁后也须有什么物事。"(《朱子语类》卷九四)天地有边、无边是宋代道学家们喜欢探究的问题,朱熹为此"思量得几乎成病",天真的孩子竟严肃得如同一个哲人。

朱熹从小就埋头诵读儒家著作,有过"五年不出门庭荒"的苦读经历。八岁时读《孝经》,在书上写道:"不若是,非人也。"当一群儿童在欢笑嬉戏的时候,他却端端正正地坐在沙地上用手指头画八卦。他十岁左右读《孟子》,当读到"圣人与我同类者"一句时,高兴至极,从此决意学做圣人。朱熹十四岁时,朱松病危,将家事托付给崇安人刘子羽和程学传人刘子翚等人。刘子羽曾在抗金将领张浚部下做参议军事,后被秦桧指使的谏官论劾,罢职还家。朱松死后,刘子羽在自己的家院旁边为朱熹母子盖了一所住宅,从此,朱熹就住在崇安。他受父辈影响,既热衷于程学,对佛学也有强烈兴趣。据说,有一次,刘子翚打开朱熹的箱子,发现其中只有一本当时著名禅宗僧侣宗杲的语录。绍兴十七年(1147),朱熹十八岁,参加建州地方的"乡贡"考试,用他从禅宗得来的体会"去胡说",居然被考官看中,录取了。第二年,他又中了进士,三年后,被派到泉州同安县(今厦门市同安区)任主簿。

绍兴二十三年(1153),朱熹去同安赴任,途中去延平见过道学家李侗一次。李侗曾和朱松一起受教于杨时的弟子罗从彦,也是程颐的再传弟子。他主张一个人进行修养,要"默坐澄心,体认天理"(《延平答问》上卷),因此整天静坐,体验所谓"喜怒哀乐未发之前"的气象。李侗的这套静坐功夫完全来源于佛学,但是,表面上,李侗很强调儒佛的区别。因此,在这次见面中李侗不赞成朱熹学禅,朱熹对李侗也不信服。

在宋代,主簿是协助县令管理簿书、赋税、教育等事务的官吏。朱熹对这一职务很热心,经常查对赋税的出入簿册,限期完税,同时整理扩充县学留遗官书,建立经史阁。他经常讲说"修己治人之道",要县学生员们不要只注重于科举,而要"知所以正心诚意","由之以入于圣贤之域"(《谕诸职事》,《朱文公文集》卷七四,以下简称《文集》)。朱熹认为,礼是"正风俗""防祸乱"的根本,因此,曾参考《周礼》等书,画出了一套仪器和衣服式样,以备祭孔时使用。绍兴二十五年(1155),农民起义军进攻同安,朱熹分守城西北,督斥士卒拼命守城。朱熹的政治生涯一开始,就切身感受到了农民起义的威胁。

宋代地方官吏的任职期限一般是三年。到绍兴二十六年(1156)

七月,朱熹的任职期已满,但接任的人未到。一直到第二年十月,仍然不见来人,朱熹就以"奉亲讲学"为理由回到崇安。绍兴二十八年(1158),朱熹以奉养母亲为名向南宋政府要求调职,得了一个"监潭州南岳庙"的头衔。次年八月,因宰相陈康伯推荐,政府召朱熹赴杭州,但同时朝中就有人要求"抑奔竞"。朱熹闻讯之后,上奏称"素有心气之疾"(《辞免召命状》,《文集》卷二二),要求推迟入朝。

居乡期间,朱熹曾于绍兴二十八年、三十年(1160),两次去延平见李侗,第二次去时,特意步行了几百里。这次见面,朱熹禅风不脱,仍然夸夸其谈,受到李侗的严厉批评。朱熹只得将禅权且放下,"且将圣人书来读",读来读去,觉得"圣贤言语"渐渐有味,李侗的话听起来也觉得比较"缜密",对佛学则觉得漏洞不少。此后,朱熹就着力于以儒学为主体来构造他的思想体系。但是,他并没有抛弃佛学,而是将它吸收进去了。

李侗对朱熹非常满意,替他取了一个字,叫元晦,希望他成为一个外表不露、道德内蓄的人。他喜滋滋地对人夸耀道:"元晦进学甚力,乐善畏义,吾党鲜有。"他觉得,自己的学说后继有人了。后来的事实证明,李侗的眼力不错。他的这个学生不仅继承了他的衣钵,而且大大超过了他。

二、反对议和

绍兴三十一年(1161)秋,宋金关系再度紧张。这一年,在长期准备之后,金主完颜亮率兵六十余万,分四路南侵,企图一举灭宋。他志在必得,骄横地在绘有杭州形胜的画屏上题诗,准备"立马吴山第一峰"。九月,金兵进抵和州(今安徽和县),渡江在即。宋朝政府再次面临严峻考验。高宗赵构起用虞允文等参谋军事的同时,做好了出海逃命的准备，同月，虞允文指挥宋军击溃金兵。其他方面的宋军也取得胜利。不久，金东京留守完颜雍夺取政权，自立为帝。完颜亮在扬州被部将杀死，宋朝政府乘机收复了大片土地。

当宋军胜利的消息传到延平时，朱熹兴奋地与人唱和，赋诗志感，如《次子有闻捷韵四首》其一、其二：

> 神州荆棘欲成林，霜露凄凉感圣心。故老几人今好在，壶浆争听鼓鼙音。

> 杀气先归江上林，貔貅百万想同心。明朝灭尽天骄子，南北东西尽好音。

诗中，朱熹写下了他激动的心情：如同久蛰闻雷；写下了他的想象：中原父老箪食壶浆，争迎宋军；也写下了他的期待：东西南北飞传捷报。

写诗可以笔走龙蛇，听凭感情驰骋，然而，在现实的政治生活中，朱熹远没有那样豪情奔放。他致函当时负责军事的大臣黄祖舜，说明进兵中原并非易事，建议重用张浚等抗金名臣，加强东南，巩固根本。绍兴三十二年（1162）六月，赵构退位，孝宗赵昚即位。在抗战力量的要求下，赵昚任用张浚为江淮东西路宣抚使，统帅兵马；七月，为被秦桧陷害的抗金名将岳飞平反，驱逐秦桧党人，下诏求言，朝中出现了积极备战的形势。八月七日，朱熹向孝宗上奏，提出建议三项：一是研读《大学》一书，掌握治理天下国家的本末、终始和先后；二是罢黜和议；三是选用"忠臣贤士"。隆兴元年（1163）三月，孝宗召见朱熹，朱熹上表辞谢。五月，孝宗下令催促，朱熹赶到杭州。这时，由于张浚出战不利，朝中形势大变。孝宗任命秦桧余党汤思退为右相，同时派卢仲贤赴金军议和。

朱熹仍然强烈地反对议和。十一月六日，他到垂拱殿觐见孝宗时上了三道奏札。其一，再次强调《大学》之道，说是"正其本""万事理"，这是当今最急迫要做的事情。其二，指责遣使求和的失计，建议取消议和之说。其三，认为制御金军之道，"其本不在乎威强，而在乎德业；其任不在乎边境，而在乎朝廷；其具不在乎兵食，而在乎纪纲"，建议孝宗开纳谏诤，黜远邪佞，杜塞悻门，安固邦本。当朱熹朗读第一道奏札时，孝宗脸色温和，有对有答；当朗读到第二道、第三道奏札时，孝宗就不吭声了。奏札之外，朱熹还当面责问主和派副相周葵。周葵表示："此皆处士大言，今姑为目前计耳！"朱熹讽刺他道："国家亿万斯年之业，参政乃为目前之计耶！"（《与魏元履书》，《文集》卷二四）

由于这次召见，朱熹被任命为武学博士，任务是研讨军事和武功。这个职务非朱熹所长，而且要等到有空额时才补。因此，他要了一个管理南岳庙的祠职。

同月，卢仲贤出使归来，传达了金方苛刻的议和条件，孝宗又后悔起来，再度倾向于抗战。十二月，任命张浚为右相，兼枢密使，仍然都督江淮东西路兵马。这时，朱熹曾向张浚献北伐计划，建议分军进攻关陕、西京、淮北等地，以吸引金兵注意，然后密选精锐数万，直捣山东，同时号召中原豪杰响应。张浚答复说，他只受命主持一个方面，这样的任务恐怕担当不了。朱熹无奈，要张浚的儿子张栻转告乃父，决不能跟汤思退合作。这以后，朱熹就离开杭州回福建崇安去了。

隆兴二年（1164），李侗病逝，朱熹赶往延平祭悼。李侗是他一生中最重要的老师，李侗之死使他觉得仿佛失去了眼睛一样。他因此非常哀伤。同年，孝宗抗战的决心再度动摇，从前线召回张浚，罢去相位，命他出任福州通判。八月，张浚在赴任途中得病，在江西余干逝世。朱熹闻讯，专程赶到豫章（今南昌），在张浚的灵船上哭悼，并一直护送到丰城。

张浚去世，汤思退更加肆无忌惮。十月，金军渡过淮水，大举入侵。十二月，宋金签订"隆兴和议"。宋割让海、泗、唐、邓、商、秦六州；不再向金称臣，改称侄皇帝；原来的"岁贡"改称"岁币"，每年缴纳二十万。乾道元年（1165）四月，在南宋政府催促下，朱熹到杭州就武学博士之职。因为参知政事钱端礼主和，朱熹仍然请祠。回乡之前，朱熹致函吏部侍郎陈俊卿，从多方面抨击"讲和之说"的危害。他认为，此说之所以得逞，其根源在于皇帝的"心术"受到了蒙蔽。他要陈俊卿以"格君心之非"为己任，帮助皇帝纠正错误。（《文集》卷二四）

同年六月，崇安人魏元履编订张阐和胡铨的主战言论为《戊午说议》。朱熹在序言中说："且若必以人之众寡为胜负，则夫所谓士大夫是和之多者，又孰若六军万姓之为多耶！"（《文集》卷七五）当时，"士大夫"中赞同议和者虽多，但是，朱熹却从"六军万姓"中看到了人心的向背。

这一段，是朱熹一生中最有光彩的时期。

三、道学体系的形成

"隆兴和议"之后，金王朝忙于巩固内部统治，无力南侵，宋金关系暂时稳定下来，朱熹便一头扎进道学中去了。

李侗在世的时候，曾经向朱熹传授过"未发之中"问题。《礼记·中庸》篇说："喜怒哀乐之未发，谓之中；发而皆中节，谓之和。"《中庸》的作者认为：人在喜怒哀乐未发之前有一种精神实体，它是天下的根本，体察到了它，人就达到了圣人的境界，天下也就可以得到治理。宋朝的许多道学家都很注意体察"未发之中"，杨时以之传授给李侗，李侗以之传授给朱熹，但是朱熹当时的兴趣在章句训诂，没有注意理解这一点。李侗死后，朱熹追思老师的传授，觉得似懂非懂。为了弄懂李侗的传授，朱熹便和张浚之子，时在潭州的张栻通信讨论。

张栻年轻时就酷爱道学，后来又到衡山从学于著名道学家胡宏。乾道三年（1167）九月，张栻在潭州讲学，朱熹亲到潭州访问，直到这年十二月，朱熹才回到崇安。在以后的几年内，朱熹和张栻继续通信讨论，二人互有影响。

《孟子》一书记载，齐王见有人牵牛走过，当他得知牛将被牵去宰了祭钟时，便说："放了它吧！我不忍心看它那恐惧发抖的样子，这样毫无罪过就被置于死地。"孟子以此证明人天生都具有恻隐、羞恶、辞让、是非等四种道德观念，称为"四端"。胡宏就此发挥，将齐王"不忍"杀牛之心称为"良心之苗裔"，主张由此"操而存之，存而养之，养而充之"。前者发现良心苗裔的功夫就称为"致察"或"察识"。后者的功夫就称为"操存"或"存养"。（《胡子知言疑义》，《文集》卷七三）张栻曾经写过一篇《艮斋铭》，讲的就是先致察、后操存的道理。朱熹盛赞这种修养方法。他当时觉得，这种方法非常方便简捷，书可以不读，言语可以不用，既不必寻师求圣，也不必"多闻博观"，只要"默会诸心"就可以了。（《答何叔京》，《文集》卷四〇）朱熹这一时期的修养论有点类似于禅宗的"直指本心"，不立文字的成佛论。因此，他高兴地写信告诉别人说："原来此事与禅学十分相似，所争毫末耳。"（《答罗参议》，《续集》卷五）后来，王阳明曾盛赞朱熹这一时期的有关观点，视为"晚年定论"，引为同调。

朱熹在受张栻影响的同时，也认为他的思想"失之太高"，没有阶级、次第，使得湘中学者流于虚谈。此后，他经过了一段废寝忘食的思索过程，又取程氏兄弟著作研读，终于否定了张栻的看法。他认为，人在喜怒哀乐诸情未发时就要涵养，不能等待已发时再去察识。乾道六年（1170），朱熹编次和张栻讨论"已发""未发"等问题的信稿为《中和旧说》。序言中，朱熹检讨了当年的看法，认为不仅自误，而且为害极大，不可不戒。

朱熹曾在乾道三年（1167）被南宋政府任命为枢密院编修官，待次（候补）。乾道五年（1169）五月，朝廷催促朱熹到职，朱熹因脚气病严重，上状辞谢，同时以"家贫亲老"为理由，要求得到管理岳庙一类的祠职。七月，魏元履因上疏阻止孝宗宠臣曾觌还朝，无效，写信责备宰相陈俊卿，结果被免去管理太学的职务，降为台州教授。朱熹替魏元履不平，认为"士大夫以言见逐，非国家美事"（《答林择之》，《文集》卷四三），更加不愿意到朝廷就职。同年十二月，南宋政府召朱熹赴朝。朱熹以母亲一年前刚去世，丧制未终，推辞不赴。乾道九年（1173）五月，宰相梁克家对皇帝表示："朱熹屡诏不起，宜蒙褒录。"孝宗也说："朱熹安贫守道，廉退可嘉。"（王懋竑《朱子年谱》卷之一下）于是将朱熹的秩位升为左宣教郎，主管台州崇道观，任便居住。但是朱熹却上表说，自己承当不起。直到淳熙元年（1174）六月，才表示接受。

朱熹之所以不愿赴朝，除了儒家有为父母守制三年之说外，主要是因为他愈来愈感到提倡道学的必要，正埋头于著述。他在致吕祖谦函中说："只欲修葺小文字以待后世，庶小有补于天地之间，今若一出，此事便做不成。"（《与吕伯恭书》，《文集》卷二五）这一阶段，是朱熹思想的形成和确定时期。他编写了大量书籍，计有《河南程氏遗书》《西铭解义》《太极图说解》《通书解》《河南程氏外书》《伊洛渊源录》《古今家祭礼》等十一种，可见这一时期朱熹在钻研道学上的辛勤。

淳熙二年（1175）四月，婺州（今金华）学者吕祖谦自浙江来访。吕讲学主张治经史以致用，尤其爱好司马迁的《史记》，开启浙东功利学派的先声，和朱熹有不一致的方面；但是他对道学也有浓厚兴趣。到崇安后，吕祖谦和朱熹共同选取周敦颐、二程和张载的语录六百二十二条,编为《近思录》,作为道学的入门书。十天后,吕祖谦回浙江,朱熹送其到信州鹅湖寺(在今江西铅山县境),抚州金溪人(今江西金溪)陆九渊(子静)、陆九龄(子寿)应邀来聚,共同讨论道学中的问题。这就是中国哲学史上有名的鹅湖之会。

动身前,陆九龄对其弟陆九渊说:"这次集会,为的是讨论学术异同,我们弟兄两人先自不同,怎么能期望鹅湖时大家相同呢?"于是,二人反复辩论,至晚才罢,陆九龄表示赞成九渊的观点。第二天早晨,九龄在九渊面前朗读刚写好的诗:

孩提知爱长知钦,古圣相传只此心。大抵有基方筑室,未闻无址忽成岑。留情传注翻榛塞,着意精微转陆沉。珍重友朋勤切琢,须知至乐在于今。

诗中,陆九龄认为:儿童天赋就知道爱,长大了,天赋就知道敬,历代圣贤相传的就是这种爱敬之心,可以不学而知,没有必要到儒家著作的注解中去寻求所谓"精微"之处,那条路走不通。陆九渊认为诗写得很好,但第二句微有不妥。到鹅湖后,陆九龄首先朗诵他的诗,才读了四句,朱熹就完全明白,对吕祖谦说:"九龄上了九渊的船了!"接着,便和九龄辩论起来。陆九渊说他在路上写了一首和九龄的诗:

墟墓兴哀宗庙钦,斯人千古不磨心。涓流积至沧溟水,拳石崇成泰华岑。易简工夫终久大,支离事业竟浮沉。

陆九渊同样认为,人天赋就具有伦理观念,到了墟墓之间会自然产生悲哀之感,进了宗庙会自然产生钦敬之情,那是人人具有、永不消磨的，因此，自己的一套"易简工夫"必将长久光大，而朱熹的"支离事业"只能沉浮一时。听到这里，朱熹的脸色突然变了，但陆九渊不管，继续往下读："欲知自下升高处，真伪先须辨古今。"自然，朱熹老大不高兴。

紧接着，又辩论了几天。朱熹主张"泛观博览而后归之约"，陆氏兄弟则主张"先发明人之本心，而后使之博览"。陆九渊并大谈了一通收敛精神，使之在内而不在外的重要，还想了一个"尧舜之前何书可读"的问题准备难倒朱熹，为陆九龄劝阻。双方终于不合而散。

从北宋起，道学中就一直存在着两个流派。不过，它们一直处于不自觉状态。直到鹅湖之会，这两个流派才各自形成了自己的壁垒。后人因为朱熹的体系以理为最高范畴，称为理学；陆九渊的体系以心为最高范畴，称为心学。

四、在南宋王朝的政争中

淳熙二年（1175）以后的一段时间，宋金关系继续处于稳定状态，但是，南宋统治阶级的内部矛盾却变得尖锐了。在政治上，有"内修"和"外攘""偏安"和"恢复"的斗争。在思想上，有道学派和功利学派以及道学反对派的斗争。

"内修"派主张修明政治，将稳固南宋统治作为首务。朱熹的道学体系适应这一需要，因而得到推崇。淳熙三年（1176），参知政事龚茂良称赞朱熹"操行耿介"，孝宗任命朱熹为秘书省秘书郎，掌管图书收藏等事务。秘书省是宋王朝的所谓"储蓄秀异之才"的地方，朱熹一再推辞逊让。不久，又因人诋毁，孝宗写了手诏给龚茂良，认为朱熹是"虚名之士，恐坏朝廷"，于是，朱熹被派主管武夷山冲祐观。淳熙五年（1178），史浩再次推荐朱熹，想让他到朝廷来做官。参知政事赵雄提出,不如让他到地方上做点事。结果朱熹被改派为知南康军[1],管理地方行政。他一再推辞,但朝廷不准,他只能动身,在铅山等候命令。

朱熹停留铅山期间,陆九龄来访。此前陆九龄已经写信给朱熹,自悔在鹅湖时所持的见解。因此,这次二人谈得颇为投机。朱熹对陆九龄说:"本人旧时持论亦好高,近来渐渐移近下,渐渐着实也。"朱熹还写了一首诗赠陆,题为《鹅湖寺和陆子寿》,诗云:"德义风流夙所钦,别离三载更关心。偶扶藜杖出寒谷,又枉篮舆度远岑。旧学商量加邃密,新知培养转深沉。却愁说到无言处,不信人间有古今。"朱熹没能说服陆九渊,却把陆九龄争取过来了。

南康地方有一个白鹿洞书院,位于五老峰下,始建于唐代,与嵩阳、岳麓、睢阳并称为四大书院。后来就逐渐废圮。朱熹到任后,访求遗址,重加修建,招收学生,并为之制定学规。内容为:

> 五教:"父子有亲,君臣有义,夫妇有别,长幼有序,朋友有信。"
>
> 为学之序:"博学之,审问之,慎思之,明辨之,笃行之。"
>
> 修身之要:"言忠信,行笃敬,惩忿窒欲,迁善改过。"
>
> 处事之要:"正其谊不谋其利,明其道不计其功。"
>
> 接物之要:"己所不欲,勿施于人;行有不得,反求诸己。"

朱熹的这套学规对后来的教育影响很大。明清时期,书院林立,大都沿用了上述学规。

南康地方地瘠民贫,这年又发生旱灾,百姓纷纷流亡,朱熹想起了唐朝诗人韦应物的两句诗"身多疾病思田里,邑有流亡愧俸钱",非常

---

[1] 军,宋代的一种地方行政单位。

感慨。为了催缴赋税，朱熹对下级吏役采取了"监禁、断遣"的严厉措施。这年冬天，有人写信责备朱熹"烦刑暴敛"，朱熹本来就不愿意在南康地方做官，上书要求辞职，附信要求担任白鹿洞书院洞主。

同年，南宋各地大旱，孝宗要地方郡守说明民间利病。朱熹就此上奏，提出赋税苛重等问题，他尖锐地指责孝宗：欲恤民则民生日蹙，欲理财则财用日困，欲治军则军政日紊，欲恢复土宇则未能取中原尺寸之土，欲报雪仇耻则未能系单于之颈而饮月氏之头。朱熹分析，其原因在于宰相等人失职，皇帝所亲近并且共同谋议国家大事的不过是"一二近习之臣"，他们使得皇帝"不信先王之大道，而悦于功利之卑说"。

"隆兴和议"签订以后，孝宗不甘心自此罢休，推行理财备战方针，企图恢复中原版图。他在思想上，倾向于当时正在兴起的功利主义学派，对道学则有些厌弃，认为儒生"不达时变"，不知道治理天下、国家的根本。朱熹所批评的，正是孝宗当时确定的国策，因此，他估计皇帝一定大怒，作好了被贬官、流放的准备。致吕祖谦函称："此间只有三五担行李，及儿甥一两人，去住亦不费力，但屏息以俟雷霆之威耳！"（《答吕伯恭》，《文集》卷三四）果然，孝宗读后大发脾气，命宰相赵雄分析。赵雄说：朱熹是个狂生，词穷理短，处分他反而替他扬了名，不如大度包容。（《赵雄传》，《宋史》卷三九六）吕祖谦也动员周必大出来帮着说话，朱熹才得以免除处分。

淳熙八年（1181），陆九渊至南康，请朱熹为陆九龄写墓志铭。朱熹邀陆九渊到白鹿洞书院讲学。陆的讲题是《论语》中的"君子喻于义，小人喻于利"两句。他慷慨激昂地说："今人读书便是为利。如考中后又要得官，得官后又要改官，自少至老，自顶至踵，无非为利。"据说听众中有感动流泪的。朱熹对陆九渊的演说非常满意，认为"切中学者隐微深痼之病"（《跋金溪陆主簿白鹿洞书堂讲义后》，《文集》卷八一），特别请他笔录下来。这次见面，朱熹觉得陆九渊不像鹅湖之会时那样盛气凌人了，但是在许多见解上，二人仍然不合。

同年三月，浙东旱灾，发生饥荒，朱熹因宰相王淮推荐，被任命为提举两浙东路常平茶盐公事。年末，朱熹在延和殿觐见孝宗，连上七道奏札，把当时社会矛盾和天灾的根源归结为孝宗"未能循天理，公圣心以正朝廷之大体"（《辛丑延和奏札》一，《文集》卷一三）。他大讲其天人感应之说，要孝宗反躬引咎。在南康时，朱熹曾要求孝宗为白鹿洞书院题额，颁给《高宗御书石经》和《九经注疏》，但遭到反对，"朝野喧传，相与讥笑，以为怪事"。这次见孝宗前，王淮又派人建议他不要向皇帝提这件事，但朱熹在奏札中还是提出了这一要求。

淳熙九年（1182）正月，朱熹巡视绍兴、婺州、衢州等地，发现灾情空前严重。

浙东全境，饥民数在一百三十万人以上。朱熹认真办理荒政，参劾不力官吏和地方豪强。但是，在这一过程中，朱熹也错误地打击了台州知州唐仲友。

唐仲友是浙中金华的著名学者。他治学范围较广，自地理、刑政、军赋以至经史、传记等都是其研究的对象。治理台州期间，"锄奸治恶甚严"（《说斋学案》，《宋元学案》卷六〇）。他的政治主张和坚持抗金的陈亮同调，很看不起朱熹那一套。因此，朱熹到台州后，就轻信诬告，在孝宗面前告了五状，连唐仲友刊刻荀子、扬雄、王通、韩愈等人的著作也列为罪状。不仅如此，又逮捕官妓严蕊，非刑逼供，强迫她承认和唐有不正当关系。在弹劾状子中，朱熹还牵连攻击到了宰相王淮和推荐唐仲友任江西提刑的吏部尚书郑丙等人。这就引起郑丙等人的反击。

同年，在王淮支持下，郑丙上疏孝宗，指出近年有所谓"道学"者，"欺世盗名，不宜信用"。监察御史陈贾当面对孝宗说：近世讲道学的人大都言行不一。孝宗采纳陈贾的意见，朱熹被解职。淳熙十年

（1183），朱熹回到福建，在武夷山修建精舍，广泛招收门徒。由于受到郑丙等人的指责，又亲身感受到浙东功利主义学派蓬勃发展的气势，此后一段时间内，朱熹的主要精力集中于批判浙东功利学派。

当时，在浙东和浙中，存在着几个功利主义或倾向于功利主义的学派，即金华学派、永嘉学派和永康学派，因为地属两浙东路，所以统称浙东学派。

金华学派的创始人是吕祖谦，他在淳熙八年逝世，其弟吕祖俭和学生们发展了他思想中功利主义的一面。这种情况使朱熹非常忧惧。他指责吕祖俭等抛弃"六经"和《论语》《孟子》而推崇司马迁，不去"穷理尽性"却大谈历史的发展变迁，丢掉了"治心修身"的个人修养而好事喜功，"全然不是孔、孟规模，却做管（仲）、商（鞅）见识"（《与刘子澄》，《文集》卷三五），"直是不成模样"。（《答孙季和》，《文集》卷五四）

永嘉学派的主要代表人物为叶适，其先驱人物有薛季宣、陈傅良等。他们在政治上主张抗金，在学术上注重研究史学和政治、经济、军事等有实用价值的学科。朱熹指责这个学派"专就利害上计较"。有人告诉朱熹，永嘉学派的人都喜爱隋末的王通（文中子），朱熹指责说："譬如泰山之高，它不敢登，见个小土堆子，便上去，只是小。"（《朱子语类》卷一二三）

永康学派的代表人物是陈亮。他一生力主抗金，恢复中原，多次上书反对偏安妥协。在哲学上，他坚持唯物主义；在伦理学上，他提倡功利主义的道德观，认为学者的首要任务是讲求富国强兵之学，不应该低头拱手、慢步缓语地去讲什么道学。淳熙九年（1182），陈亮到衢州、婺州之间访问朱熹，此后二人就经常通信。陈亮认为：南宋渡江已经五十多年了，文恬武嬉，民疲兵老，情况已经严重到了极点，必须实行大的"更化"。朱熹反对陈亮的上述看法，认为"后生辈未知三纲五常之正道，遽闻此说，其害将有不可胜救者"（《答陈同甫》，《文集》卷三六）。淳熙十一年（1184），陈亮因事被捕入狱。在他出狱后不久，朱熹立即写信，要他"痛自收敛"，抛弃"义利双行、王霸并用之说"，"粹然以醇儒之道自律"。

对于浙东功利主义学派的发展，朱熹既感到"可恶""可恨"，又感到"可畏""可骇""可虑"。他多次惊呼："顷来议论一变，如山移河决"，说是"今日之病，唯此为大"。（《答石天民》，《文集》卷五三）陈亮反对朱熹的看法，在书信中展开激烈的辩论，这就是思想史上有名的"义利、王霸之辨"。它曾经极大地震动了当时的思想界。

在批判浙东学派的同时，朱熹和陆九渊以及他的另一个哥哥陆九韶之间就周敦颐的《太极图说》又进行了辩论。这是道学内部的争议。

淳熙十四年（1187），周必大任右相，留正任参知政事兼知枢密院事。二人都推崇道学，因此，朱熹又得到提拔，被任命为江南西路提点刑狱公事，管理赣州、江州一带地方事务。南宋政府在《告词》中对朱熹说："尔好古道，据正不回"，要他"行尔尽心之学"。这一《告词》对朱熹是很大的鼓励。淳熙十五年（1188）二月，朱熹拿出了他经营多年、未敢示人的《太极图说解》和《西铭解义》，显然他认为时机合适。同年五月，王淮被罢去左相职务。朱熹听到消息，高兴至极，带病赶路入朝。路上有人提醒他说："正心诚意"这一类的话，皇帝最讨厌听，千万不要讲！朱熹回答说：我生平所学只有这四个字，怎么能有意不讲，欺骗皇帝呢？在见到孝宗时，朱熹上了五道奏札，要求孝宗按照道学原则进行自我修养："一念之萌，则必谨而察之，此为天理耶？为人欲耶？"（《延和奏札》五，《文集》卷一四）朱熹表示自己衰朽多病，不能出任江西提刑一职，因此，被任命为兵部郎官。这一任命不合朱熹的心意，便以"足疾"为理由请假治病。兵部侍郎林栗曾经和朱熹讨论过邵雍的先天象数学。林栗斥邵雍为"不知而作"，朱熹则赞美其为"高深闳阔，精密微妙"，二人意见不合。这时，林栗便上疏弹劾朱熹本无学术，自号道学，实为乱人之首。周必大、薛叔似、叶适等出面为朱熹辩护，结果，孝宗两面调和，林栗被派出知泉州，朱熹仍然出任江西提刑。七月，经考绩磨勘，南宋政府决定将朱熹提升两级。

九月，南宋政府召朱熹赴朝。这一年，陈亮视察了京口和金陵，再次上书，劝孝宗筹划北伐。他鼓励朱熹应召，但是，朱熹却回信要陈亮不要"撺掇"，让他好在山里当"闲汉"，"咬菜根"，"了却几卷残书"（《文集》卷二八）。同年冬，陈亮到铅山访问爱国将领辛弃疾，二人约朱熹在赣、闽交界处的紫溪见面，朱熹却要他们先寄一份谈话提纲给他，以免成为闲应酬。届期，辛、陈二人践约前往，朱熹不到。

十一月一日，朱熹上《戊申封事》，强调首先要加强人们的思想道德修养，认为"不世之大功易立，而至微之本心难保；中原之戎虏易逐，而一己之私意难除"。他特别激烈地指责道学反对派，说是十余年来，"一有刚毅正直、守道循理之士出乎其间，则群讥众排，指为道学之人，而加以矫激之罪"（《戊申封事》，《文集》卷一一）。当朱熹的这道奏章送到宫中的时候，孝宗已经睡了，赶忙起来秉烛读完。第二天，孝宗任命朱熹主管太乙宫，兼崇政殿说书。这一年，孝宗已经六十二岁，做了二十五六年皇帝，他已经厌倦了，准备传位给儿子赵惇，起用朱熹的目的是要他为赵惇讲说经书。

自王淮罢相之后，南宋朝廷中的道学反对派就处于不利地位，但仍有一定力量。这时，有人指斥道学为"邪气"，朱熹得悉之后，要求辞免新职。淳熙十六年（1189）正月，南宋政府任命朱熹为秘阁修撰，主管西京嵩山崇福宫。朱熹接受祠职，要求辞去秘阁修撰。就在这个时候，孝宗退位做太上皇，光宗赵惇即位，道学派和道学反对派之间的斗争形势大变。

五、升沉之间

光宗一朝是道学家们得势的时候。

光宗登基的同月，朱熹为《大学章句》和《中庸章句》二书作序。这两本书，他经营多年，修改多次，现在才觉得满意了。序言中，朱熹自称他的书有助于"国家化民成俗"和"学者修己治人"，同时拟好了皇帝召对时的奏章，准备提出"讲学以正心""修身以齐家"等九条建议。但是，光宗没有召见他，这道奏章也就没有递上去。四月，朱熹再次上书要求辞去秘阁修撰，十一月，被任命为漳州知州。朱熹对光宗存有希望，推辞一次之后就接受了任命。

绍熙元年（1190）二月，殿中侍御史刘光祖上书，歌颂北宋司马光等人对王安石"新学"的斗争，指责孝宗时期"因恶道学，乃生朋党，因生朋党，乃罪忠谏"。他要求光宗下令停止对道学的批判，"使是非由此而定，邪正由此而别"（《续资治通鉴》卷一五二）。刘光祖的上书标志着风向的转变，自此，南宋朝廷展开了对道学反对派的进攻。

漳州流行佛教和鬼神迷信，朱熹到任后，一律严加禁止。据记载，平时传经、礼塔、朝岳之会，附鬼为妖、迎游街市等风习都不得不收敛起来。同年，光宗命朱熹在漳州清丈田亩，试行"经界"。由于官户、豪强、寺院等倚仗权势，不交赋税，或用隐蔽田产等办法逃避赋税，严重影响王朝财政，因此朱熹对"经界"是热心的。但是"经界"触及大地主阶级的利益，朝廷上下都有不少人反对，宰相留正因此动摇，"经界"中辍。绍熙二年（1191）正月，朱熹长子去世，他便以此为理由辞职请祠，五月到崇安邻邑建阳买屋住下。

在建阳，朱熹非常关心朝廷上道学派与道学反对派之间的斗争。当时，留正顾虑士大夫阶层中因此出现朋党，不愿采取过分措施，朱熹认为君子与小人，"非此胜彼，即彼胜此"，多次致函留正，要他"乘隙疾攻"。这一时期，他急于和人辩论，开始和永嘉学派的陈傅良、叶适通信，建议叶适张大嘴巴说话，直截了当，辩论到底，"不须得如此遮前掩后，似说不说，做三日新妇子模样"（《答叶正则》，《文集》卷五六）。其间，留正曾任命他为知潭州荆湖南路安抚使，《告词》推崇他可以做"世之师""时之帅"。但是，朱熹都不肯就任。留正没有将"经界"坚持到底，半途而废，朱熹对此始终耿耿于怀，致函表示：决不再进"相公之门"。直到绍熙五年（1194），光宗下旨说："长沙巨屏，得贤为重。"当时瑶民正在长沙一带起义，朱熹怕蔓延开来，才于四月赴任。到任后，朱熹首先修复了著名的岳麓书院，每两天去一次，督促学生攻读儒学经籍。

同年，光宗、李后和太上皇孝宗之间的矛盾日益加剧。李后是个悍妒泼辣的女人，她请立嘉王赵扩为太子，孝宗不同意，此后，李后就挟制着皇帝不去朝见孝宗，孝宗有病，二人也不去探望。五月，朱熹起草奏章，建议光宗立即谢罪改过。但是，还没有来得及递上去，孝宗就去世了。孝宗死后，光宗不肯去治丧，朝内朝外议论纷纷。七月，知枢密院事赵汝愚和知阁门事韩侂胄共同定策，请太皇太后（高宗赵构之后）下诏，宣布光宗退位做太上皇，由其子赵扩即位，史称宁宗。同月，宁宗召朱熹赴行在奏事。当朱熹闻命就道、匆匆赶路的时候，宁宗又任命朱熹为焕章阁待制兼侍讲，要他既当顾问（待制），又当教师（侍讲）。《告词》称朱熹为"儒宗"，给予高度肯定。

朱熹这次"超越非常"的任命是赵汝愚推荐的结果。

赵汝愚出身皇族，曾先后任吏部尚书、知枢密院事等职。对抗战，赵汝愚认为"其志甚美，而其事甚难"。当孝宗积极谋划北伐时，赵汝愚就力倡"自治"。在思想上，赵汝愚推尊儒学，曾在廷对时说，只要"以'六经'为诸儒之倡"，就可以"举明主于三代之隆"（彭龟斗《贺江西赵漕启》，《止堂集》卷一四）。

朱熹入朝后，于十月四日上奏札五道，建议宁宗经常向太上皇问安视膳，博取光宗欢心，同时请宁宗热心儒学，居敬持志。在奏事过程中，朱熹曾以眼昏、耳聋、足弱为理由，当面向宁宗请求辞去待制及侍讲职务，但未得到允许。宁宗手批说"卿经术渊源，正资劝讲"，要他不要再辞。朱熹这才表示"仰遵圣训"。当时，杭州一度出现大风沙，朱熹立即声称是"阴聚包阳，不和而散之象"，要求宁宗克己自新。同时，他开始为宁宗讲《大学》。宁宗概括朱熹所编讲章的要点是"求放心"，朱熹兴奋至极，立即叩头称谢。回去之后，马上又上了一道《乞进德札子》，要宁宗"日用之间，语默静动，必求放心"，"亲近儒学""以古之圣贤自期"。退朝后，朱熹对门人说："上可与为善，愿常得贤者辅导，天下有望矣！"（王懋竑《朱子年谱》卷三四上）

宁宗即位后，因为皇宫被光宗占着，便下令修理东宫。但是朱熹不赞成，建议停罢这项工程。他要求宁宗"流涕伏地，抱膝吮乳"，向光宗请罪，同时要求宁宗禁止左右干预朝政。宁宗不悦，批给朱熹一张条子，大意是：朕怜卿年事已高，方此隆冬，难以站着讲书。已安排卿主管宫观。这份"御批"表面上很体贴朱熹，实际上把他从自己身边赶走了。赵汝愚企图阻止这份"御批"下达，并以"罢政"相要挟，宁宗不许。两天后，韩侂胄派内侍将"御批"交给朱熹，朱熹酸溜溜地上表称谢，说是蒙皇上"矜怜"，"无任感恩"，得旨免谢。宁宗最初是宠信朱熹的，他的态度变化反映了韩侂胄日益扩大的影响力。

韩侂胄的母亲是高宗皇后的妹妹，他本人是宁宗皇后韩氏的叔祖父，属于外戚一流，因拥立宁宗有功被任命为枢密院都承旨。他的受重用日益遭到朱熹、赵汝愚等人的反对，双方矛盾日深。驱逐朱熹正是这一矛盾尖锐化的标志。年末，朱熹回到建阳考亭。

赵汝愚为了扩大自己的政治影响，曾经扬言做过一个梦，其中有孝宗授给他汤鼎，他背着白龙升天等情节。庆元元年（1195），李沐上奏，说赵汝愚以同姓居相位，将不利于社稷。结果，赵汝愚被免去相位。不久，胡纮再次上疏，指责赵汝愚"唱引伪徒，谋为不轨，乘龙受鼎，假梦为符"，结果，赵汝愚被赶出朝廷，发遣到永州地方居住。

赵汝愚的罢相和发遣是对道学家的沉重打击，朱熹气得发狂。他写了数万字的奏章，攻韩保赵。他的子弟、门徒害怕惹祸，纷纷劝阻。朱熹让亲信门徒蔡元定占卜，得了个凶卦。朱熹吓得说不出话来，将奏章烧了，改号"遁翁"，并上书请求病休。

与此同时，在韩侂胄的支持下，朝中道学反对派展开了对朱熹道学集团的抨击。刘德秀、张贵模等人连续上书，谴责道学为"伪学"，要求销毁道学家们的"语录"。叶翥主持科举考试，凡考卷中提到"义理"的考生一概不取。据说，出现了"'六经'《语》《孟》《中庸》《大学》之书为世大禁"的局面。宁宗并下令：被推荐的官吏，必须声明不是伪学之人；参加科举考试者，必须书面保证不是伪学。十二月，御史沈继祖上疏，指责朱熹有"不孝其亲""不敬其君""不忠于国"等六大罪。

沈继祖说：当赵汝愚病死衡州、朝野交庆的时候，朱熹却带着门徒百余人在野外号哭，并且在诗中写道"除是人间别有天"，这就不仅是怨望和不满的问题了。

沈继祖又说：朱熹剽窃了张载、程颐的一点言论，就煽动后进，收召无行无义之徒，组成党伍，互相吹捧，结果小者得名，大者得利，朱熹也借此获得富贵。

沈继祖指责的其他事实有：霸占建阳县学，贪占故人家财，诱引尼姑二人做小老婆，一年之间，接受贿赂以万计，甚至说朱熹"寓以食菜事魔之妖术"，是"大奸大憝"，等等。他要求撤去朱熹的职名，罢去其"祠禄"，将朱的亲信门徒蔡元定送外地管制。沈继祖之后，余嚞进一步上书，奏请将朱、蔡二人逮捕来京，斩首示众。结果，宁宗采纳沈继祖

的建议，剥夺了朱熹的职名和"祠禄"，将蔡元定逮捕，送道州（今湖南道县）管制。(《四朝闻见录》丁集)

沈继祖等人的指责严重失实。例如"除是人间别有天"，原是朱熹于淳熙十一年（1184）所作纪游诗《武夷棹歌》中的一句，沈继祖指为同情赵汝愚之死，显系穿凿附会。但是，朱熹却一概不加申辩。庆元三年（1197）初，他两次上表，连"习魔外之妖言""私故人之财而纳其尼女"一类极为无稽的罪名都承认下来，说沈继祖对他的揭发"谅皆考核"，自称是一个只知道传播"伪学"的"腐儒"，表示要"深省昨非，细寻今是"（《落秘阁修撰依前官谢表》，《文集》卷八五）。蔡元定出发往道州了，朱熹和门徒去送行，借酒浇愁，朱熹居然喝得昏然醉睡。

闰六月，刘三杰上书，指责赵汝愚与朱熹结成死党，图谋不轨，伪学已经发展为逆党。九月，宁宗下诏，凡荐举改官，一律不用"伪学之人"。十二月，设立伪学登记簿，将赵汝愚、留正、周必大、朱熹等五十九人登记在案。至此，韩侂胄发动的反道学斗争取得胜利。

庆元四年（1198），蔡元定在道州去世，朱熹身体和精神都极为衰惫。他一面加紧研读道家著作《参同契》，期望道士的"金丹"能使他长生，一面念念不忘编《礼书》。这时，他左眼失明，右眼模糊，找人抄稿子到处遭到拒绝，又害怕为韩侂胄等人得知，招来"焚坑之祸"。但是，他还是表示，必须把《礼书》编好之后才能瞑目。

庆元六年（1200），朱熹泄泻不止。三月初九，朱熹逝世。朱熹去世后，他的讲学语录经门人黎靖德编辑为《朱子语类》，诗文经他的儿子朱在等人编辑为《晦庵先生朱文公文集》。

第三章

社会政治思想

朱熹社会政治思想的核心是伦理根本论。他认为，只要倡明道学，发挥儒学伦理整饬人心的作用，南宋统治集团所面临的民族矛盾、阶级矛盾、内部矛盾就都不难解决。

一、从"外攘"为重到"内修"为重

建立在北方的金王朝初期是一个奴隶主贵族政权，它对宋王朝发动战争，目的在于攫取财富和掳掠人民做奴隶。女真贵族在其占领区推行奴隶制，任意烧杀，霸占土地、金帛、子女。掳掠去的人民被锁上铁链，耳部刺字，标价出卖，或者被赶到西夏等处换马。这种情况，严重地破坏了社会生产力，使中原广大人民处于水深火热之中。

在对待金王朝的态度上，朱熹有前后期的不同。前期，金兵南侵，南宋王朝面临覆灭危机，朱熹主张抵御金兵，反对议和。孝宗隆兴元年（1163），张浚任右相，他曾献北伐之策，希望恢复中原。但是，在大多数时间内，朱熹对北伐持慎重态度。在《癸未垂拱奏札》中，朱熹分析战、守、和三策说："天下之事，利必有害，得必有失……战诚进取之势，而亦有轻举之失；守固自治之术，而亦有持久之难；至于和之策则下矣！"他认为，徽宗与钦宗都被金兵俘虏去了，这是不共戴天之仇，和不得。他说："仁莫大于父子，义莫大于君臣，是谓三纲之要，五常之本，人伦天理之至。"朱熹反对议和，主要是从维护儒学伦理出发。

朱熹建议，拒绝敌人的一切引诱，固守江淮一带，合战守二计为一。他说："守固而有以战，战胜而有以守，奇正相生，如环之无端。持以岁月，以必复中原，必灭胡虏为期而后已。"显然，重点在守。那么，何时北伐呢？朱熹主张"蓄锐待时"，等待时机。

在不具备进攻条件时主守是正确的。但是，金兵正蹂躏着北部中国，一切爱国者都不应该忍受这种"南共北，正分裂"的局面。积极创造条件，由固守发展为进攻，收复中原，这是抗战派的路线；长期满足于"自治"，不思进取，这就是偏安妥协了。

在"内修外攘"的关系上，朱熹一度主张并重，强调"自治之心不可一日忘，而复仇之义不可一日缓"。但是，随着宋金关系的缓和，朱熹愈来愈希望保持南宋王朝的安宁。乾道三年（1167），孝宗为了加强边备，派人到淮上视察城壁，下令修筑扬州城，遭到"内修"派的反对。谏议大夫陈良祐认为此举无益，徒招敌人之疑。朱熹赞同陈良祐等人的意见，认为从此边事将不能"久宁"。乾道六年（1170），宰相虞允文建议：乘钦宗在北方死去的机会，派使臣去金，索回北宋在洛阳、巩县（今巩义市）一带的皇陵区。朱熹反对此议，他写信给当时正任吏部员外郎的张栻，要他规劝孝宗，"较时量力"，"不为小人邪说所乱，不为小利近功所移"。

朱熹当时有两怕。一怕"仇敌外侮"，二怕"民心内摇"。随着南宋王朝社会危机的日益加剧，朱熹对后者的担心愈多，恢复中原的希望也就被推得愈远。淳熙十二年（1185），朱熹在《与陈丞相书》中列举南宋王朝的各种"内忧"，特别提出"民穷兵怨"的问题。淳熙十五年（1188），他把这种担心上奏孝宗，声称"一有不虞，臣窃寒心"。奏章说："数年以来，纲维解弛，衅孽萌生，区区东南事犹有不胜虑者，何恢复之可图乎？"（《戊申封事》，《文集》卷一一）他奏请南宋统治者做政策的根本改变，首先大力对内，"先以东南之未治为忧"。同年，他对门徒说："今五六十年间，只以和为可靠，兵又不曾练得，财又不曾蓄得，说恢复底，都是乱说耳！"（《朱子语类》卷一三三）

前期，朱熹指斥秦桧之罪"上通于天"，万死不足以赎，认为南宋军民"诟詈唾斥，欲食其肉而寝处其皮"的愤慨是正当的。淳熙九年（1182），朱熹曾在永嘉砸过秦桧祠。但是，到了后期，却逐渐肯定秦桧。他说：秦桧"归来主和，其初亦是矣"（《朱子语类》卷一三三）。朱熹所不满的只是"和"得过于"草草"，一"和"到底，"犹己奉之，荡不为一毫计"。有时，他甚至赞誉秦桧"有骨力"，"所引皆是好人"（《朱子语类》卷一三一）。

肯定"以和为可靠"，对抗战派的评价必然会发生变化。朱熹指责岳飞"恃才不自晦"，似乎岳飞不是死于秦桧的陷害，而是死于他自己的骄傲和躁进。虞允文是抗金名将，但是却被朱熹辱骂为："其实无能，用著辄败，只志在脱赚富贵而已。"（《朱子语类》卷一三三）他认为，孝宗初年主张议和的人都是"端人正士"，而抗战派则是"乘时喜功、轻薄巧言"之辈。神宗时，王安石任用王韶，收复了被西夏王朝占据的熙河地区，共一千八百里地，取得了北宋王朝从未有过的大胜利。朱熹认为完全没有必要。他说熙州是广漠之乡，有了没益处，没有也不是损失。他攻击神宗："只管好用兵"，"费了无限财谷，杀了无限人，残民蠹物之政，皆从此起。"（《朱子语类》卷一二七）不仅如此，连汉武帝抗击匈奴侵扰，朱熹也斥之为"好大喜功"。他认为,在民族压迫面前,不应该以武力反击,而要"修文德以来之",靠道德去感化。

尽管如此,朱熹晚年依然怀念中原,以不能亲见恢复中原为憾。绍熙五年(1194),他感慨地叹道:"某要见复中原,今老矣,不及见矣!"(《朱子语类》卷一三三)这些地方,显示出他贯彻始终的爱国感情。

二、"怀德"与"畏威"

秦汉以后,爆发过无数次农民起义。在它们强大力量的打击下,有的王朝衰落了,有的王朝倒塌了。这些事实,迫使统治阶级及其思想家逐渐意识到,朝廷必须认真地处理这一矛盾。

朱熹生活的年代,先后发生农民、茶贩、饥民等各类造反约二十次。朱熹生活的福建,更是"每三四年一次发作"。卫博《定庵类稿》称:"其民好斗,能死而不能屈,动以千百为群,盗贩茶盐,肆行山谷。"自建炎四年(1130)起,福建先后发生范汝为、管天下、杜八子、何白旗、姜大老等领导的多次起义。这些情况,像梦魇一样沉重地压在朱熹心头。淳熙七年(1180),他在《庚子应诏封事》中说:"生民日益困苦,无复聊赖。草茅末识之士,相与私议窃叹,以为莫大之祸。必至之忧,近在朝夕。"(《文集》卷一一)两年后,他在《上宰相书》中又说:"试观自古国家倾覆之由,何尝不起于盗贼?盗贼窃发之端,何尝不生于饥饿?赤眉、黄巾、葛荣、黄巢之徒,其已事可见也。"(《文集》卷二六)显然,农民起义的威胁使朱熹经常忧惧不安。

朱熹主张适当减轻对人民的税收,借以调节矛盾,稳定社会。北宋时,最高年赋税收入为六千多万贯;南宋初年朝廷收入尚不足一千万贯,孝宗时便猛增至八千万贯。朱熹愤愤地说:"古者刻剥之法,本朝皆备。"(《朱子语类》卷一一〇)在《庚子应诏封事》中,他直率地向孝宗指出当时巧取滥收的严重情况，所谓"纳米收耗"，可以一倍、再倍地往上加；所谓"预借官物"可以一年、二年以至三年、四年地往上增。他想让南宋统治集团改变这种状况。淳熙九年（1182），他在《上宰相书》中说："财散犹可复聚，民心一失，则不可以复收。"（《文集》卷二六）几年后，他又向最高统治者进言："得财失民，尤为不可。"（《戊申封事》，《文集》卷一一）贪婪的统治者不知餍足地追求财富，常常因此失去民心，从而失去一切。朱熹很懂得这一点。淳熙六年（1179），李揸在广西造反，出榜宣布，"不收民税十年"。义军的这一措施得到了群众的热烈拥护，他们称李揸为李王，称宋军为"贼"。对此，朱熹评论说："今日取民太重，深是不便。"（《朱子语类》卷一三三）

朱熹一生多次办理过"荒政"。孝宗乾道四年（1168）春夏之间，福建浦城饥民揭竿而起，朱熹即向知府请求，运粮借给饥民。这样，就使浦城举义的饥民孤立无援，举义不久即被扑灭。同年冬收获之后，借粮的百姓还回了粮食，朱熹即会同地方官在当地建立社仓。其办法是，平时借粮收取十分之二的利息，荒年借粮利息减半，大荒之年完全不收利息。朱熹认为，此法可以"下结民心，消其乘时作乱之意"（《乞修德政以弭天变状》，《文集》卷一七），因此于淳熙八年（1181）请求孝宗通令各地普遍设立社仓，地方官吏奉旨颁行。

为了防止农民"从乱"，朱熹积极主张清丈土地。他清楚地看到了税收中的不合理现象，也清楚地看到了对待"经界"的不同态度：豪家大姓、县吏乡司等不以为便，"独有贫民下户，欲行此事，有同饥渴"（《与张定叟书》，《文集》卷二七）。他表示，要为"贫民"着想，声称"今之为县，真有爱民之心者十人，则十人以经界为利"（《朱子语类》卷一〇六）。

对于南宋政府的地方官吏，朱熹做过尖锐的抨击，说他们"漠然无意于民"，甚至说他们"视民如禽兽"（《朱子语类》卷一八）。他本人则一贯主张"仁民""爱民"。淳熙九年（1182），南宋政府尚书省所下文书中有"严行督责"一词，朱熹大为激动。他立即上书说："督责二字，考之前史，则韩非、李斯惨刻无恩，诖误人主之术，非仁人之所忍言也。"（《论督责税赋状》，《文集》卷二一）他对孝宗说：官府固然应该禁止农民的"强借劫夺"，但"亦须先示存恤之意，然后禁其为非，庶几人心怀德畏威，易以弹戢"（《奏救荒画一事件状》，《文集》卷一七）。在朱熹看来，一个"德"，一个"威"，必须二者兼备，老百姓的"不轨"行动才易于"弹戢"。

在农民规规矩矩时，朱熹主张施之以"仁爱"，但是当农民揭竿造反时，朱熹就主张"围掩搜捉""尽力扑讨"了。曾经有人建议他：为政应当以宽为本，以严作为辅助手段。朱熹不同意，他说："某谓当以严为本。"儒家一贯标榜"不忍"之心。朱熹这时却说："做大事岂可以小不忍为心。"（《朱子语类》卷一〇八）

朱熹特别重视刑与法的作用，主张用严刑、重刑。他说："教之不从，刑以督之，惩一人而天下人知所劝戒。"（《朱子语类》卷七八）对先秦法家学派，朱熹颇多攻击，但是对其主张严刑峻法，朱熹却颇为欣赏。据他说，刑法轻，就会助长老百姓的"悖逆作乱之心"，只有用严刑、重刑，才能使人们"不敢肆意于为恶"（《戊申延和奏札》，《文集》卷一四）。在中国古代奴隶制时期，曾经有过刺面涂墨、割鼻、砍足、破坏生殖系统等残酷的刑罚。这几种"肉刑"在汉文帝和隋文帝时代先后被废除，但是朱熹却主张恢复后两种刑罚。淳熙七年（1180），他在南康明确规定，缺粮的农民只能上门赊借，如果发生了"妄行需索，鼓众作闹，至夺钱米"等情况，就一定要"追捉根勘，重行决配"。紧接着，他又宣布，对于那些"煽惑聚众""劫掠居民财物米谷"的农民处以严重的刑罚：抢一匹布，流放三年；抢两匹，流放六年；抢十匹，处以绞刑；如果手持木杖，即使没有抢到财物，也要流放三千里。明末清初的思想家王夫之在《读通鉴论》中说："自宋以来，为君子儒者，言则圣人而行则申、韩也。"(《读通鉴论》卷一七）朱熹的思想体系内显然有申不害、韩非的成分。

据朱熹说，南宋时期，经常出现"以妻杀夫""以族子杀族父"和"地客杀地主"的情况，他主张南宋王朝诏令各级官吏，"凡有狱讼，必先论其尊卑、上下、长幼、亲疏之分，而后听其曲直之辞。凡以下犯上、以卑凌尊者，虽直不右，其不直者罪加。"（《戊申延和奏札》一，《文集》卷一四）这就是说："上"可以压"下"，"尊"可以凌"卑"，"下"和"卑"受了压迫和欺侮，只能忍着，不能到衙门里去告，"虽直不右"，有理也不替你伸张公道。

朱熹关于"仁民""爱民"的种种标榜不乏主观的真诚，但是判断一个思想家不应该根据他为自己编织的幻想，而要掌握其全部体系，揭示其实质，分析其在社会生活中的实际作用。

三、以"讲明义理"治天下

明代中叶的思想家李贽讲过一个故事：有一个道学先生，穿着高跟大鞋，长袖阔带，戴着纲常冠，穿着人伦衣，从故纸堆和古人的唇吻间剽窃到几句话，就自以为是孔子的徒弟。一次，正好碰上刘谐。刘谐哂笑道：你这样做是不了解我的仲尼兄呀。道学先生勃然作色，气愤地说：天不生仲尼，万古如长夜。你是什么人，敢呼仲尼为兄？刘谐说：难怪伏羲氏以上的人整天要点着纸烛走路呀！

李贽所讽刺的就是朱熹一类道学家。朱熹说过："自尧、舜以下，若不生个孔子，后人去何处讨分晓？"在朱熹看来，孔子无所不知，无德不备，所说的话都是"万世不可易"的绝对真理。

在宋代，土地兼并问题极为严重。对此，有人主张实行"井田"制，有人主张"限田"。贺州人林勋作《本政书》，设想一夫占田五十亩，每十六夫为一井。朱熹认真地阅读过该书，也对历史上传述的"井田"制作过研究，结论是一时做不到。至于"限田"，他则称为"戏论"！

中国古代有法治和人治之争。朱熹强调人治。他说："其要只在得人。若是个人，则法虽不善，亦占分数多了。"（《朱子语类》卷一〇八）北宋时，王安石主张"祖宗不足法"，司马光等则认为祖宗之法不可变。在这一问题上，朱熹和司马光等基本一致。他说："因祖宗之法，而精择其人，亦足以治。只是要择人。"（《朱子语类》卷九八）在朱熹看来，宋太祖时代的许多法令条目就是照抄五代，"多仍其旧"，"可因则因"，他把这称为"英雄手段"（《朱子语类》卷一二七）。有门徒问他，如果他当权了，该怎样对待"祖宗成宪"？朱熹回答说："亦只是就其中整理，如何便超出做得？"（《朱子语类》卷一〇八）有时，朱熹也承认，祖宗之法，"因事制宜"，可以"变而通之"（《读两陈谏议遗墨》，《文集》卷七〇）。这些地方，显示出他不同于顽固派。但是，他认为，这种"变通"不能违背儒学的根本原则。

对王安石及其变法，朱熹贬多于褒。他说：王安石"本是正人"，其心"固欲救人"，恭维他是"不世出之资"。但是，朱熹却激烈地攻击王安石变法的实际效果，说他"别起得许多弊"，"有以召乱"，甚至蛮横地指责王安石是北宋衰亡的"罪之魁"（《朱子语类》卷一二三）。据朱熹分析，王安石变法之所以如此，乃是因为他的指导思想不端正，"只缘学术不正当，遂误天下"（《朱子语类》卷一二七）。北宋时，陈瓘在《四明尊尧集》，陈师锡在《遗帖》中，都对王安石多所攻击，朱熹认为他们都没有抓住要害。在朱熹看来，王安石的问题在于汲汲于"财利兵刑"一类事情，"不复知以格物致知、克己复礼为事"。（《读两陈谏议遗墨》，《文集》卷七〇）

当时，南宋的抗战派为了抵御金王朝的侵扰，收复中原，统一国家，积极主张改革内政，富国强兵，走先秦时管仲、商鞅等人走过的路。对此，朱熹嗤之以鼻。为了阻止孝宗接受影响，他在《戊申封事》

中直斥"管、商功利之说"为"陋"(《文集》卷一一)。在另外一些场合,朱熹更直接鼓吹富强有罪论。战国时,李悝主张勤谨耕作,增加农业产量,商鞅改革土地制度,对于国家的富强都起了积极的作用。但在朱熹看来,却"无教化仁爱之本","可罪"(《朱子语类》卷五六)!

朱熹认为,治理国家有本有末。他说:"天下事当从本理会,不可从事上理会。"(《朱子语类》卷一〇八)什么是本呢?据朱熹表示,那就是"三纲""五常"等儒学伦理。《戊申延和奏札》称:"盖三纲五常,天理民彝之大节,而治道之本根也。"(《文集》卷一四)朱熹强调:"中国所恃者德,夷狄所恃者力",宋王朝不应该像"夷狄"那样发展军事实力,而要充分发扬伦理道德的作用。他认为,政治的力量、法律的力量都比不上伦理道德,"为政以德,则无为而天下归之。"(《论语集注·为政第二》)

人的行为受精神指导,因而伦理道德在社会生活中有重大作用,但是,精神的作用是有限的。不去认真地加强军备,以为主要靠官兵的精神力量就可以打胜仗;不去改革或调整生产关系,发展社会生产力,以为主要靠精神力量就可以解决社会矛盾,都是对精神作用的无限夸大。

怎样才能充分发扬伦理道德的作用呢?朱熹认为,这就要大力提倡道学,使人人,包括皇帝在内都自觉地提升道德修养。他一再对皇帝说:"治道必本于正心、修身。"(《朱子语类》卷一〇八)在朱熹看来,社会的根本问题是"人心",尤其是皇帝之心。他说:"天下之大本者,陛下之心也。""人主之心正,则天下之事无一不出于正"(《戊申封事》,《文集》卷一一),就可以开万世太平之基了。

朱熹很陶醉于他的这一思想。他说:"今世文人才士,开口便说国家利害,把笔便述时政得失,终济得甚事!只是讲明义理以淑人心,使世间识义理之人多,则何患政治之不举耶!"(《朱子语类》卷十三)据朱熹说,等到"识义理"之人多起来的时候,"政治"就上去了。

朱熹一生孜孜兀兀于建立道学体系,其原因在此。

第四章

理为"天地万物之根"的世界本原论

我们生活在一个丰富多彩、千变万化的世界上，这个世界充满着千差万别、形形色色的事物。昂首苍穹，有光华灿烂的日月和数不清的星辰；俯察大地，有雄奇秀丽的山川和种类繁多的草木禽鱼；纵观社会，有熙熙攘攘、充满活力的各色人物……

这个世界的本原是什么？不同的哲学派别有不同的回答。

朱熹认为，世界的本原是理。这个理，朱熹有时称为太极。极是至极，有顶端和尽头的意思。太极意为"到此极尽，更没去处"（《朱子语类》卷九八），是无以复加的、最高的理。它是天地万物之理的总体，又是天地万物的最初本原。他说："圣人谓之太极者，所以指夫天地万物之根也。"（《朱子语类》卷九四）这就是说，万事万物都是由那个"根"长出来的。

一、规律与伦理的综合

朱熹的"理"是什么呢？他说："且如这个椅子，有四只脚，可以坐，此椅之理也。若除去一只脚，坐不得，便失其椅之理矣。"（《朱子语类》卷六二）又说，镜子可以照人，"把木板子来却照不见，为他元没这光底道理"（《朱子语类》卷九五）。在讲学中，朱熹举过不少类似的例子。例如：水流向下，火焰向上；水之必寒，火之必热。"所以为春夏，所以为秋冬"；"此宜植某物，彼宜植某物"，以至一草、一木、一禽、一兽，等等。朱熹认为，"皆有至理"（《朱子语类》卷一五）。

是不是事事物物都有它的理呢？是的。

从自然到社会，世界上的一切事物都处于普遍联系之中，一切事物都运动变化，从而产生丰富的自然现象和社会现象。事物内部有着本质的、必然的联系，事物的运动变化也有着一成不变的基本秩序。这种情况，就是客观事物所具有的规律，我们的古人把它称为理。例如战国时期的韩非就把事物的普遍规律称为"道"，把事物的具体规律称为"理"。北宋时，由于社会生产和自然科学的发展，人们也就愈来愈多地探索在自然现象后面的规律。科学家沈括在《梦溪笔谈》中就多次提到"理"或"至理"这一概念，如制盐之理、共鸣之理、胎育之理、磁石之理、雷震之理、养生用药之理等。他的常用语言为："推之亦皆有理""此理信然""源其理"，个别地方，他并论述到"理"和"必然"的关系。

朱熹熟悉《梦溪笔谈》，对自然科学有一定兴趣。以水力转动，形成一个齿轮系统的"浑仪"是北宋时苏颂发明的重要天文仪器，据《宋史》卷四十八记载，朱熹就曾家藏"浑仪"，"颇考水运制度"，致力于恢复苏颂的水力传动装置。他在天文、气象、地质、农业等方面，也具有一定知识。《礼记》有所谓"和而后月生"，"三五而盈，三五而缺"的说法，朱熹驳斥道："如此则气不和时便无月，恐无此理。"又说："若以理推之，则无有盈阙也。"（《朱子语类》卷二）这里所说的理，显然指的是规律。同样，当朱熹论述除去一只脚的椅子坐不得一类自然现象时，他所说的理显然也是规律。

朱熹说："如阴阳五行，错综不失条绪，便是理。"（《朱子语类》

卷一）这里所说的"错综不失条绪"，指的是事物运动所遵循的基本秩序，即规律性。朱熹又说："至于所以然，则理也。"（《朱子语类》卷四九）所谓"所以然"，指的是引起一定现象或结果的原因，在一定条件下，某种原因必然引起一定的结果。

在朱熹的哲学体系里，"理"还具有另外的意义；他说："理便是仁、义、礼、智。"（《朱子语类》卷三）这个理，又叫作道。朱熹认为它适用于古今一切人，是"公共"的，人人必须遵循它，把它叫作"当然之则"。他说："身之所接，则有君臣、父子、夫妇、长幼、朋友之常，是皆必有当然之则而自不容已，所谓理也。"（《大学或问》卷三）朱熹说得很清楚，"理"乃是约束人们行为，指导君臣、父子等社会关系的普遍准则。

规律和伦理不是一个概念。朱熹把作为规律的椅子一类客观事物之"理"和作为行为规范的忠孝之"理"综合到一块儿，他就陷入谬误了。

规律是客观事物固有的，它不以人的意志为转移，既不能由人创造，也不能由人加以改变或消灭，伦理则不是客观事物所固有的，它依据人们的意志而被制定出来，具有时代性、阶级性和民族性，随一定社会经济基础的产生而产生，改变而改变。例如，在中国古代社会，"三纲"说一直是指导君臣、父子、夫妇关系的最高准则，而到了近代，"三纲"说就受到猛烈的批判，而代之以"平等""自由"一类的新观念。

规律具有不可违抗的铁的必然性。只要条件相同，某种现象必然重复出现。人可以认识规律，运用规律，但是人必须服从规律，而不能有丝毫违背。伦理则并不具有不可违抗的铁的必然性。在社会生活中，陈旧的、违反人性和人权的伦理不仅可以违背，而且人们要动员舆论的、教育的力量去批判它，以至运用行政的力量去废止它。

朱熹在叙述"理"这一范畴的特征时，特别强调它是天然自有的，和人的活动、意志无关。他说："这个道理，是天生自然，不待安排。"（《朱子语类》卷四〇）当朱熹所说的"理"指的是除去一只脚的椅子坐不得一类的规律时,他是正确的;然而,当他所说的"理"指的是伦理时,他就错了。他说:"这道理自是长在天地间,只借圣人来说一遍过。"(《朱子语类》卷九)儒学伦理明明是特定时期、特定阶级的思想家(圣人)制定出来用以"约束"人们的行为的,但是朱熹却把它说成"长在天地间","自然成就","不是人去做作安排",这就掩盖了儒学伦理的本质。

朱熹在叙述理这一范畴的特征时,又很强调它的不可违抗的铁的必然性。他说:"人入于水则死,而鱼生于水,此皆天然合当如此底道理。"(《朱子语类》卷一三)有时,朱熹在理字前面还要加个"定"字。他说:"天下事事物物皆知有个定理。定者,如寒之必衣,饥之必食。"(《朱子语类》卷一四)朱熹认为,人只能服从理,顺应理。他说:金、木、水、火、土,一一都有理,"人若用之,又著顺它理始得,若把金来削做木用,把木来熔做金用,便无此理。"(《朱子语类》卷九七)

经过了如此一番精心的、细致的论证之后,朱熹就下结论了,他说:"理必须是如此。"(《朱子语类》卷一四)

"理如此固不可易。"(《朱子语类》卷一八)语气何等坚决!何等果断!然而朱熹还有话,他说:"为子必孝,为臣必忠,决定是如此。"(《朱子语类》卷六四)原来朱熹是在为儒学伦理论证。

当朱熹的"顺理"思想停留在人和自然的关系上时,他是正确的。这时,朱熹实际提出的是人应该尊重客观规律、服从客观规律的思想。他说:"自家知得物之理如此,则因其理之自然而应之。"(《朱子语类》卷一五)但是,当朱熹的"顺理"思想一进入社会伦理领域时,就不一定正确了。

朱熹说:"《大学》教人,先要理会得个道理。若不理会得,见圣人许多言语,都是硬将人制缚。""见得许多道理都是天生自然铁定底道理,更移易分毫不得。"(《朱子语类》卷一四)让所有人(包括皇帝在内)都从内心自觉地、不加怀疑地遵守儒学伦理,这就是朱熹的目的,也是宋明道学的终极目标。

二、真理与谬误并存的理气关系说

气是朱熹哲学的另一个重要范畴。

在认识史上，人们最初以为世界是由日常生活中几种具体可见的基本物质组成的。我国商周时期，有所谓"五行"说，即认为水、火、木、金、土等五种物质是构成世界的基本元素。后来，人们认为某种单一物质（如水）是世界的本原。春秋战国时期，出现了气本体论，以一种极其细微的原始物质"气"来解释世界。此后，经过王充等历代唯物主义思想家的补充，气本体论逐渐丰富。到了北宋时期，张载认为世界乃是一个通过气的聚散运动联系起来的统一体，从而建立了较为完整的气本体论体系。

朱熹承认气是构成万物的基本物质元素。他说："一元之气，运转流通，略无停间，只是生出许多万物而已。"（《朱子语类》卷一）在此基础上，他进一步提出，"气则无不两者"（《答程可久》，《文集》卷三七），"一元之气"，分阴分阳，"二气交感"，便"化生万物"。有时则说，气具有屈伸、往来、聚散等几种运动形式，当其凝聚时，便产生"质"，即水、火、木、金、土五行。气与质这七者互相"滚合"，便生出了万物。由于朱熹承认阴阳二气是"化生万物"的基本材料，所以，他把它们称为"造化之本"（《朱子语类》卷六九），明确地表示："天下万物万化，何者不出此理？何者不出于阴阳！"（《朱子语类》卷六五）

把气看成是包含对立两面的统一体，把"化生万物"看成是这对立两面复杂的运动——聚散"滚合"的结果，显然，这里包含着对物质构成学说的某些正确的猜测。至此，朱熹的思想很类似于气本体论。

关于理气先后，朱熹有过三种说法：（一）理在先，气在后；（二）不分先后；（三）不可知。其中，第一说留下来的言论最多，是朱熹竭力想加以维护的；第二说则经常困扰他，动摇他对第一说的信念；第三说产生于晚年时期，只讲过一次。大概经过长期的艰难思索之后，他突然感到迷惘了。

关于理气先后的这三种说法，反映了朱熹哲学思想中的矛盾：正确与错误、清醒与谵妄共存。

清醒成分表现于下列一组命题。其一为理附于气，无气不立。朱熹认为"理是虚底物事"（《朱子语类》卷七四），以气为安顿、挂搭之处，没有了气，理也就失去存在的场所。其二是理气有别。朱熹认为，理是理，气是气，"决是二物"。前者无形，后者有形；前者称为"形而上之道"，后者称为"形而下之器"。他说："一物之中，其可见之形，即所谓器；其不可见之理，即所谓道。"（《答黄子耕》，《文集》卷五一）他还特别指出，理除了无形状，还"无方所"，"无声臭影响"（《答陆子静》，《文集》卷三六），即没有方位、所在、声色气味。其三，理气不相离。他说："天下未有无理之气，亦未有无气之理。"（《朱子语类》卷一）他特别强调，理不在形器之上、之先、之外，而是在之中。

上述三组命题正确地概括了今人所称"规律"的特点，后来曾经为王廷相、王夫之等人所继承。如果朱熹停留在这里，他当然是唯物主义者。

朱熹理气关系中的谬误成分是"理生气"论。朱熹认为，气有生有灭，有始有终，而理则不生不灭，无始无终。曾经有门徒问他，气的运动是"一去便休"，还是"去而复来"？朱熹回答道："一去便休耳，岂有散而复聚之气！"（《朱子语类》卷一）他曾以烧水为例，说明当锅水已干时，要汲取新泉水补充，而不能重复使用已干之水。朱熹由此认为，气聚则有，气散则无，只有理才是使气不断得到补充和更新的永恒源泉。他说："然气之已散者既化而无有矣，其根于理而日生者，则固浩然而无穷也。"（《答廖子晦》，《文集》卷四五）因此，尽管朱熹从唯物主义者那里引进了气这一范畴，重视气在构造物质中的作用，但在他看来，那只不过是提供了材料，即所谓"生物之具"，而理才是构造物质世界的真正本原，他称为"生物之本"。朱熹的思想乃是明确的理本体论。

母亲必然先于儿子，从理生气的命题出发，必然要承认理在气先，承认物质世界出现之前，有一个理的世界，承认理可以离气而存在。他说："未有天地之先，毕竟也只是理。有此理，便有此天地；若无此理，便亦无天地，无人无物，都无该载了。"（《朱子语类》卷一）又说："万一山河大地都陷了，毕竟理却只在这里。"（《朱子语类》卷一）

至此，朱熹的哲学体系中就出现了两组命题。一组：理附于气，理气不相离，理气本无先后之可言；另一组：理生气，理与气可以相离，理先气后。两组命题互相矛盾，承认一组必然要否定另一组。朱熹于进退维谷中力图调和它们，认为第一组命题适用于观察现在的事物；第二组命题则"推其本"，适用于阴阳起源、万物生成之际。有时，他又说："有理而后有气，虽是一时都有，毕竟以理为主。"（《朱子语类》卷三）这一段话，明显地自相矛盾：既然"有理而后有气"，为什么又说"一时都有"呢？对于这个问题，朱熹只能强词夺理。他说："此本无先后之可言，然必欲推其所从来，则须说先有是理。"朱熹设想，理生气，然后进入气之内的整个过程是不需要时间的，"才有此理，便有此气；才有此气，便有此理。"（《朱子语类》卷六五）极端紧凑，极端迅速，朱熹以为这样问题就解决了，然而，他不了解，时间是运动着的物质的存在形式，任何具体的运动过程都不可能没有时间。

当朱熹的目光注视着现实世界时，他提出了"理气不相离"等命题，从而走近了唯物主义，但是，当他"以意度之"，去揣想物质世界的本原时，就走向谬误了。

从理在气先的观点出发，朱熹又提出了他的理在事先的观点。他说："未有这事，先有这理，如未有君臣已先有君臣之理，未有父子已先有父子之理。""不成元无此理，直待有君臣父子，却旋将道理入在里面？"(《朱子语类》卷九五）事实和朱熹的想象正好相反。《管子·君臣》篇说："古者未有君臣上下之别。"人类最初的社会组织是原始人群，哪里有什么君尊臣卑的上下之"理"！

提出理这一范畴来并不是朱熹的过错。在朱熹有关的论述里，人们曲折地看到了他对于必然性、因果性、规律性等问题的认识。这是认识史上的一种进步。在中国哲学史上，对于规律及其特征做了如此充分论述的，还不多见。朱熹的过错在于他把规律和伦理综合为一个范畴，然后又把它虚构为派生万物的本体。这样，朱熹思想中那些清醒的理智成分也被淹没了。

三、万物之间的同一与差别

朱熹有一个著名的哲学命题，叫作"理一分殊"，讲的是一理和万物、一理和万理的关系。

在《答余方叔》一文中，朱熹曾经将物分为三类："有血气知觉者"、"无血气知觉而但有生气者"、"生气已绝而但有形质臭味者"，大体相当于我们今天所说的动物、植物和无生物。他说："是虽其分之殊而其理则未尝不同。"（《文集》卷五九）意思是：它们之间是有差别的，这叫"分殊"，但是，其理又是相同的，这叫"理一"。

朱熹认为，万物产生于一理，世界上形形色色的事物都是理的派生品："牛得之为牛，马得之而为马，草木得之而为草木。"（《朱子语类》卷二七）但是，朱熹又认为，这些源于一理的事物在形成差别之后，即彼此固定，"各有一定之分"（《通书解》，《周濂溪先生全集》卷六）：牛不可为马，马不可为牛，李四不可为张三，张三不可为李四，天不可为地，地不可为天，大不可为小，小不可为大之类。他说："分，犹定位耳。"（《答林子玉》，《文集》卷四九）

如果说牛、马、厅、堂、桃、李、张三、李四，只是一个"道理"，那么，这个"道理"怎么会忽而表现为牛，忽而表现为马，忽而表现为厅、堂、桃、李、张三、李四呢？朱熹的回答是："同者理也，不同者气也。"（《朱子语类》卷一）据他说，事物之所以形形色色、千差万别，乃是由气质不同。例如，他说，草木等植物都是得阴气，而能走能飞的动物都是得阳气；再往细里分，草是得阴气中的阴气，木是得阴气中的阳气。又如，他说，人是得气质之清者、正者、全者，禽兽是得气质之浊者、偏者。如此等等。

朱熹认为，由于事物所禀受的气质不同，因此，它们的理也就有了差异。他说："论万物之一原，则理同而气异；观万物之异体，则气犹相近而理绝不同也。"（《答黄商伯》，《文集》卷四六）意思是：从本原上看，万物之理都是一个，但是，当理气结合，万物各自有了自己的形体之后，它们的理就不相同了。于是，就出现了马有马之理，牛有牛之理的情况，朱熹把这种情况称为："万殊各有一理。"（《朱子语类》卷二七）朱熹说：万殊之理也都各自固定，不可移易。他说："马则为马之性，又不做牛底性；牛则为牛之性，又不做马底性。物物各有个理。"（《朱子语类》卷六二）这样，原来是无差别境界，由于有了气的参与，就变成有差别境界了。

一方面，万物同源于一理（太极），另一方面，物物各有其理。它们之间是什么关系呢？朱熹认为，尽管万物之理各不相同，但都是太极的完整的体现。他以雨为例说：下雨了，大窝窟便有大窝窟水，小窝窟便有小窝窟水，木上有木上水，草上有草上水，它们虽有所在的不同，但水的本质都是完整的；牛之理、马之理、桃之理、李之理、厅之理、堂之理、张三之理、李四之理虽然有"分殊"之异，但作为理的本质也都是完整的。所以他说："人人有一太极，物物有一太极。"（《朱子语类》卷九四）在《太极图说解》中，他更进一步表示，即使是微观世界，它所包含的理的本质也还是完整的："自其微者而观之，则冲漠无朕，而动静阴阳之理已悉具于其中矣。"这就是说，有差别境界在实质上又是无差别的。禅宗僧侣玄觉在《永嘉证道歌》中曾说："一月普现一切水，一切水月一月摄。"朱熹认为这两句诗也很好地说明了"理一分殊"的含义。

世界上的万事万物有差别的一面，又有统一的一面；异中有同，同中有异；特殊中有一般，一般中有特殊。朱熹的上述思想显然是深刻的，已经为现代物理学和生物学（特别是近年来"克隆"科学）所充分证明。德国哲学家莱布尼茨说过这样一段话："物质的每个部分都可以设想成一座充满植物的花园，一个充满鱼的池塘。可是植物的每个枝丫，动物的某个肢体，它们的每一滴体液，也是一个这样的花园或这样的池塘。"[1]莱布尼茨曾深受中国哲学的影响，这一段话类似于朱熹的"理一分殊"说。

一切物质形态都具有相对性，都依一定的规律，在一定的条件下转化为另一种物质形态，因而，事物间的差别是可变动的、相对的。朱熹的"理一分殊"命题虽然包含着深刻的辩证法成分，但是，他把事物间的差别看成是固定的、不可移易的，这就又陷入了形而上学。

中国哲学史上，很早就有人注意到了事物之间的统一性与差别性问题。庄子的《齐物论》认为，细木头与粗大的屋柱子之间是同一的，丑女与美女之间也是同一的。郭象则认为：事物之间在"形状"上存在差别，但是，只要同得其"性"，也就无所谓差别。他们的共同特点都在于夸大事物之间差别的相对性，从而否认差别。唐代的华严宗把世界分为"理法界"和"事法界"，认为"理法界"是派生"事法界"的本原，同时又普遍地、完整地存在于每个事物或现象中。《华严发菩提心章》说：

---

[1]《单子论》，《十六～十八世纪西欧各国哲学》，（北京）商务印书馆1975年版7月第2版，第495页。

"能遍之理，性无分限，所遍之事，分位差别，一一事中，理皆全遍。"（《大正藏》卷四五）意思是说，"事法界"虽然千差万别，但"理法界"却是统一的、平等的。从这里出发，华严宗认为一即多，多即一，一即一切，一切即一，同样走上了以相对主义来否认事物差别的道路。

朱熹在提出"理一分殊"命题时，明显地接受了庄子、郭象，特别是华严宗的影响，但是，又有所扬弃。在现实的物质世界面前，他把差别说成是固定的、不可移易的，坚决摒弃了相对主义，以至走向了形而上学的绝对化。而在作为物质世界本原的"太极"面前，他又保留了相对主义的某些成分，认为一和万并没有区别，说是："万个是一个，一个是万个。盖体统是一太极；然又一物各具一太极。"（《朱子语类》卷九四）

说明自然是为了说明社会，朱熹提出"理一分殊"，目的在于为古代社会的等级制辩护。

张载在《正蒙·乾称》篇里讲道："乾称父，坤称母"，"民吾同胞，物吾与也"，认为天地是父母，百姓是同胞，万物是同伴。又讲道：帝王是天地的嫡长子，大臣是嫡长子的家务总管等等。张载自己把这一段话写在纸上，贴在住室的西窗上，作为座右铭。程颐对这一段话极为欣赏，改题为《西铭》。在《西铭》的注释中，朱熹认为：世界万物都是天地的子女，而天地又是由理派生出来的，因此叫"理一"；而万物一经产生，就有了"大小"和"亲疏"的分别，"亲疏异情，贵贱异等"，这就叫"分殊"。朱熹特别强调"分殊"。他说："不可认是一理了，只滚做一看，这里各自有等级差别。"又说："大小等级之不同，便是亲疏远近之分。"（《朱子语类》卷九八）

中国古代社会是高度发展了的等级制社会。朱熹说："万物皆有此理。理皆同出一原，但所居之位不同，则其理之用不一。如为君须仁，为臣须敬，为子须孝，为父须慈，物物各具此理，而物物各异其用，然莫非一理之流行也。"（《朱子语类》卷一八）朱熹这里说的"所居之位"，指的就是人们在社会等级划分中所处的地位。"所居之位"不同,它们所应遵守的道德规范以及政治、经济权利也就有了差异。"只是这一个道理流出去,自然有许多分别。"朱熹把这些"分别"称为"天分"或"定分"。朱熹要人们"惟分是安",不得有丝毫超越。他说:"且如耆刍豢而厌藜藿,是性如此,然刍豢分无可得,只得且吃藜藿。"(《朱子语类》卷六一)在朱熹看来,虽然人人都喜欢吃猪肉而讨厌吃野菜,但是,如果"天分"注定了你没有猪肉可吃,那就老老实实地吃野菜吧。

朱熹又说:"如君臣之间,君尊臣卑,其分甚严。若以势观之,自是不和,然其实却是甘心为之。皆合于礼,而理自和矣。且天子之舞八佾,诸侯六,大夫四,皆是当如此。"(《朱子语类》卷二二)佾是奏乐舞蹈的行列,一佾八人。按周礼的规定,天子用八佾,诸侯用六佾,卿大夫用四,士用二,它是中国古代社会等级制的一种规定。朱熹认为,这种等级差别"皆是当如此",照此奉行,就叫合"理",不照此奉行,诸侯僭天子,大夫僭诸侯,就叫不合"理"。

战国后期,荀子认为:社会物质财富满足不了人们的普遍要求,必然发生争乱,因此先王"制礼义以分之,使有贫富贵贱之等"(《荀子·王制》),所以他主张"明分"(《荀子·富国》),要求人们承认等级差别。朱熹吸取了前代的有关学说,提出了"理一分殊"说,为礼——中国古代社会的等级制作了新的理论论证。朱熹这一论证要比孔子、荀子精致得多:礼,就是"天理之节文",一切关于礼的繁文末节的规定都是自然之理。他说:"主人升东阶,客上西阶";"上东阶,则先右足;上西阶,则先左足"等,"自是理合如此"。(《朱子语类》卷七四)因此,君用八佾,臣用六佾、四佾、二佾,这叫"分殊";我吃猪肉,你吃野菜,这也叫"分殊"。"各自有一个理,又却同出于一个理"(《朱子语类》卷一八),都是太极的完整无缺的体现。朱熹希望经过这样的论证后,就能够克服"相攘相夺"的情况,使人人都安于"本分","你得你底，我得我底"，过着"和而有别"的生活。

"人人有一太极，物物有一太极"，朱熹的"理一"说似乎是充分"平等"的理论，然而，就在这"平等"的"理一"说中却安排了极为不平等的"分殊"内容。

四、中国式的人文主义精神

朱熹写过一首诗，叫作《春日偶作》："闻道西园春色深，急穿芒屩去登临。千葩万蕊争红紫，谁识乾坤造化心？"当严冬占领着大地的时候，众木凋零，万花纷谢，然而，春天一到，千葩怒放，万蕊竞发，赤橙黄绿青蓝紫，世界顿时被装点得无限妖娆。这是由于一种什么力量呢？

世界是丰富的，然而又是统一的；物质的运动形式是多样的，然而又是有规律的。以动植物而论，谁数得清它们究竟有多少种，多少类？然而，在遗传上，它们却遵守着严格的秩序，并不出现"牛生出马，桃树上发李花"的情况，用朱熹的话来说，就是"他又却自定"。（《朱子语类》卷一）这是由于什么原因呢？

朱熹认为，这一切都是由于"理"的"主宰"作用。他说："然所谓主宰者，即是理也。"（《朱子语类》卷一）

"帝是理为主。"（《朱子语类》卷一）这就是说，主宰丰富而又统一的物质世界的最高力量是理，所谓"上帝"，指的就是理的主宰作用。

拉法格说："一切民族都曾以为上帝支配他们的历史。"[1]我国商周时代，奴隶主贵族炮制了一个天上人间、自然和社会的最高主宰——"帝"或"上帝"。这个上帝有意志，有感情，有时高兴，有时发怒。它为人间选择统治者，安排人的富贵贫贱，并以某种方式对人实行赏罚。

---

[1] 拉法格：《思想起源论》，生活·读书·新知三联书店1963年版，第9页。

朱熹不完全同意这种看法。他说:"(若说)真个有个上帝,如世间所塑之像固不可。"(《朱子语类》卷三)"哪得个人在上面分付这个!"(《朱子语类》卷四)这里,朱熹明确地否定了有人身的上帝。他又说:"说天有个人在那里批判罪恶,固不可;说道全无主之者又不可。"(《朱子语类》卷一)这个不是人,又似人的力量就是理。

两宋哲学中,有所谓天地有心、无心的争论。在这一争论中,朱熹动摇于二者之间,他说:"今须欲知得它有心处,又要见得它无心处。"(《朱子语类》卷一)但是,朱熹明确表示,天地的生物是无意识的,"无情意,无计度,无造作"(《朱子语类》卷一),不像人一样思虑,这就明确地否定了神学目的论和世俗的上帝创世说,是一种中国式的人文主义精神。

关于物质世界运动、发展的根本原因,从来就有两种对立的看法。"自动自休、自峙自流"(柳宗元《非国语》),"动非自外"(张载《正蒙·参两》),认为事物运动和发展的根本原因在于事物的内部矛盾,事物运动的规律性是客观事物本身所固有的特性,它们不是任何外部力量赋予的,也不受任何外部力量主宰,这是唯物主义和无神论者的看法;而一切从物质世界外部找寻物质世界运动、发展的根本原因的企图都将通向唯心主义和有神论。朱熹否定有人身的上帝和神学目的论,这就走近了无神论,西方的某些教士们曾对此表示愤慨。[1]但是,又应该指出,他从"造化"之外,"阴阳"之外,找出了一个"所以造化""所以一阴一阳"的主宰者——理。这仍然是变相的上帝创世说。只不过这位上帝没有人身,即没有肉体,没有眼和鼻,没有喜怒哀乐罢了。

在社会发展中,人们不断修改自己的"上帝"。最初出现的是有人身的上帝,然后逐渐出现无人身的上帝。殷墟文字记载,"帝其令风"(《殷

---

[1] 李约瑟称:"耶稣会的教士对于理学家以长篇阔论否认人格化的上帝一事甚表愤慨。"见《中国之科学与文明》第三册,(台湾)商务印书馆1980年版,第173页。

墟文字乙编》,第3092片),"帝其令雨"(《殷墟文字乙编》,第6951片)。这里的上帝就是有人身的。随着奴隶制的崩溃和无神论思想的兴起,奴隶主阶级逐渐以"天"的概念代替了"上帝"的概念。到了汉朝,董仲舒提出了"天人感应"说,认为"天亦有喜怒之气,哀乐之心",天能干预人事,可以通过灾异和祥瑞表示对人们的嘉奖和谴责。这里,上帝的人身不那么强调了,但是上帝的意志和感情却仍保留着。经过了司马迁、扬雄、桓谭、张衡、王充、柳宗元、刘禹锡等唯物主义思想家的批判,到了朱熹生活的时代,上帝的意志和感情也保留不住了,于是出现了朱熹所说的"无躯壳底圣人"——理。(《朱子语类》卷二三〇)

必须指出,朱熹在大力推尊他的无人身的上帝的同时,并不完全排斥有人身的上帝。他把《尚书》中"帝乃震怒"的"帝"解释为"理",这个"理"虽不是人,但却可以发怒。他很相信董仲舒的"天人感应"说,认为水旱之灾、气候异常、地震山摧,都是天对人的谴告,必须"修德正事",才能使"上帝鬼神,收还威怒"(《己酉拟上封事》,《文集》卷一二),变灾为祥。这类观点,大抵见之于他劝宋朝皇帝"克己自新"的奏札。政治的需要牺牲了理论原则。这里,有人身的上帝就又神气活现地出现了。

在对于一般鬼神的看法上,朱熹也表现了类似的情况。某些时候,他否定了有人身的鬼神,力图用一种新的鬼神观来代替它们,而最终则又承认了有人身的鬼神。

佛教主张"神不灭",认为人虽死,但精神魂魄仍然存在,可以自由来往,可以转世投生。佛教的这种看法,和朱熹的理不灭、理是世界主宰的观点相矛盾,因此,朱熹对此竭力反对,说是"改名换姓,自生自死","不由天地阴阳造化",真是"岂有此理"(《答连嵩卿》,《文集》卷四一)!为了反对佛教的鬼神观,朱熹承袭过张载的某些观点。张载认为:"鬼神者,二气之良能也。"(《正蒙·太和》)用气的不同运动形态来说明鬼神，实际上是一种无神论思想。但是，由于仍然保留了鬼神的名称，因此又可以通向有神论。

朱熹说："鬼神不过阴阳消长而已。"（《朱子语类》卷三）由此出发，朱熹宣称，鬼神并不是"如今泥塑底神之类"，"只是气"（《朱子语类》卷三）。他举例道：风雨雷电初发是神；风止雨过，雷住电息，是鬼。有时，他甚至把甘蔗的"甘香气"称为"神"，把"浆汁"称为"鬼"。这样，鬼和神的神秘性就消失了。这些地方，朱熹同样走近了无神论。但是，朱熹又迅速走向了有神论。他认为，人死之后，气并未散尽，可以通过祭祀进行"感通"，呼召先祖之气来聚（《朱子语类》卷三）。实际上这就承认人死之后仍然具有某种知觉功能，从而倒向神不灭论了。

朱熹最主张祭祖时必须"尽其诚敬"，他说："若道无物来享时，自家祭甚底？肃然在上，令人奉承敬畏，是甚物？若道真有云车拥从而来，又妄诞！"（《朱子语类》卷三）可见，朱熹反对的只是世俗的鬼神观，他所力图塑造的是一种以气为物质基础的新的鬼神。在小说《祝福》中，鲁迅曾经描写过一个"讲理学"的老监生——鲁四老爷。他案头放着《近思录集注》和《四书衬》，"虽然读过'鬼神者二气之良能也'，而忌讳仍然极多"。祥林嫂因为再嫁，就被认为"败坏风俗""祭祖时可用不着她沾手""不干不净，祖宗是不吃的"。这位鲁四老爷不是很像朱熹吗？

朱熹认为，不仅子孙之气可以和祖先之气相通，人和天地、山川、古代圣贤之间也可以"感通"。据他说，天子祭天地，诸侯祭山川，后人祭古代圣贤，因为是祭所当祭，"道理合如此，便有此气"，都会发生"精神魂魄"互相"感通"的现象（《朱子语类》卷三）。"祭如在，祭神如神在。"（《论语·八佾》）从孔子起，儒家一直重视祭祀，朱熹的"感通"说为之提供了新的理论根据。因此，尽管有时朱熹学着孔子的样子，扭扭捏捏地不大愿意谈鬼神问题，但在他的门徒一再追问时，却还是肯定地说："鬼神是本有底物事。"

第五章

"天命"与"气质"相结合的双重人性论

在中国哲学史上，首先提出双重人性的是北宋的张载和程颐。他们认为，人有"天命之性"与"气质之性"。朱熹继承了这一思想，认为人是理和气的结合。他说："人之所以生，理与气合而已。"（《朱子语类》卷六〇）前者指伦理观念，它构成人的"天命之性"；后者指阴阳二气，它构成人的"气质之性"。在朱熹看来，二者都是人所不可缺少的，少了一项，就"做人不得"。

人作为生物的一种，自然有其生物性，但是人又是社会的人，有其社会性。在朱熹的双重人性论中，我们可以隐约窥见他对于人性构成的某种合理猜测。

一、人尽皆同的"天命之性"

朱熹从程颐那里接受过一个命题，叫作"性即理"。他说："吾之性即天地之理。"（《朱子语类》卷九八）当人未有形气之前，它叫作理；当人已有形气之后，这个理"降"到了人身上，就叫作性。朱熹把这个天降的人性称为"天命之性"。

朱熹认为，当你呱呱坠地，有了"人影子"的时候，"天命之性"便光临到人的"心"里了。他说："性便是许多道理，得之于天而具于心者。"(《朱子语类》卷九八)朱熹所说的"天命之性"实际上就是儒学伦理观念。他说："天命之性，不可形容"，"熹只以仁、义、礼、智四字言之，最为端的。"(《答胡广仲》，《文集》卷四二)他解释道：仁，是温和慈爱的道理；义，是断制裁割的道理；礼，是恭敬撙节的道理；智，是分别是非的道理。

朱熹认为，心有两种状态：一种是"寂然不动"的"未发"状态，这时候，性处于静止中；另一种是"感而遂通"的"已发"状态，这时候，性便发展为情了。他说："在天为命，禀于人为性，既发为情。"(《朱子语类》卷五)所谓情，指的是人的"恻隐、羞恶、辞让、是非"等四种感情，即孟子所说的"四端"。朱熹认为，它们是仁、义、礼、智四种道德的表现。他说：看见赤子入井了，于是形成恻隐之心；经过太庙或朝廷了，于是形成恭敬之心。其原因就在于"中间众理浑具，各各分明，故外边所遇，随感而应"(《答陈器之》，《文集》卷五八)。因此，他把性称为体、称为根，情称为用、称为芽，认为前者是先天的，后者是后天的。

朱熹又说："性是天赋与人，只一同。"(《朱子语类》卷五九)他不同意韩愈等人的"性三品"说，认为人人都具备着仁、义、礼、智等天性，尧、舜也好，愚人、恶人也好，"天命之性"都一样，圣贤不多出一分，愚、不肖也不欠缺一分。他说"然圣贤禀性与常人一同，既与常人一同，又安得不以圣贤为己任？"(《朱子语类》卷八)透过这些话，我们仿佛可以看到，朱熹笑眯眯地在向"常人"们招手：大家快来当圣贤呀！

二、人的多样性决定于气禀

既然人性皆善，人性皆同，那么，现实生活中的人性为什么会有善有恶，表现出纷纭复杂的状况呢？这是孟子等人未能做出回答的。对此，朱熹用气质之性来解释。气，指的是阴阳二气，质，指的是金、木、水、火、土等五行。朱熹认为，人所禀受的气质不同，人性也就因之而发生差异，就像水中撒进了酱、盐等物，滋味不一样了。他说："天之所以命，只是一般，缘气质不同，遂有差殊。"（《朱子语类》卷四）这种人所接受的不同气质，朱熹称为气禀。

朱熹认为，气禀决定人的道德和性格状况。他说："人之性皆善，然而有生下来善底，有生下来便恶底，此是气禀不同。"（《朱子语类》卷四）例如，一个人接受了天地的"清明浑厚"之气，就成为好人；接受了"日月昏暗""寒暑反常"的天地"戾气"，就成为不好的人；接收的木气多了，便温厚慈祥；接收的金气多了，便刚强坚毅。

朱熹又认为，气禀还决定人的才能和智愚状况。他说："气禀所拘，只通得一路，极多样。或厚于此而薄于彼，或通于彼而塞于此。有人能尽通天下利害而不识义理，或工于百工技艺而不解读书。"（《朱子语类》卷四）这就是说，由于气禀的拘牵和制约，使人只能长于一个方面，或通此，或通彼，形成了多种多样的状况。孔子曾经把人分为"生而知之""学而知之""困而学之""困而不学"等四种，但是为什么会有这种区别，他没有作出说明，对此朱熹做了解释。他说：气质"清明纯粹，绝无渣滓"的是"生而知之"的圣人；"清明纯粹"、稍有渣滓的是"学而知之"的贤人；"昏浊偏驳"、略具"清明纯粹之气"的是"困而学之"的众人；"昏浊偏驳"到了极点，完全没有"清明纯粹"之气的是"困而不学"的下民。

据朱熹说，连人的富贵贫贱、生死寿夭都是气禀决定的。他说："富贵死生祸福贵贱,皆禀之气而不可移易者。"(《朱子语类》卷四)你贵为王侯、富堪敌国吗?这是由于气禀。你衣不蔽体、食不果腹吗?这也是由于气禀。而且,你是长寿,是短命,仍然取决于气禀。这一切,"固是都禀于有生之初",在你一落地时就决定了的。不仅如此,连你是怎样的死法,也还是决定于气禀。你是被杀、被绞或被囚禁而死的吗?"固所自取,是亦前定,盖其所禀之恶气有以致之也。"(《朱子语类》卷六十)

这样,朱熹的气禀说就不仅用来说明人的道德、才智,而且也用来说明人的遭遇了。朱熹有一段话,概括地叙述了气禀和人性以及人的命运之间的关系:"禀得精英之气,便为圣为贤,便是得理之全,得理之正。禀得清明者便英爽,禀得敦厚者便温和,禀得清高者便贵,禀得丰厚者便富,禀得久长者便寿,禀得衰颓薄浊者……便为愚、不肖,为贫、为贱、为夭。"(《朱子语类》卷四)原来,气有精英、清明、敦厚、清高、丰厚、久长、衰颓薄浊的不同,人性和人的遭遇也随之有了种种差异。据朱熹说,其间的关系是一定的。例如,孔子禀得的是"清明之气""低底气""薄底气"。其中,"清明之气"使他成为圣人,"低底气""薄底气"使他终身贫贱。颜渊呢?禀得的是"短底气",所以死得早。这真是禀得什么气,就成什么人,气禀铁面无私地决定人的一生。

"生死有命,富贵在天",历来儒家学派是用"天命"论来解释人的寿夭穷通的。程颐、朱熹的气禀说则与之不同。"天非有殊,人自异禀。"(《朱子语类》卷九八)你富你贵吗?这是气禀好,安富尊荣就是了。你贫你贱吗?别怨天,别尤人,全怪你的气禀不好。朱熹把气禀和人的贫富贵贱之间的关系视为"必然之理",称为"命分"。他说:"命分是兼气言之,命分有多寡厚薄之不同。"(《朱子语类》卷四)

既然气禀如此重要,它是由什么因素决定的呢?朱熹认为,除天地之气外,还有父母之气。曾经有门徒问朱熹:人接受的是天地五行之气,但人又是父母所生,其间的关系如何?朱熹回答说:"便是这气须从人身上过来。"(《朱子语类》卷四）天地之气通过人体起作用，这就很有点儿接近于现代所说的"遗传"了。

现代科学已经证明，遗传取决于生物体内的一种特殊物质——基因。朱熹的气禀说肯定了作为物质的气在遗传中的作用，虽然粗浅，但显然有其正确的成分。但是，人性、人的道德观念、人的才能主要是在社会环境和后天实践中形成并发展起来的，将遗传作为决定因素，必然陷入困境。据传说，尧是古代最高端的圣人，他的儿子丹朱却很不肖；舜是继承尧的大圣人，他的父亲瞽叟不是好东西，儿子商均也不怎么样。对于此类问题，朱熹只能乞灵于"偶然"论或不可知论。他说："气偶然如此，如瞽叟生舜是也。"（《朱子语类》卷四）但是，这一点连他的门徒也不相信。有人追问说："瞽叟之气，有时而清明；尧舜之气，无时而昏浊。"偶然清明的瞽叟可以偶然地生个好儿子，但是全体始终浑然一片清明之气的尧、舜怎么会生出大坏蛋来呢？在门徒的追问面前，朱熹言语支吾。门徒记载说："先生答之不详。"（《朱子语类》卷四）有时，他干脆答之以"不可晓"（《朱子语类》卷四），"都不须如此思量"（《朱子语类》卷一五）。

朱熹很得意，自以为"气禀"论解决了千古不决的疑案。他说："孟子未尝说气质之性，程子论性所以有功于名教者，以其发明气质之性也。以气质论，则凡言性不同者，皆冰释矣。"（《朱子语类》卷四）这里应该指出的是，"气质"或"气禀"说，既不是程颐，也不是张载的发明，它的始倡者是东汉的王充。王充认为，"人禀气而生，含气而长，得贵则贵，得贱则贱"。又认为，"凡人受命，在父母施气之时，已得吉凶矣"。（《论衡·命义篇》）程颐、朱熹的气禀说明显地受了王充的影响。

三、敞开了成圣成贤的大门

按朱熹的说法，气质对人性和人的遭遇有如此重要的决定作用，那么，如果撞着了不好的气质，有无办法可以挽救呢？有的。

朱熹认为，"天命之性"以"气质之性"为安顿、搭挂之处，气质之性不好，天命之性就要受到"蔽锢"，但是天命之性仍然存在。他比喻说："理者如一宝珠。在圣贤，则如置在清水中，其辉光自然发见；在愚不肖者，如置于浊水中。"（《朱子语类》卷一七）这就是说，儒学伦理是永远不可磨灭的精神实体，即便是愚人、恶人也不例外，它可以被"蔽锢"，但是不会消失。

污水可以返清，宝珠可以重光。朱熹认为，气质之性也可以变化，方法就是从事"格物致知""存天理，去人欲"之学。他说："惟学为能变化气质耳。"（《答王子合》，《文集》卷四九）"只是道理明，自然会变。"（《朱子语类》卷一二〇）

他鼓励人们"勇猛直前""用功克治"（《朱子语类》卷四）。据他说，在经过了"人一己百，人十己千"的坚强努力后，天命之性就可以重新发生作用，"虽愚必明，虽柔必强"（《朱子语类》卷四）了。这里，朱熹是承认人的主观能动性的，但是，它只停留在道德修养领域内。

愚可以转化为智，不肖可以转化为圣贤，那么贫是否可以转化为富，贱是否可以转化为贵呢？不能。朱熹说："人之禀气，富贵、贫贱、长短，皆有定数寓其中。"（《朱子语类》卷四）据他说，这就像是山中的一棵树，或贵而为栋梁，或贱而为厕料，都是"生时所禀气数如此定了"（《朱子语类》卷四）。绍兴三十二年（1162），朱熹给一个会"算命"的徐姓儒者作序，内称："得于有生之初者，其赋与分量固已如是，富贵荣显固非贪慕所得致，而贫贱祸患固非巧力所可辞也。"（《赠徐端叔命序》，《文集》卷七五）这里，朱熹就不允许你发挥任何一点主观能动性了。

朱熹敞开了成圣成贤的大门，但是却坚决阻断了农民"等贵贱、均贫富"的希望之路。

第六章

唤醒天赋观念的"格物致知"论

秦汉之际的儒家著作《礼记》中有一篇《大学》，讲的是"修身"和"治国、平天下"的关系。这篇文章在北宋时受到司马光的特别注意，首先把它抽出来，单独注解，著成《大学广义》。程颢、程颐继续表彰它，详加论说。南宋时，朱熹又把它和《中庸》《论语》《孟子》并称"四书"。朱熹并打乱原本次序，武断地分全文为"经"一章，"传"十章。"经"是孔子的话，由曾子叙述的；"传"则是曾子的意思，由门人记录下来的。

《大学》里有这样一段话："欲诚其意者，先致其知，致知在格物。"朱熹认为解释这一段话的"传"文大部分亡失了，因此，他自己杜撰了一段，放进《大学》里作为"传"：

所谓致知在格物者，言欲致吾之知，在即物而穷其理也。盖人心之灵，莫不有知，而天下之物，莫不有理，惟于理有未穷，故其知有不尽也。是以大学始教，必使学者即凡天下之物，莫不因其已知之理而益穷之，以求至乎其极。至于用力之久，而一旦豁然贯通

焉，则众物之表里精粗无不到，而吾心之全体大用无不明矣。此谓物格，此谓知之至也。（《大学章句》）

这段话是朱熹"格物致知"论的纲领性的叙述。

朱熹的"格物致知"论讲的是道德修养问题，目的在于使人进入"圣贤之域"。但是，道德伦理属于社会意识形态，他在论述道德修养问题时，不能不涉及认识论的一般问题。

一、"醒与睡"

一面闪亮的镜子可以毛发毕具地照出人的形貌。但是当它蒙受了污垢后，就失去照人的作用，必须除去污垢，才能重新照人。

朱熹认为，人的认识过程很像铜镜。他说："人之有是生也，天固与之以仁、义、礼、智之性，而叙其君臣父子之伦，制其事物当然之则矣。"（《行宫便殿奏札》二，《文集》卷一四）又说："盖人心至灵，有什么事不知，有什么事不晓，有什么道理不具在这里！"（《朱子语类》卷一四）那么，人为什么还要搞什么"格物致知"呢？朱熹的解释是：由于气禀的局限和物欲的蒙蔽，人的天赋观念不能很好地发生作用，正像一面镜子蒙上了污垢一般。他说："以其气质之有偏，物欲之有蔽也，是以或昧其性，以乱其伦、败其则而不知反，必其学以开之。"（《行宫便殿奏札》二，《文集》卷一四）气质之有偏，这在上文已经分析过。物欲之有蔽，指的是人对于色、声、香、味、安逸等享受的追求。朱熹认为，气禀和物欲这两个东西蒙蔽了人的本性，扰乱了伦理观念，败坏了老天爷制定的行为准则，结果人就陷于邪恶，必须通过学习，才能改变这种状况。

这样在朱熹的哲学体系里，认识的任务就不是去认识客观世界，而是使原来万理具足的受蒙蔽的人心恢复其本来面目，正像使蒙受污垢的铜镜恢复其本来面目一样。在这一过程中，人不曾从外界增加任何一丝一毫的新知识、新观念。他把这一过程比喻为人的睡与醒，认为人醒时耳目聪明，应事接物，不会发生差错；"若被私欲引去，便一似睡着相似，只更与他唤醒"（《朱子语类》卷一一四）。因此，在朱熹看来，所谓修养，就是唤醒沉睡着的人心，消除蒙蔽，使天赋道德观念得以发扬。

朱熹的"唤醒"论类似于柏拉图的"回忆"说。柏拉图认为：人的"灵魂"天赋就具有一切理念，但是当"灵魂"和肉体结合的时候，却由于肉体的影响而把这些理念忘记了，因此必须通过学习，回忆"灵魂"原先旧有的知识。

朱熹认为：当人的天赋道德观念得到发扬的时候，人就进入不用学习而无所不能的神奇境界了。他说："鄙贱之事虽琐屑，然孰非天理之流行者，但此理既得，自然不习而无不能耳。"（《朱子语类》卷九三）张载曾将人的认识区别为"天德良知"和"闻见小知"，认为前者是天赋的，后者是"物交"，即与客观世界接触的结果。朱熹认为一切都是天赋的，这就将张载认识论中的唯心主义成分进一步发展了。

二、在外的"儿子"与在家的"儿子"

朱熹说：格物，就是穷尽事物之理。格是"尽"的意思，又是"至"的意思。朱熹认为，只有把事物之理穷尽到十分了，才能算格物。致知，就是推展、扩充自己的知识以至于极点。朱熹认为，人都有知识，例如儿童懂得爱父亲，长大了懂得敬兄长等，但是这种知识只停留在大略的水平上，必须从这里推展开去，达到知无不尽的极限。他说："格物致知，彼我相对而言耳。格物所以致知，于这一物上穷得一分之理，即我之知亦知得一分；于物之理穷二分，即我之知亦知得二分；于物之理穷得愈多，则我之知愈广。"（《朱子语类》卷一八）物是彼，知是我，二者相对，朱熹把这种关系称为"主宾"关系，他说："知者，吾心之知；理者，事物之理，以此知彼，自有主宾之辨。"（《答江德功》，《文集》卷四四）

在认识过程中，人是主体，事物是客体，即所谓"宾"。例如人去认识山，人是主体，山是客体，这是不错的；提出了"主宾之辨"也可以说是朱熹对中国认识论史的一点贡献。但是，唯物论的反映论认为，客体的存在是构成主体认识内容的必要条件，没有客体，或者主体不去接触客体，人就不会有关于客体的任何知识。而朱熹则不然，他认为：人先天具备一切知识，格物的作用不过是从蒙蔽中唤醒它。这样，客体的存在，主体对客体的认识活动（实践），就都成了并非绝对必要的条件，是可以抛开或跳过去的。

朱熹的格物致知有两条途径。

按朱熹的说法，理无所不在。它既存在于外物，也存在于人心，都是太极分别的、完整的体现。前者曾被朱熹比作在外的儿子，后者曾被朱熹比作在家的儿子。某次，当有人对他的"从外去讨得来"的认识途径发生怀疑的时候，朱熹笑着说："某常说人有两个儿子，一个在家，一个在外，去干家事，其父却说道在家底是自家儿子，在外底不是！"（《朱子语类》卷一五）既然在外的儿子、在家的儿子都是儿子，在物之理与在心之理都是理，因此逻辑的结论必然是：既可以向外去认识在物之理，也可以向内去认识在心之理。

认识在物之理就是所谓向外用功。他说："上而无极、太极，下而至于一草一木一昆虫之微，亦各有理。一书不读，则缺了一书道理；一事不穷，则缺了一事道理；一物不格，则缺了一物道理。须着逐一件与他理会过。"（《朱子语类》卷一五）在朱熹的哲学体系里，物不仅指客观事物，也指人的行为动作，甚至还包括"一念之微"。因此，他的格物的内涵就相当广泛。他要人读书时便就文字上格,听人说话时便就说话上格,待人处事时就在待人处世上格。在《白鹿洞书院揭示》中,朱熹曾经把上述要求归纳为四个方面,即博学之、审问之、谨思之、明辨之。他说:"学、问、思、辨四者,所以穷理也。"(《文集》卷七四)

朱熹特别重视读书,把它列为"穷理"过程的起点。据他说,天下之理都具备于圣人所著的"经训史册"中,要想穷理,必先读圣人之书。此外,朱熹也重视思考的作用,提倡"深沉潜思""反复推究"。他要求人们通过读书、思考、讨论、讲学等方法确认人们行为的是非准则。他说:"格物只是就事物上求个当然之理。若臣之忠,臣自是当忠;子之孝,子自是当孝。"(《朱子语类》卷一二〇)

有时,朱熹也大谈其"格"所谓天地万物以至草木虫鱼之理,如:天如何而能高,地如何而能厚,山岳如何而能凝结,以至炭的白黑,水的冷湿,车之行陆,舟之行水,"这底是可以如何使,那底是可以如何用"等,朱熹认为,一一皆在"理会"之列。他说:"虽草木,亦有理存焉,一草一木岂不可以格!"(《朱子语类》卷一八)这些地方,朱熹才真正接触到了人类认识自然的活动。但是,朱熹这样说,主要是为了要人们借物为踏脚石去认识那个先于物而又派生物的"理",利用有形象的"器"去掌握无形象的"道"的"实体"。他说:"所谓实体,非就事物上见不得。且如作舟以行水,作车以行陆,今试以众人之力共推一舟于陆,必不能行,方见得舟果不能以行陆也。"(《朱子语类》卷一五)所以,朱熹反对人"悬空"去认识理,而强调要逐事逐物地"一一根究",才能明白事事物物都有一个"当然之则"。

在某些地方,朱熹走近了唯物主义的认识论,例如上文所述"实体"问题。又如,关于"真知"的概念,他认为,只有亲身经历的知识才是真知。例如,吃酒才懂得醉,吃饭才懂得饱,"人不曾吃底,见人说道是解醉、解饱,他也道是解醉解饱,只是见得不亲切。"(《朱子语类》卷一八）一切真知都发源于直接经验。这里，朱熹的思想符合唯物论的经验论。

朱熹反对轻信别人，强调自身的认真考察。他说："前人恁地说，亦未必尽，须是自把来横看、竖看。"（《朱子语类》卷九）有时，他也并不排斥见闻之知，认为在认识的初级阶段，必须"先在见闻上做功夫"。他说："如今人理会学，须是有见闻，岂能舍此？先是于见闻上做功夫到，然后脱然贯通。"（《朱子语类》卷九八）这些，都是朱熹认识论中的合理成分，也是他受陆九渊、王阳明等人攻击最猛烈的地方。

需要指出的是，由于朱熹的格物致知是要人们做圣贤，因此，他一面表示，一草一木之理"岂不可以格"，一面马上声明，学者们用功，不可不讲先后缓急。他说："且如今为此学而不穷天理、明人伦、讲圣言、通世故，乃兀然存心于一草木一器用之间，此是何学问！如此而望有所得，是炊沙而欲其成饭也。"（《答陈齐仲》，《文集》卷三九）因此，他特别强调格物要"切己"，又强调要"反身"，一再表示不能"徇外夸多"，放纵自己的精力于"汗漫纷纶不可知之域"。（《答吴伯丰》，《文集》卷五二）

在"向外用功"之外，朱熹还提倡过另一条认识途径，这就是"向内用功"。

所谓向内用功就是认识在心之理。他说："天下之理，逼塞满前，耳之所闻，目之所见，无非物也，若之何而穷之哉？须当察之于心，使此心之理既明，然后于物之所在，从而察之，则不至于泛滥矣。"（《朱子语类》卷一八）朱熹把这个过程称为"由中而外，自近而远"（《朱子语类》卷一八）。

在朱熹的哲学体系里，向外用功亦称"博观"，向内用功亦称"反求"或"内省"。在二者的关系上，朱熹主张不可偏废。有时，他激烈地批评同时代南剑州的哲学家杨时"反身而诚"的观点："万物之理须你逐一去看，理会过方可。如何会反身而诚了，天下万物之理便自然备于我，成个什么？"（《朱子语类》卷六二）但是，朱熹有时又明确表示，必须以向内用功为主。他说："要知学者用功，六分内面，四分外面便好，一半已难，若六分外面，则尤不可。"（《朱子语类》卷一八）

人的认识过程确有向外用功和向内用功两个方面。向外用功，这是实践的过程；向内用功，这是对从实践中得来的材料进行思考、分析的过程。朱熹指出了认识过程有两个方面，这也是他对中国认识论史的贡献。但是，向外用功是基础，是认识世界、认识真理的唯一途径，离开了向外用功，向内用功就成了虚想胡猜。朱熹将二者并列起来，而且主张"六七分去里面体会"（《朱子语类》卷一八），这就又离开真理了。

必须指出的是，当朱熹感到永康、永嘉等功利主义学派的强大威胁时，他连"三四分去外面理会"也不要。《与刘子澄》称："近觉向来为学，实有向外浮泛之弊，不惟自误，而误人亦不少。方别寻得一头绪，似差简约。端的始知文字、言语之外，真别有用心处，恨未得面论也。浙中后来事体，大段支离乖僻，恐不止似正似邪而已。"（《文集》卷三五）这里所说的"浙中后来事体"，乃是指永康、永嘉等功利主义学派的发展，所说"似差简约"的另一"头绪"，正是向内用功。他说："切须去了外慕之心""有一分心向里，得一分力，有两分心向里，得两分力"（《朱子语类》卷八）。晚年，他往往连书也不主张读。《答蔡季通》称："《春秋》无理会处，不须枉费心力。吾人晚年只合爱养精神，做有益身心工夫。如此等事，便可一笔勾断，不须起念。尽教它是鲁史旧文，圣人笔削，又干我何事耶！"（《续集》卷二）据朱熹自述，这一时期，他因为目疾不能观书，但是，"道理"却看得格外简约明白。因此，他提倡"闲中静坐，收敛身心"，甚至恨自己为什么眼睛没有早一天瞎掉！在《答潘叔度》中，他说："冥目闲坐，却得收拾放心，觉得日前外面走作不少，颇恨盲废之不早也。"（《文集》卷四六）

朱熹在认识论上走过了一条"之"字形的道路。早年主张"默会诸心",是向内用功的禅学一路;中年强调"一物不格,则缺了一物道理",是向外用功一路。这是构成朱熹认识论的个人特点所在,也是蕴含合理内核的地方。晚年主张"闲中静坐,收敛身心",这就是向内用功的禅学一路了。

朱熹在认识论上的思想变迁,反映了道学中理学一派向心学一派发展的必然趋势。后来王阳明的"致良知"说,不仅继承了陆九渊,实际上也继承了朱熹。王阳明编有《朱子晚年定论》一书,其中既有朱熹的早年之论,也确有朱熹的晚年之论。应该承认,朱熹的这部分言论和陆九渊是并无多大差别的。

三、自"铢积寸累"以至"一旦豁然贯通"

在成圣问题上,道学有渐修和顿悟两种观点。所谓渐修,指的是长期的个人修养;所谓顿悟,指的是刹那间的突然领悟。程颐曾经向往过一种"言下即悟"的境界,幻想用一两次谈话,甚至一两句话使人成圣。杨简也自称,他听了陆九渊几句话后,就忽然"省悟"了。

道学中的上述两种观点都渊源于佛学。南北朝以来,在成佛问题上,佛教就逐渐形成了渐修和顿悟两派。渐修论者主张长期的甚至是累世的修行,顿悟论者主张参一两句"话头",因一两件事启发,就顿悟成佛。唐中期之后,惠能所创立的禅宗南派大盛,因此顿悟之说大为流行。据说,有的人因为听了"手作拳,拳全手"的比喻就"豁然开悟"(《唐汾州开元寺无业传》,《高僧传》二集卷一一)。石头和尚自回则因在凿石时,一锤下去,火光迸出,于是就"忽然彻悟"(《台州钓鱼台沙门释自回传》,《高僧传》四集卷五)了。

朱熹在讲学活动中多次抨击过顿悟,认为这种观点使人"癫狂粗率"，忽略日常功夫，是"今日学者大病"（《答胡季随》,《文集》卷五三）。他主张，人的道德修养只能持之以渐，铢积寸累，一点点地积累，一步步地前进。他说："今日既格得一物，明日又格得一物，工夫更不住地做。如左脚进得一步，右脚又进一步；右脚进得一步，左脚又进，接续不已。"（《朱子语类》卷一八）一口吃不成胖子，刹那之间也决成不了圣贤，比起顿悟说来，自然朱熹的"铢积寸累"说更接近于真理。

朱熹认为，人的认识是一个由浅入深、由近及远、由表至里、由粗而精的过程，开始时只能"看个大胚模"，然后才能"逐旋做细"。他说："穷理须穷究得尽，得其皮肤是表也，见得深奥是里也。知其粗不晓其精，皆不可谓之格。"（《朱子语类》卷一八）人的认识不是一次完成的，而是一个由感性认识到理性认识的辩证发展过程。人们在获得了丰富的感觉材料之后，还必须对它们加以改造制作，去粗取精，去伪存真，由此及彼，由表及里，形成概念和理论，从而认识事物的本质和规律。朱熹说："天地中间，上是天，下是地，中间有许多日月星辰、山川草木、人物禽兽。此皆形而下之器也。然这形而下之器之中便各自有个道理，此便是形而上之道。所谓格物，便是要就这形而下之器，穷得那形而上之道理而已。"（《朱子语类》卷六二）朱熹这里所说的"形而上之道理"，正是指理性认识。朱熹认为，如果人的认识达不到这个阶段，就不能算作学问。当然，朱熹并不懂得感性认识和理性认识的区别，但他看出了理有"表里精粗"的不同，人的认识是一个由下而上，由低级到高级的发展过程，这是有其合理因素的。

朱熹主张通过"万殊"去认识"理一"，由认识个别的事物而"四面凑合"，发展为对诸种事物共同本质的认识。他说："学者且要去万理中千头百绪都理会，四面凑合来，自见得是一理。不去理会那万理，只管去理会那一理……只是空想象。"（《朱子语类》卷一一七）人总是由认识个别的和特殊的事物，逐步地扩大到认识一般的事物。朱熹这里的思想完全符合人的认识顺序。

朱熹主张由"万"到"一",由博而约,是不是主张天下之物都要"格"到呢?并不。朱熹主张类推。他说:"只要以类而推。"他并举例说:"如识得这灯有许多光,便因这灯推将去,识得那烛亦恁地光。"(《朱子语类》卷四九)朱熹认为,有了这个方法之后,十件事穷得八九件,其他一二件虽没有去穷,可以"类推"而知。

类推是一种推理方法,逻辑学上叫作类比推理。它使人的认识从一个事物转进到另一个事物,是人们认识新事物、发现新原理的一种思维方法。但是,用于类比的两个事物必须在本质上有共同点或相似点,否则就是一种生拉硬扯的错误比拟,逻辑上叫作无类比附。朱熹从"这灯"推到"那烛"是合理的,而由水之必寒、火之必热,推到为臣必忠、为子必孝,则是无类比附。

朱熹说,经过了今日格一物、明日格一物的长期的积累和"类推"之后,人的认识就发生飞跃,进入"豁然贯通"的境界了。这个境界是突然到来的,即所谓"一旦";又是极端神秘地到来的,即所谓"忽然爆开""不知不觉,自然醒悟",而一旦到达这个境界之后,人的认识和道德修养就都达到极限。朱熹描写这时的状况是:"物之表里精粗无不到,而吾心之全体大用无不明。"(《大学章句》)人就能无所不知,无所不晓,超神入化了。

人的认识过程中有飞跃,亦即所谓突变。朱熹意识到了,在"铢积寸累"的渐变基础上会产生质的飞跃——"豁然贯通",同样有其合理因素。但是他不了解,任何这种飞跃都只是人们在认识真、善、美的历史长途中的一个阶段,只具有相对的意义,不是绝对的,更不是对真、善、美的全部穷尽。从总的、长远的方面看,人类的认识能力是无限的,但是从一定的历史阶段和具体个人看,人类的认识能力又是有限的。人类对真、善、美的认识不可能有什么极限,像朱熹所说的那种

"物之表里精粗无不到"的境界永远不可能出现。

四、对知行关系的全面展开

从程颐起，道学家们很喜欢讨论走路问题。程颐说："今有人欲之京师，必知所出之门、所由之道，然后可往；未尝知也，虽有欲往之心，其能进乎？"（《二程全书·粹言》卷一）程颐发这通议论的时候，大概住在洛阳。他的意思是：从洛阳到京城开封，要先知道出哪门，走哪条道，然后才能出发；如果不知道，出了别的门，走了别的道，就不知道会走到哪儿去了。

程颐的话有没有道理呢？很有点儿道理。所以他又说："说到底，须是知了方行得。"（《二程全书·遗书》卷一八）意思是，先要知，然后才能行。

朱熹也很喜欢讨论走路问题。

一次，一个叫王子充的人对朱熹说：我在湖南见到一位先生，他"只教入践履"。朱熹说："义理不明，如何践履？"王子充说："那位先生说，'行得便见得。'"朱熹说："如人行路，不见便如何行？"（《朱子语类》卷九）这里，程颐、朱熹都是以走路为喻，实际讨论的是哲学上的知行问题。

朱熹主张知先行后。他说："先知得，方行得。所以《大学》先说致知。"（《朱子语类》卷一四）朱熹这样说，主要是为了强调儒学伦理对于个人修养和行为的指导作用。他说："格物、致知、诚意、正心、修身五者，皆明明德事。格物致知便是要知得分明，诚意、正心、修身便是要行得分明。"（《朱子语类》卷一四）明德，指的是天赋于人的道德观念；明明德，指消除气禀、物欲对于人的锢蔽，发扬天赋于人的这种道德观念；诚意、正心、修身，指按"明德"的要求进行个人修养。朱熹认为：致知是知的开始，诚意则是行的开始。

知和行有着明确的界限。知，属于思想，是主观；行，是主观见之于客观，属于实践。

朱熹把"诚意""正心"一类活动也算作"行"，说明他关于"行"的概念和今人不同。在此之外，朱熹还有一个概念，叫"笃行"。他说："须修身、齐家以下，乃可谓之笃行"（《答黄子耕》，《朱子语类》卷五一），这里朱熹所说的"行"就超出了个人修养的范围，而包含着"治国""平天下"一类的政治实践了。

"先知得，方行得"，先懂得了儒学伦理，然后才能进行道德修养，有所行动，否则个人的道德修养就会走到别的方向，行为也就可能越出规矩。所以朱熹强调"万事皆在穷理后"，认为"经不正，理不明"，不管"如何地持守""也只是空"（《朱子语类》卷九）。他曾把知行关系比为眼睛和脚的关系，说是："知行常相须，如目无足不行，足无目不见。"（《朱子语类》卷九）意为：有了眼睛，才会看清道路；没有眼睛，两只脚就不知道会迈到哪儿去了。

理论是行动的指南。自然知对行有指导作用。但是一切知，包括道德观念、理论体系都来源于行，无行，什么知都不会产生。例如，要从洛阳到开封，先要对去开封的路线"穷究"一番，要"知"。但是开封在东，出东门、往东走的知识是从何而来的呢？还是从走路中得来的。所以从认识过程的总体上看，只能是行先于知，而不能知先于行。

朱熹部分地看出了知行之间的辩证关系。他说："知之愈明，则行之愈笃；行之愈笃，则知之益明。"（《朱子语类》卷一四）这里，知行之间是相互影响、相互促进的。朱熹又说："方其知之而行未及之，则知尚浅；既亲历其域，则知之益明，非前日之意味。"（《朱子语类》卷九）从书本或别人的口述得来的知识往往感受肤浅，经过亲身实践之后，这种感受才会深刻并明晰起来。上述一段话表明，朱熹在一定程度上懂得行可以使知深化。

在知行轻重问题上,朱熹有时强调"知字上重"(《朱子语类》卷一八)。曾经有人问他:"有知其如此,而行不如此者,是如何?"朱熹答道:"此只是知之未至。"(《朱子语类》卷一五)朱熹认为,一个人只要真正体认了儒学伦理,就会"自然"地以之作为个人修养和行为的准绳。

在某些时候,朱熹又强调"行为重"(《朱子语类》卷九)。他说:"学之之博,未若知之之要;知之之要,未若行之之实。"(《朱子语类》卷一三)理论上懂得了"善"是什么,这是必要的,但是重要的还是"行",只有通过"行",才能使"善"与"我"合而为一,达到指导道德修养的目的。有时朱熹甚至主张以"行"来考察"知"。他说:"欲知知之真不真,意之诚不诚,只看做不做如何!"(《朱子语类》卷一五)

在伦理领域内,一个人对于善是真懂,还是假懂,是诚心向善,还是三心二意,要看"做不做"。朱熹的这一思想是正确的,有价值的,他的"行为重"的思想也具有一定的合理性。

朱熹也讨论到了对于行的评价标准问题。他说:"然穷理不深,则安知所行之可否哉!"(《答程允夫》,《文集》卷四一)朱熹认为,行的是与非、可与否的评价标准是理。只有"穷理"愈深,才能对行做出正确的评价。朱熹的这一思想是错误的。真、善、美都存在于客观现实中,评价行的标准只能是社会效果。

对于知行难易问题,朱熹有时认为知易行难,有时认为知难行易。其实,难易并不是知行问题的科学表述。以往的人们对这一问题的回答大都因不同的情况和条件而异。朱熹摇摆于两种看法之间,既说明了他对此尚无定见,也说明了对这一问题不宜简单作答。

朱熹空前全面地展开了知行关系的论述,如果清除了那些"先知得,方行得"的说教,那么人们将会发现,它是不乏可以拣拾的"真理颗粒"的。

第七章

"克人欲、存天理"的修养论

按朱熹的说法,理是天赋予人而具于心的,只是被气禀和物欲蒙蔽了,因此,要通过格物去解救气禀的局限,从正面去发扬人心的天赋之理。但是,光有这一条不够,还必须克除物欲,物欲一去,天理自现。他说:"圣贤千言万语,只是教人明天理,灭人欲。"朱熹的这一观念是孔子克己复礼思想的哲学形态,也是朱熹道学体系的核心和纲领。

一、以理制欲

什么是天理?据朱熹说,就是仁、义、礼、智等儒学伦理,就是君臣、父子、兄弟、夫妇、朋友等社会关系,它们都是天赋予人,合当如此的。什么是人欲?就是人的耳、目、鼻、口、四肢之欲,如耳之于音乐、目之于美色、鼻之于芳香、口之于美味、四肢之于安逸等,朱熹又称为"物欲"或"私欲"。他说:"视听言动,人所同也。非礼勿视听言动,便是天理;非礼而视听言动,便是人欲。"(《朱子语类》卷四〇)这就是说,"礼"是检验天理、人欲的标准。

朱熹认为，天理和人欲常常体现在同一件事或同一种行为上，因此，它们之间的区别既是细微的，又是严格的。他举例说：如果坐得端端正正，立得如同斋戒祭祖，这就是天理；如果坐得随随便便，立得歪歪斜斜，这就叫人欲。朱熹把这种情况称为"同事异行"。又如，舞八佾于庭，在周天子来说，就是天理；对作为公卿大夫的季氏来说，就是人欲。朱熹把这种情况称为"同行异情"。他强调，天理人欲二者泾渭分明，不能混淆。胡宏说过："天理人欲，同体而异用，同行而异情。"朱熹同意这一命题的后半段，坚决反对前半段。他说："人生都是天理，人欲却是后来没巴鼻生底。"（《朱子语类》卷一三）来源不同，自然不能称为"同体而异用"了。

伦理观念来源于社会生活，是后天才有的；耳、目、口、鼻、四肢之欲来源于人的生理本能，是与生俱有的。朱熹强调二者的区分是他思想细密的地方，但是关于它们来源的认识则完全谬误而且颠倒了。

朱熹还有两个与天理、人欲相近的概念，这就是道心和人心，它源出于伪《古文尚书》的《大禹谟》篇。《大禹谟》篇说："人心惟危，道心惟微，惟精惟一，允执厥中。"这十六个字据说是舜传给禹的，因此，又称为"十六字心传"。

朱熹所谓人心、道心，指的是人的两种不同的思维活动。他说："人心亦只是一个，知觉从饥食渴饮，便是人心；知觉从君臣父子处，便是道心。"（《朱子语类》卷七八）这就是说，人心就是人的知觉和饥思食、渴思饮等生理方面的要求，源于人的"气质之性"，道心则是人的忠、孝、仁、义、礼、智等道德观念，源于人的"天命之性"。朱熹认为：每个人都兼备人心、道心。虽圣贤，不能没有人心；虽下愚，也不能没有道心。人心并不是全不好，而是存在着走向邪恶的危险，必须使道心成为人心的主宰，控制和掌握人心。他说："圣人不以人心为主，而以道心为主。盖人心倚靠不得。人心如船，道心如舵，任船之所在，无所向。若执定舵。则去住在我。"(《朱子语类》卷七八）朱熹强调的是，人必须用道德、伦理来控制自己的物质欲望。

有时朱熹把人心和人欲这两个概念完全等同起来，认为人心便是人欲，有时又强调它们的区别。他说："人心，人欲也。此语有病。"(《朱子语类》卷七八）在朱熹看来，人心不能无，人欲则不可有；人心"或是或非不可知"，人欲则纯粹是恶。他说："人心是知觉，口之于味，目之于色，耳之于声底，未是不好，只是危；若便说做人欲，则属恶了。"(《朱子语类》卷七八）由于有了人欲，人所固有的广大而高明的天理就受到了蔽锢，"一齐昏了"(《朱子语类》卷八），因此天理和人欲势不两立，此胜则彼退，彼胜则此退，天理存，人欲就亡，人欲胜，天理就灭。他把两者之间的斗争比作一场剧烈的两军争夺战，要人们兢兢业业，全力以赴，一分一分地向可恶的人欲进攻，"克之克之而又克之"，直至达到"豁然一旦欲尽而理纯"的境界。

为了"克人欲"，朱熹提倡"持守""存养""克治"等一套修养方法。他特别强调："纤微尤要密察。"(《朱子语类》卷一三）他要求人们，当内心萌发一个念头时，就要去考察是天理，还是人欲，即使是吃一盏茶，也要认清是天理，还是人欲。佛教要人"常惺惺"，朱熹则要人们经常"提撕唤起"，使内心处于一种警戒状态中，一有人欲，立即"革尽"。他说："私欲自不能留。"又说："如今且要得寡，渐至于无。"有时甚至咬牙切齿地说："欲只是要窒！"

朱熹曾多次把人欲比作"贼"。他说："纤毫私欲，便能识破他。自来点检惯了，譬有贼来，便识得，便捉得。"(《朱子语类》卷十五）因此，他一会儿主张"坚壁清野，截断路头"；一会儿又主张"攻围拔守"，在思想上发动对人欲的攻坚战。他说："圣人所以下个克字，譬如相杀相似，定要克胜得他。"(《朱子语类》卷四一）显然，王阳明的"破心中贼"正是朱熹思想的发展。

道家是主张禁欲的。老子就说什么"五色令人目盲，五音令人耳聋，五味令人口爽"（《老子》十二章），要统治者设法使百姓"无欲"。佛教也是主张禁欲的。东汉时译出的《四十二章经》就提出"断欲"问题。三国时译出的《六度集经》则把色、声、香、味等称为"妖"，把人的欲望称为"贼"。因而，在朱熹的克人欲、存天理的命题里，有着某种成分的道家禁欲主义和佛教僧侣主义色彩，但是二者又并不相同。其区别就在于朱熹强调一个"礼"字，只要合于儒学所要求的"礼"（理），朱熹并不一味地反对世俗的物质享受。

欲与理是人类社会生活中的永恒矛盾。一方面，人不能没有追求美好物质生活的欲望，正是"人欲"推动社会历史进步，因此笼统地视"人欲"为罪恶，提倡禁欲主义是错误的；但是，人的欲望又必须接受一定伦理观念和社会法制的约束，否则它确实存在着通向罪恶的可能。因而以理制欲是必要的，而提倡纵欲主义、损人利己主义则是错误的。这里，重要的是对欲和理做具体的分析和考察。

朱熹"克人欲、存天理"思想的历史作用主要表现在两方面。第一，教育统治阶级，调整内部关系。统治集团经常发生争夺财产和权力的斗争，其成员（包括皇帝）的个人欲望、利益有时会与其集团的整体利益相违背。朱熹提倡"克人欲、存天理"，其目的正是维护统治集团的整体利益，规范个人行为，使其欲念限制在一定范围内，从而防止僭越、篡弑、贪婪等现象的发生。第二，从思想上巩固对人民的统治。在中国古代社会，农民是物质生活最贫乏的阶级，不可能没有追求美好物质生活的欲望。然而在朱熹看来，这就叫作"人欲"，"只是要窒"。他说："某观今人因不能咬菜根而至于违其本心者众矣，可不戒哉！"（《朱子语类》卷一三）他要人们"咬菜根"。你不满足于"咬菜根"而要"等贵贱，均贫富"吗？他就要"痛治之"。

朱熹对"克己复礼"的改造反映了宋代统治阶级的新需要。

在孔子那里,"礼"还仅仅是个政治和伦理概念;在朱熹这里,"礼"就被改制成了"理",上升到世界本原和客观规律的意义。你违背了"礼",你也就是违背了"理",违背了自然和社会的铁的法则,这还不是大逆不道吗?不仅如此,朱熹又说:"要须是穷理,始见得这道理合用恁地,便自不得不恁地"。(《朱子语类》卷二二)他举"人被些子灯花落手便说痛",到灼艾时却不以为痛的例子说:"只缘知道自家病,合当灼艾,出于情愿,自不以为痛也"(《朱子语类》卷二二)。原来遵守礼教是要疼的,但是朱熹却要你"出于情愿"。这就是朱熹将"礼"上升为"理"的妙用。清代进步思想家戴震曾经说过:"六经"以下的各种书里,理字并不多见,自从宋儒提出理字以后,统治者"处断一事,责法一人"就有了根据:"尊者以理责卑,长者以理责幼,贵者以理责贱。"他愤激地控诉道:"人死于法,犹有怜之者;死于理,其谁怜之!"(《孟子字义疏证》卷上)他指责这种情况是"以理杀人"。鲁迅说:"周末虽有殉葬,并非专用女人。嫁否也任便,并无什么制裁……由汉至唐也并没有鼓吹节烈。"(《我之节烈观》)唐人还把"公主改嫁"的事写到文章里。然而到了宋代,寡妇再嫁就被认为是"人欲",属于"只是要窒"之列了。据《漳州府志》记载,自宋至太平军入漳之前,共有"烈女"四千四百九十八名。其中,有所谓"婆媳同孀""三世苦节""五世节妇""四世五节妇""未嫁守寡至八十岁",有所谓"夫亡投井""自缢""绝粒"等。中国其他各地的方志中,也大体都有一卷以至数卷类似的"烈女传"。真是不知葬送了多少妇女的青春和生命。

中国的儒家思想一向重视现实的政治和伦理问题,在思辨的深度和高度上都赶不上老庄哲学、魏晋玄学和隋唐时期的佛学。宋代道学家们大量地从上述三者中汲取养料,正是为了弥补儒家思想的缺欠,构造一个精致一些、思辨色彩强一点的新的儒学体系。

现实世界的问题可以上升为精致的思辨哲学,精致的思辨哲学也可以还原为现实世界的问题。朱熹说:"臣子无说君父不是底道理。"又说:"妻有七出,此却是正当道理。"还说:"人在天地间,自农、商、工、贾等而上之,不知其几,皆其所当尽者。小大虽异,界限截然……各司其职,以办其事。"(《朱子语类》卷一三)人人都遵守"截然"不可犯的"界限"及其伦理规范;这就是朱熹要"存"的"天理"。

二、将身心锁在"模匣子"里的主敬说

在进行"克人欲、存天理"的说教时,朱熹特别提倡一个"敬"字。他要求人们:对天理,要"敬以存之";对人欲,要"敬以克之"(《延和奏札》五,《文集》卷一四)。

敬,最初是春秋时期统治阶级所提倡的一种道德规范。《左传》称:"孝、敬、忠、信为吉德。"(《左传》文公十八年)后来,孔子有所谓"执事敬"的说法,意即办理事情要严肃认真(《论语·子路》);又有"修己以敬"的说法,意即修养自己,保持严肃恭敬的态度(《论语·宪问》)。到了北宋,程氏兄弟特别把这个敬字提出来,作为一种修养功夫。程颐说:"涵养须用敬。"(《河南程氏遗书》卷一八)朱熹则把它说成是"圣门纲领",视为"入德之门"。他说:"敬字工夫,乃圣门第一义。彻头彻尾,不可顷刻间断。"(《朱子语类》卷一二)

什么是敬呢?它有内心和外貌两方面的要求。内心方面,要求"小心畏谨","主一无适"。无事时,"收敛此心";有事时,集中精神于事。外貌方面,要求"整齐严肃"。朱熹写过一篇《敬斋箴》,是他写在书斋的墙上用以"自警"的。其内容是:衣冠要正,目光要尊,脚步要重,手势要恭,出门像做宾客,做事如同祭祀,永远"战战兢兢",像面对上帝一般。(《文集》卷八五)在其他地方,朱熹也曾说过"坐如尸,立如斋"一类的话,对人的坐、立、头、目、足、手、口等

方面一一提出了要求。此外，朱熹又提出"敬贯动静"，即人在处于动或处于静时都必须敬。鲁迅说："我们的圣贤，本来早已教人'非礼勿视'的了；而这'礼'又非常之严，不但'正视'，连'平视'，'斜视'也不许。"（《论睁了眼看》）朱熹这里提出的就是一种非常"严"的"礼"。

从周敦颐起，道学家中有不少人提倡"主静"，李侗曾专门教朱熹静坐。但是，朱熹却逐渐认为"主静"有消极作用。他说："某旧见李先生，尝教令静坐，后来看得不然，只是一个敬字好。"（《朱子语类》卷一二〇）

朱熹提倡"敬"字工夫，有一定合理性；直到今天，人们也还在提倡"敬业精神"。但是，我们又要看到朱熹提出这一要求的深刻政治原因。他说："人心万事之主，走东走西，如何了得？"他又说："要且将个敬字收敛个身心放在模匣子里面，不走作了，然后逐事逐物看道理。"（《朱子语类》卷一二）思想不是个具体的东西，是锁不住的，但是朱熹却要把它"收敛"来，锁在"模匣子"里，安顿在儒学"义理"上。他说："人心常炯炯在此，则四体不待羁束而自入规矩。"（《朱子语类》卷一二）思想进了"模匣子"，四体入了"规矩"，"内无妄思，外无妄动"（《朱子语类》卷一二），专心一意、战战兢兢地"存天理"，南宋王朝还有什么值得忧虑的事吗？当然没有了。

第八章
"一中又自有对"的辩证法

一、"一分为二，节节如此"

月有阴晴圆缺，人有悲欢离合，不论是自然界或社会，一切事物、现象和过程都有它对立的方面。

朱熹相当深刻地认识到了这一规律。他说："凡物皆有两端，如小大、厚薄之类。"（《中庸章句》）这个"两端"，朱熹在更多的场合称为"对"："天下之物未尝无对，有阴便有阳，有仁便有义，有善便有恶，有语便有默，有动便有静。"（《朱子语类》卷九五）他认为，世界上没有孤立而无对的事物。

朱熹又说："然就一言之，一中又自有对。且如眼前一物，便有背有面，有上有下，有内有外，二又各自为对。虽说'无独必有对'，然独中又自有对。"（《朱子语类》卷九五）"无独必有对"是北宋时程颢提出的命题，指的是一个事物和另一个事物、一个方面和另一个方面的关系，例如上述的阴阳、善恶等。但是，就一个事物、一个方面本身来说，它是否还有对立的两面呢？朱熹认为有，"一中又自有对"，"独中又自有对"。他举例说，例如我们眼前的事物，就"有背有面""有上有下""有内有外"，它们又各自组成对立两面。这就将程颢的命题进一步发展和深化了。

中国古代哲学以阴阳来分别代表矛盾的对立两面，朱熹也是如此。他说："天地统是一个大阴阳，一年又有一年之阴阳，一月又有一月之阴阳，一日一时皆然。"（《朱子语类》卷一）又说："无一物不有阴阳、乾坤。至于至微至细，草木禽兽，亦有牝牡阴阳。"（《朱子语类》卷六五）就是说，大而至于天地乾坤，小而至于"至微至细"，也都具有对立两面，并不因为它是"至微至细"就不可以分阴分阳了。

朱熹认为，一可以分为二，二又可以分为四，对立的双方各自包含着对立。他说："人生只是个阴阳，那阴中又自有个阴阳，阳中又自有个阴阳，物物皆不离这四个。"（《朱子语类》卷一一九）朱熹并进一步用这种观点来说明宇宙的发生和发展，认为"此只是一分为二，节节如此，以至于无穷，皆是一生两个"（《朱子语类》卷六七）。一分为二是北宋哲学家邵雍在《皇极经世·观物外篇》中提出的思想。朱熹因袭邵雍，没能摆脱其神秘主义的象数学色彩，但是他对邵雍思想进行了提炼概括，将"一分为二"作为一个"节节如此"的普遍规律提出来，这就大大地超过了邵雍。

汉代的扬雄提倡过一种"三分法"，认为作为宇宙本原的"玄"在空间上分为三方，每方分为三州，每州分为三部，每部分为三家。朱熹反对这种"三分法"，批评其"不是道理"。他说："盖天地间只有个奇耦。"（《朱子语类》卷一三七）

宋代的道学家们普遍认为"道无对"，即作为宇宙本原的"道"没有可以与之匹敌的对立面。朱熹不完全同意这种看法。他说："唯道为无对，然以形而上下论之，则亦未尝不有对也。"（《答胡广仲》，《文集》卷四二）这就是说，形而上之道可以与形而下之器相对。杨时主张"性善之善，不与恶对"。朱熹也不完全同意这种看法，他认为：从先天的人性本原来看，确实只有善，没有恶与之相对，但是从后天产生的人欲看，它就又是有对的了。这些地方，表现了朱熹力图将他的"二分法"贯彻到底。但是朱熹有时又说："太极只是个一而无对者。"(《朱子语类》卷一〇〇）在道学家心目中，"太极"乃是至高无上的，对这个"无躯壳"的权威进行分析需要理论上的勇气，朱熹终于停止了脚步。

二、"不可相无"与"无日不相胜"

一中有二，二中是否有一呢？朱熹认为有。他说："阴阳虽是两个字，然却只是一气之消息。一进一退，一消一长。进处便是阳，退处便是阴，长处便是阳，消处便是阴，只是这一气之消长。"(《朱子语类》卷七四）这就是说，对立两面又是统一的，它们相互连接而又相互渗透。

朱熹细致地分析了对立两面之间的关系，认为它们既是"不可相无"的，又是"无日不相胜"的。他说："动静、屈伸、往来、阖辟、升降、浮沉之性，虽未尝一日不相反，然亦不可以一日而相无也。"(《金华潘公文集序》，《文集》卷七六）又说："阴阳之道，无日不相胜，只管逐些子挨出；这个退一分，那个便进一分。"(《朱子语类》卷一二五）"不可相无"，说的是矛盾两面各以其对立面的存在为自身存在的条件。只有寒没有暑，或只有暑没有寒，都不行，二者相反而又相成。"无日不相胜"，说的是矛盾两面经常处于斗争状态，这边退一分，那边便进一分。斗争的结果是必有一方处于主要地位："天地间无两立之理，非阴胜阳，即阳胜阴，无物不然，无时不然。"(《朱子语类》卷六五）它们不会和平地均衡相处，总是一个战胜一个。

在宋以前，不少思想家都指出矛盾的对立两方具有"相反"的性质，但是明确指出它们之间的"相胜"（斗争）关系的并不多。张载在

《正蒙·太和》篇中说:"有象斯有对,对必反其为;有反斯有仇,仇必和而解。"认为矛盾双方斗争的结果可以通向和解。和张载不同,朱熹指出"非阴胜阳,即阳胜阴",不仅认为斗争贯彻矛盾的始终,而且认为斗争是解决矛盾的手段,这是和张载不同的地方。

从《老子》和《易传》开始,中国古代的朴素辩证法就形成了一道滔滔长河。应该承认,在这道长河的流动发展中,朱熹做出了自己的贡献。但是,朱熹的辩证法并不彻底,最后还是窒息了。

三、"阴极生阳,阳极生阴"

朱熹认为,矛盾的双方有些可以互相转化,他说:"阴极生阳,阳极生阴"(《朱子语类》卷九八),"如人在背后只管来相趱"(《朱子语类》卷一八)。当矛盾双方的发展超过了一定界限(极)时,就要走向反面。这种向对立面的转化是无休无止的,因此运动是永恒的。他说:"气升降,无时止息。"(《朱子语类》卷四)又说:"天之运转不穷,所以为天行健。"(《朱子语类》卷六八)值得特别提出来的是,朱熹还隐约地猜测到了物质不灭和能量守恒的客观真理。他说:"游气是气之发散生物底气。游亦流行之意,纷扰者参错不齐。既生物便是游气,若是生物常运行而不息者,二气初无增损也。"(《朱子语类》卷九八)"游"就是"流行",也就是运动。朱熹认为气运动流行的过程就是物的产生过程。在这当中"二气初无增损",作为基本元素的阴阳二气既没有增加,也没有减少。朱熹曾经认为,气散不能复聚,气散则无。这里的思想是朱熹的自我否定,后来在王夫之那里得到了充分的发展。

矛盾双方向对立面的转化是客观规律,它不以人的主观意志为转移。但是在这种转化面前,人又不是消极无为的,而是可以促进或延缓这种转化。朱熹部分地窥见了这一点。淳熙九年(1182),浙东发生旱灾，朱熹向孝宗上奏，要他"痛自省改，以承皇天仁爱之心，庶几精神感通，转祸为福"。(《乞修德政以弭天变状》,《文集》卷一七）其思想虽然并没有超出"天人感应"的神学范围，但他承认通过人的主观努力，可以促使矛盾由"祸"向"福"转化，这又是有积极意义的。

动与静是被视为可以互相转化的另一组对子。朱熹说："动静无端，阴阳无始。""一动一静，循环无端。"(《朱子语类》卷九四）承认动与静之间的转化没有开头（无端），也没有终止（不已），这仍然是相当深刻的辩证思想。尽管事物的发展过程有某些重复现象，例如寒了暑，暑了寒，但是，这是事物螺旋式、波浪式的前进、上升运动，是在新的更高基础上的重复，而不是对旧质的复归。把事物的发展归结为循环，这就错了。

天地、上下、四方是被认为不能互相转化的对子。朱熹说："阴阳有个流行底，有个定位底。一动一静，互为其根，便是流行底，寒暑往来是也。分阴分阳，两仪立焉，便是定位底，天地、上下、四方是也。"(《朱子语类》卷六五）这就是说，有一类矛盾，它们对立两面的位置各自固定。

自然和社会的客观事实告诉人们：一切矛盾着的双方不仅互相联系，在一定的条件下共处于一个统一体中，而且也在一定的条件下互相转化。这里的关键是条件。辩证法只承认矛盾双方的相对静止或相对稳定，不承认有绝对的静止或绝对的稳定。当条件具备时，原先认为不能转化的矛盾也会发生转化。

朱熹之所以宣扬矛盾着的两方面有"定位底"，乃基于巩固南宋统治的需要。他说："君臣、父子定位不易，事之常也。"(《甲寅行宫便殿奏札》,《文集》卷一四）

否认对立面的转化，宣扬矛盾之间的"定位"，必然要通向不变论、尊静抑动论和调和论。

四、"小变而不失其大常"

春秋末期,孔子曾经提倡过一种中庸哲学。所谓中庸,就是要以周礼为标准,无过无不及,不偏不倚,守常袭故。朱熹继承了孔子的思想,同样大力提倡中庸之道。他说:"中庸之中,是指那无过、不及底说。"又说:"中者,天下之正道;庸者,天下之定理。"(《朱子语类》卷三三)人们知道,事物在其发展中存在着一定的数量关系,这种关系可以称为"度"。过了"度",事物就会发生变化。例如,人的体温就有一定的"度",过高或过低人就要生病,甚至死亡,因此,在一定条件下,保持"中庸""无过无不及"是必要的。朱熹的有关思想有其深刻的合理性。但是,一切皆变,一切都处于运动、发展中,世界上只有暂时处于相对静止状态的东西,没有什么"万古万世"永恒不变的东西。朱熹认为,"三纲五常,亘古亘今不可易"(《朱子语类》卷二四)。他所说的中庸,就是儒学伦理及其所反映的古代等级制。朱熹把它说成是"恰好底"道理,要求人们严格遵守,"无过些子,无不及些子",不能有任何偏离,这就错了。

值得指出的是,朱熹所说的"中"不是中间的中,不是一半对一半,更不是什么折中主义。他说:"自极厚以至极薄,自极大以至极小,自极重以至极轻,于此厚薄、大小、轻重之中,择其说之是者而用之,是乃所谓中也。"(《朱子语类》卷六三)朱熹主张,该厚就用厚,该薄就用薄。决不随意在厚薄、大小、轻重之间取其半。他坚决反对折中主义,认为"当与不当,这便是中,如何于二者之间酌中做?此正是今时人之大病"(《朱子语类》卷一〇七)。

当时曾有人主张"执中当知时",认为"苟失其时则亦失中矣"(《答何叔京》,《文集》卷四〇)。朱熹不同意这种看法,强调首先必须

"识中"。据他说，如果不知道"中"是什么，而又要"随时以为中"，那就要"流而为小人之无忌惮"(《文集》卷四〇)。其实，一切规范、标准都是具体的，视时间、地点、条件而转移。此时、此地、此条件下是规范、是标准，彼时、彼地、彼条件下就不一定是规范、标准。因而"执中当知时"是一个正确的命题，朱熹反对这个命题，认为"中"不应该"随时"变迁，这同样是形而上学。

关于庸，北宋时期，司马光曾经特别解释为"常"(《中和说》，《司马温公文集》卷六〇)。以之为武器，司马光指责王安石"厌常而喜新"，打乱了常规旧套。朱熹也同样将庸字解释为常字。他说："言常则不易在其中矣。"(《朱子语类》卷六二)

辩证法认为，一切过程的常住性是相对的，一切过程转化为他种过程的变动性则是绝对的。新陈代谢是宇宙的不可抗拒的普遍规律，事物、过程在一定阶段上有其常住性，不承认这种常住性是错误的，但是旧质、旧过程总要为新质、新过程所代替。朱熹将"常"和"不易"联系起来，这就将过程的常住性绝对化，从而排斥过程的变动性。

在宣扬中庸论的同时，朱熹也讲"变"。他说："然所谓不易者，亦须有以变通，乃能不穷。如君尊臣卑，分固不易，然上下不交也不得。"(《朱子语类》卷七二)又说："守常底固是是，然到守不得处，只着变，而硬守定则不得，至变得来合理，断然着如此做，依旧是常。"(《朱子语类》卷六二)意思是，本来是应该"守常"不变的，但是当形势变化，这个"常"无法守住的时候，也可以变一变，到头来，"依旧是常"。

程颐主张"变而后能常"，本和朱熹思想相近，但是朱熹有时却表示反对。他说："能常而后能变。能常而不已，所以能变，及其变也，常亦只在其中。伊川却说变而后能常，非是。"(《朱子语类》卷七二)虽然目的都是"守常"，但程颐是"变"字当头，朱熹却是"常"字当头。

"小变而不失其大常。"(《朱子语类》卷三七)可以有量的变化，但是绝不能破坏旧质。当你破坏了旧质或只是有所触动的时候,朱熹的"中庸"之枪可就刺过来了。秦,朱熹说是"变得过了";汉,朱熹说是"可谓极矣";王安石变法,朱熹说是"不得其中";连南宋时孝宗的某些改革,朱熹都指责为"伤于太锐"(《朱子语类》卷一二八)。

朱熹还讨论了经与权的关系。他说:"经是万世常行之道,权是不得已而用之。""经者,道之常也;权者,道之变也。"(《朱子语类》卷三七)因此,经与权的关系就是常与变的关系,也就是原则性与灵活性的关系。朱熹承认,在特殊情况下可以有某种灵活性,称为"权"。他举例说,"男女授受不亲",这是经;嫂子掉在水里了,伸手拉一把,这是权。朱熹认为,权不能离经。他说:"圣人平日只是理会一个大经大法,又却有时而应变达权。才去应变达权处看他,又却不曾离了大经大法。"(《朱子语类》卷二四)朱熹特别声明,"权不是常用底物事",只有圣人才可以"权"。可以看出,朱熹对于特殊情况下做特殊处理的灵活性多么担心。

朱熹所说的"常"和"经",都指三纲五常。他说:"所谓损益者,亦只是要扶持个三纲五常而已。……然三纲五常,终变不得。"(《朱子语类》卷二四)"损益"就是变通,其目的在于"扶持"三纲五常,它是绝对变不得的。这样朱熹就把属于某一时期的道德规范当作万古永存的原则了。

朱熹的形而上学还表现在他的尊静抑动论上。他说:"静者为主,而动者为客,此天地阴阳自然之理。"(《答徐彦章》,《文集》卷五四)"动有资于静,而静无资于动。"(《答胡广仲》,《文集》卷四二)矛盾的对立双方只有主次之分,没有主客之分;它们之间相互依存,而不是单方面的依赖。朱熹的上述说法是一种明显的尊静抑动思想。前文指出,朱熹看出了运动是永恒的,也看出了动与静是不可相无的,但是他主观的感情倾向则在静。朱熹又说:"天下之理,单便动,两便静。且如男必求女,女必求男,自然是动。若一男一女居室家后便定。"(《朱子语类》卷六五）有对立才有发展。朱熹却认为"两便静"，这就背离了辩证法。

五、"和则交感而万物育"

有时朱熹又将中庸解释为中和。他说："中庸之中，实兼中和之义。"什么是"和"呢？朱熹认为，那就是"无所乖逆"，"不相陵夺"，"事得其宜"。他说："和则交感而万物育矣。"（《朱子语类》卷六二）在朱熹看来，矛盾的对立两面"和"了，就能相互作用而发育万物。

"和"是事物发展的一种境界，为事物的存在和发展所必需。人与自然之间，人与人之间，不可以没有"和"。朱熹指出"和"的作用，有其积极意义，但是，正像不能将"斗争"绝对化一样，也不能将"和"绝对化。当对立双方不斗争就不能够前进的时候，调和矛盾只能维护旧质，窒杀新机。朱熹说："君君、臣臣、父父、子子、兄兄、弟弟、夫妇、朋友，各得其位，自然和。"（《朱子语类》卷二二）显然，朱熹的"中和"说乃是维护古代社会秩序的哲学。

"君子之于小人……无交和之理。"（《答潘叔昌》，《文集》卷四六）朱熹要的是维护旧质、维持现状的"和"。对于那些倡导变革的反中庸的"小人"，朱熹就不讲"和"，而主张阳胜阴了。

朱熹承认一切事物都有其对立面，承认"一中又自有对""一分为二"是普遍规律，矛盾双方"不可相无"而又"无日不相胜"，承认运动永恒，这都是辩证法，一种虽然朴素，却又相当深刻的辩证法。但是，他把部分矛盾看作是僵死的、凝固的，宣扬"定位不易"，宣扬万世不变的中庸论，尊静抑动，主张在维护旧质基础上的矛盾调和，这样他的辩证法就又被窒息了。

第九章

鹅湖之会与朱熹、陆九渊的异同

鹅湖会上,朱熹指斥陆九渊"太简",陆九渊指斥朱熹"支离"。这次争论主要集中在认识论上,但也表现了他们在世界本原论、人性论、伦理观等一系列问题上的分歧。

一、"性即理"与"心即理"的激辩

朱熹把独立于人的知觉之外的理(客观精神)作为世界本原,陆九渊则把人的知觉(心)作为世界本原。基于此,朱熹主张"性即理",陆九渊主张"心即理"。

"性即理",意即人性是从天上降到人心里来的理。从这里出发,朱熹严格地区别了心和性两个概念,认为"心"指人的感觉、欲望和动作,"性"指人的伦理观念,两者不是一回事。他说:"性是理,心是包含该载敷施发用底。"(《朱子语类》卷五)他曾将二者比喻为饺子皮和饺子馅的关系,说是"心将性做馅子模样",因此,只能说"心具众理",而不能说"心即理"。例如,人的视、听、言、动,这是心的作用，但是，视、听、言、动必须合于礼才是理。他说："心只是该得这理，佛氏原不曾识得这理一节，便认知觉运动做性。"(《朱子语类》卷一二六）禅宗认为，佛性就体现在人体各器官的"作用"（功能）上。《菩提达摩传》说：南天竺国王曾向波罗提询问："性在何处？"波罗提答曰："性在作用。"并说一偈："在胎为身，处世为人，在眼曰见，在耳曰闻，在鼻辨香，在口谈论，在手执捉，在足运奔。偏现具该沙界，收摄在一微尘。识者知是佛性，不识唤作精魂。"(《景德传灯录》卷三）朱熹这里所指斥的"认知觉运动做性"，即指禅宗的有关思想。朱熹认为，必须将人的知觉、动作和关于知觉、动作的伦理规范，即心与性二者严格区分开来。如果混为一谈，必将承认人的活动无时不是理，无处不是理，这就会导致对个人道德修养的放松和废弃。他说："若便以日用之间，举止动作便是道，则无所适而非道，无时而非道。然则君子何用恐惧戒慎，何用更学道为？"(《朱子语类》卷六二）

人具有视、听、言、动的能力，同时人又为自己制定了关于视、听、言、动的种种伦理规范，前者是人的生理本能，后者是一定阶级、集团或派别的社会利益的反映。朱熹区分二者是正确的，但是，他把后者看作是从天上降到人心里来的，这就错了。

"心即理"，说的是人的知觉、动作就是理。陆九渊认为，人的知觉和人的伦理观念本质上是相同的。他说："汝耳自聪，目自明，事父自能孝，事兄自能弟，本无少缺，不必他求，在乎自立而已。"(《语录》，《陆九渊集》卷三四）耳聪目明，属于听觉和视觉，孝与悌则属于伦理观念。在陆九渊看来，听觉和视觉是人所固有的，孝悌等伦理观念也是人所固有的。

前文指出，朱熹主张区分人的生理本能和人的伦理规范，陆九渊却将二者混淆起来，从理论思维的发展看，这是一种退步；从实际的社会作用看，这种混淆有时倒有一点积极意义。这就是易于流为"认欲为理",从而放松和废弃儒学道德修养,为异端思想的滋生提供条件。虽然陆九渊并不是一个不重视儒学道德修养的人,而只是对"存诚持敬"的修养方法不满,但是他的学说流行的结果,确实出现过"猖狂妄行"的情况。这一点到明末表现得特别明显。这是陆九渊始料未及的。

由于对儒学伦理的认识不一,体认的途径和方法也就因之而异。朱熹认为,在和气的结合过程中,作为世界本原的理分化为在物之理和在心之理,因此既可以向外通过物去体认,也可以向内在自身探求,这就产生了向外用功和向内用功两条途径。陆九渊则认为,既然理是人心所固有的,充塞宇宙之理不过是人心之理的扩张,因此自然"不必他求",没有必要去向外体认什么在物之理,直接向自己的心中去寻找就是了。他认为,朱熹的向外用功完全多余。通过穷万物之理以发扬天赋于人心之理在陆九渊看来,这是绕圈子,走岔道,叫作"支"。而且,天下万物不胜其烦,如何一一研究得了?即使研究得了,又怎能解决个人的道德修养问题?在陆九渊看来,这就叫作"离"。他说:"勤学之士,反为之迷惑,自为支离之说以自禁缠……岂不重可怜哉!"(《与曾宅之》,《陆九渊集》卷一)

在体认儒学伦理的方法上,朱熹主张"零零碎碎凑合将来",即今日格一物,明日格一物,今日穷一理,明日穷一理,从体认分殊在万事万物上的理做起,铢积寸累,一步一步,最后"一旦豁然贯通",体认出派生万事万物的总的最高的理,完成个人的道德修养。陆九渊则主张"先立乎其大者"(《语录》,《陆九渊集》卷三四),即首先体认人心固有之理,明确地在思想上确立儒学伦理的基本原则,不必去细微之处零零碎碎下功夫。他说:"有本自然有末",只要"本"树立起来了,那就会"一是即皆是,一明即皆明"(《语录》,《陆九渊集》卷三五),不然的话,舍本逐末,舍大就小,问题就大了。

朱熹认为，圣贤们的著作乃是理的完备体现，因此他强调"穷理之要，必在于读书"，且主张读书时要在"求其义"上狠下功夫。例如穷究孝之理时就要去研讨《论语》中许多论孝的地方，要在文字和注解上"格"。所以他主张多读、多讨论，谨慎地思考，细致地分辨，经过广泛的观览之后，达到在思想上确立儒学伦理基本原则的目的。陆九渊则不那么强调读书，不赞成"苦思力索"，孜孜于章句、传注之间。他认为，最重要的是"先发明人之本心"，当人心固有之理被体认到了的时候，"六经皆我注脚"，不过是对人心固有之理的注解罢了。在陆九渊看来，如果思想上还没有确立儒学伦理的基本原则，就去"泛观博览"，什么书都读，那就会读出毛病来。他说："田地不清洁，亦读书不得，若读书，则是假寇兵，资盗粮。"（《语录》，《陆九渊集》卷三五）这等于给了贼寇以兵力和粮食的援助。

陆九渊强调"六经皆我注脚"，目的在抬高"我"心固有的儒学伦理的地位，以之作为审察一切的最高标准。他说："使书而皆合于理，虽非圣人之经，尽取之可也"；"如皆不合于理，则虽二三策之寡，亦不可得而取之也。"（《取二三策而已矣》，《陆九渊集》卷三二）这就是说，只要合于理，即使不是圣人之书，也可以全盘吸收；如果不合于理，即使是圣人之书，也不能相信。他反对"师古"，主张"择其当于理者而师之"，"惟理之是从"（《策问》，《陆九渊集》卷二四）。这些地方，"理"的地位是抬高了，但是"六经"等儒学经典的地位却相对降低了。

陆九渊主张："自立自重。不可随人脚跟，学人言语。"又主张："自得、自成、自道，不倚师友载籍。"（《陆九渊集》卷三五）强调的是自己，儒学经典和圣贤权威的地位就更低了。所以朱熹批评他，"如今都教坏了后生，个个不肯去读书。"（《朱子语类》卷一〇四）又批评他"好为呵佛骂祖之说，致令其门人以夫子之道反害夫子"，"个个学得不逊"(《朱子语类》卷一二四）。其实，这还不是最严重的。心学在强调"我"心固有之"理"的同时，也就强调了"我"；在适当的历史条件下，"理"的内涵就有可能发生变化，"我"的个人之见就可能代替儒学规范，这样异端思想就可能脱颖而出。这不是陆九渊所愿意看到的，却是他的理论有可能产生的后果。

朱熹主张克人欲，存天理，通过省、察、克、治、主敬等办法扑灭思想中一切违背儒学伦理的念头，陆九渊则反对天理、人欲的区分，主张从正面去发扬人心固有之理。他说："主于道，则欲消。"（《陆九渊集》卷三五）陆九渊的这一思想在晚明时发展为泰州学派的"制欲非体仁论"。这一派认为，只要体认到了天赋于人心之"仁"，一切欲念就无从产生。

朱熹反对陆九渊的上述修养方法，认为这是"禅家之说"。陆九渊则自称他的方法简便易行，连愚夫愚妇也能掌握。

这就是通过鹅湖之会所暴露出来的朱熹和陆九渊之间的主要分歧。

二、"太极""无极"之争

在鹅湖之会以后，淳熙十四年（1187）至淳熙十六年（1189）期间，朱熹和陆九渊及其兄陆九韶（子美）之间又曾以通信方式展开过关于"无极""太极"问题的辩论。

周敦颐的《太极图说》有"无极而太极"一语。无极表示最高、最根本的范畴，它是世界万物的本原，太极表示阴阳未分之前的混沌元气。"无极而太极"，是说从无极中产生太极。这一思想，实际上是《老子》一书中"天下万物生于有，有生于无"的翻版。

陆九渊、陆九韶反对"无极"这一范畴。陆九渊说："极"字就是"理"字，"此理乃宇宙之所固有，岂可言无？"他认为，讲太极就够了,太极上面再加上无极,乃是"床上之床",这是"老氏之学","老氏之学不正",是要不得的。朱熹则认为:"无极而太极",说的是无形而有理。无极就是无形,是说明太极的特征的。他并说,无极是周敦颐的真知灼见,他说出了别人不敢说的话,"真得千圣以来不传之秘"。

这次辩论还涉及对于"阴阳"的认识等问题。陆九渊认为阴阳是道,是形而上的;朱熹则认为阴阳是器,是形而下的,只有支配阴阳的理才是形而上的。

辩论进行得很激烈,双方各执己见,僵持不下。陆九渊揭露朱熹哲学的一些常用语,如"太极真体""不传之秘""无物之前""阴阳之外""不属有无""不落方体"等都来源于禅宗。他讥笑朱熹道:"莫是曾学禅宗如此?"(《与朱元晦书》二,《陆九渊集》卷二)朱熹则以同样的方式回敬,他揭露陆九渊"心即理"的说法来源于禅宗的"作用见性"说,说是:"往往只是于禅学中认得个昭昭灵灵能作用底便谓此是太极。"(《答陆子静》,《文集》卷三六)其实,心学也罢,理学也罢,都和佛教的禅宗有不解之缘。

明末的黄宗羲说:"(朱、陆)二先生同植纲常,同扶名教,同宗孔、孟。"(《象山学案》,《宋元学案》卷五八)因此,尽管二人有时攻讦得很激烈,但实际上,他们的思想却是彼此渗透、互相吸收的。鹅湖会后,陆九渊就表示,人必须读书、讲学、讨论,朱熹也承认自己确有"支离之病",花在讨论、讲学上的精力多,而在最紧要的道德修养上却"多不得力"。

淳熙十一年(1184)至淳熙十三年(1186)之间,正当朱熹和陈亮展开"义利、王霸"之辨时,朱熹在《答陈肤仲》中说:陆学固然有的地方似禅,但比"婺州朋友"们专事耳闻目见,不在自己身心上用功要好得多。朱熹这里所指的"婺州朋友",就是以陈亮为代表的功利学派。他要学者们暂时放下朱陆异同之争,尽量吸收陆学的长处。

什么是陆九渊学派的长处呢？据朱熹说，就是"尊德性"，"多持守可观"，意即在按儒学伦理进行修养上很有成绩。他说："比来深欲劝同志者兼取两家之长，不可轻相诋訾，就有未合，亦且置勿论，而姑勉力于吾之所急。"（《答诸葛诚之》，《文集》卷五四）意思很清楚，为了反对功利学派，他要和陆九渊搞统一战线了。

第十章

义利之辨与朱熹、陈亮的分歧

一、由打猎引起的争论

孟子讲过一个故事：赵简子派王良为他的嬖臣奚驾车打猎，整天打不到一只禽兽。奚回来报告："王良是天下最低劣的驾车人。"有人把奚的话告诉王良，王良要求再来一次。结果，一个早晨打了十只禽兽。奚回来报告说："王良是天下最好的驾车人。"赵简子于是派王良专门为奚驾车，王良拒绝说："我不为小人驾车。"孟子肯定了王良。他认为，按法度驾车，即使打不到禽兽也没有关系，不按法度驾车，即使打到的禽兽堆积如山，也不能干。

孟子这个故事讲的是义利问题，在中国哲学史上，这是一场开始得很早而又绵延不断的争论。

孔、孟讲义，反对讲利。孔子说："君子喻于义，小人喻于利。"（《论语·里仁》）战国时，各诸侯国纷纷变法，梁惠王曾经满腔热情地欢迎孟子，问他："叟不远千里而来，亦将有以利吾国乎？"梁惠王期望孟子能提出一些富国强兵的办法来，但是，孟子却迎头一盆凉水浇了过去，回答道："王何必曰利，亦有仁义而已矣！"（《孟子·梁惠王》）与孔、孟相反，墨子、荀子、韩非等则不反对讲利。墨子提倡"兼相爱，交相利。"他说："爱人者，人必从而爱之；利人者，人必从而利之。"（《墨子·兼爱中》）他认为，义不能和利分离。当有人和他谈到义时，他就诘问："子之所谓义者，亦有力以劳人，有财以分人乎？"（《墨子·鲁问》）荀子认为，人不能没有义，也不能没有利，但义要占支配地位，他说："义与利者，人之所两有也，虽尧舜不能去民之欲利，然而能使其欲利不克其好义也。"（《荀子·大略》）荀子的学生韩非则激烈地攻击孔、孟的仁义，指责其为"乱国之俗"（《韩非子·五蠹》），他赤裸裸地宣言，人的一切活动都是为了对自己有利。

义利之辨随着先秦百家争鸣时期的结束而沉寂，但是到了北宋却再度趋于激烈。神宗时，王安石锐意变法，他明确表示，要讲求"富强之术"（《续资治通鉴长编》卷二二一），为国家"兴利除弊"。司马光则指责王安石"大讲财利之事"（《司马温公文集》卷七四）。苏轼在《上神宗皇帝书》中也说，一个国家的存亡，"在乎道德之深浅，而不在乎强与弱"（《苏东坡续集》卷十一）。程颢则在《论王霸疏》中称：尧、舜得"天理之正"，"本乎人情，出乎礼义"，实行的是"王道"；齐桓公、晋文公、管仲等假借仁义，实行的是"霸道"，是"仲尼之徒"所羞于提到的，因此不值得效法（《明道文集》卷一）。这样，哲学上的义利之辨就和政治上的王霸论争结合起来了。显然，朱熹、陈亮之间的辩论是先秦、北宋以来这一论争的继续。

二、"仁义"为重还是"功利"为重

朱熹强调义。他认为，古代圣贤治天下，一定把仁义放在首位，而不急于追求功利。他说："古圣贤之言治，必以仁义为先，而不以功利为急。"(《送张仲隆序》,《文集》卷七五)在朱熹看来,讲仁讲义,那就万事合宜;讲功讲利,那就要亡人之国,自灭其身。因此,他反复颂扬董仲舒的"正其义不谋其利,明其道不计其功"的说法,要人们正义明道,把体认儒学伦理,成圣成贤当作头等大事,而不要去牟利计功。他说:"不知自家一个身心都安顿未有下落,如何说功名事业!"(《朱子语类》卷一一六)关于王良打猎的那个故事,他完全同意孟子的评价,说是不能"但取其获禽之多,而不羞其诡遇之不出于正也"(《答陈同甫》,《文集》卷三六)。

陈亮则强调功利与"适用",认为人才在使用中才可以见出能否,军力和财力在使用中才可以见出盈虚。他主张广泛地研究有关国计民生、拒敌御侮各方面的问题,批判当时信奉道学的儒生麻木不仁,处于"艰难变故"的严重民族危机中,却只知"议论之当正",而不知"事功为何物";只知"节义之当守",而不知"形势之为何用";其结果必将"尽废天下之实,百事不理"(《上孝宗皇帝第一书》,《陈亮集》卷一)。他愤慨地责问朱熹:如果什么事情都"担当"不起来,"开廓"不出去,仁义又在什么地方呢?(《又甲辰秋书》,《陈亮集》卷一一)关于王良打猎的那个故事,陈亮说:驾车有法度,发必命中,才能称为"君子之射",哪有拉弓搭箭,瞄准目标却又甘心空手而返的人呢(《与朱元晦秘书》,《陈亮集》卷一一)?

与义利之辨相联系的是王霸之争。

朱熹认为:三代以上,尧、舜、禹等以"人心惟危,道心惟微,惟精惟一,允执厥中"的所谓"密旨"相传授,只有天理,没有人欲,行的是仁、义之政,所以是"王道";三代以下,不能谨守尧、舜、禹相传的"密旨",立心之本全在功利,虽然也有成就,但尧、舜、周公、孔子之道不行,不是天理之正,因此是"霸道"。在他看来,历史是不断退化的,三代以下的中国史完全漆黑,尤其是汉、唐,"只是架漏牵补",勉强度日,就像王良第二次打猎一样,"获禽"虽多,但车驾得不正,既不值得肯定,更不值得羡慕。(《答陈同甫》,《文集》卷三六)

否定三代以下的中国史,当然,许多对中国历史做出过贡献的人物也会被一概否定。朱熹说,管仲"心乃利欲之心,迹乃利欲之迹"(《答陈同甫》,《文集》卷三六),从动机到行为都不怎么样。汉高祖被斥为有"私意",唐太宗被说成是"无一念之不出于人欲"(《文集》卷三六),魏徵被认为"全只是利"(《朱子语类》卷一三六)。在朱熹看来:三代之下的好人,只有一个诸葛孔明。你有"功"吗?但是,"天理人欲之分,则有毫厘必计,丝发不差者"。只要你的动机中"有一毫利心","便是霸者之习"(《朱子语类》卷二五),就要严肃批判,"皆秉法义以裁之,不少假借"(《答陈同甫》,《文集》卷三六)。他主张以"尧、舜相传之心法"为准则,评价历史和历史人物,"就汉祖、唐宗心术微处,痛加绳削"(《答陈同甫》,《文集》卷三六)。

陈亮坚决反对朱熹的看法。他说:程颢等人认为三代以道治天下,汉唐以智力把持天下,这一说法本来就不能使人信服;近世儒者进一步说什么"三代专以天理行,汉唐专以人欲行",更是一种谬论。针对朱熹的历史退化观,他驳斥道:"信斯言也,千五百年之间,天地亦是架漏过时,而人心亦是牵补度日,万物何以阜蕃,而道何以常存乎?"(《又甲辰秋书》,《陈亮集》卷二八)

辩论中,陈亮在汉、唐不如三代这一点上,对朱熹有所妥协,但是他仍然在充分肯定三代以下的历史,坚持"道"没有什么神秘,也不难获得,就同阳光普照大地一样,开眼就可见到。如果认为三代以下"道"未尝一日得行,岂不是认为二千年之间,所有的人都是瞎子吗?这是对朱熹很有力的反驳。陈亮又进一步指出,三代时的人心也不是都"净洁",不是"都无利欲",这就直捣朱熹的老巢了。

对于朱熹否定的许多三代以下的人物,陈亮都给予充分肯定。管仲协助齐桓公进行改革，使齐国国力大振，成为春秋时的第一个霸主。王猛任苻坚宰相，压制豪强，发展生产，统一了黄河流域。陈亮满怀感情地叹息说："管敬仲、王景略之不作久矣！"他高度肯定汉高祖和唐太宗，称赞他们的"大功大德"。他并由此推论，汉高祖、唐太宗的动机也一定有好的地方，"其初心未有以异于汤、武也"（《问答》，《陈亮集》上卷三）。这里，陈亮表现出了一条和朱熹相对立的评价历史和历史人物的标准，这就是功利。

分歧还表现在做人的理想上。

朱熹要陈亮做儒者。前文指出，朱熹曾趁陈亮因事下狱的机会，劝诱陈亮"从事于惩忿窒欲，迁善改过之事，粹然以醇儒之道自律"。以后，他又反反复复、唠唠叨叨地说，只有学儒，才能成人，离开了儒者之学，就要"叛弃绳墨，脱略规矩"，传播开去，就要坏人心术，使得义利之别不明，舜跖之路不分，那是很危险的（《与陆同甫》，《文集》卷三六）。

陈亮则神往于做一个建功立业的"英雄"。在回信中，他说：研究义理的精微，辨析古今的同异，讲究自我反省，考较礼仪细节，搞什么积累、涵养，这些我陈亮比起你们这些儒来是不如，但是，"堂堂之阵，正正之旗，风雨云雷，交发而并至，龙蛇虎豹变见而出没，推倒一世之智勇，开拓万古之心胸，如世俗所谓粗块大脔，饱有余而文不足者，自谓差有一日之长。"（《又甲辰答书》，《陈亮集》卷二〇）他更明确表示："学者，所以学为人也，而岂必其儒哉！"（《与朱元晦秘书》，《陈亮集》卷二〇）

在其他问题上，朱熹和陈亮之间也存在许多分歧。例如：朱熹主张理在天地之先，陈亮则主张理在事物之中，认为"道非出于形气之表，而常行于事物之间"（《勉强行道大有公论》）。又如：朱熹认为人的圣贤智愚决定于先天的气禀，陈亮则认为决定于后天的锻炼。他说："人只是这个人，气只是这个气，才只是这个才。譬之金银铜铁，只是金银铜铁，炼有多少，则器有精粗。"（《又乙巳春书之一》，《陈亮集》卷二〇）

三、哲学分歧与政治分歧

对于陈亮的思想，朱熹既敌视，又恐惧。他说："陈同父学已行到江西，浙人信向已多。家家谈王伯（霸），不说萧何、张良，只说王猛；不说孔、孟，只说文中子，可畏！可畏！"（《朱子语类》卷一二三）

在讲学中，朱熹攻击陈亮，说他"议论却乖""心地不清和"，又说他历史读坏了，领会的全是"劫盗底道理"，甚至说他摔到"利欲胶漆盆中"去了（《朱子语类》卷一二三）。曾经有人劝朱熹休战，但他坚决不同意，声称"区区之意，岂为一人发哉？"（《答程正思叔》，《文集》卷五〇）

哲学上的分歧常常反映着政治上的分歧。在南宋王朝所面临的民族矛盾和阶级矛盾面前，朱熹主张发挥儒学伦理的作用，属于伦理派，而陈亮则主张进行社会改革，富国强兵，抗金北伐，属于事功派。这里，朱熹和他的门徒蔡某之间有一段对话，很能说明问题，整理如下：

蔡：今兵政如此，终当如何？

朱：须有道理。

蔡：是否须改革法制？

朱：这如何成？同甫（指陈亮——笔者注）主张将今之法制重新洗换一番方好。在某看来，即使改换了，按井田的办法管理，使民皆为兵，如果无人统率，一样是大乱之道。

蔡：然则如之何？

朱：只就这腔里自有道理。这极易，只呼吸之间，便可以转弱为强，变怯为勇，振柔为刚，易败为胜，直如反掌。(《朱子语类》卷一一〇)

可见，陈亮主张"将今法制重新洗换一番"，他自然要面向现实，注意现实，强调功利，这就易于走向唯物主义；而朱熹则反对改革，迷信"这腔里自有道理"，这自然要走向唯心主义。

第十一章
朱熹理学的历史命运

朱熹所完成的道学体系把儒学伦理说成是世界本原和天赋的人性，要人们"克人欲、存天理"，辨析义利，泯灭一切不利于既定社会秩序的思想和愿望；同时，又把社会的等级、贫富等各类差别说成是"定位不易"的，否认矛盾和差别的转化，宣扬万世不变的"中庸"论，为中国古代社会的合"理"性做出论证。这一切，完全符合南宋统治集团稳固其统治的需要。因此，尽管当权者一度禁止它，但是很快，又不得不承认它，推崇它。

自南宋后期至近代，朱熹的思想统治中国达七百年。在这样漫长的历史时期内，它受到过王廷相、王夫之、颜元、戴震等唯物主义思想家的批判，受到过王阳明等心学唯心主义者的挑战，也受到过康有为、谭嗣同、严复等维新派和孙中山、邹容等民主革命党人的冲击，但是，它始终为历朝统治集团承认和推崇。

一、南宋统治集团终于承认了道学

韩侂胄的反道学斗争给了以朱熹为代表的道学派以巨大打击。自从

"伪学"的禁令发布以后,那些规行矩步、以道学自命的人站不住脚了。朱熹的门徒有的"屏伏丘壑",韬晦起来;有的改投他师,断绝和朱熹的关系,过门不入;还有的则换下道学家经常穿戴的衣服和帽子,另穿一套,招摇过市,显示其非道学一党。朱熹下葬时,门生故旧都不来,只有少数几个人看着朱熹的棺材入土。

但是,韩侂胄的反道学斗争又是有较大缺陷的。其一,缺乏应有的思想水平。韩侂胄等除了指斥道学虚伪外,提不出多少站得住的反对道学的理由,更提不出和道学相对立的思想体系,理论上没有建树。其二,提出的若干罪名缺乏根据。如指责赵汝愚"谋为不轨",朱熹"寓以吃菜事魔之妖术"等,罪名是加重了,但言而无实,也就易于引起人们对这场斗争的反感。其三,扩大化,打击了一些不应打击的人。如永嘉学派的叶适、陈傅良等,就曾错误地被列入"伪学之籍"。

由于以上种种原因,韩侂胄的反道学斗争并未得到舆论的广泛支持,不少人仍然同情朱熹一方。朱熹死后,陆游作文哀悼说:"某有捐百身、起九原之心,有倾长河、注东海之泪。"(《祭朱元晦侍讲文》,《渭南文集》卷四一)辛弃疾也作文说:"所不朽者,垂万世名。孰谓公死,凛凛犹生。"(《辛弃疾》,《宋史》卷四〇一)陆游、辛弃疾和朱熹的思想、性格并不一致,他们的态度如此,其他人可以想见。嘉泰二年(1202),有人劝韩侂胄"勿为已甚",于是韩追复已死的赵汝愚"资政殿学士"的职名,道学家们纷纷复官,而且还删去了推荐官吏必须"不系伪学"的规定。这样他就又和道学派妥协了。

同年,韩侂胄起用陆游修撰孝宗、光宗两朝的《实录》和《三朝史》。第二年,起用辛弃疾为知绍兴府兼浙东安抚使。陆游是著名的爱国诗人,辛弃疾既是爱国将领,又是爱国词人,韩侂胄不得不争取他们的支持。

嘉泰四年(1204),宁宗召见辛弃疾,要他陈述对付金国的意见。

辛弃疾说："金国必乱必亡，愿付之元老重臣，务为仓猝可以应变之计。"（《建炎以来朝野杂记》卷一八）同年，南宋王朝追封抗金名将岳飞为鄂王，在镇江为另一抗金名将韩世忠立庙。开禧二年（1206）四月，削去秦桧的王爵，改谥号为"谬丑"，意思是又谬又丑，为这个汉奸、卖国贼做了结论。制词说："一日纵敌，遂贻数世之忧；百年为墟，谁任诸人之责？"得到广泛传诵。同月韩侂胄发动北伐，宋军攻克泗州（今江苏盱眙东北），初战告捷。五月韩侂胄建议宁宗正式下诏北伐。诏书说："天道好还，中国有必伸之理；人心效顺，匹夫无不报之仇。"一贯对金采取柔媚态度的南宋政府，口气强硬起来了。应该指出的是，这里所说的"匹夫无不报之仇"，正是对朱熹"放冷了，便做不得"思想的否定。

由于四川副使吴曦阴谋割据，叛变投敌，也由于南宋政府中投降派的破坏搞乱，再加上军事准备不足，韩侂胄的北伐战争未能取得胜利。开禧三年（1207）十二月，投降派、礼部侍郎史弥远等密谋，在韩侂胄上朝时，用武力把他挟持到玉津园侧杀死。

在对道学派的斗争中，韩侂胄听了别人的话，"勿为已甚"，但是，道学家们对他却一点也不手软。金朝要韩侂胄的脑袋作为议和条件，百官集议，有人认为"有伤国体"，曾被列入"伪学之籍"的吏部尚书楼钥却说："和议重事，待此而决，奸宄已毙之首，又何足惜！"（《宋史纪事本末》卷二二）于是，命人开棺取首，送到金朝。南宋政府完全接受了金朝的条件，继续向金称侄，每年增岁币三十万，赔款三百万两。

投降派得势，抗战派尽被排斥，有的被贬远方，有的家产被抄。辛弃疾已在开禧三年九月去世。嘉定元年（1208），有人奏劾他"迎合开边"，被追夺爵秩。叶适于嘉泰二年（1202）被韩侂胄起复，后任吏部侍郎，出知建康府，曾派兵击败来犯金兵。这时也被奏劾为附和韩侂胄，受到罢官处分。

然而，秦桧、朱熹却得宠了。

嘉定元年（1208），史弥远等不顾舆论反对，悍然恢复秦桧的王爵和谥号。同年十月，南宋政府下令，命有关衙门为朱熹议谥。嘉定二年（1209）十二月，定朱熹谥号为"文"，说朱熹"集诸儒之粹"，"有功于斯文"，是"孟子以来不多有"的人物。这是南宋政府对朱熹的正式肯定。从此，朱熹就被尊称为"朱文公"。第二年，南宋政府又追赠朱熹中大夫、宝谟阁直学士。朱熹和秦桧一起为史弥远之流所推崇，这是朱熹生前自己也不会料到的。

有投降派撑腰，曾经被打得七零八落的道学派重新活跃。

嘉定元年（1208），太学博士真德秀入对说：韩侂胄当权的时候，忠良之士被排斥，谁研究"正心诚意"之学就被诬以"好名"，结果"伪学"之论兴而正道不行。现在改弦更张，应当"褒崇名节，明示好尚"（《续资治通鉴》卷一五八）。

嘉定四年（1211），李道传上书，说什么孔孟死了之后，"正学"不明，汉唐时的儒者不能充分地领会"圣门大学之道"，政治不如古代。又说什么到了本朝，程颐等"大儒并出"，因此孔孟之道就复明于世了；到了近世，儒者又进一步向前推展，"择益精，语益详，凡学者修己接物，事君临民之道，本末精粗，殆无余蕴"。在他看来，几乎可以说到了登峰造极的地步。李道传攻击韩侂胄的反道学斗争，说是"往者权臣顾以此学为禁，十数年间，士气日衰，士论日卑，士风日坏"。他要求宁宗明确宣布解除"伪学"之禁，崇尚道学，指明以前禁止道学的错误。他还说什么"经之当先者，莫要于《大学》《论语》《孟子》《中庸》之篇"，要宁宗将朱熹的《论语集注》《孟子集注》等四书颁发太学。李道传还要求罢王安石父子之祀，改祭邵雍、周敦颐、二程兄弟等人（《道学崇黜》，《宋史纪事本末》卷八〇）。第二年，国子司业刘爚再次要求将《论语集注》和《孟子集注》二书立学，得到批准。从此，二书成为官定的教科书（《续资治通鉴》卷一五九），朱熹的道学成为南宋统治集团的官学。

嘉定九年（1216），朱熹的再传弟子魏了翁上书，说秦汉以来，学者无所宗主，说理，就是"清虚寂灭"一类，论事，则提倡"功利智术"，"诬民惑世"，幸亏周敦颐奋起，写了《太极图说》，著了《通书》，教育出了程颢、程颐，于是，使得"孔、孟绝学独盛于本朝而超出乎百代"，要求"特赐美谥"，以示表彰（《道学崇黜》，《宋史纪事本末》卷八〇）。魏了翁的要求得到南宋统治集团的肯定，宁宗命掌管宗庙礼仪的太常寺衙门研究定议。第二年，魏了翁再次上书，攻击北宋蔡卞、吕惠卿等变法派，催促南宋政府为周敦颐及二程定谥，以便"风厉四方，示学士大夫趋向之的"（《续资治通鉴》卷一六〇）。嘉定十三年（1220），南宋统治集团追谥周敦颐为"元"，程颢为"纯"，程颐为"正"。

程颢、程颐思想在北宋、南宋，多次受到禁止，至此，终于得到了统治集团的正式肯定。嘉定十七年（1224）正月，宁宗下诏说，"朕惟伊川先生绍明道学，为宋儒宗，虽屡被褒荣，而世禄弗及"，要求寻访程颐后人，予以录用（《道命录》）。一个皇帝称程颐为"先生"，完全是弟子的口吻。

同年，宁宗去世，史弥远废去太子赵竑，拥立赵昀为帝，是为理宗。

理宗是史弥远从绍兴找来的一个十七岁赵姓男子，史弥远说他是宗室之后，派人为他讲授程朱道学，精心培养。果然理宗做了皇帝之后，立即请道学家讲《尚书》，习读朱熹注释的《四书》，变本加厉地提倡道学。

宝庆三年（1227），理宗下诏说："朕观朱熹集注《大学》《论语》《孟子》《中庸》，发挥圣贤蕴奥，有补治道。朕方励志讲学，缅怀典型，深用叹慕，可特赠熹太师，追封信国公。"（《道学崇黜》，《宋史纪事本末》卷八〇）不久，又接见朱熹的次子朱在，对他说："先卿的《中庸序》，

朕读起来就不能释手。恨不与之同时！"（《宋史纪事本末》卷八〇）

淳祐元年（1241）正月，理宗再次下诏说："朕惟孔子之道，自孟轲后不得其传，至我朝周敦颐、张载、程颢、程颐，真见实践，深探圣域，千载绝学，始有指归。中兴以来，又得朱熹，精思明辨，折中融会，使《大学》《论》《孟》《中庸》之书本末洞彻，孔子之道，益以大明于世。"（《宋史纪事本末》卷八〇）他下令将朱熹等列入孔庙从祀。于是，朱熹的木主被抬进孔庙，获得了享受冷猪头肉的待遇。不久，理宗又说：王安石主张"天变不足畏，祖宗不足法，人言不足恤"，是"万世罪人"，应该从孔庙中赶出去。

朱熹进孔庙，标志着他的学说被承认为孔学的真传；王安石成为"万世罪人"，说明了南宋统治集团的进一步腐朽。他们像蝙蝠害怕阳光一般害怕进步思想。

与朱熹进孔庙同时，周敦颐被封为汝南伯，张载被封为郿伯，程颢被封为河南伯，程颐被封为伊阳伯。随后，理宗又亲到太学，拜孔丘像，命人讲《大学》，并将自己写作的《道统十三赞》颁发给了国子监，宣示学生，又亲笔写了朱熹《白鹿洞学规》，也赐给了国子监。

道学统治就这样确立了。自此，以朱熹的客观唯心主义体系为核心的理学，或曰道学，就成了中国封建社会后期的统治思想，"言不合朱子，率鸣鼓而攻之"。谬种流传，祸害甚大。

道学统治确立的时候，也正是南宋王朝接近灭亡之际。

自理宗端平二年（1235）起，新建的蒙古汗国不断南侵。南宋王朝腐败糜烂，一面屈膝求和，一面尊崇道学。度宗咸淳元年（1265），命宰相访求司马光、朱熹后人中的"贤者"。恭宗德祐元年（1275），皇帝亲自为朱熹的诞生地尤溪的"南溪书院"书写匾额。第二年，元军进入杭州。

鲁迅说："宋朝的读书人讲道学，讲理学，尊孔子，千篇一律。虽然有几个革新的人们，如王安石等等，行过新法，但不得大家的赞同，失败了。从此大家又唱老调子，和社会没有关系的老调子，一直到宋朝的灭亡。"(《老调子已经唱完》)朱熹曾自吹他的道学有"以弱为强，变怯为勇，振柔为刚，易败为胜"的神奇效力，是"治国平天下"的灵丹，南宋统治集团听了他的话，服用了这帖灵丹，但是南宋却灭亡了。

二、封建统治者的"取法"和进步思想家的批判

南宋王朝灭亡了，但是提倡道学、推尊朱熹的政策却被元朝统治者继承了。

元朝丞相脱脱主持编修的《宋史》专门列了《道学传》，把朱熹吹捧为孔丘、孟轲之后居于第三位的儒学代表人物，说是：

> 迄宋南渡，新安朱熹得程氏正传，其学加亲切焉。大抵以格物致知为先，明善诚身为要，凡《诗》《书》、六艺之文，与夫孔、孟之遗言，颠错于秦火，支离于汉儒，幽沉于魏、晋、六朝者，至是皆焕然而大明，秩然而各得其所，此宋儒之学所以度越诸子而上接孟氏者欤！其于世代之污隆，气化之荣悴，有所关系也甚大。道学盛于宋，宋弗究于用，甚至有厉禁焉。后之时君世主，欲复天德王道之治，必来此取法矣。

汉代的经学在其发展中愈来愈烦琐化，一经的解说多至百余万字，五个字的解释可以长达二三万言。这种情况，严重影响了儒学的社会效用。魏、晋以后，儒道合流，以老、庄思想为主体的玄学盛行。这种哲学，论证"名教"出于"自然"，要人们相信一切现存的封建秩序都是"自然"而然的。但是，它宣扬"以无为本"，和宣扬以"空"为本的佛

教一样，都不十分投合封建统治者的胃口。到了宋代，朱熹最后完成了周敦颐、二程等所发起的道学唯心主义体系，它以儒学为主体，吸取玄学和佛学，封建地主阶级才算找到了一种比较理想的统治工具。"后之时君世主，欲复天德王道之治，必来此取法。"这是脱脱们的预言。历史证明，这一预言没有讲错。

中国封建社会后期，农民起义的规模日益巨大，先后形成元末农民大起义、明末农民大起义、太平天国农民大起义三座巨大的洪峰。"杀尽不平方太平"，农民起义的斗争锋芒愈益鲜明地指向封建社会的经济基础和全部上层建筑，因而，地主阶级也就愈来愈急切地乞灵于朱熹的道学。

元顺帝至正元年（1341），当一切腐败现象达到极点，元王朝走上崩溃道路的时候，元朝政府在朱熹的老家婺源修建了"徽国文公之庙"。"石人一只眼，挑动黄河天下反"，至正十一年（1351），在黄河工地服役的农民点燃了红巾军大起义的导火线，黄河、长江、两淮一带，义军风起云涌，元王朝宛如烈火中的危楼。至正二十二年（1362），元朝政府改封朱熹为齐国公。

明王朝建立后，特别着重于确立和巩固朱熹思想在意识形态领域内的统治地位。明朝政府规定，科举考试以"四书""五经"命题，"四书"的理解以朱熹的注释为准。永乐十三年（1415），成祖朱棣下令编辑《五经四书大全》和《性理大全》二书，胡广在《进书表》中声称：这两部书"非惟备览于经筵，实欲颁布于天下，俾人皆由于正路，而学不惑于他歧"（《性理大全》卷首）。他希望出现"家孔、孟而户程、朱"的状况。自此，朱熹思想定于一尊。鄱阳人朱季友因著书抨击程、朱，被成祖发配饶州决杖，所著书全部焚毁（《禁异说》，黄佐《翰林记》卷一）。景泰六年（1455）明朝政府以朱熹九世嫡长孙朱梴为世袭翰林院五经博士。第二年，下令替朱熹等整理祠堂，"如原有的修理，无的盖造"。在正德年间的农民起义之后，世宗嘉靖二年（1523），明朝政府又下令以朱熹的第十一世孙朱墅为翰林院五经博士。

封建统治者可以把谬论当真理推崇，但是，不能禁止真理自身的发展。明代中叶，罗钦顺继承和发展了朱熹理气不相离的思想，扬弃了他的理在气先、理为主宰的观点，罗钦顺因此在理气关系上发展成为唯物主义者。但是，从整个思想体系来看，罗钦顺还是一个尊崇朱学的唯心主义者。他对朱熹的批评是小心谨慎的，仅认为"小有未合"，即个别地方不妥当（《困知记》上）。和他同时代的王廷相则要勇敢得多。王廷相抓住了朱熹唯心主义的要害命题"理生气"，指出它就是老子"道生天地"思想的翻版。在人性论上，他反对"天命之性"与"气质之性"的区分，认为"人之性成于习"。在认识论上，他强调"见闻"与"接习"。和罗钦顺不同，王廷相敢于公开亮出批判朱学的旗帜，指责其"支离颠倒""辟头就差""殆类痴言"，表现了一个唯物主义者的战斗精神。

差不多与罗钦顺、王廷相同时，王阳明的主观唯心主义哲学风靡起来了。早年，王阳明曾按照朱熹的要求做过"格物"的功夫，在一无所得后转而向内寻求，继承并发展了陆九渊的心学体系。正德十年（1515），王阳明为了对付理学派的攻击，收集朱熹言论中和自己相合的部分，编为《朱子晚年定论》一书。但是，王阳明没有认真地进行考订，将朱熹的早年之论也收进来了，因此遭到了罗钦顺的指责，同时引发了一场辩论。嘉靖二十一年（1542），朝廷上下议论陆九渊的从祀孔庙问题，事关维护理学正统，广东人陈建愤而编辑《学蔀通辨》。所谓"蔀"，意为蒙蔽。《易经》有"丰其蔀"一语，旧注称："蔀，覆暧，障光明之物也。"陈建认为心学的发展蒙蔽了理学的光明，他要著书为之廓清。该书指责王阳明的《朱子晚年定论》"颠倒早晚"，说明朱熹和陆九渊之间早年同而晚年异，指责陆学"阳儒阴释"。该书的出版，再一次激起了思想界的朱陆异同之辨。

王学的风靡动摇了朱熹思想的统治地位，泰州学派的传播本意在使宋、明道学进一步简易化，但是却产生了破坏道学的副作用。在这一特定条件下，反儒学的异端思想家李贽出现了。他具有强烈的批判精神，不仅程朱理学受到他的指责，封建伦理纲常遭到他的轻视，连孔丘、孟轲、"六经"《语》《孟》也成了他抨击、讪议的对象。李贽思想的若干方面已经超出了封建传统思想的范围。这使他在辛亥革命至"五四"前后，赢得了反封建的资产阶级思想家的赞赏。

清初，封建统治者照抄明王朝的老谱，继续推崇程、朱理学。康熙皇帝下特旨将朱熹从孔庙的侧廊上升到大成殿配享，又亲书"学达性天""大儒世泽"等匾额给崇安、武夷、考亭等书院悬挂。他命李光地等将明朝政府颁布的《性理大全》删繁就简，改编为《性理精义》一书，又下令编纂《朱子全书》，亲自作序，自称"读书五十载，只识得朱子一生所作何事"（《朱子全书》卷首）。清朝统治者不喜欢王学，因此，心学的崇拜者们只能在尊朱的旗号下尊陆。雍正十年（1732），李绂编订《朱子晚年全论》，认为王阳明《朱子晚年定论》的错误只是个别的，他选了三百五十七件材料说明晚年的朱熹和陆九渊是一致的。自序说："欲天下人学陆子必且难之，欲天下人学晚年之朱子，亦无不可。学朱子即学陆子，陆子固不必居其名也。"（《朱子晚年全论》卷首）但是心学却始终不能行时。虽然朱学繁难，心学简易，但是清朝统治者总觉得朱学稳妥，而心学却靠不住，不愿意提倡它。

明清之际至清代中叶是唯物主义得到进一步发展的时期。在对朱熹和宋明道学等各种唯心主义的批判中，王夫之"入其垒，袭其辎，暴其恃而见其瑕"（《老子衍·序》），从而锻炼和丰富了自己的思想，将中国古代的朴素唯物主义推向了最高阶段。他以元气本体论反对朱熹的理本论，以"行可兼知，知不可兼行"的思想反对朱熹的"知先行后"说，以"习成而性与成"的观点反对朱熹的先天人性，以"天理即在人欲中"的命题反对朱熹"克人欲、存天理"的说教，以今胜于古的历史进化观反对朱熹的历史退化论，几乎在各方面都有超越前人的成就。继王夫之之后，颜元更为鲜明地举起了批判朱学的旗帜。他专门写作了《〈朱子语类〉评》和《四书正误》等著作，逐点逐条地批判朱熹，直斥朱学"惑世诬民"（《四书正误》卷一），是使人"永无生气、生机"的"砒霜"（《〈朱子语类〉评》）。在这些批判中，他提倡"实事""实学"，重视亲身实行和感性经验，主张"习而行之""亲下手一番"（《四书正误》卷二），从而丰富了古代的唯物主义认识论。鉴于明亡的历史经验，清初以至中叶的进步思想家一般都以功利主义为武器批判道学的空疏无用，但戴震却能独辟蹊径，他抓住"克人欲、存天理"这一命题，指责朱熹等宋儒"以理杀人"，这就深刻地揭示了理学的反动本质，将批判的程度大大地向前推进了。

戴震等人对朱学的批判激起了理学派的仇恨和恐惧。鸦片战争前夕，桐城派分子方东树写作了《汉学商兑》一书。它表面上以反汉学为旗号，实际矛头则指向清初以来的唯物主义思潮。方东树自称平生不喜欢读"异书"，只对朱熹的言论有心得；又声称见到历代学者中有跟朱熹"为难"的就很生气，"以为人性何以若是其弊也"（《汉学商兑》三序）。他指责戴震等人的思想是"亘古未有之异端邪说"，是"大乱之道"，是"洪水猛兽"，是毒酒、毒肉，吃下去要"裂肠洞胃，狂吼以死"（《汉学商兑》卷中之上）。这种漫骂，从反面说明了戴震等唯物主义者的战斗威力。

鸦片战争的爆发使中国社会进入半殖民地半封建社会阶段。在严重的民族危机面前，经世致用成为地主阶级爱国派或改革派的口号。魏源指斥道学家的心、性之说为无用的"迂谈"。他认为，如果有一种"道"，"上不足制国用，外不足靖疆圉，下不足苏民困"，那么这样的"道"还不如不要（《默觚·治篇一》）。戊戌变法时期，中国民族资本主义有了微弱的发展，西方资产阶级新学陆续传入，一部分爱国的地主阶级知识分子开始向资本主义找寻出路，因而他们对朱熹思想的批判，既继承了旧的传统，也具有若干新的色彩。康有为明确指出："朱子以理在气之前，其说非。"(《万木草堂口说》，抄本)在人性论上，朱熹最反对告子，而康有为却最推崇告子，认为"生之谓性"的说法"自是确论"(《长兴学记》)。借用告子的思想资料，康有为提出了他的自然人性论，肯定人欲，肯定物质文明，肯定"人人皆独立而平等"。谭嗣同则继承了王夫之的道不离器思想，反对朱熹等人"以道为体"的谬论。他说："自学者不审，误以道为体，道始迷离惝恍，若一幻物，虚悬于空漠无朕之际，而果何物也耶？于人何补，于世何济，得之何益，失之何损耶？"(《短书》，《谭嗣同全集》)他认为"道"应该随着"器"改变，这实际上是要求建立资产阶级新思想、新伦理的呼声。他明确指出："人欲亦善也。"(《仁学》)这就与朱熹以"人欲"为恶的封建说教形成尖锐的对立。谭嗣同还对道学家视为"天下大本"的封建纲常礼教进行了猛烈的抨击。在资产阶级维新派中，他是一位高出侪辈的勇敢的批判家。严复具有明确的唯物主义思想，他指斥朱熹等道学家"无实""徒多伪道，何裨民生"。在认识论上，他反对朱熹"读书穷理"的唯心主义、复古主义路线，肯定赫胥黎"以宇宙为我简编，名物为我文字"(《原强》)的思想，他把这叫作"读无字之书"，或"读大地原本书"。他批判包括道学在内的儒学"谬妄糊涂"，大力提倡"西学"。康有为、谭嗣同、严复等人的这些批判，代表了维新派软弱的反封建要求，在理论深度上，它赶不上明清时代的唯物主义者们，但是，却具有为发展资本主义而呐喊的崭新意义。

这一时期，维新派中也有人试图以新学来阐发朱熹的思想，例如唐才常，他作过一篇《〈朱子语类〉已有西人格致之理条证》，称赞朱熹"即物穷理"之说，"孕义宏深，天人靡阂，故其探索气化之功，冠绝群伦"。他并要求人们进一步"精而求之"出现"贝根、达尔文"一类人物（《湘报》第六三、六四号）。这种阐发，同样反映了维新派发展资本主义的要求。

中国近代是个变化空前迅速的时代，历史的发展很快就将资产阶级维新派甩到了它的后面。资产阶级革命派登上政治舞台后，继续对朱学进行批判。还在 1897 年，孙中山就指责知识分子读书"不外《四书》《五经》及其笺注之文字"，揭露历代封建统治者利用"四书""五经"，目的在培养人们"盲从"的性格（《伦敦被难记》），杨笃生揭露清王朝"借崇奉朱学，以伸其压制钳束之大义于天下"（《新湖南》第四篇）。同年，邹容以泼辣的语言嘲讽"宋学者流"，"日守其五子《近思录》等书，高谈太极、无极、性命之理，以求身死名立，于东西庑上，一啖冷猪头"（《革命军》）。1906 年，章太炎在东京中国留学生大会上，公开宣言他同意戴震对宋儒的指责。他说："那满洲雍正所作朱批上谕，责备臣下，并不用法律上的说话，总说：'你的天良何在？你自己问心可以无愧的吗？'只这几句宋儒理学的话，就可以任意杀人。世人总说雍正待人最为酷虐，却不晓得是理学助成的。"（《演说录》，《民报》第六期）在此前后，资产阶级革命派的报刊上出现了不少批判朱熹和道学的言论，《国民日日报》指出："道统之说"，"治理学者信之，治史学者记之，陋儒之误天下，未有甚于此说者也"（《国民日日报汇编》第三集）。《晋乘》指出："后世的几位皇帝老大人意在束缚人民的思想，下诏令士人、学子一遵朱注，不遵朱注的便叱为胡说，说是犯了学术之禁，……于是，程、朱的学问思想就如同铁圈子套到人头上一般的，任凭你身体头脑有如何发达的力量，也膨胀他不破，发达将不出去。所以后世几百年亿兆人的学问思想，绝不敢冒出朱子一人学问思想的范围。"（《晋乘》第一号）可以看出，这些批判并无多少理论色彩，但政治性、革命性却大大加强了。资产阶级革命派当时忙于反对清王朝的政治斗争，没有可能去进行深入细致的剖析。

在近代，封建统治者和地主阶级顽固派仍然死抱着程朱理学不放。

1853年，当太平军正以疾风骤雨般的气势向北方进军的时候，咸丰皇帝命儒臣献呈朱熹的《大学讲义》，又命理学家进讲《中庸》"致中和，天地位，万物育"一段，祈求朱学能带给清朝统治者安宁。曾国藩则以朱熹的"克人欲、存天理"为根据，凶残地屠杀太平军和革命人民。戊戌变法时期，张之洞鼓吹"宋儒重纲常，辨义利，朱子集其成"（《劝学篇·同心》）。文悌主张"必须修明孔、孟、程、朱、《四书》《五经》、小学、性理诸书"（《严参康有为折稿》）。叶德辉等则出版《翼教丛编》，全面坚持程朱理学。他们说："理则实宰乎气……苟无是理以宰是气，则人物之生，浑然一致，而人之性真同于犬牛之性矣。人之所以异于禽兽者，以其有此五常之全理。"（朱一新《答康有为第五书》，《翼教丛编》卷一）顽固派们仍然力图维护封建伦理是人的天性等谬论，但他们除了重复朱熹的老调外，完全讲不出什么新东西。

朱熹思想是中国封建社会后期的统治思想，对它进行批判性的总结本应是资产阶级的任务，但是，中国民族资产阶级不论在政治上或文化上都缺乏彻底的反封建的勇气。维新派在资产阶级革命运动兴起之后很快就从批判程、朱理学转而维护程、朱理学。资产阶级革命派中当时就有一部分人提倡国粹主义，视程、朱理学为"国粹"之列；后来更不断有人转向旧文化的营垒。因而，批判并总结朱熹思想的任务必然要落到无产阶级身上。"五四"运动以来，为了和地主、买办资产阶级复活程朱理学的企图进行斗争，部分马克思主义的哲学工作者在这方面已经付出了辛勤的劳动；新中国成立以后，更取得了长足的进展。但是，在这方面，我们仍然有许多工作要做，这是批判封建主义、批判唯心主义所必需的，也是发展社会主义文化，提高民族的理论思维水平所必需的。

选自《朱熹及其哲学》，（北京）中华书局1982年3月第一版，有大量删节。部分内容参用了拙著《朱熹》，（香港）中华书局2002年4月版。

第十二章

朱熹与世界

一、日本

朱子学何时传入日本，说法不一：一种说法是1200年，即朱熹逝世之年，其《中庸章句》已有日人大江宗光的手抄本；二是1211年，在宋朝学习的日本和尚俊芿回国，携回儒书，共二百五十六卷，其中可能有朱熹的著作；第三种说法是1241年，日本和尚圆尔辨圆回国，携回图书数千卷，其中有朱熹的《晦庵大学或问》《晦庵中庸或问》《论语精义》《孟子精义》等六种，四十三卷。此后，中国禅僧兰溪道隆、大休正念、一山一宁等人赴日，在讲说佛理时对程朱之学也有所介绍。十四世纪时，京都五大寺院的僧侣既习禅，又研究禅与儒之间的关系，被称为"五山僧侣"。同时，公卿贵族中也有一部分人，研究朱子学中的纲常伦理，并力图使之"和化"（日本化）。十六世纪时，出现博士公卿、萨南、海南三派。博士公卿学派全部根据朱熹注释来讲解儒书，以清原业忠为代表。萨南学派的开创者桂庵玄树在中国学习六年，后回国在九州讲学，认为"儒学不原于晦庵者不以为学焉"。海南学派的代表是南村梅轩，主要活动于土佐（今四国）一带。

自十七世纪初年起，日本进入江户时代。德川幕府将朱子学奉为官学，朱熹思想遂成为日本的统治思想。藤原惺窝（1561—1619）原为禅僧，读朱熹著作后弃禅还俗，特意穿着自制的儒服，拜见德川幕府的第一代将军德川家康，为其讲解儒学。他认为朱熹独得道统真传，并用儒学解释日本的神道，是日本朱子学派的开创者。其弟子林罗山（1583—1637）在京都首设私塾，讲授《四书集注》。曾任德川家康侍读，参与幕府机要，起草文书、法令。他主张理气合一论，认为"无气则无理"，大力阐扬朱熹学说的"治国、平天下"作用，提倡大义名分与人伦尊卑之别，在奠定朱子学的官学地位上发挥了重要作用。其间，日本朱子学派逐渐发展出京师、海西、海南、大阪和水户等五派。其中海南派推崇朱熹的理一元论，崇奉朱熹有如宗教，其代表人物山崎暗斋（1618—1682）在京师（今东京）讲学，有弟子六千人，公然声称："学朱子而谬，与朱子共谬也，何遗憾之有？"他将朱子学和日本神道结合，创立垂加神道学派，提倡护卫皇室，忠君报国，后来被日本军国主义者所利用。海西派主张气一元论，认为"气质之性"即是"本然之性"，不存在所谓"气质之性"与"本然之性"的区别，同时也反对朱熹的知先行后论，提倡知行并进，其代表人物有安东省庵（1622—1701）、贝原益轩（1630—1714）。大阪派肯定朱熹的批判质疑精神和无神论思想，以三宅石庵（1665—1730）等人为代表。京师学派的新井白石（1657—1725）则赞同朱熹用气的屈伸来解释鬼神的有关思想。水户藩主德川光国师事明亡后来日的中国学者朱之瑜（舜水），奖励儒学，排斥佛教，编修《大日本史》，倡导《春秋》和朱熹《通鉴纲目》中的大义名分以及尊王、贱霸等思想，形成水户派。

江户后期，日本朱子学受到民间的古学、阳明学、国学以及洋学的挑战。安藤昌益（约1703—1762）主张气一元论，严厉批判儒学、佛学和日本的神道。他指斥孔子"与盗道同类",儒学伦理为"盗贼之器具",痛斥《孝经》,揭露"仁政",成为当时的异端思想家。1790年,德川幕府实行"异学之禁",企图禁绝朱子学之外的各种"异学",继续维持朱子学的官学地位。但是,朱子学还是无可奈何地衰落下去。

明治维新之后,日本政府实行"富国强兵""殖产兴业"和"文明开化"三大政策,以福泽谕吉(1835—1901)为代表的启蒙思想家们提倡西学和实学,指斥以朱子学为代表的儒学是"虚学"。他们提倡"快乐主义",反对朱熹的"存天理,灭人欲"思想;以天赋人权和社会契约论批判朱熹的大义名分观。日本朱子学因此受到前所未有的巨大冲击,影响日益减少。但是,元田永孚(1818—1891)等人则指斥文明开化政策和自由民权运动为日本道德沦丧和风俗紊乱的根源,提倡复兴儒学,甚至主张定儒学为国教。西村茂树(1828—1902)出版《日本道德论》,提出将东方的儒学和西方的哲学结合起来,实行"道德之教"。他的思想被称为"混合儒教主义"。1890年,日本天皇颁布《教育敕语》,确立以儒学道德为主要内容的教育方针和国民道德方针。井上哲次郎(1855—1944)于次年出版《敕语衍义》,将孝悌忠信和共同爱国作为日本国家道德的基石,同时提倡将西洋文化中的实现自我与儒学中的修身相结合。1945年12月,盟军总部下令废止学校中的修身课。此后,儒学伦理不再成为日本国民教育和国民道德的根本方针,朱子学失去其理论基础意义,仅作为人文科学的研究对象而受到重视。

二、朝鲜

朱子学传入朝鲜约在十三世纪晚期,最早的传播者是安珦(1243—1306)。他随高丽忠烈王入元。1289年自元大都返国,携回《朱子全书》《四书集注》及亲摹的朱熹画像,成为朱子学进入朝鲜的发端。他认为朱熹"发明圣人之道,攘斥禅佛之学,功足以配仲尼。欲学仲尼之道,莫如先学晦庵。"他出于对朱熹的敬慕,晚年便以晦轩为号。朝鲜早期朱子学传播者白颐正等人都是他的弟子或再传弟子。李齐贤(1288—1367),师事白颐正,长期居留元都燕京,与当时名儒姚燧(1238—1313)等人共同倡导程朱理学。李穑(1328—1396)曾就学于元大都国子监,回国后任成均馆大司成,在明伦堂讲授朱子学,成为高丽著名的理学大师。郑梦周(1338—1392)也是成均馆的儒学讲授者,所讲朱熹《论语集注》等书,听者叹服,被推为"东方理学之祖"。他后来官至宰相,在任内大力推行程朱理学,并命民庶"仿《朱子家礼》立家庙,奉先祀"。

1392年,高丽王朝灭亡,李朝代之而起,朱子学取代佛学成为朝鲜的国教。郑道传(约1342—1398)是高丽末李朝初的哲学家,他接受朱熹"理"为天地万物本原的观点,以"万理皆实"思想批判佛学的"万理皆虚"论,被誉为"倡孔孟、程朱之道学,辟浮屠百代之诱诳,开三韩千古之迷惑"的"真儒"。此后,朱熹思想即成为李朝的正统思想。李朝的第四代王世宗尊崇理学,被誉为"海东尧舜"。权近(1352—1409)也是高丽末李朝初的哲学家,师事李穑,主张"理先气后"。他的《入学图说》是朝鲜最早的朱子学导读书。李滉(1501—1570),号退溪,是朝鲜朱子学派的主要代表人物,被誉为"海东朱子"。他主张"破邪显正","明道以正人心",反对佛教,连与自己观点不同的其他朱子学派都加以排斥。在理事的关系上,他完全赞同朱熹的"理在事先"说,认为未有君臣、父子之前已有君臣、父子之理。在人性论上,他认为人有"本然之性"与"气质之性";由于气质清浊不同,因此人有上智、中人与下愚的差异,但经过教育,均可成圣成贤。在理、欲关系上,他要求革尽人欲,复归天理。其弟子李珥(1536—1584)反对师说,认为理与气无先后可言,同为天地万物之源,是生成天地万物的父母。他是朝鲜朱子学新学派的创立人,被视为畿湖学派的鼻祖。

有尊朱者,也会有反朱者。尹鑴(1617—1680)是李朝哲学家。因反对朱子学而遭流放,后被赐死。他主张世界起源于气,反对朱熹的天赋道德观念,认为任何人都必须通过修养才会具备仁、义、礼、智等品质。由于他反对朱熹对儒学经籍的注释,提倡中国汉代的古注,因此,他所创立的学派被称为汉学派或古证学派。李瀷(1682—1764)也是李朝哲学家。他反对迷信儒学经典,虚谈空理,成为实学派的代表。朴趾源(1737—1805)同样反对空谈性理,提倡实用之学,是李朝后期的实学派代表。丁若镛(1762—1836)认为世界起源于气,人的道德观念并非天赋,人性差别取决于后天的教育。他是朝鲜实学思想的集大成者。朴殷植(1859—1926),是朝鲜民主主义革命家,一度流亡中国,参加韩国在华人士反对日本侵略和争取国家独立的爱国活动。他在其著作中批判朱子学的弊端,指责其固陋、保守,提出儒教更新论,企图改革传统儒学。

三、越南

朱子学传入越南晚于日本和朝鲜。陈朝时期仿效中国,将朱熹的《四书集注》作为科举考试的根据。当时的著名儒学家有朱安(?—1370),著有《四书约说》,今不传。他主张"穷理、正心、除邪、拒僻",明显地受到朱熹的影响。十五世纪的胡季犛创建越南胡朝。他崇奉周公和孔子,但不佩服宋代的道学家,指责周敦颐、程颐、程颢、朱熹等人"学博而才疏,不切事情"。1428年,越南进入黎朝,朱子学被定为越南正统的国家哲学。史学家和儒学家吴士连赞誉朱熹"其说也详,其旨也远,所谓集诸儒之大成,而为后学之矜式者也"。另一位史学家和儒学家黎贵惇著《四书略解》。他接受朱熹的理气关系说,认为"理也者，形而上之道也，生物之本也。气也者，生物之具也"，但同时又认为理在气中，理因气而有。此后的阮朝也继续奉朱子学为正统。至近代，越南民族解放运动领袖潘佩珠（1867—1940）也推崇儒学，著《孔子灯》，论述《四书》，并将部分儒学典籍译为越文，产生很大影响。

四、西方

欧洲人从十六世纪开始才知道朱熹，十八世纪才开始有朱熹著作的译本。

1777—1785 年之间，J. A. 玛丽、德·莫耶莱克和德·梅拉将《通鉴纲目》翻译为法文。1836—1837 之间，布里奇曼将《小学》译为英文。

西方人开始翻译朱熹的哲学著作始于 1849 年。当年，布里奇曼将《朱子全书》中关于宇宙、天地、日月和人兽的部分章节译为英文。至 1874 年，托马斯·麦克克拉奇继续以英文译出该书第四十九章中有关"理"和"气"的论述。1879 年，威廉姆·格鲁伯将朱熹有关"理"和"气"的部分观点译为德文。1887 年，法国传教士查理·德·阿雷翻译了明人高攀龙（1562—1626）所编《朱子节要》中的部分章节。1906 年，利昂·威格神父在《哲学引述：儒学、道教、佛教》一书中为朱熹专列一章，选译了朱熹的六十二句谈话，包括理气、阴阳、祭祀、人性、天命和善恶等方面的问题。1922 年，J. 佩里·布鲁斯将《朱子全书》中的第四十二章至第四十八章译为英文，定名为《朱熹著·人类本性的哲学》。1942 年，庞景仁将该书的第四十九章译为法文。1960 年，西奥多·德·巴里、伯顿·沃森和陈荣捷共编《中国传统的原始资料集》，陈荣捷从《朱子全书》中选译了朱熹关于理气、太极、鬼神、人与事、自然与天命、理智与人性的许多段落。1963 年，他又为《中国哲学原始资料集》选译了朱熹的几篇哲学短文。此外，厄拉夫·格拉夫神父在1953年将《近思录》翻译为德文。

西方对朱熹的研究最初集中于对上帝的讨论。尼科拉·朗格巴底神父认为儒学和朱熹的新儒学都不信上帝。1708年，尼科拉·马尔布朗士出版《一个基督教的哲学家与一位中国哲学家关于存在和上帝的特性的对话》，用一位朱熹门徒的观点反对基督教的有神论。1894年，勒·盖尔神父在《朱熹，其学说与影响》中认为朱熹不仅是唯物论者，而且是无神论者。盖尔的观点遭到德·阿雷的坚决反驳。德·阿雷先后写了《朱熹是无神论者吗？》等文章及小册子与之争论。其后，布鲁斯发表《宋代哲学的有神论的含义》，G. 沃伦神父发表《朱熹是一个唯物主义者吗？》，都认为朱熹多次谈到"天命"，倾向于信"神"，不是唯物主义者。这一争论在西方延续了两个多世纪。

朱熹学术思想曾在一定程度上影响了西方思想界。法国的孟德斯鸠（Charles Louis de Secondat Montesquieu，1689—1755）、伏尔泰（Voltaire，1694—1778）等启蒙思想家都研究过朱子学。德国著名的哲学家、自然科学家莱布尼茨认为"理"是"天"的自然法则，他在朱熹思想的基础上，提出了著名的"唯理论"学说。康德（Immanuel Kant，1724—1804）在《宇宙发展概论》中提出的天体起源假说，与朱熹的宇宙哲学十分相似，被称为"柯尼斯堡的伟大的中国人"。

选自《朱熹》，（香港）中华书局有限公司2002年4月初版。

第二编

朱熹学术思想四论

朱熹在前人的基础上创造了理学，使传统儒学发展至新儒学阶段，但是他的成就是多方面的。研究朱熹思想，绝不能仅限于理学。现分经学、史学、文学、教育四个方面论述他的思想及其学术贡献。

第一章

经学思想

经学是研究儒家经典的专门学问。西汉时，汉武帝罢黜百家，独尊儒术，儒家著作被尊称为经，出现"六经"之说。所谓"六经"，指《易》《诗》《书》《礼》《乐》《春秋》六部著作。但是《乐》有声无书，所以实际上只有五经。唐代时，将《礼经》中的《仪礼》《礼记》《周礼》和解释《春秋》的《公羊》《谷梁》《左传》分别称为经，出现"九经"之说。到宋代，增加《论语》《孟子》《孝经》《尔雅》四部书，共为"十三经"。

北宋前期，学术思想大体沿袭前代，没有特别的建树；北宋中后期，疑古辨伪思潮兴起，学者们不仅怀疑汉代以来的解经、说经之作，而且也逐渐怀疑到了经文本身，朱熹是这一方面的重要代表人物。

一、《易经》

《易经》是先秦时期的一部神秘的典籍，由符号和文字两部分组成，居于儒家所定经籍中的首位，长期受到尊崇。但是关于它的性质和面貌，却有种种说法。

朱熹对《易经》做过多年研究，著有《周易本义》，是道学家注《易》的代表作。此外，他还著有《易学启蒙》一书，另有大量关于《易》的言论，散见于其语录和文集中。因此，在易学研究史上，朱熹具有重要地位。明初，朝廷曾将《周易本义》和程颐的《周易程氏传》颁行天下，作为知识分子科举考试的标准读物。

朱熹说过许多推崇《易经》的话，如"洁净精微，《易》之教也""《易》之为书，广大悉备，人皆可得而用""《易》与天地准，故能弥纶天地之道"等。(《朱子语类》卷六八、七四) 但是，朱熹却直指《易经》是中国古代的一部卜筮书。他说：

> 熹尝以谓《易经》本为卜筮而作，皆因吉凶以示训戒，故其言虽约，而所包甚广。(《朱子语类》卷八二)
>
> 古时人蠢蠢然，事事都不晓，做得是也不知，做得不是也不知。圣人因便作《易》教人去占。占得怎地便吉，怎地便凶。所谓通天下之志，定天下之业，断天下之疑者，即此是也。(《朱子语类》卷六六)

人类社会初期，对大自然所知甚少，无力掌握自己的命运，处于"蠢蠢然"的阶段，不得不借助占卜来求得对自己行动的指导。周王朝时期，"巫史"们用四十九条蓍草（今之蚰蜒草或锯齿草），进行排列组合，为人们判定事物或行为的吉凶祸福。这类占卜活动极为频繁，"巫史"们积累了大量的资料，《易》就是对这些资料进行整理和规范化之后的结果，所以又称《周易》。朱熹指出《易》本为卜筮而作，这就揭开了长期笼罩于《易》的神秘面纱，正确地说明了《易》的来源。

历史常常有这种情况，谬误被普遍视为真理，而真理却被普遍视为谬误。朱熹的"卜筮"说在当时就未得到承认。他曾慨叹说："如《易》，某便说道圣人只是为卜筮而作，不解有许多说话。但是此说难向人道，人不肯信。向来诸公力来与某辨，某煞费气力与他分析。而今思之，只好不说，只做放那里。信也得，不信也得，无许多气力分疏。"（《朱子语类》卷六六）

旧时普遍认为，《易经》起源于伏羲画八卦，朱熹承袭了这一说法，但是他同时声称："伏羲当时，偶然见得一便是阳，二便是阴，从而画放那里"，"（伏羲）当初也只是理会网罟等事，也不曾有许多峣崎，如后世《经世书》之类。而今人便要说伏羲如神明样，无所不晓。伏羲也自纯朴，也不曾去理会许多事来。"（《朱子语类》卷六六）伏羲只是传说中的人物，朱熹确信实有其人，未必妥当，但他把伏羲看成"纯朴"的普通人，对于剥去《易》的神秘外衣仍然有其积极意义。

《易经》分"经"和"传"两部分。"经"是由六十四卦卦象及相应的卦名、卦辞、爻名、爻辞组成，反映古代卜筮书的原貌，"传"是对于"经"的解释，由《彖》上下、《象》上下、《文言》《系辞》上下、《说卦》《序卦》《杂卦》等七种十篇组成，称为"十翼"。"经"与"传"最初分别刊行，东汉时，为了阅读方便，将《彖》《象》等解经之"传"附于"经"文之下，合并刊行。南宋时，吕祖谦根据嵩山晁氏发现的《易经》古本，将《易经》定为《经》两卷、《传》十卷。朱熹大力肯定这一发现，又详加考证，说明《易》的"经"与"传"两部分在古代各自刊行，"中间颇为诸儒所乱"的状况。这样，古本《易经》的面貌就清晰地被呈现出来了。

《易经》的"经"与"传"不仅在古代各自刊行，而且成于不同时代。除旧传伏羲画八卦外，古人又传说文王衍六十四卦，孔子作《彖》《象》等"十翼"。朱熹承袭这些说法，但强调的是彼此之间的不同。他说："今人读《易》，当分为三等。伏羲自是伏羲之《易》，文王自是文王之《易》，孔子自是孔子之《易》。"（《朱子语类》卷六六）又说："《易》之为书，更历三圣而制作不同，若庖羲氏之象、文王之辞，皆依卜筮以为教，而其法则异。至于孔子之赞，则又一以义理为教而不专于卜筮也。"（《书伊川先生易传板本后》，《文集》卷八一）这就是说：伏羲、文王都只停留在卜筮阶段，到了孔子，才将卜筮语言发展为哲学语言，"因那阴阳消长盈虚，说出个进退存亡之道理来"（《朱子语类》卷六七）。朱熹关于"《易》经三圣"的说法虽然或与事实不合（伏羲、文王），或缺乏有力证明（孔子），但他指出"经""传"有别，"传"在易学发展史上有巨大作用，仍是很有见地的。

《易经》由符号和文字两部分组成，后来的研究者各有重点，从而形成象数和义理两大派别。象数派着重以奇偶之数和八卦所象征的物象来解说《易经》，兴起于汉朝；义理派则着重阐发《易经》中所包含的哲理，兴起于晋朝。到了宋朝，两派均有发展。象数派以陈抟（871—989）、周敦颐、邵雍为代表。他们推尊汉儒假托的《河图》与《洛书》，喜欢用图式来解释《易经》所包含的哲理，说明宇宙生成和发展过程，被后人称为"图书派"。义理派以欧阳修（1007—1072）、程颐、张载为代表。他们竭力排斥王弼（226—249）以来用老庄之道来解《易》的倾向，主张用传统的儒学来说明《易》理。朱熹对上述两派都有所推崇，也都有所批评，力图加以综合，形成"大一统"的易学体系。

朱熹对"图书派"给过很高评价，例如他赞誉周敦颐的《太极图》"不由师傅，默契道体，建图属书，根极要领"。他的《周易本义》一书首刊邵雍等人的《伏羲八卦次序图》《伏羲八卦方位图》等九图，但是，他又批评邵雍"近于附会穿凿"。对于义理派，他也给过很高的评价，例如他推崇程颐的《易传》"因时立教，以承三圣"，但是他又批评其"支离散漫"。朱熹认为象数是作《易》的根本，因而必须通过象数去研究义理。他问道："若果为义理作时，何不直述一件文字，如《中庸》《大学》之书，言义理以晓人，须得画八卦则甚？""何故要假卜筮来说？又何故说许多吉凶悔吝？"(《朱子语类》卷六六）基于此，朱熹反对离开卜筮之书这一特点去对《易》"茫昧臆度"，任意解释，以致凭虚失实。他说："近世言《易》者，直弃卜筮而虚谈义理，致文义牵强无归宿，此弊久矣！要须先以卜筮占决之意求经文本义，而复以传释之，则其命词之意与其所自来之故，皆可渐次而见矣。"(《孙季和》（五），《朱文公别集》卷三）

从学术角度看，研究古人著作，解说经书，必须精确地了解并阐述古人的"本义"，而不可借解经之名，实际上阐述自己的一套。朱熹认为程颐的《易传》就有此弊病，他说："《易传》义理精""只是于本义不相合。"（《朱子语类》卷六七）朱熹提出，程颐如要"立议论教人，可向别处说，不可硬配在《易》上说"（《朱子语类》卷六九）。他痛感后代的许多解《易》者"说道理太多"，因而《易》的本来面目也就沉埋得愈深。

为了忠于"本义"，朱熹有时甚至敢于向孔子挑战。《易经》中的"既济"与"未济"卦，有"濡首濡尾"之句。朱熹说："分明是说野狐过水。今孔子解云'饮酒濡首'，亦不知是如何？是孔子说，人便不敢议。他人便恁地不得。"（《朱子语类》卷七三）朱熹的时代是个只能"以孔子之是非为是非"的时代，但是他却敢于提出异见，"与孔子分疏"，这是相当难能可贵的。

朱熹承认《易》难读，有许多地方不明白。他说："经书难读，而《易》为尤难。"因此，他劝人读《四书》，而不劝人学《易》。他说："《易》自是别是一个道理，不是教人底书"（《朱子语类》卷六七），甚至说："（孔子）原不曾教人去读《易》。"（《朱子语类》卷六六）有时，他甚至说自己费了许多精神读《易》，其结果却有如吃鸡肋。（《朱子语类》卷一〇四）这在当时而言，也是"离经叛道"的。

二、《诗经》

《诗经》是中国最古的一部诗歌总集。朱熹对《诗经》进行过长期、深入的研究,著有《诗集传》。

相传《诗经》为孔子删订,孔子说过:"《诗》三百,一言以蔽之,曰:思无邪。"(《论语》)汉儒著《诗序》,为了恪遵圣训,便使用穿凿附会的办法,将所有《诗经》中的作品都说成"主文谲谏,化下刺上"之作,结果,隔碍难通,完全遮蔽了《诗经》的真实面目。朱熹研究《诗经》的最大贡献在于否定汉儒的《诗序》,从而部分地揭示了《诗经》的真面目。

朱熹最初也相信《诗序》的说法,遇到解说不通之处,还曲意为之解释,但总觉得不安。后来索性抛开《诗序》,只是玩味《诗经》本身的文词,自此走进新天地,"觉得道理透彻","诗意方活"。他的《诗集传》一书就诗论诗,每篇述其主旨,每章言其大意,有不少新见解。例如《诗经》中的《狡童》,其中有"彼狡童兮,不与我言兮。维子之故,使我不能餐兮"等句,旧说解释成"思见正也,狂童恣行,国人思大国之正己也",但朱熹却正确地指出此类诗歌,完全是"闾巷风土,男女情思之词。"(《楚辞集注》卷一)根据他的研究,《诗经》中此类作品有《静女》《桑中》《木瓜》《采葛》《丘中有麻》《将仲子》《有女同车》《山有扶苏》等共二十四篇。

朱熹是个道学家,不赞成男女之间的自由恋爱,他虽然看出了《诗经》中《国风》的性质,但是,并不肯定这些作品。相反,却斥之为"淫乱"之作。他批评《卫风》"淫靡","使人懈慢而有邪僻之心"(《诗集传》卷第三),又批评《郑风》"几于荡然无复羞愧悔悟之萌"(《诗集传》卷第四)。在朱熹看来,《卫风》是"男子戏妇女",还可以容忍，而《郑风》则"多是妇人戏男子"，简直可恶至极。(《朱子语类》卷八十）在《诗集传·序》中，朱熹说："凡诗之所谓风者，多出于里巷歌谣之作，所谓男女相与咏歌，各言其情者也。惟《周南》《召南》亲被文王之化以成德，而人皆有以得其性情之正。故其发于言者，乐而不过于淫，哀而不及于伤，是以二篇独为风诗之正经。自《邶》而下，则其国之治乱不同，人之贤否亦异，其所感而发者有邪正是非之不齐，而所谓先王之风者于此焉变矣。若夫《雅》《颂》之篇，则皆成周之世朝廷、郊庙、乐歌之辞，其语和而庄，其义宽而密。其作者，往往圣人之徒，固所以为万世法程而不可易者也。至于《雅》之变者，亦皆一时贤人君子悯时病俗之所为，而圣人取之。"他认为《诗经》中的《雅》《颂》都是周初朝廷上使用的作品，作者往往是"圣人之徒"，因此水平最高，可以作为万世不变的学习榜样。《雅》中有一部分"变雅"，其作者是当时的"贤人君子"，心地"忠厚恻怛"，目的是"陈善闭邪"，也为圣人所肯定。至于《国风》，则需要区别。《周南》《召南》，其地区因为受到文王的教化，所以作品正派，但是《邶风》以下，人有好有坏，作品也就有正有邪，他要人们"考其得失，善者师之而恶者改焉"（《诗集传·序》)。

至此，朱熹就给自己提出了一个难以回答的问题：既然《诗经》中的作品有善有恶、有正有邪，怎样解释孔子所说的"思无邪"呢？

关于这一问题，朱熹面临着两种选择：一种是宣称孔子的话不对，这是朱熹所不敢的；另一种回答是"曲为之说"，想方设法证明孔子的话不错。朱熹选择的是后者。他说："非以作诗之人所思皆无邪也。今必曰彼以无邪之思铺陈淫乱之事，而悯惜惩创之意自见于言外，则曷若曰彼虽以有邪之思作之，而我以无邪之思读之，则彼之自状其丑者，乃所以为吾警惧惩创之资耶？"（《读〈吕氏诗记·桑中〉篇》，《文集》卷七〇）将"思无邪"的主体从作者转移到读者，既维护了孔子的权威，又维护了礼教的尊严。

《诗经》有所谓"赋、比、兴"三种写作手法。"赋"是据事直陈,"比"是借彼喻此,都比较易于理解,唯独"兴",前人的解释常常不知所云。朱熹指出:"诗之兴,全无巴鼻。后人诗犹有此体。如'青青陵上陌,磊磊涧中石。人生天地间,忽如远行客'。"(《朱子语类》卷八十)它和后面的诗句并无意义上的关联,只是"借彼一物以引起此事"(《朱子语类》卷八十)或"先言他物以引起所咏之词"(《诗集传》卷第一),这就正确地指出了"兴"的特征和作用。

三、《书经》

《书经》又称《尚书》,是上古时期的历史文献和部分追述古代史迹的著作的汇篇,传说由孔子编订,是孔子用以讲学的主要典籍。朱熹没有专门研究《书经》的著作,但是,他对于东晋时晚出的伪《古文尚书》及孔安国的伪《尚书传》提出质疑,在中国辨伪史上有一定地位。

《尚书》相传原有百篇。秦始皇焚书后,至西汉时仅存二十八篇,为原秦博士伏生所传,用汉代通行的隶书写成,被称为《今文尚书》,计虞夏书四篇、商书五篇、周书十九篇。其中虞夏书是儒家根据传说材料编造而成,商书、周书则是比较可靠的历史文献。到了汉武帝时,鲁恭王刘馀从孔子故宅墙壁中发现以先秦古文写成的本子,为孔子十一世孙孔安国所得,于今文二十九篇之外,增加十六篇,共四十五篇,称《古文尚书》,但是,很不幸,这四十五篇用古文写成的古文献在发现之后又散佚了(或说有目无文)。至东晋时,梅颐献出《尚书》五十九篇,其中据原《今文尚书》而加以离析的三十三篇、新增的二十五篇及孔安国《书序》一篇。此后,历代相传。唐代孔颖达(574—648)撰《五经正义》,即以之为据。自五代以至宋明,开科取士,都以此本为准。至清代才经学者考证,证明梅颐新增的二十五篇和《书序》均为伪作。梅颐与《古文尚书》同时献出的还有托名孔安国解释《尚书》的《尚书传》,计十三卷,也是伪作。

朱熹是最早指出《尚书传》是伪作的学者。他说:"《尚书》孔安国传,此恐是魏晋间人所作,托安国为名。与毛公《诗传》大段不同。今观序文亦不类汉文章(汉时文字粗,魏晋间文字细)。如《孔丛子》亦然,皆是那一时人所为。"(《朱子语类》卷七八)

对于梅颐所献《古文尚书》,朱熹虽未直揭其伪,但从语言风格上提出了疑问。他说:"汉儒以伏生所传之《书》为今文,而谓安国之《书》为古文。以今考之,则今文多艰涩,而古文反平易。或者以为今文自伏生女子口授晁错时失之,则先秦古书所引之文皆已如此。或者以为记录之实语难工,而润色之雅词易好;则暗诵者不应偏得所难,而考文者反专得其所易,是皆有不可知者。"(《书临漳所刊四经后》,《文集》卷八二)又说:"只疑伏生偏记得艰的,却不记得易的。"自朱熹提出疑问之后,元朝的吴澄(1249—1333),明朝的梅鷟(1483—1553),清朝的阎若璩(1636—1704)、惠栋(1697—1758)、丁晏等人继起,考证日益精密,终于揭出了梅颐作伪的真相。

四、《春秋》

《春秋》是我国现存最早的编年体史书,所记起于鲁隐公元年(前722),止于鲁哀公十四年(前481)。原是鲁国的国史,相传经孔子删削而成。《孟子·滕文公》称:"世衰道微,邪说暴行有作,臣弑其君者有之,子弑其父者有之。孔子惧,作《春秋》。"《史记·孔子世家》进一步宣称:"《春秋》之义行,则天下乱臣贼子惧焉。"

《春秋》行文极为简洁,短时只有一个字,最长也不过四十多字。

传统有所谓"一字褒贬说",认为《春秋》在简洁的文字中寄寓圣人的褒贬深义。朱熹反对这种说法,认为"《春秋》只是直载当时之事,要见当时治乱兴衰,非是于一字上定褒贬。"(《朱子语类》卷八三)他反对在读《春秋》时,刻意求深,穿凿附会地去探寻圣人的言外之意,明确表示"生乎千百载之下,欲逆推乎千百载上圣人之心。况自家之心又未如得圣人,如何知得圣人肚里事?"(《朱子语类》卷八三)他对于诸家解释,以及所谓《春秋》"凡例",都不敢相信:"近世说《春秋》者太巧,皆失圣人之意。又立为凡例,加某字其例为如何,去某字其例为如何,尽是胡说!"(《朱子语类》卷五五)

朱熹不很赞成将《春秋》视为经书。有学生问他,《春秋》当如何看?他明确表示:"只如看史样看。"(《朱子语类》卷八三)

五、《礼经》

儒家有所谓"三礼"之说,指的是《周礼》《仪礼》《礼记》三本书。它们都是战国至西汉初年儒家关于社会伦理和政治思想的论著。《周礼》或称《周官》,是古文经中的重要典籍。旧说以为周公所作,今文经学者则指为西汉末年刘歆(?—23)所伪造,两派长期争论不休。根据近人研究,它依托周制,反映的则是战国时期儒家对政治制度的设想。《仪礼》亦称《士礼》,是今文经的要籍,记述周代贵族的各种礼节和仪式。旧说以为周公所作,或经孔子手定。近人则以为是战国儒家作品而为汉儒编订。《礼记》指西汉戴圣所编《小戴礼记》,为西汉中期儒家的礼仪论文选集。另有戴德所编《大戴礼记》,但旧时不被称为经。

朱熹相信《周礼》是"周公遗典"。他说:"《周礼》一书好看,广大精密,周家法度在里。"又说:"今人不信《周官》,若据某言,却不恁地。"(《朱子语类》卷八六)对《仪礼》,他也采取尊信态度,但认为流传本不完备。他说:"今仪礼多是士礼,天子、诸侯丧祭之礼皆不存","不知何代何年失了,可惜!"(《朱子语类》卷八五)在《仪礼》和《礼记》的关系上,他认为《仪礼》是经,《礼记》是对《仪礼》的解释。他说:"《礼记》要兼《仪礼》读。如冠礼、丧礼、乡饮酒礼之类,《仪礼》皆载其事,《礼记》只发明其理。"(《朱子语类》卷八七)为此,他计划写作《仪礼经传集注》一书,将《仪礼》作为本经,取《礼记》及各种经史杂著有关礼的记载附于本经之下,但此书未能完成。

朱熹也不很主张学生学《礼》。他说:"礼学多不可考。盖为其书不全。考来考去,考得更没下梢,故学《礼》者多迂阔。"(《朱子语类》卷八四)

六、《孝经》

《孝经》托名孔子与他的弟子曾参(前505—前435)互为问答,论述孝道,宣扬宗法思想。关于其作者,班固(32—92)、郑玄(127—200)均认为是孔子,司马迁则认为是曾参。近人研究,认为成书于秦汉之际,应属孔门后学之作,共十八章,约三千字,有今文、古文两种版本。唐开元七年(719),玄宗命刘知几等人鉴定,并会集王肃(195—256)等六家之说为注,刻石太学。天宝二年(743),玄宗又亲自作注,颁行天下。

朱熹著有《孝经刊误》一书。他否定《孝经》为孔子所著,将该书分为经一章、传十四章,删改经文约二百二十三字。他说:"窃尝考之,传文固多附会,而经文不免有离析增加之失。顾自汉以来,诸儒传诵,莫觉其非。至或以为孔子所自著,则又可笑之尤者。"(《礼书纲目》卷七八)

朱熹没有版本根据,就擅自删改《孝经》文本、强分经传的做法受到后人的批评,清人毛奇龄(1623—1716)著《孝经问》,就对朱熹的武断行为提出了责难。

七、《四书》

所谓"四书",亦称"四子书",指《论语》《大学》《中庸》《孟子》四本书。《论语》是孔子的语录。《大学》《中庸》是《礼记》中的两篇。《孟子》是孟子及其弟子的言论与活动记录。北宋时程颐首先将这四本书并提,认为学者必先学此四书,然后学习"六经"。朱熹非常赞赏程颐的这一观点,以毕生精力从事这四本书的注释和研究工作。南宋绍熙元年(1190),朱熹在漳州刊刻此四书,"四书"之名自此成立。此后,他先后完成《四书章句集注》十九卷、《四书或问》三十九卷,其他关于"四书"的著作尚有《论孟要义》《论孟精义》《学庸详说》等多种。他的《朱子语类》共一百四十一卷,其中"四书"占五十一卷。除此之外,朱熹还选辑周敦颐、程颢、程颐、张载等人的语录,编为《近思录》十四卷,作为"四书"的导读。

朱熹非常重视"四书",视为人一生"立其规模""定其根本"的经典。他说:"若理会得此四书,何书不可读?何理不可究?何事不可处?"在次序上,他主张先读《大学》,次《论语》,次《孟子》,次《中庸》。他说:"某要人先读《大学》,以定其规模。次读《论语》,以立其根本。次读《孟子》,以观其发越。次读《中庸》,以求古人之微妙处。"(《朱子语类》卷十四)他又认为"四书"易,"六经"难,读"四书"的工夫少而得效多,主张将"四书"作为学习"六经"的阶梯。元代以后,孔孟并称,"四书"及朱熹的注解成为科举考试的必读书,产生了广泛而巨大的影响。钱穆曾说:"(朱熹)退'六经'于'四书'之后,必使学者先'四书'后'六经',更为在中国学术史上有旋转乾坤之大力。"(《朱子新学案》)

第二章

史学思想

朱熹没有系统的史学理论著作，但发表过大量关于历史和历史著作的言论，是宋代理学派史论的重要代表人物。不仅如此，他还躬亲实践，编写过《资治通鉴纲目》《伊洛渊源录》《八朝名臣言行录》等史著，其内容也反映出他的部分史学思想。

一、读史明理，知所鉴戒

在朱熹的学术生涯中，他最重视的是经学，但是，他也相当重视史学。北宋时，王安石变法，科举考经义，"禁引史传"，朱熹很不以为然。他曾打算建议朝廷在科举中加考史学，分年考试《左传》《国语》《史记》《汉书》以及《唐书》《五代史》《资治通鉴》等著作，这在古人中是很少见的。朱熹之所以重视史学，主要是他认为史学有"明理"和"鉴戒"的双重作用。

朱熹哲学的最高范畴是理。在他看来，人生的最高目标就是体认理、掌握理。由于理存在于事事物物中，因此，读史也是明理的一条途径。他说:"其粲然之迹,必然之效,盖莫不具于经训史册之中,欲穷天下之理,而不即是而求之,则是正墙面而立尔,此穷理所以必在乎读书也。"(《行宫便殿奏札二》,《文集》卷十四)朱熹既然认为理存在于经训中,也存在于史册中,自然可以通过读史去明理,所以他又说:"凡观书史,只有个是与不是。观其是,求其不是;观其不是,求其是,然后便见得义理。"(《朱子语类》卷十一)

除明理外,朱熹也很重视史学的"鉴戒"作用。他在分析孔子作《春秋》的目的时说:"圣人据鲁史以书其事,使人自观之以为鉴戒尔。"(《朱子语类》卷八三)所谓"鉴",指的是总结历史经验,吸取历史智慧。他说:"既做秀才,未说道要他理会什么高深道理,也须知得古圣贤所以垂世立教之意是如何?古今盛衰存亡治乱事体是如何?从古来人物议论是如何?这许多眼前底都全不识,如何做士人!须是识得许多,方始成得个人。"(《朱子语类》卷一二一)了解"古圣贤"的"垂世立教之意",自然仍是为了道德修养,但是,了解"古今存亡治乱事体"以及"古今人物议论",这就超出道德领域了。朱熹本人读史,常常纵论古今得失,用以为宋王朝寻求治国安邦之道。例如朱熹研究历代田制,着眼点在于解决宋代的"豪民占田";又如他看到南宋军费庞大,国家财政支绌,便提出应效法诸葛亮治蜀和曹操(155—220)的"屯田"之法等。

所谓"戒",主要指劝善戒恶。历史事件有善有恶,有美有丑;历史人物也有善有恶,有美有丑。历史学不能只写一面,而省略另一面。朱熹认为写"恶"、写"不善",都可以起特殊的教化作用。他说:"《春秋》是以不善者为戒。"(《朱子语类》卷八三)汉代的扬雄做过王莽的"新朝"大夫,按照朱熹的观点,这自然是一种"失节"行为,所以他坚持在写史时称其为"莽臣",将他的去世写为"莽大夫扬雄死"。他认为这样写,可以警告后世的"畏死失节之人","著万世臣子之戒"(《答尤延之》,《文集》卷三七)。他自夸《资治通鉴纲目》一书,"义例精密，上下千有余年，乱臣贼子真无所匿其形矣"。

尽管史学的功能是多方面的，但是朱熹最重视的还是它的道德教化作用，因此，他反对抛开个人的道德修养去读史。他说："将孔子置在一壁，却将左氏、司马迁驳杂之文钻研推尊，谓这个是盛衰之由，这个是成败之端。反而思之，干你身己甚事？你身己有多多少少底事合当理会，有多多少少底病未曾去，却来说甚盛衰兴亡治乱，这个直是自欺！"（《朱子语类》卷一一四）可见，他的着眼点始终在教人成圣成贤上。

为了教人成圣成贤，朱熹主张读史之先，须有义理准备，必须先读经，后读史。他在《答梁文叔》函称："昨日有人问看史之法，熹告以当且治经，求圣贤修己治人之要，然后可以及此。"（《文集》卷四四）在朱熹看来，经是本，史是末，必须先读经书，掌握圣人"修己治人"义理之后，才可以读史。他说"凡读书，先读《语》《孟》，然后观史，则如明鉴在此，而妍丑不可逃。若未读彻《语》《孟》《中庸》《大学》便去看史，胸中无一个权衡，多为所惑。"（《朱子语类》卷十一）这就是说：胸中有了义理，才能判别历史上的各种妍媸美丑现象，做出正确判断，不至于为纷繁复杂的历史现象所迷惑。否则，就可能把自己读坏了。朱熹和金华学派、浙东学派的分歧之一就在于朱熹重读经，而吕祖谦、陈亮等则重读史。他说："伯恭于史分外仔细，于经却不甚理会。"（《朱子语类》一二二）朱熹批评这种状况是"论事而不求理"，"只是读史传，说世变"（《答康炳道》《答路德章》，《文集》卷五四），其结果是引导人们"流入世俗功利权谋中去"，坏了读者，也坏了自己。他以陈亮为例说："看史只如看人相打，相打有甚好看处？陈同父一生被史坏了。"（《朱子语类》卷一二三）朱熹尤其担心年轻人读史会产生不良后果。声称"史书闹热，经书冷淡。后生心志未定，少有不偏向外去者，此亦当预防也。"（《答吕伯恭》，

《文集》卷三三）在他看来，如果读史会发生消极作用，那就还不如不读。他说："近日又有一般学问，废经而治史，略王道而尊霸术，极论古今兴亡之变，而不察此心存亡之端。若只如此读书，则又不若不读之为愈也。"（《答沈叔晦》，《文集》卷五三）

朱熹反对读史而不读经，或者先史后经，但是，他也反对读经而不读史，"多求于理而不求于事"，从而陷入"悬空高妙"的境地。他认为读经与读史可以互补，在优先读经的情况下，一方面"潜思乎《论语》、孟氏之书以求理义之理"，一方面"考诸编年《资治》之史以议夫事变之得失"（《蕲州教授厅记》，《文集》卷七七），在他看来，这才是理想的境界。

二、"裁之以理"，"主在正统"

朱熹不仅将明理作为读史的目的，而且将理作为准尺，用以检验和衡量既往的历史和历史著作，同时，又用理作为写作史著的指南。

朱熹高度评价《春秋》，视为史学著作的最高典范。他说："春秋皆乱世之事，而圣人一切裁之以天理。"（《朱子语类》卷二三）但是，对《春秋》以外的各类史学著作，他几乎都有苛刻的批评。

对《左传》，他批评说："《左传》有甚么道理？纵有，能几何？""左氏见识甚卑"于义理上全然理会不得（《朱子语类》卷八三）

对《史记》，他批评说："迁之学，也说仁义，也说诈力，也用权谋，也用功利，然其本意却只在于权谋功利。"（《朱子语类》卷一二二）

对《汉书》写吴楚七国之乱，他批评说："《史记》所载甚疏略，却都是汉道理；班固所载虽详，便却不见此意思。"（《朱子语类》卷一三四）

对《后汉书》，他批评说："范晔更低，只主张做贼底，后来他自做

却败。"(《朱子语类》卷八三)

对《资治通鉴》,他批评说:"三国当以蜀汉为正,而温公乃云:某年某月,诸葛亮入寇,是冠履倒置,何以示训?"在朱熹看来,"曹操自是贼",孙权"是两间底人",只有刘备"名分正"。(《朱子语类》卷一〇五、一三六)

朱熹对《资治通鉴》的不满之处还有:周末诸侯僭称王号,不能正其名;写到王莽时,凡莽臣去世均用"死"字,而独于扬雄则用"卒"字,有袒护扬雄之嫌;建安以后,中原士大夫只知有曹氏,不知有汉室,对此缺乏批评;用武后年号,不用唐中宗年号等。

朱熹之所以发愤编写《资治通鉴纲目》,主要目的之一就是匡正他所认为的《资治通鉴》的偏失。他说:"《通鉴》之书,顷尝观考,病其于正闰之际,名分之实有未安者。"(《答李滨老》,《文集》卷四六)

所谓"正",指的是"正统";所谓"闰",指的是"非正统"。在朱熹看来,司马光的最大错误就在于将"正"视为"闰",将"闰"视为"正",所以,他的汲汲之务就是要辨明正统与非正统。曾经有学生问他:《纲目》一书的"主意"何在,朱熹的回答只有四个字:"主在正统。"(《朱子语类》卷一〇五)

什么是正统?历史上不断发生朝代更替、政权更替;有时候,同一时期,存在几个政权。何者为正统?这是朱熹编写《资治通鉴纲目》首先要解决的问题。

朱熹将国家统一、法令统一作为正统的首要标准。他说:"只天下为一,诸侯朝觐,狱讼皆归,便是得正统。"(《朱子语类》卷一〇五)根据这一标准,朱熹将周、秦、汉、西晋、隋、唐六个朝代列为正统。其中,又分两种情况:一种是"始不得正统而后方得者",如秦初、晋初、隋初、宋初,开始时并未统一天下,后来才逐渐统一,他称为"正统之始";另一种是"始得正统而后不得者",如东晋、蜀汉,或偏安一地,或原来统一王朝发生分裂，他称为"正统之余"。其他时期，几个并列政权各自独立，互不统属，"不能相君臣"，他称为"无统"之时，如周朝灭亡之后至秦始皇称帝之前，以及南北朝时期等。(《朱子语类》卷一〇五)

正统的标准确立了，接着便是如何贯彻到史学著作中去的问题。为此，《资治通鉴纲目》的《凡例》做了严密的规定。

《凡例》首在"正统"与"无统"之外，又区分"列国"（正统所封之国）、"篡贼"（篡位干统而不及传世者）、"建国"（仗义自王或相王）、"僭国"（乘乱即位或据土）及"不成君小国"（仗义承统而不能成功者）五种情况，共为七种统系；统系不同，有关岁年、名号、即位、改元、尊立、崩葬、篡贼、废徒、祭祀、征伐、废黜及罢免等事件的"书法"也各不相同。例如名号，《凡例》规定：

> 凡正统之君，周曰王，秦汉以下曰帝。其列国之君，周曰某爵某，僭称王者曰某君某，汉以后曰某王某。其僭称帝曰某主某，篡贼曰某，不成君曰帝某。

> 凡无统之君，周秦之间曰某王，秦汉之间曰某帝、曰某王，汉以后称帝曰某主。某小国曰某主某、某王某、某公某。

这些规定，不仅烦琐，而且混乱，事实上很难贯彻。

《资治通鉴纲目》最初名《通鉴节》。朱熹为该书订立《凡例》，起草序言，其执笔者除朱熹外，还有赵师渊、李伯谏、张元善等。整个写作过程长达二十多年，但始终未能定稿，显然和"书法"上的烦琐与混乱有关。检核现在流传的刻本，其《凡例》与书稿颇多相互矛盾之处。朱熹自称："书法固不可不本《春秋》，然又全用《春秋》不得。"（《答蔡季通》，《文集》卷四四）终其身，朱熹始终未能提出一个严密可行的"书法"来。后来，他干脆承认，《春秋》并无所谓"书法"。

三、"直书其事，美恶自见"

秉笔直书是中国史学的优良传统。春秋时期的董狐为了维护历史真实，宁可殉身。汉朝的班固提倡"不虚美，不隐恶"。唐朝的刘知几提倡"爱而知其丑，憎而知其善，善恶必书，斯为实录"。朱熹也大力推崇这一传统。

在历代史学著作中，朱熹最肯定《春秋》。他说："圣人作《春秋》，不过直书其事，美恶人自见。"（《朱子语类》卷一三三）他要求写史者以《春秋》为榜样，真实地记述历史，"善善恶恶，是是非非皆著存得在那里。"（《朱子语类》卷一三四）基于此，他对前代史书中为尊者讳，为贤者讳，为亲者讳，或者由于其他原因导致的不实记载多有揭发。例如唐太宗这位中国历史上有名的"明君"，朱熹却指责他"分明是杀兄劫父代位"（《朱子语类》卷一三七），批评史家不当为之"文饰"。在《朱子语类》中，这类例子可以举出不少。

批评前人不难，难的是批评当代人，特别是批评当代的君相；批评前代史书失真也不难，难的是批评当代的史书和史官。对宋朝的皇帝，朱熹是敢于批评的。如他批评"本朝太宗，真宗之朝，可以有为而不为"，"徽宗朝事，更无一著下得是"（《朱子语类》卷一二七）等。对宋朝的史官和史书，朱熹也是敢于批评的。他尖锐地指出，宋朝史官"大抵史皆不实，紧切处不敢上史。"（《朱子语类》卷一二八）

写当代史，当事人健在，常常利用权力和地位干涉史官写作；当事人不在了，其子女、亲属也会出面干扰。这两种情况，朱熹都坚决反对。赵鼎（1085—1147）为相，监修国史，要求史官按照己意写作，"才是元祐事便都是，熙丰时事便都不是"；及至张浚拜相，又提出意见，命史官改动。朱熹批评说："一代史册被他糊涂，万世何以取信！"（《朱子语类》卷一二七）写历史，不能只求当代某些人满意，而要对千秋万代负责。这才是史家所应有的科学精神和应有的责任感。他自己在编写《八朝名臣言行录》时，曾引用司马光的《涑水记闻》一书，其中有些事情于吕家声誉有损，吕祖谦等人便在朱熹面前力辩，认为该书非司马光所作。朱熹虽与吕祖谦私交甚笃，但经过核查，确认该书为司马光所作，坚持不改，还在有关文章中特别写明，司马光的书"善恶杂书，无所隐避，使所书之家或讳之而不欲传耳！"（《书张氏所刻潜虚图后》，《文集》卷八一）

写史而能忠于事实，言所当言，需要各种各样的主客观条件。除了社会环境、资料详略外，史家本人的素质相当重要。朱熹提出："佞臣不可执笔。"（《朱子语类》卷一三〇）这是一个极为宝贵的见解。一个只知逢迎、取媚权贵的人不可能正确地使用他手中的笔。

四、纲目并举，期于简明

朱熹不满意《资治通鉴》的另一原因是眉目不清。他说："本书太详，目录太简。"（《资治通鉴纲目序》，《文集》卷七五）又说："事之首尾详略，一用平文书写，虽有目录，亦难检寻。"（《辞免江东提刑奏状三》，《文集》卷二二）为了解决这一问题，朱熹编写《资治通鉴纲目》时采取"表岁以首年""因年以著统""大书以提要""分注以备言"等办法，以期简明扼要，便于检阅。《纲目》一书，以大字提要，以小字叙事，突出大事，糅合叙述与评论，既是编年体著作，又兼具史表、史评性质。在中国古代众多的史学体裁中，确有自己的特点。其观点和编写体例曾影响日本、朝鲜及越南的古代史学。

《伊洛渊源录》采选周敦颐、程颢、程颐、邵雍和张载五人的生平资料，摘录其主要观点及师友评论，既是反映北宋道学发展史的学术著作，又是专人与专题的史料类编。这种体裁开创了明清时期学案史的先河。

第三章

文学思想

一、道为文之本

任何文学（包括一般文章），都有内容、有形式（语言、体裁），内容通过形式表现出来。关于文章的内容和形式之间的关系，李汉在为韩愈文作序时说："文者，贯道之器。"朱熹的一个学生认为这句话讲得好，但是朱熹不同意，他说："公道好，某看来有病。"学生表示不解。朱熹说："这文皆是从道中流出，岂有文反能贯道之理？文是文，道是道，文只如吃饭时下饭耳。若以文贯道，却是把本为末，以末为本，可乎？"（《朱子语类》卷一三九）他将"道"（理）看成世界本原，因此，必然也将"道"看成文章的本原，这个"道"，会衍生一切，而无须依赖任何其他事物。李汉的"贯道"说，将"道"说成是有赖于"文"，这是朱熹所不能容忍的。

朱熹的这一观点也体现在他对于欧阳修、苏轼相关观点的批评上。他说："道者，文之根本；文者，道之枝叶。惟其根本乎道，所以发之于文皆道也。三代圣贤文章皆从此心写出，文便是道。今东坡之言曰

'吾所谓文,必与道俱',则是文自文而道自道,待作文时旋去讨个道来入放里面,此是它大病处。"(《朱子语类》卷一三九)从"文皆是从道中流出"这一基本观点出发,朱熹提倡"道"与"文"的高度统一,即作品内容必须符合圣贤之"道",文采也必须斐然可观。他反对重"文"轻"道",声称"文而无理,又安足以为文乎"!但是,他也不认为可以完全忽视"文"。他说"人之才德偏有长短,其或意中了了,而言不足以发之,则亦不能传于远矣。故孔子曰:'辞达而已矣',程子亦言,《西铭》吾得其意,但无子厚笔力,不能作耳!"朱熹认为掌握了"道",还必须通过语言和文字来加以阐述,这就有一个"笔力"问题。这是朱熹和一般道学家不同的地方。

朱熹以"道"作为文学批评的第一标准。他将文章分为三类:一类是有"本"之文,一类是有"实"无"本"之文,一类是无"本"无"实"之文。在他看来,孟子去世之后,圣学不传,庄子、荀子之言,屈原(约前340—约前278)之赋,以至后来的韩非、李斯(前179—前208)、贾谊、董仲舒、司马迁、刘向(约前77—前6)、班固的文章,都只能归入第二类,他称为"先有其实,而后托之于言,唯其无本,而不能一出于道,是以君子犹或羞之。"朱熹将宋玉、司马相如(?—前118)、王褒、扬雄的文章,归入第三类,即"一以浮华为尚,而无实之可言矣。"他认为文章内容"有邪有正,有是有非",必须"讲去其非,以存其是",因此,他反对"肆意妄言",认为"言而一有不合于道者,则于道为有害。"据此,朱熹批评杜甫(712—770)"叹老嗟卑,则志亦陋矣",批评白居易(772—846)"其实爱官职,诗中凡及富贵处,皆说得口津津地涎出",批评苏轼"诡经诬圣,肆为异说"。朱熹认为如果文字"极其高妙",而"于理无所得",这样的文章既无益于自身,也无用于当世。

在风格上,朱熹提倡"平易深邃"。首先要"平易"。他说:"圣人之言,坦易明白,因言以明道,正欲使天下后世自此求之。使圣人立言,要教人难晓，圣人之经定不作矣。"(《朱子语类》卷一三九)其次是"深邃"。朱熹主张宁可不将意思说尽，而不宜将文章写得过长。他说："凡人做文字，不可太长，照管不到，宁可说不尽。欧、苏文皆说不曾尽。"(《朱子语类》卷一三九)在宋代古文家中，朱熹认为曾巩（1019—1083）之所以不如欧阳修，其原因即在于"纡余曲折"不够。朱熹追求的理想是"辞少意多，玩味不能已。"他说："古人文章，大率只是平说而意自长"，"平易之中，其旨无穷。"(《朱子语类》卷一三九)他批评当时文人的种种弊病，或刻意追求"生面词语"，或故作高深，不知所云。他说："今人欲说，又不敢分晓说，不知是甚所见，毕竟是自家所见不明，所以不敢深言，且鹘突说在里。"(《朱子语类》卷一三九)

朱熹高度重视作者本人对于"道"的修养和体识，认为作者的内在品质"精明纯粹"，外在的文章"自然条理分明，光辉发越"。他反对舍本逐末，在"作文"技巧上投入过多精力。他说："向道之勤，卫道之切，不若求其所谓道者而修之于己之为本。用力于文词，不若穷经观史以求义理，而措诸事业之为实也。"他认为文词只是"小伎"，"以言乎迩，则不足以治己；以言乎远，则无以治人"(《答汪叔耕》，《文集》卷五九)，根本不值得勤恳反复，孜孜求精。他批评韩愈说："缘他费工夫去作文，所以读书者，只为作文用。自朝至暮，自少至老，只是火急去弄文章，而于经纶实务不曾究心。"(《朱子语类》卷一三七)

道学家普遍相信"有德必有言"，朱熹也持有相同的观点，但他有时也能突破道学藩篱，主张要下功夫学习"做文章"。为此，他曾建议学习欧阳修和曾巩的"遗法"，"料简刮摩"，反复修改；又曾提倡熟读古人文字，沉潜玩味其妙处。他说："读得韩文熟，便做出韩文底文字；读得苏文熟，便做出苏文底文字。"他甚至斩钉截铁地保证："今日要做好文者，但读《史》《汉》、韩、柳而不能，便请斫取老僧头去！"(《朱子语类》卷一三九)

二、诗与志

朱熹论诗,与其论文旨趣有相似之处。他强调诗人应有高尚的道德和情操,不应用力于格律、用韵等技巧问题上。他说:"熹闻诗者,志之所之。在心为志,发言为诗。然则诗者,岂复有工拙哉,亦视其志之所向者高下如何耳。是以古之君子,德足以求其志,必出于高明纯一之地,其于诗固不学而能之。至于格律之精粗,用韵、属对、比事、遣词之善否,今以魏晋以前诸贤之作考之,盖未有用意于其间者,而况于古诗之流乎?近世作者,乃始留情于此,故诗有工拙之论,而葩藻之词胜,言志之功隐矣。"(《答杨宋卿》,《文集》卷三九)

诗是心灵之窗。诗人志向高远,作品才能高远,这是不错的。但是,并不是所有志向高远的人都善诗、能诗,这里,还有个艺术上的技巧问题,朱熹认为诗无工拙,可以不学而能,这一看法,显然片面。

基于以上观点,朱熹推崇古诗,鄙视律诗。他将中国诗歌的发展分为三个时期:魏晋以前为第一时期,晋宋至唐初为第二时期,唐初以后为第三时期。总的趋势是每况愈下:"自唐初以前,其为诗者固有高下,而法犹未变。至律诗出,而后诗之与法始皆大变。以至今日,益巧益密,而无复古人之风矣!"他表示,将抄取经、史所记录的古代韵语、《文选》、汉魏古词以及郭璞(276—324)、陶渊明(365或372或376—427)等人著作,附于《诗经》《楚辞》之后,成为一编,以之作为"诗之根本准则",再从第二时期的作品中选取其"近于古者"为一编,以之作为参考,"其不合者则悉去之,不使其接于吾之耳目而入于吾之胸次"。据朱熹说,这样就可以"使方寸之中无一字世俗言语意思,则其为诗,不期于高远而自高远矣!"(《答巩仲至》,《文集》卷六四)他特别强调学习《文选》中的优秀作品,声称"李太白

终始学《选》诗,所以好。"(《朱子语类》卷一四〇)

三、诗须是平易

在风格上,朱熹反对雕琢粉饰,纤丽浮巧。他说:"文字自有一个天生成腔子,古人文字自贴这天生成腔子。"(《朱子语类》卷一三九)朱熹所谓"天生成腔子",指的是一种天然、朴素、平易的风格。他说:"诗须是平易,不费力,句法浑成。"(《朱子语类》卷一四〇)基于此,他赞誉《离骚》不用奇字,平常写来,"自是好";批评宋代江西诗派的鼻祖黄庭坚(1045—1105):"恁地着力做,却自是不好"(《朱子语类》卷一三九)。但是,朱熹提倡"平易",不是不要艺术上的加工和锤炼,他说"古人诗中有句,今人诗更无句,只是一直说将去,这般诗一日作百首也得。"(《朱子语类》卷一四〇)他批评宋人陈与义(1090—1139)的"乱云交翠壁,细雨湿青松"和"暖日薰杨柳,浓春醉海棠",认为不成句法;对唐人常建的"曲径通幽处,禅房花木深"则高度推崇,认为"今人都不识这意思。"

朱熹论诗,讲究"余意""余味",反对"一滚说尽",也反对因追求"平淡"而流为"枯淡"。北宋时,学诗者普遍以"平淡"为美,他提醒说:"所论平淡二字,误尽天下诗人","古人之诗,本岂有意于平淡哉!"(《答巩仲至》,《文集》卷六四)朱熹的美学理想是:"不为雕刻篆组之工,而其平易从容不费力处乃有余味。"(《跋刘叔通诗卷》,《文集》卷八三)他非常强调这个"味"字,认为"事物须要说得有滋味,方见有功。"(《朱子语类》卷一一四)宋人林逋(967—1028)《山园小梅》诗云:

疏影横斜水清浅,暗香浮动月黄昏。

朱熹对这两句极为欣赏，认为它"有精神"，有"言外之意"，可以引导读者融入其所描绘的境界。

在众多的诗人中，朱熹特别推崇中唐的韦应物（约737—约792）。他说："韦苏州诗高于王维、孟浩然诸人，以其无声色臭味也。"又说："《国史补》称韦为人高洁，鲜食寡欲，所至之处，扫地焚香，闭阁而坐。其诗无一字做作，直是自在。其气象近道，意常爱之。"（《朱子语类》卷一四〇）道学家提倡清心寡欲，心如止水，推崇韦应物其人其诗，反映出道学家的美学理想和艺术追求。

朱熹本人的诗，有些写得相当精彩。例如其《春日》："胜日寻芳泗水滨，无边光景一时新。等闲识得东风面，万紫千红总是春。"全诗不用奇字、难字，明白如话，但有情有景，完全符合他自己的要求："平说而意自长"。又如《观书有感》："半亩方塘一鉴开，天光云影共徘徊。问渠那得清如许？为有源头活水来。"貌似浅近平易，但却意味隽永，包含着深刻的哲理。

四、艺术上的慧眼

朱熹虽是道学家，但他在艺术上却独具慧眼，在论文、论诗上也颇有见地。

除《诗经》外，朱熹用力最勤的诗集就是《楚辞》。最初，他曾认为屈原的作品"不过悲愁、放旷二端"，表示"弃绝不敢复观"，但是，在晚年仕途受挫，对《楚辞》进行深入研究之后，却转而喜欢起《楚辞》来。他认为屈原作品的精神在于"忠君爱国，眷恋不忘""缱绻恻怛，不能自已"，因此，不能将它贬抑为"变风变雅之末流"。此前，王逸、洪兴祖注《楚辞》，受汉儒解经影响，过于穿凿。朱熹批评说："望舒、飞廉、鸾皇、雷师、飘风、云霓，但言神灵为之拥护服役，以见其仗卫威仪之盛耳，初无善恶之分也。"（《楚辞辩证》上）这些见解，符合于屈原作品的实际。

除屈原外，朱熹对李白（701—762）和陶渊明的分析也颇为中肯。他说："李太白诗不专是豪放，亦有雍容和缓底，如首篇《大雅久不作》，多少和缓！陶渊明诗人皆说是平淡，据某看他自豪放，但豪放得来不觉耳。其露出本相者是《咏荆轲》一篇，平淡底人如何说得这样言语出来？"（《朱子语类》卷一四〇）清人龚自珍（1792—1841）的《己亥杂诗》云："陶潜诗喜说荆轲，想见《停云》发浩歌"，又云："莫信诗人竟平淡，二分《梁甫》一分《骚》。"他显然受到朱熹的影响。

对于历代的文章和文章家，朱熹常能以简明的文字概括其特点。例如他认为"楚汉间文字，真是奇伟"，司马迁文"雄健""有战国气象"，苏洵文"雄浑"，苏轼文"明快""宏阔澜翻""里面自有法"，欧阳修文"敷腴温润""虽平淡，其中却自美丽"等，都比较准确精到。

第四章

教育思想

朱熹一生，从政十年，从事教育约四十年，即使在从政期间，也仍然重视教育。他任同安主簿期间，兴办县学；知南康军期间，重修白鹿洞书院，自任山长；在台州时，修建武夷精舍；知潭州时，修复岳麓书院。据统计，朱熹一生有弟子四百六十七人。因此，教育是朱熹毕生事业的重要部分。

朱熹重视教育，认为人之所以成为人，教育起着决定作用。他说：

圣人千言万语，只是要教人做人。(《朱子语类》卷一二一)

庶而不富，则民生不遂，故制田里，薄赋敛以富之；富而不教，则近于禽兽，故必立学校，明理义以教之。(《论语集注》卷七)

作为自然人，人只是一种高级动物；作为社会人，通过教育获得知识、文化、伦理观念，人才成为真正意义上的人。朱熹这里的见解有其深刻性。

一、以"明人伦"为唯一目的

朱熹认为,教育的目的在于"明人伦",令受教育者体认伦理观念。他说:"先王之学,以明人伦为本。"所谓"人伦",指的是"父子有亲,君臣有义,夫妇有别,长幼有序,朋友有信",他称为"人之大伦",又称为"五教之目"。朱熹认为"庠序学校"的职责在于"明此而已",而学者的职责则在于"学此而已"(《白鹿洞书院学规》)。为此,他要求每个学生都要立志,以圣贤为己任,将成圣成贤作为目的,"只是直截要学尧舜"(《朱子语类》卷八)。他指出只有到达这一地步,才是学习的终结。所以他说:"古之学者,始乎为士,终乎为圣人。"

教育的范围是宽广的。人类长期积累的知识、文化和文明都应是教育的内容。同样地,教育的目的也应该是宽广的,除了通过德育培养人的道德观念和道德品质之外,还应该培养具有各种知识和技能的专家和人才。朱熹将"明人伦"定为教育的唯一目的,显然过于狭隘。

朱熹认为自天子以至庶人,都必须接受教育。在理论上,他虽认为有"生而知之"的天才,但实际上,他强调人人都需要学习。他说:"凡人便是生知之资,也须下困学勉行底工夫方得"(《朱子语类》卷八),"孟子道,人皆可以为尧舜,何曾便道是尧舜更不假修为,且如银坑有矿,谓矿非银不可,然必谓之银不可,须用烹炼然后成银。"(《朱子语类》卷五九)在理论上,朱熹认为人性之恶来自先天的"气禀",但他又认为通过教育,可以变化气质。他说:"圣贤施教,各因其材。小以成小,大以成大,无弃人也。"(《孟子集注》卷十三)

基于"明人伦"的教育目的,朱熹尖锐地抨击当时的学校教育和科举制度,指责其偏离方向,误导学生。他说:"自圣学不传,学校之设虽或不异乎先王之时,然其师之所以教,弟子之所以学,则皆忘本逐末,怀利去义,而无复先王之意。"(《宋元学案》卷四九)朱熹认为当时的学校已经成了追逐声利、时好的场所，而学生所学则"不越乎记诵、训诂、文词之间"，其目的在于"钓声名，干禄利"，完全失去国家设学教人的本意（《福州州学经史阁记》，《文集》卷八十）。

二、人生教育的三阶段

朱熹根据人的年龄和智力发展情况，将人的教育分为学前、小学和大学三个阶段。

八岁以前为学前阶段。朱熹要求母亲在受胎以后，"割不正不食，席不正不坐，目不视邪色，耳不听淫声"；婴儿出生以后，乳母必须"宽裕、慈惠、温良、恭敬"；儿童六岁以后，教以日常生活必备的知识，如数目、方位等。

八岁至十五岁为小学阶段。朱熹主张自王公以下，以至于庶人子弟，凡男子八岁，均入小学，学习"洒扫、应对、进退之节；爱亲、敬长、隆师、亲友之道"，同时学习"礼、乐、射、御、书、数之文"。其目的是通过日常生活，对学生进行道德素养训练，了解义理大概，养成良好的生活与行为习惯，同时，也使学生掌握"六艺"，具备礼仪、音乐、射箭、驾车、书法和计算等必要的技能。朱熹认为这一段的重点是"学其事"，不必讲大道理，也不必去研究"所以然"，只要学生照规矩做就是。为此，他专门编辑了《童蒙须知》，从衣服冠履、语言步趋、洒扫清洁、读书写文及杂细事宜等五方面，一一提出严格要求。他说："小学是事，如事君、事父、事兄、处友等事，只是教他依此规矩做去。"（《朱子语类》卷七）朱熹将这一阶段称为"小成"。

在小学阶段，朱熹不仅重视学生的感性体验，而且重视"做人的样子"。他收集大量古人的"嘉言懿行"，编为《小学》一书，以立教、明伦、敬身、稽古为纲；以君臣、父子、夫妇、长幼、朋友、心术、感化、衣服、饮食为目，分列有关格言和故事，以期为儿童树立正面典范。朱熹希望学生经过这样的教育后，能够"习与智长，化与心成"，在增长智力的同时，将儒学伦理观念自然地融入学生的性格和习惯，为进一步接受高等教育打下扎实的基础。

十五岁之后为大学阶段。朱熹主张天子的长子、众子，公卿、大夫、士的嫡子，以及凡民之俊秀，皆十五岁入大学，继续学习《四书》，然后研究群经。这一阶段的重点是"明其理"，学习穷理、正心、修己、治人、事君、事父以至治国、平天下之道，从而达到"明德""亲民""止于至善"的最高境界。

朱熹所设计的小学与大学的教育内容，既有严格的阶段区分，又互相联系。前者是基础，后者是扩充和加深。他说："小学者学其事，大学者学其小学所学之事之所以。"前者"知之浅而行之小"，后者"知之深而行之大"。这说明朱熹完全明白，必须根据受教育者的年龄、智力发展水平、心理特征和接受能力，选取不同的教育内容和方式。所以他说："先传以小者、近者，而后教以远者、大者"，"故其教有等而不可躐"。（《朱子语类》卷四九）

三、教学过程中的主体与主导

朱熹非常重视教学法。他说："道有定体，教有成法。"（《孟子集注》卷十三）"师舍是则无以教，弟子舍是则无以学。"（《孟子集注》卷十一）所有的教育都包括教与学两个方面。其中教师是主导，而学生是主体。要使教学取得最大和最佳成果，教师必须正确处理与学生之间的关系。从朱熹的教学实践和留下的大量资料看，他懂得发挥学生的主体作用。他说："读书是自己读书，为学是自己为学，不干别人一线事，别人助自家不得。"在朱熹看来，学习好比吃饭，是不能由别人替代的。

他说:"不能安坐,等其自至,只待别人理会来,放自家口里。"(《朱子语类》卷八)

既然在教学过程中学生是主体,那么,教师的作用何在呢?朱熹认为教师的作用在于启发、引导、解疑、答难,"示于始而正于终"。他说:"指引者,师之功也。"(《小学集注》卷五)又说:教师要"做得个引路底人,做得个证明底人,有疑难处同商量"(《朱子语类》十三)。朱熹这里所说的"指引""引路",指的就是教师的主导作用。朱熹要求教师要掌握火候,善于引导和启发,他说:"正当那时节,欲发生未发生之际,却欠了些子雨。忽然得这些子雨来,生意岂可御也!"(《论语集注》卷第六)

教学活动通常分为讲授、自学、讨论、实习(实践)四个环节。一般弊病是教师教授过多,口干舌燥,辛苦异常,而学生或轻松悠闲,或忙于记录。朱熹的教学与此相反,以学生"自学""讨论"和"践履"为主,教师只做解疑,不做填鸭式的大段"讲授"。一部《朱子语类》,就是朱熹和学生的问答、讨论记录。他说:"某此间讲说时少,践履时多。事事都用你自去理会,自去体察,自去涵养。书用你自去读,道理用你自去究索。"(《朱子语类》卷十三)

学习是一个持续积累、发展和增长的过程。朱熹强调学习要循序渐进,同时又要持之以恒。他说:"学之者必以其渐"。在注释《论语·子罕》篇的"譬如为山"时说:"学者自强不息,则积少成多;中道而止,则前功尽弃。"他有一个著名的"鸡抱卵"的比喻:"须是莫断了,若断了便不成。待得再新整顿起来,费多少力!如鸡抱卵,看来抱得有甚暖气?只被他常常恁地抱得成。若把汤去荡,便死了,若抱才住便冷了。"(《朱子语类》卷八)他认为只要有恒心,即使学生资质愚鲁也同样可以大成。他以孔子弟子曾参为例说:"曾子之学,诚笃而已。圣门学者,聪明才辨,不为不多,而卒传其道,乃质鲁之人耳。"(《论语集注》卷六)

四、学习过程中的五个环节

《中庸》一书有"博学之、审问之、慎思之、明辨之、笃行之"的说法。在《白鹿洞书院学规》中，朱熹将它们称为"为学之序"。

朱熹认为读书的范围要广，学习的范围也要广。他说："天地万物之理，修己治人之方，皆所当学。"（《朱子语类》卷八）但是，朱熹强调必须区分先后、主次与轻重缓急。他说："然亦各有次序，当以其大而急者为先，不可杂而无统也。"（《朱子语类》卷八）在朱熹看来，这就如同治病吃药，并不是愈多愈好。他说："所读书太多，如人大病在床，而众医杂进，百药交下，决无见效之理。"（《答吕子约》，《文集》卷四七）因此，他强调读书要精，"看了又看，逐段逐句逐字理会"，"熟读了自精熟，精熟后理自见得。"（《朱子语类》卷十）朱熹将这一过程比之为吃果子："劈头方咬开，未见滋味便吃了，须是细嚼教烂，则滋味自出，方始识得这个是甜、是苦、是甘、是辛，始为知味。"（《朱子语类》卷十）

审问，指学习过程中的问疑质难。孔子教学，提倡"多问""每事问""不耻下问"。朱熹也强调问，认为"人须会问始得"（《朱子语类》卷四一），"思问，则疑不蓄"（《论语集注》卷第八）。他说："凡人性敏者多不好学，位高者多耻下问，故谥法有以勤学好问为文者，盖亦人所难也。"（《论语集注》卷第三）

慎思。朱熹强调"熟读精思"，又提倡"深沉潜思""严密理会"，在读书和学习过程中积极、细致地思考："读一遍了，又思量一遍；思量一遍，又读一遍。"（《朱子语类》卷十）在这种"读"与"思"的反复中，就会有收获，也会发现疑点。他说："久之自有所得，亦自有疑处。盖熟读后自有窒碍不通处，是自然有疑，方好较量。"朱熹认为"思"的主要功能是"专主乎探索"，要求学者善于发现问题、提出问题、解决问题，做到"读书无疑者须教有疑，有疑者却要无疑。"（《朱子语类》卷十一）这一过程，被他称为"思而至于不思，自生而至熟"（《朱子语类》卷三六）。

明辨。真理并不是轻易可以掌握的，人们常常面对"群疑并兴""众说杂陈"的局面，这就需要通过明辨，来判明真假、是非、善恶和美丑。朱熹说："凡看文字，诸家说有异同处，最可观。谓如甲说如此，且寻扯住甲，穷尽其词，乙说如此，且寻扯住乙，穷尽其词。两家之说既尽，又参考而穷究之，必有一真是者出矣。"（《朱子语类》卷十一）他认为在辨析是非时，学者要注意摆脱主观"私意"和"旧有先入之说"，同时，还必须不以地位身份论人。他说："放宽心，以他说看他说，以物观物，无以己观物。"（《朱子语类》卷十一）又说："大率观书，但当虚心平气，以徐观义理之所在。如其可取，虽世俗庸人之言，有所不废；如有可疑，虽或传以为圣贤之言，亦须加审择。"（《答张敬夫》，《文集》卷三一）

笃行，又称为力行，即将所学所得用之于道德修养和"治国、平天下"的事业。朱熹认为这是学习的最后步骤，也是最重要的步骤。他说："为学之实，固在践履。苟徒知而不行，诚与不学无异。"（《答曹元可》，《文集》卷五九）他以射箭为喻，说明"虽习得弓箭里许多模样"，"却不曾置得一张弓、一支箭，向垛边去射，也如何得！"（《朱子语类》卷二四）为此，朱熹将学习分为"学"与"习"两个环节。他说："未知未能而求知求能，之谓学；已知已能而行之不已，之谓习。"（《朱子语类》卷二〇）朱熹特别重视"习"这一环节，要求学以致用，在行字上着紧用力，行之不已。

朱熹在教育思想方面还有不少可取的论点，如循序渐进、温故知新、专一有恒、虚心涵泳和切己体会等，不能一一详述。

选自《朱熹》，（香港）中华书局有限公司，2002年第4月初版。

第三编

王阳明及其心学

一切哲学都反映着一定阶级的利益，一切哲学上新的学派的产生也都反映着阶级斗争的新形势和新需要。在中国哲学史上，十六世纪初年，王阳明主观唯心主义先验论学派的产生，典型地说明了这种情况。

第一章

农民革命风起云涌的年代

十四世纪，朱元璋利用农民起义的力量建立了明王朝。从十五世纪中叶起，明王朝出现了严重的社会危机。它本身所固有的矛盾——农民阶级和地主阶级的矛盾日益尖锐。

这一时期，封建地主阶级日益加重了对农民的剥削和压迫，土地兼并达到空前激烈的程度。明制，全国田亩分官田、民田两类。官田，由封建国家或皇室占有；民田，大部分为地主阶级占有。早在1426至1435年间，江南苏州地区的官田即占田亩总数的十五分之十四，民田仅占十五分之一。1464年，英宗朱祁镇开始设立皇庄，封建皇帝带头疯狂地掠夺土地。1502年，全国官田占田亩总数的七分之一。孝宗朱祐樘时期，京内有皇庄五处，占地一万二千八百余顷。武宗朱厚照做了皇帝之后，一月之内增建皇庄七座，不久增至三十六座，占地三万七千五百余顷，后来又增至三百余座。这些土地都是从农民手中掠夺得来的。皇庄之外，皇族有藩王庄田，勋臣外戚有权贵庄田。宪宗朱见深时期的宦官汪直占田二万余顷，朱厚照时的宦官谷大用占田亦达万顷。外戚王源先是从皇帝那儿"受赐"庄田二十七顷，后来抢夺民产，发展为二千二百余顷，扩张了八十余倍。据统计，1521年，仅北京附近的各种庄田即达二十万零九百余顷。

伴随着土地兼并的是赋税和地租剥削的加重。"一亩官田七斗收，先将六斗送皇州"，江南某些地区一亩官田农民打七斗粮，要向封建政府缴纳六斗租粮。不少地区农民每亩要交一石的田赋，有的地区每亩甚至要交两三石。少数剥削严重的地区，有时候一亩地产量不过数斗，而地租却要一石二、三斗之多。农民无法缴纳，只好向地主或大商人借贷，而利息又高达借债额的一倍至五倍。

当时有一首民歌：

夺泥燕口，削铁针头，刮金佛面细搜求，无中觅有。

鹌鹑嗉里寻豌豆，鹭鸶腿上劈精肉，蚊子腹内刳脂油。亏老先生下手！（李开先《一笑散》）

"老先生"是明代对高级官僚的一种称呼。在燕子口中夺泥，在针尖上削铁……当时的封建地主阶级就是这样诛求无厌，贪婪地绞榨着人民的膏血。

在对农民残酷剥削的基础上，封建地主阶级集中了巨额财富。宦官刘瑾有家产宝石二斗，黄金二十四万锭又五万七千八百两，元宝五百万锭又一百五十八万三千六百两。太监钱能的家奴、朱厚照的干儿子钱宁有家产黄金十余万两，银三千箱。其他可以想见。

在财富集中的同时，整个地主阶级愈益腐朽堕落，奢侈淫靡。朱祁镇时期，仅宫中消耗的胭脂白粉，年用银四十万两。朱厚照时期，修乾清宫，用银两千余万两。婚礼，用黄金八千五百余两，白银五十三万余两。朱厚照的生活是地主阶级荒淫无耻生活的突出代表，除在宫中日夜游乐之外，他又以巡边为名至宣府、大同等地，所至掠夺财物、珍宝、妇女无数。史载:"数夜入人家,索妇女",在密云,"掠良家女数十车,日载以随"(《明史·江彬传》)。

为了巩固封建秩序,明王朝建立了残暴、恐怖的特务组织。1382年,明朝政府即设立由武官主管的以侦缉"叛逆"为目的的军事机构锦衣卫。1420年,又设立了东厂,令亲信宦官管理,专门在南北两京搜捕所谓"妖人"。宪宗朱见深时期,宦官汪直又设立西厂,特务人员比东厂加倍。朱厚照时期,除由宦官刘瑾总管东西两厂外,又设立内行厂,连东西两厂的特务也在监视之列。宦官成为皇帝的代理人,实际掌握着行政、军事、经济等各方面的大权。由于威权过重,宦官头子刘瑾甚至被称为"刘皇帝"。

一方面是封建地主阶级的专横残暴、荒淫腐朽,一方面则是人民,尤其是农民的灾难频仍和极端贫困,大批农民失去土地,被旧租逼、新债催,只能采野菜,煮榆皮,食草根,卖儿鬻女,离乡背井,四处流亡。明代中叶,社会上形成了数以百万计的流亡农民队伍。

哪里有压迫,哪里就有反抗。毛主席在《中国革命和中国共产党》一文中指出:"地主阶级对于农民的残酷的经济剥削和政治压迫,迫使农民多次地举行起义,以反抗地主阶级的统治。"[1]中国农民是富于革命传统的,为了反对明王朝的封建统治,从十五世纪中叶起,农民革命再度走向高潮,前后几十年时间内,陆续爆发若干次较大规模的起义。

1447年,闽、浙山区的农民因反对明朝政府横征矿税,禁止开矿,在叶宗留领导下于浙江庆元、福建政和等地举行起义。

1448年,福建沙县佃农邓茂七因反对地主的苛重剥削,于沙县起义。针对当时社会贫富不均、两极分化的现象,邓茂七号称"铲平王",连续攻下福建西南、西北二十余个州县,建立了农民政权。

---

[1]《毛泽东选集》合订本,人民出版社1969年版,588页。

同年，广东南海人黄萧养越狱入海，发动起义。他曾于1449年率众十余万，战船千余艘，围攻广州，称顺民天王。

1464年，湖北郧阳地区爆发了更大规模的起义。刘通和石龙领导流民四万在房县大石厂举兵，称汉王，改年号为德胜。1470年，流民在刘通部下将领李原率领下再度起义，李原称太平王。义军迅速发展为一百余万人的大军，一度控制了湖北荆襄地区。

此外各地起义的队伍还有不少。武宗朱厚照正德年间，起义开始具有全国性的规模，四川、湖广、江西、福建、贵州等地都出现了农民起义，其中最著名的是刘六、刘七在河北地区发动的起义。

当时河北一带是所谓京畿地区，皇庄、官庄、军马场密如蜂巢，人民受封建地主阶级的剥削和压迫特别厉害。刘六，又名刘宠，刘七，又名刘宸，文安（今河北任丘）人。1510年，他们发动起义，队伍在很短的时间内由三十余人发展至十余万人。起义军提出了"重开混沌之天"的革命口号，表达了革命人民推翻明王朝，打出新江山的豪情壮志。他们所过之处，受到了人民群众的热烈欢迎，人民杀牛献酒，迎接义军，大批农民积极从军。

这次起义历时两年，转战河北、山东、山西、江苏、安徽、河南、湖北、江西等八省，并曾三次打到北京附近，使明朝政府惊恐万状，是一次被地主阶级惊呼为"几危宗社"的革命壮举。

农民革命的兴起，加深了封建地主阶级的内部矛盾。封建地主阶级内部存在着不同的集团和派系。这些集团和派系在对农民的剥削与压迫方面，基本上都一致，但是，在争夺对农民的统治权以及如何巩固封建统治方面又存在着矛盾；封建的中央政权和地方势力之间，封建地主阶级的总体利益和封建地主阶级中的某些成员的个人利益之间也存在着矛盾。明朝中叶，封建地主阶级的内部矛盾突出地表现在宦官和部分官僚之间。或则宦官专权，拉拢收罗一部分官僚，排斥另一部分官僚，或则部分官僚联合起来与部分宦官对立。这种倾轧、斗争有时可能达到非常激烈的程度。

明朝中叶，封建地主阶级的内部矛盾还突出地表现在中央政权和地方藩王之间。明初，朱元璋在加强专制主义中央集权政治的同时，把他的二十四个儿子和一个从孙分封在全国各地。此后，历代皇帝继续分封，形成庞大的贵族统治集团。被分封在全国各地的藩王在有机可乘时常常起兵反对中央政权，妄图争夺皇位。

1451年，分封在云南的广通王朱徽煠、阳宗王朱徽焟企图联络苗族上层分子反对景帝朱祁钰。1510年，分封在西北的安化王朱寘鐇以反对刘瑾、"清君侧"的名义组织"讨贼军"，反对武宗朱厚照。1519年，分封在江西南昌的宁王朱宸濠又起兵反对朱厚照。这些斗争都是封建统治阶级内部争夺最大剥削权和最高统治权的斗争。

总之，十五世纪中叶至十六世纪初叶的明王朝正像一座柱倾梁歪的大厦，早已支撑不住，岌岌乎不可终日了。这种情况，王阳明是看到了的。1512年，王阳明在《答储柴墟》的信中说："今天下波颓风靡，为日已久，何异于病革临绝之时！"（《王文成公全书》卷二十一，以下简称《全书》）"病革"，病情危急；"临绝"，快断气了。1527年，王阳明在写给黄绾的信中又说："今天下事势如沉疴积痿，所望以起死回生者实有在于诸君子。"（《全书》卷六）"沉疴"，是多年不治的重病；"积痿"，是多年的瘫痪。明王朝就正是这样一个得了不治之症的病人，在风起云涌的农民革命的打击下，注定要死亡。然而，还有人想为明王朝治"天下之病"，想"起死回生"，这个人就是主观唯心主义先验论者王阳明。

第二章

牧师和刽子手的双重职能

列宁曾经指出:"所有一切压迫阶级,为了维持自己的统治,都需要有两种社会职能:一种是刽子手的职能,另一种是牧师的职能。"[1]王阳明,作为明代封建地主阶级的代表人物之一,既是刽子手,又是牧师。他的一生,是刽子手和牧师相结合的一生。

一、从朱熹走向陆九渊

一丛绿竹前,一个青年在沉思默想。早晨如此,夜晚如此;第一天如此,第二天依旧如此。三天以后,病了,换了一个二十岁左右的青年,照样还是在绿竹前沉思默想,一直继续了七天,据说也病了。这个二十岁左右的青年便是王阳明。

王阳明(1472—1529),名守仁,字伯安,浙江余姚人。因曾隐居绍兴阳明洞,自号阳明子,后又曾创办阳明书院,所以被人称为王阳

---

[1]《第二国际的破产》,《列宁全集》第21卷,人民出版社1959年版,第208页。

明。他出生于一个官僚地主家庭，父亲王华是宪宗成化年代的状元，后来官做到南京吏部尚书。王阳明十五岁的时候，跟随父亲住在北京，正值北京附近发生石英、王勇领导的农民起义，这件事使王阳明萌发了解决明王朝社会危机的思想，他曾准备给朝廷写信，要求参加对农民起义的镇压。他十八岁的时候，在江西见到了理学家娄谅，娄谅向他讲述了十二世纪南宋时朱熹学派的客观唯心主义思想。自此，王阳明接受了朱熹学派的思想，立志做具有高度封建道德修养的"圣人"，广泛搜求和研讨朱熹的著作。

朱熹认为，世界上的万事万物，一草、一木、一昆虫、一砖、一椅、一舟、一车，都有它的"理"。"理"在物先，没有天地之前，先有天地之"理"，没有君臣、父子之前，先有君臣、父子之"理"。这个"理"是世界的本质，由于它的运动，才产生了自然界的万物和人类社会。这个"理"表现在人身上，就是仁、义、礼、智等伦理道德。在认识论上，朱熹主张"格物穷理"。格，是至的意思，即通过对一个个具体事物的穷究，体认先于物而存在的派生万物的"天理"。他混淆物性和人性，用物性来论证人性：水必寒，火必热，因而，人必忠，必孝，必悌，"都是天生自然铁定底道理"。它主要是为了要人体认封建制度、封建道德的合"理"性，成为圣人、贤人，达到高度的封建道德修养境界。

公元1492年，王阳明在北京的时候，因为父亲的衙门里长了许多竹子，便按照朱熹的思想做起"格物"的功夫来，想发现包含在竹子中的"天理"。第一次去"格"的是他的一个姓钱的友人，此人病了之后，王阳明便自己去"格"，同样也病了，"理"还是没"格"出来。王阳明很感叹，觉得实在没有力量去做这种"格物"功夫，圣人、贤人高不可攀，是做不成的了，便去学诗赋辞章，钻研八股文，参加科举考试。不久，转而学习兵法。又不久，再次钻研朱熹的客观唯心主义哲学。这次钻研的结果使他对朱熹把"物理"和"吾心"分开的观点产生了怀疑,沉思闷郁,旧病复发,便跟着道士学养生之道去了。

1499年,王阳明中了进士,在明王朝中央政府的工部里见习。第二年,被任命为刑部主事,这是一个掌管法律、刑狱事务的低级官吏。这一时期,王阳明继续和道士、佛教僧侣来往。1510年,王阳明请病假回越,筑室阳明洞中,按道家的方法进行修养。静坐久了,有时便起念要远离人世,但王阳明终究抛不开封建的伦理道德,又从阳明洞中跑出来,继续为明王朝尽"忠"。1505年,王阳明开始讲学,接收门徒,劝人"立必为圣人之志",并与主观唯心主义者陈献章的学生湛若水交了朋友,相约共同提倡所谓"圣学"。

1505年,武宗朱厚照即位,宠用宦官刘瑾、马永成、谷大用、张永等八人,称为八党,又号为八虎,依靠特务实行集权统治。宦官集团与内阁、六部等官僚集团产生了矛盾。官僚集团的戴铣、薄彦徽等上疏,要求惩处刘瑾、马永成等宦官,被朱厚照下令逮捕。王阳明站在内阁、六部官僚集团一面,要求赦免戴、薄等人,也被逮捕入狱,特交锦衣卫拷打,并被贬谪到贵州龙场驿当驿丞。

龙场在贵州西北深山中,王阳明自述这段时期的生活时曾说:"贵州三年,百难备尝"(《与王纯甫》,《全书》卷四),又说:"横逆之加,无月无有"(《寄希渊》四,《全书》卷四),意思就是吃尽了苦头。于是他日夜端居静坐,体验封建道德修养的作用。据说,从此"胸中洒洒",超脱于死生荣辱之外,并且悟出"圣人之道"在每一个人的人性里都是完满自足地存在着的,这个"道",在自己心中找就可以了;过去终日对着竹子沉思,在外部的事事物物中寻找的做法是错误的。于是他在一个半夜里高兴得大叫起来。王阳明认为自己这种思想完全符合儒家经典,因此每日坐在石洞中,默记旧日所读书,写出《五经臆说》。1509年,王阳明被聘担任贵州书院的主讲,第一次提出"知行合一"说，王阳明的思想从客观唯心主义转化为主观唯心主义，从朱熹走向了陆九渊。

陆九渊是和朱熹同时代的哲学家。他认为心即是理，把人心看作世界的本原，主张世界上唯一真实存在的只有我和我的理性。他说："宇宙便是吾心，吾心即是宇宙"（《杂说》，《象山先生全集》卷二十二），万事万物都存在于人的精神中。在认识论上，主张"反省内求"，反对向外部世界寻求认识。他和朱熹之间有过辩论。陆九渊认为朱熹的方法是支离破碎的，而称自己的方法为"易简工夫"。王阳明主张"圣人之道吾性自足"，反对在外界事物中求"理"，这就和陆九渊的思想一致了。

1510年，王阳明内调，升任庐陵知县。路过常德、辰州等地，向旧日的学生们大谈其龙场"悟道"的情况，并和他们一起在僧院中静坐。在庐陵，王阳明编组城市居民十家为一甲，乡里一村为一保，以防止"盗贼"，又在人民中提倡"互相容忍"的所谓"美德"，要求人民"息争兴让"（《告谕庐陵父老子弟》，《全书》卷二十八），企图防止阶级矛盾的激化，巩固封建阶级的统治。在庐陵不久，王阳明入京。这时，刘瑾已因权势过大被朱厚照诛杀。王阳明升了官，并留在明王朝中央政权的吏部里，有机会和湛若水、黄绾等共同研讨主观唯心主义哲学。1511年，王阳明给一个拥护朱熹、反对陆九渊的人写了封信。这封信表面上是调和朱、陆异同的，实际上全面地为陆九渊的主观唯心主义哲学做了辩护。王阳明表示，要冒着被天下人反对讥笑的风险，为陆学辩诬（《答徐成之》，《全书》卷二十一）。

这封信，是王阳明全面转向陆九渊的宣言。历来，封建地主阶级都是一方面从政治上统治人民，一方面从思想上麻醉人民。明代的封建统治者本来是推尊程、朱理学的。朱熹注释的"四书"被指定为官定读本。明成祖朱棣曾主持编纂过《性理大全》等书。著名的理学家薛瑄、吴与弼等人都受到过明朝政府的重用或重视。1456年，明朝政府更把程颐、朱熹的后代找出来世袭"五经博士"之职。但是，朱熹的理学并没有为封建地主阶级造福。明王朝日益走向衰落和崩溃，不得不找寻新的统治和麻醉人民的手段。王阳明哲学思想的变化，恰恰适应了封建地主阶级的这种政治需要。

王阳明生活于明代中叶农民起义的高潮时期。1508年，王浩八等在江西起义。1509年，蓝廷瑞等于四川起义。1510年，刘六、刘七在河北文安起义。王阳明在龙场驿的时候，附近就发生了少数民族阿贾、阿札的起义。这一时期，正是王阳明哲学思想的形成时期，这不是偶然的。

哲学史的发展证明，客观唯心主义和主观唯心主义之间可以互相转化；剥削阶级为了维持自己的反动统治，也常常交互采用它们。当客观唯心主义失去欺骗性的时候，剥削阶级便转而采用主观唯心主义。同样，当烦琐哲学失去欺骗性的时候，剥削阶级也会转而找寻一种简易速成的思想武器。

宋、明时期，封建制度早已百孔千疮，危机重重，阻碍了社会历史前进。这一时期，一切剥削阶级的反动思想家都力图从哲学上论证封建制度、封建道德的永恒性，说它是神圣的、合理的。因而，"理"成了这一时期唯心主义哲学的主要范畴。一定的政治制度和道德观念都是由一定的社会经济基础所决定的，世界上根本不存在什么离开自然界和人类社会而又支配自然界和人类社会的"天理"，王阳明"格"竹子的失败说明了客观唯心主义的必然破产。作为腐朽的剥削阶级的代表，王阳明不能在竹子等自然事物中悟出封建制度、封建道德的存在根据，就必然转而力图证明它们是人心固有之"理"。这是一。

第二，朱熹的那一套"格物"之学，在王阳明看来，太烦琐，太支离。今日"格"草木，明日"格"昆虫，后日"格"舟车，以天下之大，事物之多，"格"到何时为止？王阳明认为这种做法用力多而成效难,"劳而无得",而且即使把草木生长之"理""格"出来了,又怎能解决个人的道德修养问题。他说:"先儒解格物为格天下之物,天下之物如何格得?且谓一草一木亦皆有理,今如何去格?纵格得草木来,如何反来诚得自家意?"(《全书》卷三)这是王阳明对自己"格"竹子的痛苦经验的一个总结。这里,王阳明提出了一个"诚意",即用封建思想、封建道德统一人们的思想的问题。王阳明企图用这个办法来扑灭正在燎原的农民革命烈火,调整和消除封建统治集团的内部矛盾。王阳明认为,这是不能在考究草木之"理"中解决的,必须直接从人的思想下手,所以他宣称:"乃知天下之物本无可格者,其格物之功,只在身心上做。"(《全书》卷三)据说这样,"圣人"就人人可做,比"格"竹子简便容易得多。这就是王阳明舍弃朱熹,走向陆九渊的根本原因。

1512年,王阳明被调到南京附近的滁州,为皇帝管理马场。南下途中,向他的学生徐爱讲述了秦汉之际儒家著作《礼记·大学》篇的宗旨。《大学》是一篇讨论封建地主阶级如何"治国、平天下"的政治论文,在宋代被朱熹抽出来,推尊为儒家哲学、政治、伦理的纲领。王阳明对《大学》的解释和朱熹完全不同。这些解释后来被徐爱辑集为《传习录》。在滁州不久,王阳明又被调往南京,任执掌礼仪的鸿胪寺卿。南京是明朝的留都,在这里也设有一套完整的中央官僚机构。因此,南京成为北京以外的又一个官僚和知识分子集中的地区。王阳明在南京传播主观唯心主义哲学的工作受到了官僚和知识分子中一部分理学拥护派的攻击,因此,他曾辑录朱熹著作中接近主观唯心主义的部分,认为是朱熹晚年"大悟旧说之非"以后的作品,编为《朱子晚年定论》。又曾自悔前一段时间的讲学活动只从资质"高明"的人方面考虑,使得部分学者"流入空虚",因此转而教人"存天理,去人欲,为省察克治实功"(《年谱》,《全书》卷三十二),即让人用自我反省等办法进行修养,"克"去思想中一切不符合封建地主阶级根本利益的部分。这些,说明了王阳明这一阶段还只能打着朱熹的旗号来反对朱熹,他的主观唯心主义思想体系也还在发展中。

二、破山中"贼"与破心中"贼"

1516年,明朝政府任命王阳明为都察院左佥都御史,任务是镇压江西南部与福建汀州、漳州等地的农民起义。江西、福建、广东、湖南等地一向是南方土地兼并最激烈、封建剥削最严重的地区,因而,成为明代农民起义的集中爆发地。还在15世纪30年代,江西农民群众就发起过向地主的夺粮斗争,永丰人夏旭在大盘山地区立寨起义。十六世纪初,江西诸路起义军同时并起,形成了一个革命高潮,有何积钦、陈福益、胡雷二、王浩八、王钰五等军。这些起义在1513年前后相继被镇压。但是,不过数年,江西农民又掀起了一个新的起义高潮。这次起义集中在赣南地区。这里山险谷隘,林深木茂,连接福建、广东、湖南等省,地形复杂,易于据守,因而,起义军山寨林立。1516年,谢志珊称征南王,与蓝天凤、钟景等据横水、左溪、桶冈等寨;池仲容称金龙霸王,据广东浰头立寨。谢军与池军互相呼应,成为赣粤边境的两支主要造反力量。此外,大帽山有詹师富军,大庾有陈日能军,乐昌有高仲仁军,湖南有龚福全军。这些军队声势浩大,连成一片。

这些起义部队成员的绝大多数是逃避地主和官吏剥削压迫的农民,连王阳明也不得不承认是"为官府所迫,或是为大户所侵"(《告谕浰头巢贼》,《全书》卷十六),他们逃到赣、闽、湘、粤交界的深山里,"砍山耕活"(《立崇义县治疏》,《全书》卷十),白天下山耕作,晚上各回山寨。然而,即使在这些荒僻的山区,他们也仍然逃脱不了被剥削被压迫的命运。逐渐,他们组织起来,展开了向地主阶级夺地的斗争。"占耕民田"(《添设和平县治疏》,《全书》卷十一),这是王阳明的说法,历史的真相是农民们夺回了被地主霸占的土地以自行耕种。这种夺地斗争在赣南等地区曾经发展到很大规模，成顷成顷的土地回到人民手中。地主阶级惊呼："大庾县义安三里，人户间被杀伤，田地贼占一半。南康县至坪一里，人户皆居县城，田地被贼阻荒，总计贼占田地六里有半。"（《立崇义县治疏》，《全书》卷十）这就是说，有的地主被农民们打倒了，有的溜进了县城，于是出现了"道路田土，被其阻荒占夺者以千万顷"（《横水桶冈捷音疏》，《全书》卷十）的情况，这真是好得很的革命行动。在夺地之外，农民们又掀起了夺取地主财产、打倒反动官吏的斗争。"打劫千长何甫等家"，"围劫新地屯徐百户家"，"出劫生员谭明浩家"，"捉河源县之主簿，虏南安府之经历，绑龙南县之县官，戮信丰所之千户"（参见《类奏擒斩功次疏》，《全书》卷九；《三省夹剿捷音疏》《添设和平县治疏》，《全书》卷十一），从这些材料里，不难看出，农民的打击对象全然是那些平日骑在人民头上作威作福的地主阶级分子，农村里真是一派热气腾腾的革命景象。同时农民们还建立了比较严密的军事编制，设立元帅、总兵、都督等职，攻州打县，建立政权，"日夜规图"，准备推翻明王朝的封建统治。

农民军的这些造反举动，受到了维护地主阶级利益的王阳明的极端仇视，他咬牙切齿地对农民军说："田业被尔等所侵夺""家资为尔等所掳掠"，凶相毕露地声称："必须尽杀尔等而后可。"（《告谕浰头巢贼》，《全书》卷十六）到了赣南以后，王阳明从各方面采取了反革命措施。

由于起义军得到城乡人民的热烈拥护和积极支持，人民为义军传送消息情报，提供各种掩护，因此王阳明首先推行了十家牌法，企图割断人民和起义军的联系。办法是编十家为一牌，开列各户成员姓名、年貌、职业状况，日轮一家，每日沿门审察，"但有面目生疏之人，踪迹可疑之事，即行报官究治"（《案行各分巡道督编十家牌》，《全书》卷十六），如有隐匿，十家同罪。

在王阳明去江西之前，镇压农民起义大都是奏请明朝政府从外地调兵；王阳明去江西之后，采用挑选、招募等办法编练了一支地方反动武装。对待农民军中的少数叛徒，王阳明则采取所谓"自新"政策，用银牌、官职收买他们。一旦收罗了几个败类，立即大肆张扬，鼓吹叛徒们的所谓"脱离恶党，诚心向善"（《犒赏新民牌》，《全书》卷三十）。

在采取上述反革命措施的同时，王阳明对农民军发动了大规模的反革命围剿。围剿过程中，王阳明实行了残酷的杀光、烧光政策。1517年、1518年两年，据不完全统计，王阳明的军队在大帽山、大庾等地屠杀农民起义军一万八千余人。对于农民军和山区人民的房屋禾仓，则一律烧光，甚至野蛮地将农民军围在火中烧死。在《南赣擒斩功次疏》中，王阳明向他的主子报功说："上犹县白水峒、石路坑二巢，南康县鸡湖一巢险峻，巢内贼属颇多，被兵四面放火进攻，贼无出路，烧死数多，天明看视，止存骸骨，头面烧毁莫辨，以此难取首级。"（《全书》卷十）

王阳明及其军队就是这样狠毒残暴。无数农民的"首级"成了王阳明之流向主子邀功讨赏的材料。踏在数以万计的农民的尸骸上，王阳明在封建统治集团的官阶上又爬上了一级。由于血腥屠杀农民军有"功"，明朝政府提升王阳明为都察院右副都御史。在获得了对农民军的军事胜利后，王阳明对起义的农民实行猖狂的反攻倒算。他逼令农民退出从地主手里夺得的土地、财产，要农民给明王朝纳税，给地主送租，给高利贷者还钱，交出参加起义的子弟。这一点，从他一系列的所谓对"新民""顽民"的"告谕"中可以很清楚地看出来。例如在他后来发布的《告谕顽民》中就得意扬扬地说："世岂有不纳粮、不当差，与官府相对背抗而可以长久无事，终免于诛戮者乎？世岂有恃顽树党，结怨构仇，劫众拒捕，不伏其辜而可以长久无事，终免于诛戮者乎？"他骄横地责令农民："限尔一月之内，释怨解仇。逃税者，输其赋；负债者，偿其

直；有罪者，伏其辜！"（《全书》卷十七）

1517年，王阳明曾经给他的学生写过一封信，谈道："破山中'贼'易，破心中'贼'难。"（《与杨仕德、薛尚诚》，《全书》卷四）山中"贼"，指的是依山立寨的农民起义部队；心中"贼"，指的是农民的革命思想，也包括地主阶级中一切有害于地主阶级根本利益的思想。王阳明认为，山中"贼"、心中"贼"都威胁着明王朝的统治，因而在他充当刽子手的时候，又同时充当着传布"圣道"的牧师。在军事活动进行过程中，王阳明发布了大量的反动告谕。或则动员地主阶级力量，要求这些"诗书礼义之家"协助对农民军的围剿，或则对农民群众进行欺骗宣传。这些"告谕"要人们"谦和""温良""逊让""含忍""毋轻斗争"，要人们"父慈、子孝、兄友、弟恭、夫和、妇从、长惠、幼顺"，要人们"小心以奉官法，勤谨以办国课"（《告谕各府父老子弟》，《全书》卷十六），一句话，要人们不要搞阶级斗争，规规矩矩地按封建道德的要求生活，老老实实地接受其剥削和压迫。

军事围剿刚一结束，王阳明立即要求在赣南各地普遍兴办社学，指定以孝、悌、忠、信、礼、义、廉、耻等封建道德为教育内容，让青少年"歌诗习礼"，见到官长时要"叉手拱立"。同时，又在城乡人民中推行"乡约"，大讲所谓"人之善恶，由于一念之间"，搞什么"彰善簿""纠恶簿"（《南赣乡约》，《全书》卷十七），对人民进行思想统治，妄图使百姓们不仅"格面"，表面老实不够，还要"格心"，思想上规矩才行。

1518年，王阳明刻古本《大学》，又刻《朱子晚年定论》。所谓古本《大学》，是经西汉学者戴圣编辑以后流传下来的；北宋时程颢、程颐为了宣传自己的哲学思想，对《大学》有所校订。朱熹为了宣传自己的学说，在程颐定本的基础上，又主观地将原文次序加以移动，割裂为"经"一章、"传"十章，并武断地认为"传"第五章原文缺亡，塞入了自己杜撰的一章"传"文,这就是所谓"新本"。王阳明重刻《大学》古本,认为原文本无"经""传"之分,亦无"传"需补,这是为了排斥朱熹的学说,争夺儒家学派的正统。

《大学》这篇政治论文,提出了"明明德""亲民""止于至善"三个原则,以及"格物""致知""诚意""正心""修身""齐家""治国""平天下"八个步骤。朱熹在分割调动原文时,把"格物""致知"列为"传"的第五章,"诚意"列为"传"的第六章。王阳明的一个学生认为这种处理办法好,据此向王阳明提出了问题。王阳明不同意朱熹的这种处理,回答说:《大学》这篇著作,主要讲的是道德修养问题。以"诚意"为目的,用"格物致知"的功夫,为善去恶,就能修养出"下落"结果来。如果像朱熹的"新本"所说的那样,先去"穷格"事物之理,然后再来"诚意",必然茫茫荡荡,没有着落,还要添加一个"敬"字,"方才牵扯得向身心上来",真是画蛇添足。(《全书》卷一)

王阳明的这段话把问题说得很清楚,不管是朱熹还是王阳明,都同样重视封建思想、封建道德在巩固封建统治中的作用,所不同的是封建道德修养的方法问题。朱熹的方法在王阳明看来,拐弯子,绕远儿,"茫茫荡荡",格来的"理"要左牵右扯才能用到"身心"修养上来;自己的方法呢,简单得多,直截了当得多,落实得多。这就是朱熹、王阳明的分歧之一。这种分歧,当然不是什么版本学上的分歧,而是客观唯心主义与主观唯心主义的学派之争。这种争论,也不是什么原则之争,而是方法之争,是如何更好地维护封建地主阶级利益之争。

在古本《大学》《朱子晚年定论》刊刻后不久,王阳明的门人薛侃又将徐爱、陆澄二人所记的王阳明的讲学语录《传习录》刊刻出来。该书全面、集中地记录了王阳明的哲学思想。王阳明本人则在赣州修建濂溪书院,以容纳从各地来听讲的地主阶级知识分子。他在军事活动之后,就和弟子们这样急急匆匆地传播心学,可见他的学术活动和他的政治活动之间存在着密切的联系。王阳明的全部哲学，都服务于一个目的："破心中贼"，而"破心中贼"最后又是为了"破山中贼"！

三、维护封建正统——镇压宁王朱宸濠反叛

1519年，明王朝的宗室，宁王朱宸濠在江西起兵，反对武宗朱厚照的统治。朱厚照是中国历史上比较突出的残暴、昏庸、腐朽的皇帝之一。他一方面对人民进行大规模的经济掠夺；一方面则依靠官宦、特务加强统治，实行贵族大地主的专政。其个人生活则糜烂不堪。在他统治的十余年内，农民起义不断爆发，封建统治集团内部也矛盾重重，分崩离析。

朱厚照的统治是反动的，反人民的；朱宸濠起兵反对朱厚照目的在于争夺帝位，争夺对人民的最大剥削权和最高统治权，因而也是反动的，反人民的。朱宸濠和朱厚照的矛盾是封建地主阶级的内部矛盾，这种矛盾从根本上说，不过是大狗与小狗、白狗与黑狗间的一种利害冲突。

从维护封建正统出发，王阳明坚决站在武宗朱厚照方面。

他立即报告这次事变，并对朱厚照说：现在民心骚动，想抢你宝座的远不止宁王一人，"言念及此，懔骨寒心"，王阳明提醒朱厚照，不要忘记农民革命的危险，要朱厚照"痛自克责，易辙改弦"。王阳明说，这样的话，"太平尚有可图"，明王朝还有希望（《奏闻宸濠伪造檄榜疏》，《全书》卷十二）。

同时，王阳明又与吉安知府一起，向各处散发声讨朱宸濠的"檄文"，要求各郡发兵"勤王"。

朱宸濠起兵后，出鄱阳湖，攻下九江，又集中所有兵力进攻安庆，企图夺取南京。王阳明则利用朱宸濠倾巢外出、南昌空虚的弱点，从

吉安出兵，攻下南昌。朱宸濠回师救援，被王阳明的军队击败，朱宸濠被擒。

但是，就在朱宸濠失败之后，朱厚照却自封"威武"大将军，带着宦官张永、张忠，干儿子许泰、江彬等人出来"亲征"了。"征"谁呢？不过是借机出来搜刮南方人民的财产。这年春天，朱厚照就曾准备到南京一带"巡游"，一部分官僚劝阻，朱厚照就罚令这批官僚共一百余人在午门外下跪五天，罚跪期满，或杖三十，或杖四十、五十，有的则杖八十。朱厚照的"亲征"队伍到了南方后，大肆掠夺财物，夺人妇女，"近淮三四百里间无得免者"（《明武宗外纪》）。在扬州，朱厚照钓了一条鱼，说了一句话：值五百金。朱厚照的爪牙就带了鱼要扬州知府交出五百金来。

王阳明反对朱厚照"亲征"。他对宦官张永说：江西正在发生旱灾，如果要向从京师来的部队提供军饷的话，就太困苦了，困苦至极，就要逃聚到山中作乱，其结果必然是"奸党群起"，天下土崩瓦解（《年谱》二，《全书》卷三十三）。这里，再一次表明了王阳明刻刻在念的是防止农民起义，维护封建地主阶级的整体利益。

由于朱宸濠在起兵前曾经拉拢过王阳明，派人去探寻过王阳明的态度，表示要跟王阳明"讲明正学"，利用王阳明的学说为自己服务，而王阳明也曾派门人冀元亨去朱宸濠处"讲学"，以观察动静。因而，宦官张忠等在朱厚照面前说王阳明是"宸濠一党"，迟早必反，并将冀元亨逮捕，酷刑逼供。王阳明因而受到朱厚照的猜忌，处境十分危险。在绍兴，已经有人查看王阳明的家产，准备查抄。在这种情况下，王阳明一方面将战利品朱宸濠交给宦官张永，以取得他的谅解和保护，同时，又按照朱厚照的旨意重新报捷，将对朱宸濠的军事胜利归结为朱厚照的威德和"指示方略"，将宦官张忠、朱厚照的干儿子许泰、江彬等人列为这次"平叛"的"功臣"，一一写入报捷文书中，以取得他们的欢心。

在南昌，张忠等指使部下士兵对王阳明当面谩骂，挑起事端，王阳明则一一忍让，"务待以礼"，并命令南昌市民要像主人待客一样款待这些来自北方的明朝军队。王阳明在路上遇见北军士兵出丧，也停下车来询问原因，假情假意地嗟叹一番。

在王阳明的道德说教里，"忍让"是主要内容之一。但是，王阳明对起义的革命农民是一点也不"忍让"的。他只用了一个办法，就是镇压。王阳明所提倡的"忍让"，是要农民对地主阶级的剥削和压迫忍让，是地主阶级内部互相"忍让"。王阳明确实是这样做的，因为这种"忍让"，有利于缓和与消除地主阶级的内部矛盾，从而弥合封建统治集团的裂缝并稳固其统治，使其联合一致地对付革命人民。

四、和罗钦顺辩论，接受泰州学派的创始人王艮为徒

1520年，王阳明从南昌去赣州途中，路过泰和，与同为理学家的罗钦顺发生争辩。罗钦顺（1465—1547），字允升，号整庵，江西泰和人，具有一定唯物主义思想。在理与气的关系上，他反对朱熹的理在气先、理是世界的本原的说法，主张物质的气是世界的本原，理在气中，理是气运动、变化的规律。但是他在认识论、人性论和社会历史观上仍然是唯心主义者。他和朱熹的客观唯心主义虽有分歧，但是仍然推崇程、朱理学，以程、朱理学的维护者自居。

在和王阳明见面的时候，王阳明将《大学》古本和《朱子晚年定论》二书送给了罗钦顺。1514年，王阳明在南京，罗钦顺也在南京，曾经和王阳明有过接触，也有过当面的争论。1519年，罗钦顺读了王阳明的《传习录》，仍然不同意王阳明的观点。这次，在读了《大学》古本和《朱子晚年定论》二书后，便立即写信给王阳明，展开争辩。信中，罗钦顺在自然观、认识论等方面都提出了和王阳明不同的看法，他

认为：物就是物，人，也是物的一种；万物，都是阴阳两种对立的势力——"乾坤"的产物。同时，他并指出王阳明颠倒朱熹著作年代的错误。(《与王阳明书》，《困知记》附录)

王阳明接信后，匆匆发舟，离开泰和，舟中，回了一封信给罗钦顺。面对事实，王阳明不得不承认在编辑《朱子晚年定论》时，对作品年代早晚没有做考订的功夫，羞羞答答地认了错，但是，马上又想拉回面子，说什么"虽不必尽出于晚年，固多出于晚年者矣"(《答罗整庵少宰书》，《全书》卷二)，在其他一系列问题上，则仍然坚持自己的观点。

抵达赣州后不久，王阳明又回到南昌。一天，忽然有泰州人王银来见。此人手拿木简，衣帽奇特，自称穿戴的是古代老莱子之衣，有虞氏之帽。王阳明和他讨论了"致知格物"之学，据说，王银大为叹服，拜王阳明为师，王阳明便把他的名字改为王艮。这个人后来成为把王阳明的哲学向下层传播的泰州学派的创始人。

五、继承孟子，提出"致良知"思想

在南昌，王阳明开始提出"致良知"思想。"良知"是战国时唯心主义者、儒家学派的孟子提出来的哲学概念。他说："人之所不学而能者，其良能也，所不虑而知者，其良知也。"(《孟子·尽心上》)指的是仁、义、礼、智等道德观念，孟子认为这些观念是天赋的，这是一种先验主义的道德观。王阳明的"致良知"正是孟子这一思想的继续发展，它的实质是要求人们按照封建道德去思维和行动。王阳明认为自己的这一思想是千古圣贤相传的骨血，是孔子、孟子之后沉埋多年的大发现，是没有一丝谬误的永恒绝对真理。相传，释迦牟尼在灵山法会上将朗照宇宙、包含万有的全体佛法——"正法眼藏"传给大弟子迦叶，因此，王阳明就称自己的学说为"孔门正法眼藏"。王阳明认为，有了"致良知"说，世界上的一切问题都可以解决，即使是"千魔万怪"，也可以"触之而碎""迎之而解"（《与杨仕鸣》，《全书》卷五），把封建道德的作用夸大到了绝对化的地步。

王阳明这一时期为什么又突出地强调封建道德呢？这是受了朱宸濠事件的影响。

朱宸濠事件是封建统治集团内部矛盾尖锐化的表现。在王阳明看来，不顾封建地主阶级的整体利益，无限制地"好货""好色""好名"，追求权势地位，从而家人互相倾轧争夺，其结果必将危害整个封建统治，因而，王阳明急于提倡封建道德，调整封建地主阶级的内部关系。他说："能致得良知精精明明，毫发无蔽，则声色货利之交，无非天则流行矣。"（《全书》卷三）王阳明认为，你喜欢靡靡之音也好，喜欢女色也好，喜欢财宝也好，喜欢名利也好，都要按照封建道德的原则，就是所谓"天则"去喜欢；不按照这个原则，就要损害封建地主阶级的整体利益，"为累"于封建统治地巩固了。

明代中叶社会的千疮百孔是封建社会固有矛盾发展的必然结果。封建统治阶级的互相倾轧是其反动阶级本性所决定的。王阳明把个人的封建道德修养视为解决社会问题的根本办法，这只不过是一种唯心主义的梦想罢了。

六、镇压瑶族、壮族起义，
未能践约和罗钦顺辩论，病逝于北归舟中

1521年，朱厚照去世，孝宗朱祐樘的侄子朱厚熜入嗣。王阳明对朱厚熜的即位曾经抱有希望，朱厚熜也曾一度企图调王阳明入京。由于王阳明的支持者兵部尚书王琼这时已因交结宦官充军绥德，又由于王阳明的主观唯心主义哲学和宋、明以来官定的朱熹的客观唯心主义哲学处

于某种矛盾地位，因而，最终朱厚熜只给了王阳明一个南京兵部尚书的闲散职务，并准许他回乡"探亲"。

王阳明回到绍兴不久，就受到一部分官僚中的理学拥护派的论劾。1522年，官僚章侨、梁世骠等给朱厚熜上书，认为夏、商、周三代以下的"正学"，没有人能超过朱熹，现在居然有人敢以"异学"号召天下，取陆九渊之简便，诽谤朱熹为支离，要求行文天下，"痛为禁革"，得到朱厚熜同意。1523年，又把朱熹的裔孙朱墅找出来当"五经博士"。在明朝政府科举考试所出的题目中，也暗示投考人员否定陆九渊和王阳明的所谓"心学"。同时，又有人再次提出王阳明是朱宸濠一党的问题，企图从政治上搞倒王阳明。

在这种情况下，王阳明一方面对学生表示要做"狂者"，不再当遮遮掩掩的"乡愿"；另一方面，则声称自己的"致良知"说已经达到了真理的极限，"将学问头脑说得十分下落"（《寄邹谦之》五，《全书》卷六），甚至公然宣称"良知"以外的知识都是邪妄，"致良知"以外的学说都是异端。一次，有人请王阳明讲学，问王："除了良知之外，还有什么可讲的？"意思是希望他讲点别的。王阳明回了同样的一句："除了良知之外，还有什么可讲的！"意思是别无可讲，也都不值得讲。（《寄邹谦之》三，《全书》卷六）

1524年，王阳明在绍兴建稽山书院，收绍兴府所属八县及来自湖广、直隶、南赣等地的地主阶级知识分子三百余人入学，并继续刊刻《传习录》五卷。1525年，又设立阳明书院。一直到1527年春，王阳明都在浙江讲学。虽然不断有官僚建议朱厚熜召用王阳明，但都没有结果。

王阳明的心学受到封建地主阶级部分理学拥护派的反对，在一段时间内甚至被"禁革"的情况并不奇怪。这是因为朱熹的理学是宋、明以来钦定的官方正统哲学，现在居然有人来攻击它，要求扔掉它，自然一时不容易被人所理解。在历史上，朱熹的理学也曾一度被南宋封建统治集团所禁止,但不久后又被看中,朱熹的神主也被抬进了孔庙。马克思和恩格斯曾经指出过,在统治阶级中间,一部分人是作为该阶级的思想家而出现的,他们的任务是"编造这一阶级关于自身的幻想",而另一些人"对于这些思想和幻想则采取比较消极的态度,他们准备接受这些思想和幻想"。马克思和恩格斯也指出:统治阶级中的这两部分人也可能发生某种分裂,这种分裂甚至可以发展成为这两部分人之间的某种程度上的对立和敌视,但是一旦发生任何实际冲突,当阶级本身受到威胁,阶级斗争形势发生变化的时候,"这种敌视便会自行消失"[1]。

1527年,广西发生瑶族、壮族人民起义和少数民族上层人物的兵乱,明朝政府不得不再度起用王阳明,任命他为都察院左都御史,出征广西思恩。

十月,王阳明从越中出发。行前,将《大学问》一稿交给弟子钱德洪,这是对门徒学习《大学》时若干问题的回答,是王阳明心学的纲领。同时,又将"无善无恶是心之体,有善有恶是意之动,知善知恶是良知,为善去恶是格物"的所谓"四句宗旨"传授给钱德洪与王畿,叮嘱他们说:"我年来立教,亦更几番,今始立此四句。"(《年谱》三,《全书》卷三十四)这四句话,后来被称为"四句教"。王阳明去广西途中,经过江西时,大会旧日弟子,叮嘱他们不可"悠悠荡荡",而要"兢兢业业",努力按封建道德的要求进行修养,并和罗钦顺订约,举行"文会",进行辩论。

到了广西后,王阳明对发动兵乱的少数民族上层人物实行怀柔拉拢政策。民族问题的实质是阶级问题。明代,云贵两广地区的少数民族中的绝大多数已进入阶级社会。这些民族中的封建主、奴隶主同样大量侵占土地,奴役人民,例如朱祁镇时期,贵州彝族封建主杨辉就占有庄

---

[1]《德意志意识形态》,《马克思恩格斯全集》第3卷,人民出版社1960年版,第53页。

田一百四十五所，茶园二十六处，猎场十一处，渔场十三处，奴役佃户千余人。他们和明王朝统治集团之间既互相利用，同时又存在着某种矛盾，因此不断发生兵乱。1527年，明朝政府准备裁撤广西田州地区的土司，改设流官，直接对其进行统治，这就触犯了部分少数民族上层人物的利益，卢苏、王受发起兵乱，思恩府被攻陷。

王阳明认为，一两个少数民族上层头目不可虑，可虑的是广大被压迫、被剥削的瑶族、壮族人民。他对朱厚熜说："今山猺海贼，乘衅摇动，穷迫必死之寇，既从而煽诱之，贫苦流亡之民，又从而逃归之，其可忧危，奚啻十百于二酋者之为患！"（《赴任谢恩遂陈肤见疏》，《全书》卷十四）话说得很清楚，在王阳明看来，汲汲于镇压一两个少数民族上层头目，而忘记了为"患"十倍百倍的"山猺海贼"和"贫苦流亡之民"是绝大的错误。因此，对卢苏、王受，王阳明不主张用兵，说什么"杀数千无罪之人以求其一己之功，仁者之所不忍也"（《答方叔贤》二，《全书》卷二十一）。真是大慈大悲，阿弥陀佛！

果然，王阳明的招降政策起了效果，卢苏、王受率部下一万七千人投降，并要求"杀贼立功"。对于广大反对剥削和压迫的瑶族、壮族起义人民，王阳明就一点也不讲什么"仁义"，而是不杀不足以心甘了。

1528年，王阳明在并无明朝政府命令的情况下，带着卢苏、王受，自行领兵进攻八寨、断藤峡等地。八寨、断藤峡是广西瑶族、壮族人民起义的中心地区，形势险要，多山林岩洞。断藤峡原名大藤峡，因江上有大藤如斗，连接两崖，可以攀缘渡江，故名。1451至1457年间，瑶族人民因反对汉族地主和明朝卫、所军官的压迫，在此起义。义军曾由广西攻入广东高、廉、雷等州境内，给明王朝造成很大威胁。1465年，明将韩雍率兵十六万，深入山区，进行围剿，截断江上大藤，改名断藤峡。1510年前后，义军又再度活跃，沿江数百里，出没无定。八寨，则由于人民的英勇抵抗和地形复杂，明朝政府曾以数万军队围困，一百六十余年中始终未能攻破。

在进攻八寨、断藤峡的过程中,王阳明的军队和在江西时一样,遍搜山洞,斩尽杀绝。王阳明自述:"……臭恶熏蒸,不可复前,远近岩洞之中,林木之下,堆叠死者,男妇老少,大约且四千有余。"(《八寨断藤峡捷音疏》,《全书》卷十五)

王阳明不是讲什么"爱民爱物""明德亲民"吗?不是讲什么"不忍之心"吗?假的。"只因二三大贼巢为两省盗贼之根株渊薮、积为民患者,心亦不忍不为一除翦"(《与钱德洪及王汝中》,《全书》卷六),他爱的、亲的乃是地主阶级,他"不忍"的乃是地主阶级的利益受到损害。对于汉、瑶、壮各族人民来说,他是凶残、狠毒的。

也和在江西时一样,王阳明做了一通"破心中贼"的工作,在思恩、南宁创办学校,组织地主阶级知识分子学习"心学"。

1528年冬,王阳明病重,离开广西。就在这个时候,罗钦顺写了封信准备寄给王阳明,提出几个疑问,约他辩论。因为王阳明将《大学》中的"格物"解释为"正其不正以归于正",又认为"意之涉着处便是物",罗钦顺问道:"试以吾意着于川之流,鸢之飞,鱼之跃,若之何正其不正以归于正耶?"(《与王阳明书》又,《困知记》附录)流水的奔腾、鸢的飞翔、鱼的跳跃都有它们自己的规律,怎样才能使它们"正其不正以归于正",服从人的意志呢?

在这之前不久,罗钦顺埋头著作,写作《困知记》上下两卷,其中部分章节批判王阳明的学说。然而,罗钦顺并没有等到王阳明前来辩论。1529年1月9日,王阳明病逝于北归舟中。

第三章

先验论的哲学思想

王阳明的哲学思想是一个庞杂的体系。战国时期的子思、孟子学派，唐代中叶的禅宗，十二世纪南宋时陆九渊的心学，都是王阳明哲学思想的前驱。王阳明的哲学思想则是中国古代主观唯心主义哲学流派的突出代表。王阳明哲学的产生表明了封建地主阶级政治上的进一步腐朽反动和文化上的进一步堕落。

王阳明哲学思想的核心是先验主义的道德论。他论述的主要是道德问题，但是，从道德论出发，他又讨论到了本体论、认识论、人性论等诸方面的问题。

王阳明哲学思想的主要范畴是"良知"。这个"良知"，在王阳明看来，既是宇宙万物的本体，又是认识的对象和源泉，同时，还是最"善"、最"美"的人性，所以王阳明把它称为"天下之大本"（《书朱守乾卷》，《全书》卷八）。

一、心外无物

王阳明有一个很著名的哲学命题，这就是"心外无物"。一次，王阳明游览南镇地方，友人指着开在山中的一株花树，问王阳明："天下无心外之物，如此花树在深山中自开自落，于我心亦何相关？"确实，花树生长在山里，它独立地存在着。你去游览，它在那里开着；你不去游览，它也在那里开着。你睁眼看它，它在那里开着；你闭眼不看它，它也在那里开着。花树的存在、开落都不依赖于人的感觉和意识，这是生活常识。但是王阳明却回答说："你未看此花时，此花与汝心同归于寂；你来看此花时，则此花颜色一时明白起来，便知此花不在你的心外。"（《全书》卷三）

心和物，即意识和物质、思维和存在的关系问题是哲学的基本问题。列宁指出："唯物主义的基本前提是承认外部世界，承认物在我们的意识之外并且不依赖于我们的意识而存在着。"[1]主张物质是第一性的，意识是物质的反映，物质独立地存在于人的感觉、意识之外，这是唯物主义，反之，则是唯心主义。

人去看花，花的形状、颜色通过人的视觉器官反映到人脑中来，于是，人脑产生了关于花的感觉印象。没有南镇山中这一株具体的花树，人们就不会有这一株花树的感觉印象。在这里，是人的感觉、意识依赖于花树。王阳明呢？他认为：人未去看花，没有获得这一株花树的感觉印象时，花也不存在，与人心"同归于寂"；人去看花，有了花树的感觉印象了，于是，"此花颜色一时明白起来"，所以，花不在人心之外。这就是把意识看作第一性，把物的存在看作依赖于人的感觉、意识，是一种主观唯心主义思想。

不错，人和天地万物之间存在着种种关系，其一就是反映和被反映的关系。天地万物存在着，人们去接触它，获得关于它的认识。这里，天地万物是认识的客体，人是认识的主体；天地万物是客观，人的思想

---

[1]《唯物主义和经验批判主义》，《列宁全集》第14卷，人民出版社1957年版，第76页。

是主观。主观依赖于客观，没有客观，就不可能有主观，没有被反映者，就不可能有任何反映。王阳明却颠倒了这种关系。他曾对别人说："天没有我的灵明，谁去仰它高？地没有我的灵明，谁去俯它深？"王阳明说的"灵明"，和心是同义语，都是指人的意识。缺少了王阳明的"灵明"，不过缺少了一个"仰"天高、"俯"地深的主体，但是天地万物依然存在着；而王阳明却认为，离却我的灵明，便没有天地万物了。当时，曾有人反驳他说："天地鬼神万物，千古见在，何没了我的灵明，便俱无了？"王阳明怎样回答的呢？他说："今看死的人，他这些精灵游散了，他的天地万物尚在何处？"（《全书》卷三）这个观点是极为荒谬的。王阳明死了四百多年了，他的"灵明"早已化为乌有，然而，日月经天，江河行地，万物存在，地球不是照样在转动吗？

世界的本原是什么？本原是物质。世界上千千万万、形形色色的事物和现象都是物质的不同表现形态，一切物质形态都依一定的条件、一定的规律互相转化。世界是无限丰富、无限多样的，然而又是统一的。世界的统一性就在于它的物质性。世界处在永恒的、不断的运动状态中，运动是物质不可分离的属性。这是唯物主义关于世界本质的看法。唯心主义则认为，世界的本原是精神或意识，世界的发展变化乃是精神、意识运动的结果；世界的统一性就在于它的精神性。

王阳明说：

> 良知是造化的精灵。这些精灵生天生地，成鬼成帝，皆从此出，真是与物无对。（《全书》卷三）

王阳明这里说的"精灵"，就是精神。在王阳明看来，物质的"造化"是由良知这个"精灵"产生出来的，是精神产生了物质，日月风雷，山川民物，一切有"貌象形色"的天地万物，都是人的天赋道德观念运动、派生的结果,"俱在我良知的发用流行中"(《全书》卷三)。

"真是与物无对",对,指对立面;无对,没有对立面,这是一种否认对立统一的反辩证法思想。王阳明坚持认为人的精神、意识是世界的本原,物质是精神的儿子,所以根本否认物质有资格做和"心"相比并的对立面。在世界本质这一根本问题上,王阳明乃是彻底的唯心主义的一元论者。

王阳明不仅认为物质是由人的精神、意识派生出来的,而且认为天地万物也具备着人的精神、意识。他说:"人的良知就是草木瓦石的良知,若草木瓦石无人的良知,不可以为草木瓦石矣;岂惟草木瓦石为然,天地无人的良知,亦不可为天地矣。"(《全书》卷三)真是了不得,草木瓦石、天地如果缺少了"良知"这一封建道德观念,连做草木瓦石、天地的资格都没有。王阳明在这里就走向了认为宇宙万物都具有精神或心理活动的万有精神论。

有时,王阳明更进一步认为,精神就是物质,物质就是精神。1515年,王阳明在北京的时候,有一个叫林典卿的人向他求教,王阳明教以"立诚"二字。"诚",是战国时子思、孟子主观唯心主义学派的哲学概念,指的是人的一种主观精神状态,它既是人的道德行为的基础,又是天地万物发生、发展的推动力量。林典卿对王阳明的话有所怀疑,提出问题说:

> 学固此乎?天地之大也,而星辰丽焉,日月明焉,四时行焉,引类而言之不可穷也。人物之富也,而草木蕃焉,禽兽群焉,中国夷狄分焉,引类而言之,不可尽也……而曰"立诚","立诚,尽之矣乎?"(《送林典卿归省序》,《全书》卷七)

林典卿这是从生活常识出发提出的问题,以天地之大来说,有星辰日月的存在，有春夏秋冬的发展；以人与物之丰富来说，有各种各样蕃生的草木，成群的动物，有形形色色的各族人种，"立诚"两个字怎么能概括得尽呢？对于林典卿的问题，王阳明回答得很干脆、明确。他说：

>立诚尽之矣。夫诚实理也，其在天地，则其丽焉者，则其明焉者，则其行焉者，则其引类而言之不可穷焉者，皆诚也。其在人物，则其蕃焉者，则其群焉者，则其分焉者，则其引类而言之不可尽者，皆诚也。（《送林典卿归省序》，《全书》卷七）

星辰日月，春夏秋冬，草木禽兽，各族人种，这一切的一切，无限丰富、无限多样的外部世界，都归结为我的精神，归结为我心固有的理——封建道德观念的表现。王阳明在这里什么"道理"也没有讲，什么诡辩术也没有用，就武断、粗暴地下了论断，王阳明的哲学就是这么一种武断、粗暴的主观唯心主义。

不错，精神可以转化为物质。列宁指出过："观念的东西转化为实在的东西，这个思想是深刻的：对于历史是很重要的。并且从个人生活中也可看到，那里有许多真理。反对庸俗唯物主义，注意，观念的东西同物质的东西的区别也不是无条件的、不是过分的。"[1]人，可以能动地改变自然，改变社会。从我们生活的地方放眼四望，桌、椅、房屋、街道、舟、车、农田、工厂……无一不体现着人的智慧，体现着精神、意识的作用。但是，这种精神对物质的转化是有条件的，是以物质转化成精神为前提的，是通过实践，尤其是亿万人民群众的实践来进行的。人可以创造条件，促使物质从一种运动形式转化为另一种运动形式，从一种物质形态转化为另一种物质形态。但是，人不能创造或消灭物质，星

---

[1]《黑格尔〈逻辑学〉一书摘要》，《列宁全集》第38卷，人民出版社1959年版，第117页。

辰日月，春夏秋冬，它们是物质运动，天体运动的结果，不是任何人所创造的。它们在人类出现之前早就存在着了。人只能按照客观规律办事，不能违背它，更不能创造所谓规律或法则。把精神对物质的转化看成是无条件的、任意的、随心所欲的，这是唯心主义的精神万能论。同样，把"观念的东西同物质的东西的区别"的相对性，夸大为没有区别，认为精神就是物质，物质就是精神，也是唯心主义。

从天地万物都是人的精神、意识产生的这一唯心主义的命题出发，王阳明建立了他的"万物一体"论。

王阳明说："人是天地的心"，"盖天地万物，与人原是一体，其发窍之最精处，是人心一点灵明"。又说："风雨露雷，日月星辰，禽兽草木，山川土石，与人原只一体"（《全书》卷三）。这个体，不是人的肉体，而是无形的人心。王阳明认为，有形的万物乃是无形的人心的一部分，人心，就是天地之心，人的灵明，就是万物的灵明，有形的万物与无形的人心同体。王阳明的这种看法是和他对于精神与肉体的关系的看法相联系的。

王阳明认为，精神是肉体的本原和主宰。他说："心不是一块血肉，凡知觉处便是心。"（《全书》卷三）知觉就是感觉，据说有了这个感觉——"心"，才有了人的物质的身体："无心则无身，无身则无心，但指其充塞处言之谓之身，指其主宰处言之谓之心。"（《全书》卷三）物质的肉体乃是精神性的"心"充塞扩展的结果。王阳明又认为，眼之所以能视，耳之所以能听，口之所以能言，手足之所以能动，也是这个精神性的"心"的作用。他说："耳、目、口、鼻、四肢，非心安能视听言动。"（《全书》卷三）听，并不是耳在听，而是感觉在听；视，并不是眼在视，而是感觉在视；嗅，并不是鼻在嗅，而是感觉在嗅。一句话，王阳明认为主宰着人体、充塞着人体的不是物质的"血肉"，而是感觉、意识。

王阳明又进一步把这种对人体的理解发展到"心"与天地万物的关系上。他说:"心者,天地万物之主也。"(《答季明德》,《全书》卷六)又说:"充天塞地中间,只有这个灵明。"(《全书》卷三)这就是说,天地万物也是人的感觉、意识充塞扩展的结果,人心是天地万物的主宰。

感觉和意识是高度发展、高度完善、高度组织起来了的物质——大脑的产物。人脑好比一座加工厂,它对人在社会实践中从外部世界所获得的原材料进行加工,从而产生感觉和意识。没有人体的各种感受器,没有人脑这座加工厂,就不可能有任何感觉和意识。大脑又是人体的"司令部",它主宰着人体各器官的活动。物质是永存的,人的生命活动停止了,感觉和意识活动也随即停止了,但是,这并不意味着物质的灭亡,而是物质转变了它的运动形态,从有机体转化为无机体,生物的运动转化为物理的、化学的运动。

王阳明完全颠倒了肉体和精神的关系。在他看来,人的感觉和意识是独立的实体,因为有了感觉和意识,才有了人的肉体,才有了视、听、言、动;感觉和意识停止活动了,人的生命终结了,就意味着人体的消亡,或者说物质的消亡。因而,王阳明得出了人的肉体依赖于人的精神的错误看法,并进一步得出了物质依赖于意识的错误结论,进而认为,离开人的灵明,便没有天地万物;人死了,天地万物也就没有了。

王阳明的"万物一体"论乃是用主观吞并了客观,用精神吞并了物质的主观唯心论。

从这种统一于人"心"的万物一体论出发,必然会认为世界上除了我的心之外,什么都不存在。正像列宁在批判马赫和贝克莱时所说的,"由此必然会得出一个结论:整个世界只不过是我的表象而已。从这个前提出发,除了自己以外,就不能承认别人的存在,这是最纯粹的唯我论。"[1]

---

[1]《唯物主义和经验批判主义》,《列宁全集》第14卷,人民出版社1957年版,第30页。

从这种万物一体论出发，也必然会导向唯意志论，既然我的意识就是日月星辰，天地万物，那么，个人意志岂不是世界的本质和世界的推动力量，意志岂不是可以改变一切，包括使地球停止转动，推倒昆仑山吗？宇宙观上的"万物一体"论乃是社会关系上的"天下一家"论的基础。

王阳明说："大人者，以天地万物为一体者也，其视天下犹一家，中国犹一人焉，若夫间形骸而分尔我者，小人矣。"（《大学问》，《全书》卷二十六）王阳明这里的"大人"指的是封建统治者，所说的"一家"乃是封建统治集团的一家。社会是划分为阶级的，剥削者和被剥削者绝不能是一家。王阳明却要求人民不分阶级，放弃阶级斗争，把封建统治看作一个大家庭，维护封建地主阶级的整体利益。你要区分尔我吗？你就是"小人"；你要"利害相攻，忿怨相激"吗？你就是"小人"。封建道德观念，用王阳明的话来说，就是"明德"，"仁""良知"等是这个"一体"的大家庭的统一基础，"君臣也，夫妇也，朋友也，以至于山川鬼神鸟兽草木"都要按照封建道德的要求"有以亲之"，"以达吾一体之仁"（《大学问》，《全书》卷二十六）。在这个大家庭里，是不是所有成员一律平等呢？不是，王阳明认为，在人体的各部分中，手足是为了捍卫头目；在物与物的关系中，草木是为了养禽兽；在人与物的关系中，禽兽是为了被人宰杀，以养亲、祭祀、宴宾客，"这是道理合该如此"（《语录》三，《全书》卷三）。引申一步，自然会得出，"小人"给"大人"们"纳粮""当差"也是"道理合该如此"；不纳粮，不当差，而且"怙顽树党，结怨构仇"是不合"道理"的，"大人"们就可以兴兵诛戮。王阳明曾经对农民起义军说过："（尔等）其始同是朝廷赤子，譬如一父母同生十子，八人为善，二人背逆，要害八人，父母之心，须除去二人，然后八人得以安生"，"此则非我杀之，乃天杀之也。"（《告谕浰头巢贼》，《全书》卷十六）王阳明从"万物一体"论里找到了镇压农民起义的理论根据。

> 后世良知之学不明，天下之人用其私智以相比轧……相陵相贼，自其一家骨肉之亲，已不能无尔我胜负之意，彼此藩篱之形，而况于天下之大，民物之众，又何能一体而视之，则无怪于纷纷籍籍，而祸乱相寻于无穷矣。仆诚赖天之灵，偶有见于良知之学，以为必由此而后天下可得而治。(《答聂文蔚》，《全书》卷二)

话是说得再清楚不过了。王阳明精心结构"万物一体"论，目的在于为明王朝消除"纷纷籍籍"的无穷"祸乱"。一切哲学，不管它采取怎样精致的思辨形式，玄而又玄，似乎远离现实，漂浮于高邈的空际，然而，归根结底，都是从现实出发、服务于现实的阶级斗争的。

二、心外无理

除"心外无物"之外，王阳明还有一个很著名的哲学命题，这就是"心外无理"。

王阳明这里所说的"理"，并非指客观事物的规律，"礼字即是理字"(《全书》卷一)，主要指的是人们的道德伦理观念。在王阳明的哲学体系中，它和"良知""明德""中""性""道心"等都是同义语。王阳明认为，人的道德观念是人心固有的、天赋的、生而知之的。他说：

> 是非之心，不待虑而知，不待学而能，是故谓之良知，是乃天命之性，吾心之本体，自然灵昭明觉者也。(《大学问》，《全书》卷二十六)

> 知是心之本体。(《全书》卷一)

> 明德者，天命之性，灵昭不昧，而万理之所从出也。人之于其父也，而莫不知孝焉；于其兄也，而莫不知弟焉；于凡事物之感，莫不有自然之明焉。(《亲民堂记》,《全书》卷七)

这几段话，说的都是一个意思，即人天赋具有判别是非的能力，天赋具有见父知孝、见兄知弟的道德观念，天赋具有应接处理事务的"自然之明"；人心是知识的本源、才能的本源、道德伦理的本源。

王阳明又曾举过中国古代传说中的音乐家夔和农业家稷的例子。他们为什么能成为著名的音乐家和农业家呢，在王阳明看来，这是由于他们有这方面的天才，"他资性合下便如此"，"皆从天理上发来"，人只要保养这个"心体"就可以了。他说："惟养得心体正者能之。"(《全书》卷一)王阳明又曾举过孔子的例子，在王阳明看来，孔子也是很了不起的："凡帝王事业，无不一一理会"，是有平定天下的大气魄的。何以能如此呢？"也只从那心上来"(《全书》卷三)。

在王阳明的哲学体系里，这个"心"真是神通广大，既是物质世界的本源，又是精神世界的本源。"万事万物之理，不外于吾心"(《答顾东桥书》,《全书》卷二)，那里面是什么都有的。

王阳明曾经把人的心比喻为无穷无尽的泉水。他说："人心是天渊，心之本体无所不该"；"心之理无穷尽，原是一个渊"(《全书》卷三)。又曾把人的"心"比喻为草木的根。一次出游绍兴禹穴，王阳明指着地里的庄稼说："人孰无根？良知即是天植，灵根自生生不息。"(《全书》卷三)这真是良知之水天上来，良知之根天来栽。

渊也好，根也好，它们都来源于天。

从这种知从先天来的观点出发，在认识论上，王阳明必然否认外部的客观世界是人们的认识对象，必然否认实践在人们认识过程中的作用，必然否认实践是检验真理的标准。

三、不假外求，向内寻找

客观唯心主义者朱熹主张"至物穷理"，认为"上而无极太极，下而至于一草一木一昆虫之微，亦各有理。一书不读，则阙了一书道理；一事不穷，则阙了一事道理；一物不格，则阙了一物道理，须着逐一件与他理会过"（《朱子语类》卷十五）。

这就是说，要通过读书、思考讨论等办法，借外界事物为踏脚石，以认识先于物而存在的派生万物的客观精神——理。王阳明不同意这种认识方法，他认为这是丢掉了自己的"心"，追随外物，"终日驰求于外"，是将"格物之学错看了"（《全书》卷一）。王阳明公然声称，天下之物没有去考究的必要，曾经有人建议他去考察一草一木的"理"，王阳明很不高兴地回答：我可没有那份儿工夫！（《全书》卷一）

王阳明主张直截了当地向内寻找。他说：

> 道即是天……若解向里寻求，见得自己心体，即无时无处不是此道。

> 诸君要实见此道，须从自己心上体认，不假外求始得。（均见《全书》卷一）

这些话的意思都是说认识的唯一源泉在人的内心，人要获得认识，就应该抛开外部客观世界，向里寻求，到心中去体认。王阳明认为，人心好比"富家的库藏"，它先天自满自足，"种种色色具存于家"，一件东西也不欠缺，一样也不用到外边去求借，而且永远消耗不完，永恒存在，不会减少。

王阳明批判朱熹将"格物之学错看了"，但是，他自己却将"物"

整个儿地抛掉了。王阳明反对朱熹,是因为朱熹还承认在人心之外有一个"物",虽然这个"物"也是先验的精神理念的体现,但人们体认天理还不能绕过它,而是要通过它。这在王阳明看来,还不够彻底唯心,用他的话说就是太"支离破碎"。

马克思主义认为,人的一切认识都是外部物质世界的反映。列宁说:"人的认识反映不依赖于它而存在的自然界,也就是反映发展着的物质;同样,人的社会认识(就是哲学、宗教、政治等各种不同的观点和学说)也反映社会的经济制度。"[1]外部物质世界中有山,我们头脑中才会有山的概念;外部物质世界中有水,我们头脑中才会有水的概念;外部物质世界中有牛有马,我们头脑中才会有牛有马的概念。不仅人的正确认识是对外部世界的反映,人的各种错误认识,一切荒唐、荒诞、离奇不经的认识也都是外部世界的反映,只不过这是一种歪曲的、虚妄的反映而已。鲁迅说过:"天才们无论怎样说大话,归根结底,还是不能凭空创造。描神画鬼,毫无对证,本可以专靠了神思,所谓'天马行空'似的挥写了,然而他们写出来的,也不过是三只眼,长颈子,就是在常见的人体上,增加了眼睛一只,增长了颈子二三尺而已。"[2]

鲁迅的这段话完全符合马克思主义反映论的基本原理,说明了人的认识依赖于外部世界,反映着外部世界,不依赖、不反映外部世界的认识是不可能有的。"见父自然知孝"吗?不是。当人类社会还处在原始社会的时候,曾经有过一段母系氏族公社阶段。这时,妇女是氏族的主持者和领导者,子女只能确认生母而不能确认生父,氏族成员的世系根据女系血统决定。在这样的社会阶段里,自然不可能产生对父亲应该"孝"的观念。"孝"的观念的萌芽,最早只能推到父系氏族公社末期,人类即

---

[1]《马克思主义的三个来源和三个组成部分》,《列宁全集》第19卷,人民出版社1959年版,第5页。
[2]《叶紫作〈丰收〉序》,《鲁迅全集》第6卷,人民文学出版社1959年版,第175页。

将进入阶级社会之际。这时，父系大家族的家长拥有支配全体家族成员的权力，子女以直接继承者的资格承继父亲的财产；已经有了阶级划分的萌芽。《礼记·礼运》篇里有一段记载："今大道既隐，天下为家，各亲其亲，各子其子，货力为己，大人世及以为礼，城郭沟池以为固，礼义以为纪，以正君臣，以笃父子，以睦兄弟，以和夫妇，以设制度，以立田里。"这一段说得很清楚，随着"货力为己"的私有财产的产生，随着"大人世及以为礼"的世袭制度的产生，才产生了正君臣、笃父子、睦兄弟的道德体系——礼义。从现有资料看，"孝"的观念的盛行是在我国处于奴隶制的商周时期。现存甲骨文中有"教"字，"教"字从"攴"，从"季"，"季"字即"孝"字，可知在商代，"孝"已经是教育的中心内容。相传商王武丁对父亲很孝顺，武丁的儿子叫"孝已"，据说也是个十分孝顺的人。"孝"为什么会成为商周时期奴隶主鼓吹的头等美德呢？这是由于商、周社会都是以血缘关系为基础的宗法制奴隶社会。在这样的社会里，天子自称为上帝的长子，这个统治地位由嫡长子继承，称为天下大宗，是同姓贵族的最高家长，政治上的共主。嫡长子之外的庶子分封为诸侯，这个地位也由嫡长子继承。诸侯对天子为小宗，在本国为大宗。……如此层层分封，形成了以血缘关系为纽带的庞大的统治网。在这样的社会制度下，自然要求儿子绝对服从父亲，即所谓"孝"，弟弟绝对服从兄长，即所谓"悌"，不"孝"不"悌"，自然认为是最大的罪恶。它们是巩固当时的社会制度所需要的意识形态。这种情况，正如马克思所指出的："人们按照自己的物质生产的发展建立相应的社会关系，正是这些人又按照自己的社会关系创造了相应的原理、观念和范畴。所以，这些观念、范畴也同它们所表现的关系一样，不是永恒的。它们是历史的暂时的产物。"[1]

---

[1]《哲学的贫困》，《马克思恩格斯全集》第4卷，人民出版社1958年版，第144页。

孝的观念的产生是这样，其他道德观念的产生也是这样。道德，作为社会意识形态的一种，和其他社会意识形态一样，反映着人们对于自己周围环境和社会关系的认识、对本阶级的阶级利益的认识，归根结底，它是当时社会经济状况的产物，是社会存在的反映。存在决定意识，人们的社会存在决定人们的社会意识。人的一切认识都来自我们身外的不以我们意志为转移的客观存在。外部世界人们的认识对象，是客体；人，则是认识的主体。这就是马克思主义的反映论。

但是在王阳明那里，情况就完全不一样了。王阳明认为，人的认识是天赋的、人心固有的，因而，人的认识对象就是自己的心。人们的教育、学习、思考、辩论都是为了认识这个本有的"心"："君子之学，以明其心"（《别黄宗贤归天台序》，《全书》卷七），"学以求尽其心而已……教者惟以是而教，而学者惟以是而学也"（《重修山阴县学记》，《全书》卷七）。在这里，人心是认识的客体，具有这个人心的人是认识的主体；认识乃是具有人心的人对人心的认识，是自己对自己的认识。这种情况，正如马克思在批判近代客观唯心主义时所说的："理性在自身中把自己和自身区分开来。这是什么意思呢？因为无人身的理性在自身之外既没有可以安置自己的地盘，又没有可与自己对置的客体，也没有自己可与之结合的主体，所以它只得把自己颠来倒去：安置自己，把自己跟自己对置起来，自己跟自己结合——安置、对置、结合。"[1]

客观唯心主义主张世界的本原是客观精神（理，绝对观念），主观唯心主义主张世界的本原是主观精神（心，感觉，意识），它们在这里虽似有某些不同，但是，在主体和客体的关系上，在认识论上，都是一种"把自己跟自己对置起来"的"颠来倒去"的认识论。

---

[1]《哲学的贫困》，《马克思恩格斯全集》第4卷，人民出版社1958年版，第140页。

四、不由闻见

王阳明不仅否认认识是对外部客观世界的认识,也否认实践在认识过程中的决定作用,否认感性经验。

有一次,王阳明的朋友向王阳明讲了佛教的一个故事:佛在向信徒们讲解"佛性"的时候,把手指伸出来,问大家,看见了没有?大家回答,看见了。佛将手笼入袖中,问道,还看见吗?大家回答,不见了。于是,佛便批评大家"还未见性"。王阳明的朋友表示这里的意思不明白,向王阳明请教。王阳明回答说:手指伸出来的时候看得见,笼入袖中时看不见,但是人性是常在的。一般人只在有所见、有所闻上花力量,不在不见、不闻上着实用功,这是错误的。王阳明说:"盖不睹不闻是良知本体","岂以在外之闻见为累哉!"(《全书》卷三)王阳明认为"良知"的达到和"佛性"的达到一样,是不依赖于见闻的。

在别的地方,王阳明还讲过许多类似的话。例如:

良知不由见闻而有。(《答欧阳崇一》,《全书》卷二)
德性之良知非由于闻见。(《答顾东桥书》,《全书》卷二)

人真有这样一种不由闻见的认识吗?否。毛泽东同志指出:"人们在社会实践中从事各项斗争,有了丰富的经验,有成功的,有失败的。无数客观外界的现象通过人的眼、耳、鼻、舌、身这五个官能反映到自己的头脑中来,开始是感性认识。这种感性认识的材料积累多了,就会产生一个飞跃,变成了理性的认识,这就是思想。"[1]从毛泽东同志的这

---

[1]《人的正确思想是从哪里来的?》,人民出版社1964年版,第112页。

段论述里,我们可以懂得:第一,实践是认识的源泉。外部客观世界并不会自动地跑到人的头脑中来成为思想,人对外部客观世界的反映也不像镜子照物那样是一种消极的、被动的反映。人的认识开始于实践。例如上文中我们谈到的南镇山中的那株花树,当我们睁眼看它的时候,看,这就是一种最简单的实践活动——花树所反射的不同波长的可见光作用于人的视网膜,视网膜上的感光细胞将刺激由视神经传导入脑,到达视中枢,引起视觉。根据现代物理学知识,波长在7720—6220埃[1]范围内的光波引起红色的感觉,在6220—5970埃范围内的光波引起橙色的感觉,在5970—5770埃范围内的光波引起黄色的感觉,在5770—4920埃范围内的光波引起绿色的感觉……人要认识什么事物,必须接触它,使用眼、耳、鼻、舌、身等官能去看、去听、去嗅、去尝、去感觉,否则是不能获得任何认识的。光波是客观存在,你不睁眼,就不会有任何光感和色感;牛马等物是客观存在,你不去接近它,就不可能了解它的习性。闭目塞听、和外界客观事物根本绝缘的人,虽有健全的脑子,也只能变为白痴。

明朝历史上有过这么一件事。明成祖朱棣在夺取建文帝的皇位时,曾经把建文帝的少子朱文圭带到北京关了起来。朱文圭被关起来的时候,只有两岁,放出来的时候,已经五十七岁了,实际上等于过了几十年闭目塞听的生活,因此他完全等于白痴,"出见牛马,亦不能识"。

王阳明在和别人辩论的时候曾经举过"知食""知饮"的例子。不错,婴儿一生下来就会吃奶,这确实是"不学而能"的。但是,这只是人,包括哺乳动物在内的一种生理本能。

本能并不是认识。会吃、会喝,这是本能。知道什么可吃、什么不可吃,什么味美、什么味劣,这才是认识。它们是人在社会实践中得到

---

[1] 1埃 = 0.1纳米。

的。鲁迅说得好:"许多历史的教训,都是用极大的牺牲换来的。譬如吃东西罢,某种是毒物不能吃,我们好像全惯了,很平常了。不过,这一定是以前有多少人吃死了,才知道的。所以我想,第一次吃螃蟹的人是很可佩服的,不是勇士谁敢去吃它呢?螃蟹有人吃,蜘蛛一定也有人吃过,不过不好吃,所以后人不吃了。"[1]鲁迅的这段话生动地说明了人的认识一点也不能离开实践的马克思主义的基本原理。"吃死了""不好吃",这就是失败的经验。可见,即使是"吃",它的有关知识也是无数人、无数次失败的和成功的经验的概括。相传中国古代有所谓神农氏,是他发明了农业。这位神农氏是怎样发明农业的呢?据说,他曾经尝过百草的滋味,饮过多种泉水,"一日而遇七十毒",吃坏过不少次。这样才分清了哪些可食哪些不可食,从而发明了农业。这个传说倒是很符合人的认识来源于实践这一客观规律。事实上,神农不过是古代一个以农业为主的部族的代称。原始农业是原始人类从对野生植物的采集、食用活动中发展起来的,它是千百万人长期反复实践的结果,是集体的创造,是人民群众智慧的结晶,绝不像王阳明所说是天才的稷从"天理上发来""养得心体正"的结果。

第二,感性认识是理性认识的源泉。人开始接触客观事物时,所获得的是关于事物的现象、事物的各个片面以及外部联系,即感性认识,或称为感觉经验。在实践的基础上,材料积累多了,才会飞跃为理性认识,形成概念,从而抓住事物的本质、事物的全体和内部联系。没有感性认识,就不可能有任何理性认识,所以毛泽东又指出:"任何知识的来源,在于人的肉体感官对客观外界的感觉,否认了这个感觉,否认了直接经验,否认亲自参加变革现实的实践,他就不是唯物论者。"[2]

---

[1]《今春的两种感想》,《鲁迅全集》第7卷,人民文学出版社1959年版,第627页。
[2]《实践论》,《毛泽东选集》合订本,人民出版社1969年版,第265页。

王阳明就是这样，他否认"见闻之知"对于理性认识的作用。在他看来，这种"见闻之知"不仅不会帮助人们达到"良知"，反而会起阻碍作用。他说："惟有所不知也而后能知之。"（《别张常甫序》，《全书》卷七）又说："闻日博而心日外，识益广而伪益增。"（《书王天宇卷》，《全书》卷八）这就是说，只有排除了来自眼、耳等官能的感性知识，人才会达到"良知"；不仅自己不必从实践中去取得直接经验，连别人的间接经验也不用吸取。王阳明认为，这些都只能引导人们走向虚妄。

毛泽东指出："感觉经验是第一的东西"，"认识开始于经验"，理性的东西所以靠得住，正是由于它来源于感性，否则理性的东西就成了无源之水，无本之木，而只是主观自生的靠不住的东西了。[1]

王阳明否定"见闻之知"，否定感觉经验，否定理性认识依赖于感性认识，否定认识依赖于实践，否定认识是对外部客观世界的反映，这样，他就必然主张认识是主观自生的。道是无源却有源，道是无本却有本，王阳明认为这个本源就是"天"，所以他才有"人心是天渊"、是"灵根"的说法。

王阳明的认识论乃是地地道道的唯心主义的先验论。

王阳明之所以陷入先验论的泥坑，一方面是他坚持剥削阶级立场的必然结果，另一方面是由于方法论上的错误。他采用了孟子以来许多主观唯心论者的惯伎，把人的道德观念等社会意识和人的生理功能混起来了。

不错，人体器官有各种不同的生理功能，眼有视力，耳有听力，鼻有嗅力，舌能觉味，口能发声，手足四肢能动，这些都是人一生下来就具有的能力。例如，除了先天性的目盲，有哪一个小孩不是一出娘胎就会睁眼看物的呢？王阳明企图用这种情况为例子来证明人的道德观念等

---

[1]《实践论》，《毛泽东选集》合订本，人民出版社1969年版，第267页。

意识是生而知之的，是不必外求的。他攻击那些主张向外求理的人时说：

> 是犹目之不明者不务服药调理以治其目，而徒怅怅然求明于其外，明岂可以自外而得哉！（《答顾东桥书》，《全书》卷二）

讲得很对，眼睛不明了，总是人体内部的原因，或眼球，或视网膜，或视神经，或大脑皮层里的视中枢的物质功能发生了障碍。因而，必须服药调理，而不能求明于人体之外，这是不错的。所以，王阳明理直气壮，大有我即真理、不容反驳的气概。但是，人们要问：眼睛的视觉对象，例如南镇山中的那株花树，难道也存在于人体之内吗？没有这一株存在于人体之外的花树，人怎么会产生关于这一株花树的感觉和意识？如果不去睁眼看它，向外寻求，而是紧闭双目，"向内寻找"，那么，又从哪里去找得出这株花树的具体形象？

能感觉，这是人体各种感受器的物质功能；能思维，产生意识活动，这是人脑的特殊物质功能。但是，人体的各种感受器的感受对象，例如声音、光波，人脑的思维对象，例如物质、社会，都客观地存在于人体以外的世界。人的感觉和思维不仅依赖于人体的感受器和人脑这些物质，以及外部的物质世界，更依赖于人的社会实践。只有感受器，只有人脑，没有对象；或者虽有对象，而不在社会实践中去接触它，感受它，变革它，那么，任何对象都不会自动地跑入人脑，也就产生不了任何感觉和意识。所谓"脑髓产生思想"，"人脑分泌思想，如同胆囊分泌胆汁"一类的说法之所以是错误的，也是一种先验主义的认识论，其原因就在这里。

人的意识是社会实践的产物，人的各种感受器、人脑，则是劳动的产物。

动物的感受器和神经系统是在长期适应外界环境的斗争中进化发展起来的。不同的外部条件促使动物形成了各不相同的感受器和神经系统。

例如，蚯蚓生活在地下，不需要视觉，它的视觉感受器就退化了；鹰，为了捕捉地面的食物，就形成了敏锐的视觉感受器。人的各种感受器和神经系统则是在长期的劳动实践中发展、完善起来的。它们不仅是生物发展的产物，而且是劳动的产物，社会的产物。由于劳动的需要和实践，人的感受器和神经系统比任何高等动物都更全面地发展起来。恩格斯指出："首先是劳动，然后是语言和劳动一起，成了两个最主要的推动力，在它们的影响下，猿的脑髓就逐渐地变成人的脑髓；后者和前者虽然十分相似，但是就大小和完善的程度来说，远远超过前者。在脑髓进一步发展的同时，它的最密切的工具，即感觉器官，也进一步发展起来了。正如语言的逐渐发展必然是和听觉器官的相应完善化同时进行的一样，脑髓的发展也完全是和所有感觉器官的完善化同时进行的。"[1] 所谓天才，就是比普通人更聪明一点。刀子越磨越快，人脑越用越灵。劳动是人脑发展的推动力量，人的思维能力是在实践中形成，也是在实践中继续发展的。

实践长才能，实践出真知，离开了生产斗争和科学实验的实践，离开了人民群众，任何天才都不能成功。

五、是非求于心

在和罗钦顺辩论《大学》版本的时候，王阳明讲过这样一段话：

> 夫学贵得之心，求之于心而非也，虽其言之出于孔子，不敢以为是也，而况其未及孔子者乎！求之于心而是也，虽其言之出于庸常，不敢以为非也，而况其出于孔子者乎？（《答罗整庵少宰书》，《全书》卷二）

---

[1]《自然辩证法》，人民出版社1971年版，第153页。

这一段话，提出了一个是非标准问题。王阳明认为，不合于"心"的，即使是孔子讲过的话，也不能认为是对的；合于"心"的，即使是平常人讲的话，也不能认为就是错的。在中国封建社会里，孔子的话被认为是永恒的绝对真理，王阳明这里似乎把"心"提到了孔子之上。

在另外一些地方，王阳明也讲过一些什么众人皆以为是，求之于心而未会，不敢以为是，众人皆以为非，求之于心而有契，不敢以为非一类的话（《答徐成之》二，《全书》卷二十一）。

这就是说，在王阳明看来，"心"乃是判别是非、检验真理的最高标准。"心"，人的主观意识能不能成为检验真理的标准呢？不能。人们的主观意识各不相同，有多少个阶级，就有多少个主义，没有一个人，没有一个阶级不认为自己的思想是符合于真理的。以主观意识的"心"作为真理的标准，必然会导致公说公有理，婆说婆有理，其结果是淆乱真理，失去真理。

真理是客观事物及其规律在人的意识里的正确反映，是主观和客观的一致。因此要检验一个认识是否正确，在认识本身是不能解决的。马克思在《关于费尔巴哈的提纲》一文中指出："人的思维是否具有客观的真理性，这并不是一个理论的问题，而是一个实践的问题。人应该在实践中证明自己思维的真理性，即自己思维的现实性和力量，亦即自己思维的此岸性。"[1]古人曾经有过一种看法，认为原子是物质的始原，是不能再分割的微粒；古人又有过一种看法："一尺之棰（木杖），日取其半，万世不竭。"哪种看法对呢？

这只有通过科学实验来加以证明。现代科学已经证明，原子可以分为电子和原子核，原子核又可分为质子和中子。现代科学已经发现了电子、正电子、质子、反质子、中子、反中子、中微子、反中微子、介

---

[1]《马克思恩格斯全集》第3卷，人民出版社1960年版，第3页。

子、反介子、超子、反超子等三十余种粒子。物质是无限可分的。

客观真理只有一个，检验真理的标准也只有一个，那就是社会实践。毛泽东同志指出："理论的东西之是否符合于客观真理性这个问题，在前面说的由感性到理性之认识运动中是没有完全解决的，也不能完全解决的。要完全地解决这个问题，只有把理性的认识再回到社会实践中去，应用理论于实践，看它是否能够达到预想的目的。"[1]凡是被实践证实是符合客观实际的理论就是客观真理，反之，则是谬误。

对于真、假的检验是如此，对于善恶、美丑的检验也是如此。不同阶级有不同的善恶、美丑观念。没有一个阶级，没有一个人不认为自己的行为是善的、美的，同样，检验善恶、美丑的标准也是社会实践。毛泽东同志说："检验一个作家的主观愿望即其动机是否正确，是否善良，不是看他的宣言，而是看他的行为（主要是作品）在社会大众中产生的效果。社会实践及其效果是检验主观愿望或动机的标准。"[2]毛泽东同志的这段话是对作家和文艺作品说的，但是完全适用于道德伦理范畴。被社会实践及其效果证实了是对社会发展有益、促成进步的行为是善的行为、美的行为，反之，阻碍进步、拉着社会和人们倒退的行为是恶的行为、丑的行为。

王阳明的认识论是唯心主义的，他所鼓吹的检验真理的标准也是唯心主义的。

王阳明把"心"作为定是非、分善恶、辨真伪的依据，那么，他是不是认为所有人的主观意识都是真理呢？事实并不是这样。

王阳明的"心"是有特定内容的。这个"心"乃是所谓的天赋之"心"，又称"道心"，与后天的接于物而产生的"人心"是对立的，它

---

[1]《实践论》，《毛泽东选集》合订本，人民出版社1969年版，第269页。
[2]《在延安文艺座谈会上的讲话》，《毛泽东选集》合订本，人民出版社1969年版，第825页。

就是"良知",就是"天理",因而,在事实上,王阳明是把封建道德作为真理的依据和人们行为的规范的。他说:

> 则凡所谓善恶之机,真妄之辨者,舍吾心之良知,亦将何所致其体察乎?(《答顾东桥书》,《全书》卷二)
>
> 毫厘千里之谬,不于吾心良知一念之微而察之……是不以规矩而欲定天下之方圆,不以尺度而欲尽天下之长短,吾见其乖张谬戾,日劳而无成也已。(《答顾东桥书》,《全书》卷二)

在王阳明看来,方圆是靠规矩来确定的,长短是靠尺度来确定的,人们行为的是非、善恶是靠人心固有的"良知",即封建道德来确定的。

理解了这一点,我们就可以明白王阳明在和罗钦顺辩论时所说过的不以孔子之是非为是非的话乃是一个假设的命题,不过是虚晃的一招,目的在于抬出孔子,排斥朱熹。在王阳明看来,朱熹远不如孔子,他乱动《大学》原文,自然"不敢以为是",《大学》源出孔子,自然"不敢以为非"。事实上,王阳明在传播主观唯心主义哲学时,倒是时时抬出孔子的。1522年,王阳明卧病,有一幅给四方来学的地主阶级知识分子的壁帖,大意是说,孔、孟的学说光明如日月,离开孔、孟的学说而他求,就如同舍弃日月之明而追求流萤、爝火的微光一样,是完全错误的(《壁帖》《全书》卷八)。

不管是孔、孟的训诫,还是王阳明的"吾心之良知",都是剥削阶级的思想体系,它们所代表的乃是剥削阶级的私利。用这种意识形态去检验是非、善恶、美丑,所得到的只能是谬误和偏见。

第四章

复归"良知"的"格物"论

王阳明把先验的"良知"定为最高的真理、无上的善,悬为认识的终极。王阳明认为,这个"良知"虽然是人心固有的,虽然从人离开娘胎的那天起,在整个生命的过程中,它始终存在着,既不会减少,也不会丢失,但可能被蒙蔽。他说:

> 性无不善,故知无不良。良知即是未发之中,即是廓然大公、寂然不动之本体,人人之所同具者也。但不能不昏蔽于物欲,故须学以去其昏蔽。(《答陆原静书》,《全书》卷二)

王阳明认为,人的认识的任务、道德修养的任务就是去掉后天的和外物接触所产生的各种"昏蔽","吾辈用功,只求日减,不求日增"(《全书》卷一)。去掉了这些"昏蔽",便复归到了本然具足的"良知",人的认识和道德修养也就走到了它的尽头,达到了极限,"止于至善"了。

王阳明这里的看法不仅是唯心主义的,而且是形而上学的,反辩证法的。人在认识世界的过程中,虽然要去粗取精,去伪存真,但从总的趋势看，总是一个由不知到知，由知之较少到知之较多的发展过程。人们可以认识真、善、美，这种认识是不断深化的，但是却永远也不能完全穷尽它。人的认识是一条无穷无尽的历史长河，对自然界的认识是如此，对社会的认识，包括人的道德观念的形成和道德品质的锻炼也是如此，正如鲁迅所说："倘使世上真有什么'止于至善'，这人间世便同时变了凝固的东西了。"[1]怎样才能复归这个天赋的"良知"呢？王阳明认为，办法是格物。

对于《大学》"致知在格物"这句话，中国哲学史上不同的流派有不同的解释，明末时，据统计，其解释就已经多达七十余种。王阳明的解释是：

> 物即事也。如意用于事亲，即事亲为一物；意用于治民，即治民为一物；意用于读书，即读书为一物；意用于听讼，即听讼为一物。(《答顾东桥书》，《全书》卷二)
>
> 意在于事君，即事君便是一物，意在于仁民爱物，即仁民爱物便是一物；意在于视听言动，即视听言动便是一物。(《全书》卷一)
>
> 洒扫应对，就是一件物。(《全书》卷三)

"物"就是"事"。什么是"事"呢？综合上述例子，事亲、事君、治民、仁民爱物、听讼、读书、视听言动、洒扫应对，都是"物"。可以看出，王阳明这里所说的"物"指人的行为。

什么是"格"呢？王阳明说："格者，正也，正其不正以归于正之谓也。正其不正者，去恶之谓也；归于正者，为善之谓也。"(《大学问》，《全书》卷二十六)这就是说，格当正字讲。

---

[1]《黄花节的杂感》，《鲁迅全集》第3卷，人民文学出版社1959年版，第306页。

理解了这些，我们就可以拨开王阳明"格物"说的迷雾，了解它的实质和要害。

王阳明曾经说："故格物者，格其心之物也，格其意之物也，格其知之物也。正心者，正其物之心也；诚意者，诚其物之意也；致知者，致其物之知也。"（《答罗整庵少宰书》，《全书》卷二）王阳明在这里真是故意卖弄玄虚到了极点，什么"心之物""意之物""知之物"，又什么"物之心""物之意""物之知"。按照一般的理解，心怎么会有物，物又怎么会有心呢？这里，我们如果把王阳明所说的"物"都理解为"事"，那么，这一切便都明白可解了。"心之物""意之物""知之物"，指的是一定思想指导下的人的行为；"物之心""物之意""物之知"，指的是人们行为的一定指导思想。格物，就是正事，就是端正行为。"致知在格物"的意思就是：达到良知的途径在于端正人们的行为。

人们的行为怎样才算端正呢？王阳明说这就是"目非礼勿视，耳非礼勿听，口非礼勿言，四肢非礼勿动。"（《全书》卷三）礼就是理，就是封建伦理道德。不合于封建伦理道德的，眼睛不要看，耳朵不要听，口不要讲话，四肢不要动。王阳明企图用封建道德的绳索把人紧紧绑起来。怎样才能做到这一点呢？王阳明找到了目、耳、口、四肢的司令官——心，他说："心者，身之主宰。目虽视，而所以视者心也；耳虽听，而所以听者心也；口与四肢虽言动，而所以言动者心也。"（《全书》卷三）所以接着他又讲诚意，讲正心，即端正人们行为的指导思想、动机。在王阳明看来，只要指导思想端正，作为司令官的"心"正了，目自然可以非礼勿视，耳自然可以非礼勿听，口与四肢自然也规规矩矩，不乱说乱动了。

怎样才能端正人们行为的指导思想、动机呢？王阳明认为，这就要"正其不正，以归于正"。"正其不正"，指的是去恶念；归于正，指的是存善念。一念发在恶上，便实实落落去恶；一念发在善上，便实实落落为善。这就是所谓"去人欲,存天理"。

怎样才能"存善念,去恶念"呢?王阳明提出来的办法是"省察克治",要像"去盗贼"似的将一切不符合封建地主阶级根本利益的念头"逐一追究搜寻出来","扫除廓清";又要像猫逮耗子似的"一眼看着,一耳听着,才有一念萌动,即与克去"(《全书》卷一)。据说,这样便可以意诚、心正,达到"至善"的"良知"。

这便是王阳明的所谓"致知"或"致良知"之学。王阳明怕别人误会,还特别声明,他所说的"致知"并非充扩知识,而是"致吾心之良知"(《大学问》,《全书》卷二十六)。

致,在这里并不是获得的意思,而是推展、达到、复归的意思。致知,就是达到人固有的"良知",就是将"良知"推展到行为、生活、"事事物物"中去。

因而,王阳明的"格物"论,并不是要人们去客观事物中寻求知识,而是一种唯心主义的修养论。"格物"乃是"致知"的功夫和手段,是为了复归良知。

不同阶级有不同的善恶观。不难明白,王阳明的"格物"之学是为了"破心中贼",稳固封建地主阶级的思想统治,加强封建思想、封建道德对人们的控制,扼杀一切不利于封建统治的思想。王阳明曾经说过:"杀人须就咽喉上着刀,吾人为学,当从心髓入微处用力。"(《与黄宗贤》,《全书》卷四)王阳明企图用封建思想、封建道德来控制人们的行为实践,正是企图在人们行为实践的"咽喉"上"着刀"。

在封建道德修养的途径上,开始时王阳明教人静坐,也教人"妙悟",但是后来逐渐地把它们都放到了次要地位,而突出强调"事上磨炼"(《全书》卷三),"随时就事上致其良知"(《答聂文蔚》,《全书》卷二),即在行为上努力贯彻封建道德原则。王阳明认为,一味静坐,只能培养"痴呆汉",遇事便乱,牵滞纷扰,在农民革命风起云涌的时候,解决不了为封建地主阶级"经纶宰制"的问题;至于立地成佛式的顿悟,王阳明又认为,这种聪明绝顶的"利根"之人很难遇到,一般人如果"悬空想个本体",往往容易空空荡荡,养成"虚寂",也于封建地主阶级不利。

王阳明主张,封建地主阶级的"修身、齐家、治国、平天下"是致知格物,日常生活,见闻酬酢,也是致知格物,"何处非学,何处非道",一切场合都是"致良知"的处所。王阳明在江西的时候,属下有一个管理刑狱的小官吏,觉得案牍、讼狱一类事情很忙,没有时间去搞什么格物致知。王阳明对他说:我何曾教你离开簿书、讼狱一类去悬空讲学,你既有官司一类事情,便从这一类事情上去"为学",才是真格物。于是,便向他大讲了一通在审理案犯时如何"致良知的道理"(《全书》卷三)。王阳明认为,他的这一套"格物"功夫,不仅皇帝可以做,连"卖柴人"也可以做,这就将封建道德的作用推展到了生活的一切方面、社会的一切阶层。后来泰州学派王艮的"百姓日用之学"正是从这里进一步向前发展的。

道德观念是在社会实践中形成的,这一点被王阳明有意无意地掩盖了。列宁说:"僧侣、地主和资产阶级都是假借上帝的名义说话,为的是要贯彻他们这些剥削者的利益。也有人不是从道德的意旨中,不是从上帝的意旨中,而是从往往同上帝意旨很相似的唯心主义或半唯心主义论调中引申出这种道德来的。"[1]王阳明就是这样,他从"同上帝意旨很相似的唯心主义"论调中引申出了封建道德观念,把它塞给了每一个人,目的是"贯彻他们这些剥削者的利益";但在现实问题上强调"体究践履,实地用功",反对"只管讲天理来而放着不循,讲人欲来放着

---

[1]《青年团的任务》,《列宁全集》第31卷,人民出版社1958年版,第258页。

不去"(《全书》卷二),这也是为了"贯彻他们这些剥削者的利益"。

王阳明的哲学明显地脱胎于佛教的禅学,但是,在一些地方,又对禅学做了某些微小的否定和修改。例如他说过:"吾儒养心,未尝离却事物,……释氏却要尽绝事物,把心看作幻相,渐入虚寂去了,与世间若无些子交涉,所以不可治天下。"(《全书》卷三)

禅宗教人否定世界的真实性,一切皆虚,一切皆空,目的是要人民放弃现实斗争,甘心忍受人世的一切苦难,好让封建地主阶级坐稳天下;王阳明在明代中叶农民革命风起云涌的年代,强调"事上磨炼""实地用功",目的是镇压农民起义,协调封建统治集团的内部关系,为地主阶级"治天下"。二者实际上是殊途而同归的。

道德是一种行为规范。处在明代中叶尖锐的社会矛盾中,王阳明除了提倡忠、孝等封建道德观念外,还特别提倡一种"反求诸己"的容忍、妥协、退让的调和哲学。他认为,被别人所憎恶,一定是自己有不好的地方;别人对我粗暴,一定是自己无礼。在中国古代传说里,舜是头等圣人,他的弟弟象曾几次想谋害他。对这件事,王阳明有自己特殊的解释。他说:"凡文过掩恶,此是恶人常态,若要指摘他是非,反去激他恶性",舜在开始时采取"指摘"的办法,所以想要杀他,后来"乃知功夫只在自己,不去责人",因此,舜和象就"和谐"了(《全书》卷三)。王阳明提倡不指责别人,不埋怨别人,把"责人"看成一件要不得的"大私";又提倡"愤怒嗜欲正到沸腾时,便廓然能消化得"(《与黄宗贤》,《全书》卷六),反对"凭其愤戾鄙下之气",不能"屈下于人"。他特别表扬过一个学生,认为他能够"犯而不校"(《全书》卷三)。在地主阶级内部矛盾尖锐时,提倡这种哲学,不过是为了弥合地主阶级统治的裂缝,以便协调一致地去镇压、剥削农民;在农民与地主阶级矛盾尖锐的时候,在地主阶级正吮吸着农民的膏血,大肆砍杀他们的首级以维护其统治的时候,提倡这种哲学,不过是要农民驯服地当奴隶、做牛马，伸长了脖子去等刽子手的屠刀而已。鲁迅说得好："只有明明暗暗，吸血吃肉的凶手或其帮闲们，这才赠人以'犯而勿校'或'勿念旧恶'的格言。"[1]鲁迅的这段话用在这里，恰恰是很深刻地揭穿了王阳明提倡的这种"反求诸己"的"容忍"哲学的"秘密"，暴露了它的反动本质。

---

[1]《女吊》,《鲁迅全集》第 6 卷，人民文学出版社 1956 年版，第 503 页。

第五章

合二而一、颠倒头脚的知行关系

在中国古代哲学家中,王阳明是讨论知行关系比较多的一个。

春秋时的编年史著作《左传》中有"非知之实难,将在行之"(《左传·昭公十年》)的说法。后来,东晋时的伪《古文尚书·说命》中也有类似的提法,说什么"非知之艰,行之惟艰",意即懂得一件事的道理并不难,实行起来就难。到了宋代,这种关于知行难易的讨论进一步发展为知行先后的讨论。客观唯心主义者程颐和朱熹都主张"知先行后"。程颐说:"然不致知,怎生行得?勉强行者,安能持久?"(《河南程氏遗书》卷十八)朱熹说:"论先后,知为先。"(《朱子语类》卷九)意即在行之前,先要认真下一番求知的工夫。

王阳明反对程颐、朱熹的这种看法,主张"知行合一"。他不止一次地说:

知行如何分得开。

只说一个知,已自有行在;只说一个行,已自有知在。(以上《全书》卷一)

> 知之真切笃实处即是行，行之明觉精察处即是知。(《答顾东桥书》,《全书》卷二)

> 知行原是两个字说一个功夫。(《答友人问》,《全书》卷六)

在王阳明看来，知行是一件事，知就是行，行就是知，不能分开。

王阳明的这种看法建立在他的主观唯心主义的先验论的基础上。他所说的"知"乃是"良知"，并不是一般的知识，他所讨论的乃是人的道德观念和人的行为的关系。

程颐、朱熹等客观唯心主义者认为：心不等于理，理在心外，物之理，心之理都是至高无上的天理"太极"的分化。人心，本来万理具备，但由于气秉之偏，物欲之蔽，"昏而不能尽知"，这就需要通过知外物之理，借以唤醒沉睡于人心的天赋之理，这样，就有一个向外求知的过程。王阳明则认为：心就是理，理在心中，是先天早就停停当当地安排好了的，人人都有这个"良知"，没有丝毫缺欠，"心外无物"，"心外无理"，因此，根本不需要向外求知。所以，他一再肯定伪《古文尚书》"非知之艰，行之惟艰"的说法。在朱熹等人那里，是求知以后再去行；在王阳明的主观唯心主义体系中，是这个先天具足的"良知"如何向外发动、显露、表现，即"致良知"的问题。

王阳明把"良知"的向外发动、显露、表现都称为行。在王阳明看来，"知"发动了便产生意念，这一念发动处便是行。王阳明曾经举《礼记·大学》中的"如好好色，如恶恶臭"这两句话为例，做了很详尽的分析。王阳明认为，人喜欢美色，憎恶臭气，知痛、知饥，都是天赋的不需要学习的"良知良能"，所以，没有一个求知、求能的问题。因而，当这种天赋的"良知"向外发动，产生喜欢美色、憎恶臭气的念头和疼痛感、饥饿感时，这种意念和感觉便叫作行。从道理上说，人天赋懂得什么叫美色，什么叫臭气，什么是疼痛，什么是饥饿，和内心产生有关的念头和感觉是同时的，因此知行合一，知行不可分，并认为这就是知行本体，天赋应该如此。王阳明还进一步说：必须某一个人"行孝""行悌"了，才可以称为"知孝""知悌"，不行，就不能称为知，"不成只是晓得说些孝悌的话，便可以称为知孝悌"（《全书》卷一）。

王阳明这里至少犯了两个错误。第一，又把人的生理功能和人的社会意识混淆起来了。憎恶臭气，知疼、知饥，有人的生理因素在内。例如饥饿感的产生是这样的，当食物在胃中消化将近完毕时，胃液仍旧继续分泌，由于胃里空了，胃的收缩就逐渐扩大和延长，空胃猛烈收缩冲动，由传入神经传至大脑，就引起饥饿感，这是人固有的生理功能。"孝""悌"观念则是在社会实践中对一定社会关系的反映，两者不能类比。第二，毛泽东同志指出："思想等等是主观的东西，做或行动是主观见之于客观的东西，都是人类特殊的能动性。"[1]"知孝""知悌"，懂得孝悌的道理，这是人的思想，属于认识的范畴，是主观的东西。"行孝""行悌"是主观见之于客观的东西，属于实践的范畴。当主观还没有见之于客观的时候，思想只能是思想，"知"只能是"知"，而不能称为"行"。同样，当主观已经见之于客观，则思想已经转化为行动，就不能再称为"知"，再称为认识。

王阳明一方面把一念发动处称为行，否认主观需要有见之于客观的转化。王阳明这里的逻辑是，主观就是客观，"知"就是"行"。另一方面，又认为不行就不能称为"知"，否认主观见之于客观的转化需要有一个过程，否认主观和客观二者有分离的情况。王阳明这里的逻辑是，客观就是主观，"行"就是"知"。貌似矛盾，而实质都是抹杀了主观和客观的界限，"知"和"行"的界限，否认它们之间的相互转化，用合二而一代替了"知"与"行"这一对矛盾的对立统一。

---

[1]《论持久战》，《毛泽东选集》合订本，人民出版社1969年版，第445页。

王阳明为什么把一念发动处称为行呢？据他自己解释说：目的是在于使人明白，"发动处有不善，就将这不善的念克倒了，须要彻根彻底，不使那一念不善潜伏在胸中"（《全书》卷三）。王阳明为什么又认为不行就不能称为知呢？这是因为，在王阳明看来，只"晓得说些孝悌的话"，而不能行孝、行悌乃是被私欲蒙蔽了，被私欲蒙蔽自然不能认为是达到了先天的"良知"；所以，这个意思在有些地方又被王阳明说成是："真知即所以为行，不行不足谓之知。"（《答顾东桥书》，《全书》卷二）这里的"真知"就是"良知"，都是指的封建道德观念，和我们通常所说的"实践出真知"的"真知"完全不是一回事。

就这样，王阳明一会儿把"知"，甚至意念都说成"行"，一会儿又把"行"说成"知"。这种情况，正如马克思所说的："他也就能够在头脑中消灭一切界限；可是对于坏的感性来说，对于现实的人来说，这当然丝毫不妨碍这些界限仍然继续存在。"[1]尽管王阳明煞费苦心、口干舌燥地想抹去"知"和"行"的界限，用"知"去吞并"行"，然而"知"和"行"的界限"对于现实的人"来说，依然存在。王阳明连他自己的门徒都不能说服，这从他的学生们多次对"合一"说提出疑问这一点就可以看出来。

了解王阳明所说的"知"就是他所说的天赋道德观念——封建道德，他的许多梦呓一般的语言便豁然可解了。例如他所说："知是行的主意，行是知的工夫。知是行之始，行是知之成。"（《全书》卷一）可以翻译为：封建道德是人行为的指导思想，按照封建道德的要求去行动是达到"良知"的工夫。在封建道德观念指导下产生的意念活动是行为的开始，符合封建道德要求的行为是"良知"的完成。

王阳明提出"知行合一说"是为反对朱熹的"知先行后"说，实际

---

[1]《神圣家族》，《马克思恩格斯全集》第2卷，人民出版社1957年版，第245页。

上，王阳明的思想本身也是一种"知先行后"说。

"知是行之始",天赋的"良知"是人们行为的开始,这不是清清楚楚的"知先行后"说吗?所不同的是朱熹主张行为之前,先须向外求知,而王阳明则认为不假外求,先天具足。

至于"知"在行的前面,则二人是一致的。他们都同样否认知来源于行,认识来源于实践,都颠倒了知和行的真正关系。

辩证唯物主义认为,知开始于行,认识开始于实践,不是知在行先,而是行在知先。毛泽东说:"你要有知识,你就得参加变革现实的实践。你要知道梨子的滋味,你就得变革梨子,亲口吃一吃。你要知道原子的组织同性质,你就得实行物理学和化学的实验,变革原子的情况。你要知道革命的理论和方法,你就得参加革命。"[1]人们只有从事了某一方面的实践,才会获得某一方面的知识。

当然,人的实践活动是有意识有目的的活动。在某一实践活动之前,人们头脑中往往存在着关于这一活动的意念、预想、计划、方案。例如,在盖一所房子之前,人们往往先有盖这座房屋的意念、设想。马克思曾经指出过:"建筑师在以蜂蜡构成蜂房以前,已经在他的头脑中把它构成。劳动过程结束时得到的结果,已经在劳动过程开始时,存在于劳动者的观念中,所以已经观念地存在着。"[2]人的实践是受意识支配的,这是人和动物不同的地方,但是,指导人们行为实践的意念、预想又是从哪儿来的呢?归根结底还是从实践,从外部世界来的。例如,人类最初并没有房子,是住在天然的洞穴里的,北京附近周口店的猿人就是如此。人类关于房子的设想显然是从天然洞穴得到的启发,是对于天然洞穴的模仿。新中国成立后,在西安半坡、宝鸡北首

---

[1]《实践论》,《毛泽东选集》合订本,人民出版社1969年版,第264页。
[2]《资本论》第1卷,人民出版社1963年版,第172页。

岭、洛阳王湾、三门峡庙底沟、宁夏马家湾等地发现了一批原始社会时的住房遗址，大都是半地穴式的房屋，就是一个证明。没有天然洞穴和人类住进洞穴、挖掘洞穴等实践，是不可能出现任何关于房屋的设想的。毛泽东又指出："一切事情是要人做的，……做就必须先有人根据客观事实，引出思想、道理、意见，提出计划、方针、政策、战略、战术，方能做得好。"[1]这里说得很清楚，人类在做某一件事情之前的思想、道理、意见是"根据客观事实"，没有"客观事实"，任何思想、道理、意见是出不来的。因而，认识的规律只能是物质变精神，精神变物质；"通过实践而发现真理，又通过实践而证实真理和发展真理。从感性认识而能动地发展到理性认识，又从理性认识而能动地指导革命实践，改造主观世界和客观世界。实践、认识、再实践、再认识，这种形式，循环往复以至无穷，而实践和认识之每一循环的内容，都比较地进到了高一级的程度"[2]。在这里，实践是决定的力量，没有实践，物质变不了精神，精神也变不了物质。

王阳明看到了人在某一行为之前，存在着关于这一行为的意念和预想，某一行为是从这意念、预想转化而来的。他说：

> 意之所用，必有其物，物即事也。如意用于事亲，即事亲为一物；意用于治民，即治民为一物。(《全书》卷二)
> 意之所在便是物。(《全书》卷一)
> 意之涉着处谓之物……意未有悬空的，必着事物。(《全书》卷三)

---

[1]《论持久战》，《毛泽东选集》合订本，人民出版社1969年版，第445页。
[2]《实践论》，《毛泽东选集》合订本，人民出版社1969年版，第273页。

我们已经指出过,在这些场合,王阳明所说的"物",就是"事",指的是人的行为。王阳明看出了"意"可以转化为"事","知"可以转化为"行",但是,这个"意",这个"知",是从哪儿来的呢?王阳明认为是天赋的,主观自生的。在这里,"知"不依赖于"行",它是先天固有的;"行"只是对这个先天圆满自足的"知"的一种复归,它不会为人的认识增加任何新成分。从"知"到"行",又从"行"回到"知",是一个还原运动。在这里,起决定作用的是"知",没有"知",就不会有"行"。

王阳明认为"知"可以转化为"行",不承认"行"可以转化为"知",承认精神可以派生出物质,不承认物质可以转化为精神。这样,他的"知",他的"精神"便成了没来由的无源之水、无本之木,这正是唯心主义的特点。

辩证唯物主义的知行转化观是建立在物质的基础上的。人在社会实践中接触客观世界,头脑对客观材料进行加工产生了"知",头脑又通过神经传导系统对人体的运动系统和各种感受器,特别是作为劳动工具的手发出命令,于是便转化为"行"。这一切是通过高度发展的物质——人的肉体来完成的。唯心主义的"知"变"行"则是建立在神秘的精神作用上的,正如王阳明所说,良知"发在目,便会视;发在耳,便会听;发在口,便会言;发在四肢,便会动。都只是那天理发生"(《全书》卷一)。

辩证唯物主义的物质、精神转化观,建立在实践的基础上,有了实践,才会有它们之间的相互转化。唯心主义的精神派生物质论则同样建立在神秘的精神作用上。

列宁曾经指出:"从辩证唯物主义的观点看来,哲学唯心主义是把认识的某一个特征、方面、部分,片面地、夸大地发展(膨胀、扩大)为脱离了物质、脱离了自然的、神化了的绝对。……是经过人的无限复杂的（辩证的）认识的一个成分而通向僧侣主义的道路。"[1]王阳明正是这样，在实践、认识以及认识过程的客观规律里，只见到了认识、实践这一段，在物质转化为精神，精神又可以转化为物质这一客观规律里，王阳明只见到了精神可以转化为物质这一段，并且又把它"片面地、夸大地发展（膨胀、扩大）为脱离了物质、脱离了自然的、神化了的绝对"。在他看来，既然人的意念可以神秘地转化为人的行为，自然可以进一步转化为天地万物、日月风雷、山川草木，于是，人的主观精神便是一切，便是宇宙，由"心外无理"而"心外无物"了。王阳明说："身之主宰便是心，心之所发便是意，意之本体便是知，意之所在便是物……所以某说无心外之理，无心外之物。"（《全书》卷一）这一段话，正是把人的精神作用、人的主观能动性的作用膨胀、夸大到了绝对化的地步。

[1]《谈谈辩证法问题》，《列宁全集》第38卷，人民出版社1958年版，第411页。

第六章

满街都是"圣人"

一天,王阳明的学生王艮出游归来。王阳明问道:"你出游看见了些什么?"王艮回答说:"见满街人都是圣人。"王阳明说:"你看满街人是圣人,满街人到看你是圣人在。"(《全书》卷三)

又一天,王阳明的另一个学生董沄出游归来,对王阳明说:"今日看见了一件奇怪的事情。"王阳明问是什么事情,董沄回答说:"见满街人都是圣人。"王阳明说:"这不过是常事,有什么值得奇怪的!"(《全书》卷三)

圣人,是封建地主阶级理想中最高的人性典范,只有孔子、孟子等少数几个人才当得起这个称号,王阳明及其弟子们为什么会认为"满街人都是圣人"呢?

在人性论上,春秋时的思想家孔子认为"惟上智与下愚不移"(《论语·阳货》),意思是上等智慧的人和极端愚蠢的人不会改变。汉朝的董仲舒继承孔子的思想,把人性分为三个品级,即"圣人之性""中民之性"与"斗筲之性"。圣人,指的是封建统治阶级,是不需要教育的"天才";中民,是可以教育的人;斗筲,是每日为斗筲之粮而奔走的群氓。"民之为言，固犹瞑也"（《春秋繁露·深察名号》），他们是天生的不可改变的糊涂虫。

王阳明的人性论与孔子、董仲舒有所不同。第一，他认为，下愚是可以改变的。他说："不是不可移，只是不肯移。"（《全书》卷一）第二，他认为，"圣人"之心和"愚夫愚妇"之心是一样的。他说："良知良能，愚夫愚妇与圣人同。"（《全书》卷一）这就是说，"圣人"和"愚人"都同样具有这来自先天的"良知"。个别地方，王阳明甚至说："与愚夫愚妇同的，是谓同德；与愚夫愚妇异的，是谓异端。"（《全书》卷三）似乎很有点抬高"愚夫愚妇"的意思。第三，他认为，人性皆善。王阳明说："至善是心之本体。"（《全书》卷一）管你是古人、今人、大人、小孩，这个阶级的人，还是那个阶级的人，都具有普遍的人性——善。

需要指出的是，关于人性本体问题，王阳明晚年有一个提法，这就是他在去广西镇压瑶族、壮族人民起义前对王畿等人所说的四句话，后人称为"四句教"："无善无恶是心之体，有善有恶是意之动，知善知恶是良知，为善去恶是格物。"（《全书》卷三）这里，王阳明主张"无善无恶是心之体"，是不是和"至善是心之本体"的说法不一致了呢？并不。王阳明这里指的是心体尚未"发用"时的状态，因为尚未"发用"，没有与之对立的不善，所以可以说"无善无恶"。在《大学问》中，王阳明说："然心之本体则性也，性无不善，则心之本体本无不正也。"（《全书》卷二十六）没有"不善"，没有"不正"，自然就是"善"，就是"正"。

王阳明的人性论不管是早年，还是晚年，都是性善论。1525年左右，王阳明曾经写过一首诗，其中有一句说："个个人心有仲尼"（《咏良知四首示诸生》，《全书》卷二十）。在王阳明看来，每个人的心中都有孔子，所以他又有个提法，叫"人胸中各有个圣人"（《全书》卷三）。王阳明认

为这个来自先天的人性不仅众人皆有,而且永远也不会泯灭。"虽盗贼亦自知不当为盗,唤他作贼,他还忸怩!"(《全书》卷三)

既然人人是圣人,岂不是众生平等,圣与愚,还有什么区别呢?王阳明认为,二者还是有区别的。这个区别就在于一个有"私欲"遮蔽,一个无"私欲"遮蔽。王阳明曾经从禅宗经典借用过一个比喻:圣人像青天白日,愚人如阴霾天日,"自蔽自昧而不肯致之者,愚不肖者也"(《全书》卷一)。只要肯于扫去阴霾,那么每个人都可以成为圣人。

每一个原理都有与它相适应的时期。孔子、董仲舒的等级森严的人性论反映奴隶社会和封建社会初期的等级森严的政治制度,表现了奴隶主、封建主对人民的鄙视;王阳明的人性论则反映了封建社会崩溃时期地主阶级新的政治需要,表现了地主阶级对人民的欺骗。

明代中叶,由于农民起义的不断爆发,由于封建地主阶级的日益衰弱,封建统治集团对农民起义已经不能只用"剿"这一手了,在许多时候,不能不用"抚"的办法。但是,今日"抚",明日反,正像出现于这一时期的神话小说《西游记》中的孙悟空一样,玉帝擒拿不成,只能"降旨招安",但是,孙悟空却一叛再叛,直"打得那九曜星闭门闭户,四天王无影无形",定要玉帝让出天宫,"若还不让,定要搅攘,永不清平"!封建地主阶级不得不转而加强对人民的精神麻醉和精神欺骗。1518年,王阳明在进攻广东浰头农民军时给友人写过一封信,其中说道:

> 顾浰贼皆长恶怙终,其间胁从者无几,朝撒兵而暮聚党,若是者亦屡屡矣。诛之则不可胜诛,又恐以其患遗诸后人。……故今三省连累之贼,非杀之为难,而处之为难;非处之为难,而处之者能久于其道之为难也。(《与顾惟贤》,《全书》卷二十七)

可以看出,农民军的英勇顽强、再接再厉的斗争使得王阳明很头痛，王阳明在找寻一种处置造反的农民而又能"久于其道"的办法。于是，他不得不虚伪地在经济上为农民敞开了通向"饶富"的希望之路："何不以尔为贼之勤苦精力而用之于耕农，运之于商贾，可以坐致饶富而安享逸乐。"（《告谕浰头巢贼》，《全书》卷十六）这就是等于说，造反的农民们，放下武器吧，只要勤劳刻苦，一样可以成为大财主。同样，在思想上，王阳明也不得不为农民们敞开了成为"圣人"的希望之路，告诉他们，人人心中都有孔子呀，人人胸中都有圣人呀，只要你去掉"私欲"，放弃本阶级的利益，为封建地主阶级鞠躬尽瘁，就可以成圣、成贤了呀！

自然，这一切都是一种彻头彻尾的欺骗。实际上，王阳明的这种人性论只不过是从佛教贩来的一种陈腐烂套。禅宗就主张"一切众生皆有佛性"，"当知愚人智人，佛性本无差别，只缘迷悟不同，所以有愚有智"（《坛经·般若品》）。王阳明关于"圣""愚"的说法和禅宗的说法不是完全一样吗？实际上，王阳明的人性论不仅观点是禅宗的，连比喻用词也都是禅宗的。不妨摘抄两段，做一比较：

圣人之心，纤翳自无所容，自不消磨刮；若常人之心，如斑垢驳杂之镜，须痛加刮磨一番。（《答黄宗贤应原忠》，《全书》卷四）

既体知众生佛性本来清净，如云底日，但了然守真心，妄念云尽，慧日即现……譬如磨镜，尘尽自然见性。（弘忍：《凡趣圣道悟解真宗修心要论》）

王阳明的学生们曾经千方百计地掩饰王阳明的主观唯心主义先验论哲学来源于禅宗，但是，赃证俱在，不容抵赖。

王阳明认为，人们达到了封建道德的要求后，便可以获得无限的快乐。他说：

乐是心之本体。(《答陆原静书》,《全书》卷二)

人若复得它,完完全全,无少亏欠,自不觉手舞足蹈,不知天地间更有何乐可代。(《全书》卷三)

乐,是一种思想感情。存在决定意识,阶级斗争和民族斗争的客观现实决定人们的思想感情。没有可以引起人们快乐的社会存在,就不会引起人们快乐的思想感情。王阳明把快乐看成是人心固有的、先天的。这同样是一种唯心主义的先验论。王阳明这种思想也是从禅宗来的:

东方人造罪,念佛求生西方;西方人造罪,念佛求生何国?凡愚不了自性,不识身中净土,愿东愿西;悟人在处一般。所以佛言随所住处恒安乐。(《坛经·决疑品》)

佛教有所谓净土宗。净土,干净土地,又称极乐世界。净土宗认为人只要一心专念阿弥陀佛名号,即能往生西方极乐世界。惠能反对这种教义,提出了"恒安乐"的所谓"身中净土",即每个人的心中都有一个"极乐世界"。

列宁指出:"神甫们素来是以升天堂来安慰在地上过着奴隶生活的人们的。"[1]当劳动人民过着饥寒交迫的奴隶生活时,神甫们虚构彼岸世界的天堂之乐就是为了麻痹人民,使他们不去争取翻身解放的人世之乐;同样,禅宗虚构"身中净土",王阳明虚构"本体"之乐,目的也是如此。不同点只是:神甫们把天堂建筑在缥缈的天上,而禅宗和王阳明则把它建筑在每个人的心中。

后来,王阳明的门徒王艮有一首《乐学歌》,说什么:

---

[1]《论饥荒》,《列宁全集》第27卷,人民出版社1958年版,第371页。

> 人心本自乐，自将私欲缚。私欲一萌时，良知还自觉。一觉便消除，人心依旧乐。乐是乐此学，学是学此乐。……（《王心斋先生遗集》卷二）

在王艮看来，人心都是本然地快乐的，只是被"私欲"缠住了，所以要从事"格物"之学，以恢复这种快乐。王艮的弟子朱恕是个樵夫，再传弟子韩贞是个窑匠，都是属于"奴隶"阶层的，然而一个起名字"乐斋"，一个起名字"乐吾"，虽然生活困苦，但并不想造反，而且能帮助地主阶级稳定社会秩序，把这种奴才行径当作无穷之"乐"。《乐吾韩先生遗事》记载说：隆庆三年（1569），兴化大水，阶级矛盾顿时紧张，人心汹汹思乱，韩贞便驾起小船，带着门人环游各村，作诗劝谕。诗云："养生活计细思量，切勿粗心错主张。鱼不忍饥钩上死，鸟因贪食网中亡。安贫颜子声名远，饿死夷齐姓字香。去食去兵留信在，男儿到此立纲常。"据说，"民为之感动"，"故虽卖妻鬻子，而邑中无萑苻之警"云。

韩贞去世后，封建统治集团在他的墓前竖起了牌坊，题曰"东海贤人"。韩贞终于从"愚夫"变成了准圣人。

这是说明王阳明哲学的社会效果的很好材料。

第七章

不可抗拒的历史趋势

　　如前所述，王阳明哲学思想的核心是道德伦理论。这是王阳明主观唯心主义哲学的特点，也是中国古代许多哲学家的共同特点。

　　王阳明掩盖了道德的社会根源，把人的道德观念混同于人的生理功能，从而把封建道德说成是人所固有的天赋观念和普遍的共同人性，得出了"心外无理"的荒谬观点。

　　王阳明又无限地夸大了道德观念和人的主观意识的能动作用，把人的道德观念、主观意识说成是物质世界的本原，否定物质独立存在于人的感觉、意识之外，用主观吞并了客观，精神吞并了物质，颠倒了物质和意识的关系，得出了"心外无物"的荒谬观点。

　　由于王阳明认为人的道德观念是人所固有的天赋观念，因而，必然否认人的认识来源于外部客观世界，必然否认人的认识依赖于实践，否认理性认识依赖于感性经验，否认实践是检验真理的标准，在认识论上跌入先验主义的泥坑。

　　认识论上的先验论必然导向唯心主义的修养论。王阳明的"格物"论的实质是要求人们抓住指导自己行为的思想动机，按照封建道德的要求进行"省、察、克、治"。王阳明否认实践在道德观念形成和道德品质培养过程中的作用，他所主张的"事上磨炼"不过是一种归复本心的手段。在王阳明看来，人的道德修养乃是人对自己本有的人性的复归。

由于王阳明认为人的道德观念是人所固有的天赋观念，因而，必然反对人的认识过程中有从"行"到"知"、从实践到认识的转化，必然颠倒"知"与"行"、认识与实践的关系。王阳明搞乱了"知"和"行"的界限，用"知"吞并了"行"，用"知"和"行"的合二而一代替了"知"和"行"的对立统一。

在明代中叶农民与地主阶级对抗性矛盾以及地主阶级内部矛盾日益尖锐的条件下，王阳明妄想用封建道德麻醉人民，调整封建地主阶级的内部关系，因此特别提倡一种容忍、妥协、退让的调和主义的道德规范。

王阳明把封建道德说成是超阶级的全民道德，说成是先天的普遍人性，把它硬塞在"愚夫愚妇"的心中，并不是为了提高"愚夫愚妇"的阶级地位，而是为了诱使他们放弃反对明王朝、反对剥削和压迫的斗争。王阳明把极乐的"天堂"建筑到了每个人的心中，起的是宗教所不能起的特种安魂药和鸦片烟的作用。王阳明的主观唯心主义哲学乃是佛教禅宗的变种。

一切主观唯心主义者都是唯我主义者和唯意志论者。王阳明认为封建道德的力量可以回天斡地，一两个"豪杰之士"的力量可以回天斡地。在《送别省吾林都宪序》中，王阳明说："今夫天下之不治，由于士风之衰薄，而士风之衰薄，由于学术之不明，学术之不明，由于无豪杰之士者为之倡焉耳。"(《全书》卷二十二）在王阳明看来，明王朝衰落和崩溃的原因是知识分子的风气不好，知识分子的风气不好是由于主观唯心主义的学术没有讲明，而主观唯心主义学术没有讲明又在于缺乏"豪杰之士"的提倡。王阳明认为，只要有了一两个"豪杰之士"，就可以"明学术，变士风，以成天下治"，明王朝就天下太平了。这是典型的英雄创造历史的唯心史观。

历史是不会以王阳明一流的"英雄"和"天才"们的意志为转移的。

王阳明去世后，明王朝封建统治集团的内部矛盾继续尖锐化，人民群众反对剥削、反对压迫的斗争以前所未有的规模在全国各地发展着。

用屠刀镇压不了的，用精神鸦片也麻醉不了。

在城市，有反对矿监、税使的暴动，大小数百起。在这些暴动里，城市手工业工人、矿工、贫民起了主要作用。1601年，宦官陈奉在武昌掠夺，市民聚众万人，把陈奉的同党抛入长江。同年，苏州织工、染工两千余人，击毙宦官孙隆爪牙，捶死税官多人，火烧富豪住宅。1602年，江西景德镇发生了窑工的激变。1603年，北京门头沟的窑工和运煤脚夫在北京城内举行了"填路塞巷"的大示威。

在农村，则有连续不断的农民起义。1622年以后，山东有徐鸿儒的起义。福建、苏州等地有农民的抗租斗争。湖北等地有地主家奴的争取人身自由的"索契"斗争。1627年，陕西白水农民王二聚众冲进县城，杀死知县，揭开晚明农民大起义的序幕。接着安容高迎祥、延安张献忠等继起，迅速发展为三十六营，二十余万人。1635年，起义军十三家七十二营首领大会于荥阳，高迎祥部将李自成提出了联合作战的建议，将分散的农民军的力量攥成了砸碎旧世界的铁拳。针对明代土地高度集中于地主阶级的状况，李自成的起义军提出了"贵贱均田"的革命口号；针对明王朝对人民的残酷掠夺，提出了"不当差，不纳粮"的革命口号。1644年，李自成在西安建国，国号大顺，改元永昌。同年，起义军以疾风暴雨之势进军北京。

"以蒿支栋"（《乞放归田里疏》，《全书》卷十一），王阳明一生说了许多昏话，只有这一句话是说对了的。王阳明的一切努力，当刽子手也罢，当牧师也罢，都不过像用蒿草来支持即将倾塌的大厦一样，无济于事。

明王朝在汹涌澎湃、席卷全国的农民大起义的浪潮中倒塌了。

王阳明的主观唯心主义先验论哲学没能挽救明王朝的灭亡，但是，在中国现代史上，却为一切反人民、反革命的反动派所倾心，不断有人捡拾王阳明的余唾，用以反对中国人民在中国共产党领导下所进行的轰轰烈烈的革命斗争。蒋介石自称王阳明的《传习录》是他"最喜欢读的书之一"，说这本书"阐明致良知的道理"，"奠定了"他"求学做事的根本"。他一方面效法王阳明刽子手的一面，不断对革命人民发动反革命的军事"围剿"，妄图将革命烈火扑灭在中国人民的血泊中；另一方面则效法王阳明牧师的一手，大肆鼓吹所谓"力行哲学"，要人民"死心塌地，任何牺牲，任何痛苦，任何危险都不顾"地为帝国主义、封建主义、官僚资本主义卖命效劳。在他被中国人民赶到一群海岛上去了之后，这一集团中还有人凄厉地呼叫：值此"存亡绝续的紧急关头，提倡王学实有其时代的需要与价值"。

四百多年前王阳明的先验论没有能阻住农民革命的洪流，同样，20世纪70年代林彪、陈伯达等人鼓吹的"天才论"，实际上也是一种先验论，它也未能阻挡中国社会主义革命的胜利向前。

历史的趋势是不可抗拒的！

选自《王阳明》，（北京）中华书局1972年版，文字上略有修改。

第四编

泰州学派

第一章

"天坠"之梦说明了什么

在泰州学派的弟子中流传过一个故事,说是这一学派的创始人王艮二十九岁的时候做过一个梦:天掉下来了,万人奔走呼号,于是王艮奋臂托天而起,看见日、月、星辰都乱了次序,便一一整理复原,万人欢舞拜谢。王艮是否确实做过这样一个梦,我们不必过于认真,不过,泰州学派弟子们之所以乐于传播这个故事倒不是没有原因的。

这个故事很形象地说明了泰州学派所处的历史时期的特点和这一学派的政治目的。

泰州学派是活跃于十六世纪的一个哲学流派。明代中叶以后,王阳明的主观唯心主义风靡一时,弟子遍全国,有所谓浙中、南中、楚中、北方、粤闽等六大系,在此之外,有一派是南直隶(今江苏)泰州人王艮创立的,在哲学史上被称为泰州学派。

这一历史时期的特点是中国封建社会已处于没落阶段,在它的机体内部正缓慢地生长着资本主义生产关系的新萌芽。明王朝危机重重,在几度挣扎之后,终于无可挽回地走向了垂暮之年。

1511年(正德六年),即故事中的王艮"梦天坠"的那个年头,发端于河北平原上的刘六、刘七的农民起义部队正纵横驰骋于半个中国的土地上，并曾数度打到北京附近。武宗朱厚照在惊惶震动之际，东拼西凑，调集了京营的军队，调来了边兵，才勉强把这次起义镇压下去。

历史的发展证明，反动派的屠刀可以奏效于一时，但不能彻底解决自己所面临的各种危机。刘六、刘七起义之后，明代社会的各种矛盾继续向前发展。在城市商品经济空前发达的情况下，封建地主阶级对财富、金钱的贪欲强烈地滋长膨胀，对人民的剥削和掠夺日益加强。1551年（嘉靖三十年），明朝政府在南畿、浙江等地区增收赋税，叫作"加派"。1557年（嘉靖三十六年），又在江南等地增收役银，取名"提编"。1596年（万历二十四年）以后，更派出大批宦官任矿监、税使，在全国各大城市以征商开矿为名，大肆掠夺民间的金银。

与此同时，封建地主阶级的土地兼并之风有增无减。世宗朱厚熜时，据统计，诸王、勋戚的贵族庄田已达二十余万顷，占官府有籍耕地的二十分之一。景恭王朱载圳侵占湖广土地四万顷。权臣严嵩仅在北京附近就有庄田一百五十余所，南京、扬州等地又有良田、美宅数十所。穆宗朱载垕时期，南直隶有的地主占田多达七万顷。

这一时期，明王朝的政治已陷入瘫痪崩溃状态。世宗朱厚熜、穆宗朱载垕、神宗朱翊钧等几个皇帝都多年不上朝。官僚们倾轧排挤，联朋结党，贪污成风，道德败坏。严嵩的儿子是侍郎，孙子是锦衣中书，宾客满朝，姻戚都是大官，干儿义子多至三十余辈。倒台时抄没家产，发现历年所受贿赂竟有黄金三十万两，白银二百万两。吏部因送贿的人太多，用抽签法决定官吏的选任。军事上，边防空虚，北有蒙古俺达汗侵扰，南有倭寇肆虐。财政上也已经山穷水尽。朱厚熜时期，国库存银不足十万两，财政赤字高达一百四十余万两之多。朱厚熜迷信道教，天天在西苑和道士鬼混，京城有众多道士。为了供皇帝斋醮，宫中年用黄蜡二十余万斤，白蜡十余万斤，香品数十万斤。为了供皇帝观赏，光禄寺养鹰、犬、虫、鸟等，年用肉一万六千多斤，用米五千二百多石。西苑养豹一只，用夫役二百四十人，年用粮二千八百余石；而在福建，人民生活无着，卖儿卖女，所得不过数斗！山西有些地方，百余里不闻鸡声，"父子夫妇，互易一饱"，名叫"人市"！

这是一个人民不能按老样子生活，地主阶级也不能按老样子继续统治的时代。

江西农民起义，乌蒙、芒部彝人、汉人起义，贵州苗民起义，广西、山东矿工起义，晋南农民起义，山东农民起义，琼州黎族起义，河南农民起义，四川农民起义，广东东部农民起义，海上起义，蕲州农民起义……各族人民的起义烽火在全国燃烧着。

神宗朱翊钧时的宰相，地主阶级改革派的代表人物张居正说过：

> 京师十里之外，大盗十百为群。贪风不止，民怨日深，倘有奸人乘一旦之衅，则不可胜讳矣。（《答西夏直指耿楚侗》，《张文忠公全集·书牍十五》）

又说：

> 百姓嗷嗷，莫必其命。此时景象，曾有异于汉唐之末世乎？（《答福建巡抚耿楚侗》，《张文忠公全集·书牍十二》）

公元二世纪的黄巾军，摧毁了近二百年的东汉王朝的统治。九世纪的黄巢大起义，结束了近三百年的唐王朝地主阶级专政。十六世纪，造反的农民们又已经"十百为群"地发展到明王朝的"京师十里之外"了，这就不能不使地主阶级中某些敏感的分子意识到"末世"即将来临。

存在决定意识，泰州学派中流传的王艮梦"天坠"这一故事所反映的就是这样一种社会现实。

"虎贲三千，直抵幽燕之地；龙飞九五，重开混沌之天"，这是写在刘六、刘七起义军中两面大旗上的口号。它说明了农民们决心砸碎明王朝的统治，建立他们自己向往的社会。

"奋臂托天"，"见日、月、列宿失序，又手自整布如故"（《年谱》，《王心斋先生遗集》卷三），[1] 挽救摇摇欲坠的明王朝的封建统治，调整已经进入末期的淆乱了的封建社会的秩序，使之复原"如故"，这就是王艮及其弟子们的政治目的。

这是一条和农民起义军完全对立的路线。

---

[1] 本编《年谱》《语录》《答问补遗》均来源于《王心斋先生遗集》。

第二章

泰州学派的创始人王艮

王艮（1483—1541），原名王银，字汝止，泰州安丰场（今东台安丰）人。安丰产盐，王艮的父亲就是煮盐的灶丁。王艮七岁入学，十一岁的时候，因家贫不能继续读书，也参加煮盐劳动，所以曾被称为"亭子"。"亭子"，就是灶丁的意思。十九岁以后，王艮曾几次去山东从事商贩活动，"经理财用，人多异其措置得宜，人莫能及，自是家道日裕"（《年谱》），经济地位逐渐改变。二十五岁时在山东"瞻拜"了孔庙及颜渊、曾参、子思、孟子诸庙，"感激奋然，有任道之志"（《年谱》）。回安丰后，每天诵读《孝经》《论语》《大学》等儒家著作，还把书放在袖子里，逢人质义。二十七岁时，开始闭门静思，默坐体道，决心做"圣贤"。这样夜以继日、不分寒暑地想了几年，到二十九岁，据说，在做"天坠"之梦的当夜，一觉醒来，浑身大汗如雨，"顿觉心体洞彻，万物一体，宇宙在我之念益真切不可已"（《年谱》）。这就是说，他已经形成了主观唯心主义的世界观。这以后，王艮讲说经书就常根据自己的心得，而不拘泥于旧注了。三十二岁时，王艮在当地已经很有影响，"各场官民遇难处事皆就质于先生，先生为之经画"（《年谱》），与地方官吏、士绅往来日益频繁。

三十七岁时，王艮开始传道。他首先按古代《礼记》等书的记载做了一套冠服：帽子叫"五常冠"，取仁、义、礼、智、信之义；衣服叫"深衣"，是一种古代的连衣裙。穿戴起来之后，便捧着笏板，"行则规圆矩方，坐则焚香默识"，并在门上大书："此道贯伏羲、神农、尧、舜、禹、汤、文、武、周公、孔子，不以老幼、贵贱、贤愚，有志愿学者传之。"（《年谱》）

1520年（正德十五年），王艮三十八岁，他从吉安籍塾师黄文刚那里了解到了王阳明所讲的"良知"之学，便远道去江西找王阳明。到南昌后，王艮穿上所制冠服，通过满街环观的人群来到王阳明的衙门，以"海滨生"的名义要求进见。守门人不理，王艮便赋诗二首：

孤陋愚蒙住海滨，依书践履自家新。谁知日日加新力，不觉腔中浑是春。

闻得坤方布此春，告违艮地乞斯真。归仁不惮三千里，立志惟希一等人。去取专心循上帝，从违有命任诸君。磋磨第愧无胚朴，请教空空一鄙民。

第一首自述求学经过：孤陋愚蒙，没有老师，只能依照书中所说道理摸索，日日努力，却不懂得真理原来就在自己"腔中"。第二首为向王阳明求教之词，大意是：听说王阳明在江西讲学，所以不惮三千里之遥前来，目的是做"一等"圣人，希望王阳明指教他这个海边"鄙民"。王阳明见诗后，立即延入。二人之间有下面一场问答：

"你戴的是什么帽子？"

"有虞氏冠。"

"穿的是什么衣服?"

"老莱子服。"

"为什么穿这套服装呢?"

"表示对父母的孝心。"

"你的孝贯通昼夜吗?"

"是的。"

"如果你认为穿这套衣服就是孝,那么脱衣就寝时,你的孝就不能贯通昼夜了!"

"我的孝在心,哪里在衣服上呢?"

"既然不在衣服上,那何必把衣服穿得这么古怪呢?"

经过了这一问一答,王艮无言可对,表示:"敬受教!"[1]

接着,二人又谈及天下事,王阳明还不大看得起这个海边"鄙民",便说:"君子思不出其位。"意思是,天下事不是你这样的人应该管的。

"我虽然是个草莽匹夫,但是,尧舜君民之心,没有一天忘记过。"王艮毫不示弱。

"当年舜住在深山中,与鹿豕木石共处,快乐得忘记了天下。"王阳明仍然劝王艮不要管自己不该管的事。

"那是因为有尧这样的圣君在上呀!"

王艮的这句话击中了要害。明武宗是有名的昏君,当时也确实不是尧舜的盛世。经过了这一问一答,无言可对的变为王阳明。是啊!连"草莽匹夫"都来关心地主阶级的"治国、平天下",这对于统治者来

---

[1] 据杨起元《证学编》卷三,《王阳明年谱》所载与此小异。

说，未尝不是好事，因此，王阳明表示同意王艮的看法。

就这样，反复辩难之后，王艮认为王阳明的学说"简易直截"，为自己所不及，便下拜称弟子；王阳明也很乐意收这样一个门徒，于是为之改名，叫王艮。

1522年（嘉靖元年），为了广泛传布王阳明的学说，王艮自己设计并制造了一辆蒲轮车，上书"天下一个，万物一体"，"入山林求会隐逸，过市井启发愚蒙"等语，北行入京。途经山东时，正值王堂所领导的矿工起义爆发。起义军在莱芜、新泰、临城等地屡次打败明军，又沿黄河西岸进兵，直逼考城（今兰考），河南震动。为了鼓励德州守抗拒义军的进攻，保护地主阶级的利益，王艮对他说："州之民，皆赤子也，倘不忍赤子之迫于盗，何患无勇？"（《年谱》）。

在北京，由于王艮的衣、帽、车子都过于招摇，他所说的一套言论又和朱熹的客观唯心主义哲学不相合辙，因而，王艮的讲学活动受到了封建统治集团的注意。"事迹显著，惊动庙廊"（《黄直奠文》，《心斋集》卷四），王阳明的在京弟子们把他的车子藏起来，衣服脱下来，劝他离京。回到绍兴后，王艮受到了王阳明的严厉对待，三日不见，王艮不得不长跪谢过。自此，便"敛圭角，就和坦"，留在王阳明的身边，"多指百姓日用以发明良知之学"（《年谱》）。有时王阳明不亲见求学的人，就命王艮传授。

1525年（嘉靖四年），王阳明的弟子邹守益在安徽广德建立复初书院，王艮应邀参与讲学，作《复初说》，鼓吹"学至圣人，只复其不善之动而已矣"。同年，再次应邀至浙江孝丰讲学。次年，王阳明的另一个弟子王臣任泰州知州，聘王艮至安定书院主讲。这时，王艮已经很有名气，林春、王栋等数十人前来求学。王艮将《系辞上传》和《论语》首章抄录在墙上。《系辞上传》首章有"易简而天下之理得矣"等语，《论语》首章为"学而时习之，不亦说乎"。王艮抄录它们是为了说明自己的讲学特点，鼓励弟子们热心向学。不久，写作了著名的《乐学歌》。

1527年（嘉靖六年），王阳明被派赴广西镇压瑶族、壮族人民起义和少数民族上层人物的兵乱，王艮赶到绍兴送行。1529年初（嘉靖七年十一月），王阳明于自广西北归的舟中去世，王艮赶到浙江桐庐迎丧，并约集王阳明的弟子，为之经理家事。同年十二月，会葬王阳明，与同门弟子聚讲于阳明书院，并订盟。

王阳明死后，王艮的讲学活动更趋活跃。1530年（嘉靖九年），与邹守益、欧阳德聚讲于南京鸡鸣寺。1534年（嘉靖十三年），与林大钦等聚讲于泰州。其间，向王艮求学的人也日渐增多，"相与发挥百姓日用之学甚悉"（《年谱》）。王艮的思想逐渐为其门徒掌握，开始形成学派。

王艮的讲学活动得到封建统治集团中不少人的赞助。1529年（嘉靖八年），漕运总督刘节上疏，称颂王艮"讲学励行，笃志前修，庶几海滨之善士，圣代之逸民"（《疏传合编》上）。1536年（嘉靖十五年），御史洪垣登门访问王艮，讨论"简易之道"。洪垣请王艮代拟《乡约》，作为一乡之人共同遵守的规矩。据说，交有司颁行后，"乡俗为之一变"（《年谱》）。事后，洪垣替王艮盖了几十间房子，供他讲学授徒之用，称为"东淘精舍"。次年，御史吴悌再次上疏，要求明朝最高统治者召用王艮，"致之阙下"，说是"于治道风教，必有裨益"（《疏传合编》）。

除讲学外，王艮这时还参与了当地"均分草荡"的一项活动。明制，自洪武初年起，即由国家拨付一定数量的"草荡"给灶户樵采，作为煎盐之用。有的地方每丁分得的"草荡"多者可达三十余亩，少者亦不下二十亩（《天下郡国利病书》卷二十）；生产出来的食盐则一律归国家掌握。后来，由于贫富分化或灶丁逃亡，原来按丁拨付的"草荡"逐渐被豪强或殷实灶户侵占。王艮的家乡也是如此，出现了"灶产不均，贫者多失业"（《年谱》）的状况。1506年（正德元年），明朝政府曾下令清查灶丁原给滩荡："见在者，给予领业；逃亡者，给增出空丁，或拨充人役，顶补原课"(《明会典》卷三十二)。也有部分官僚要求恢复明朝初年的制度，"奏请摊平"(《年谱》)。但是，实际执行情况很差，"几十年不决"(《年谱》)。1538年（嘉靖十七年），明朝政府负责两淮地区盐业生产的官僚和泰州知州一起找到了王艮，要求他协助解决。于是，王艮"竭心经画"，草拟了一份《均分草荡议》，提出："本场一千五百余丁，每丁分该若干顷亩"，"给予印信纸票"，同时立定"界埠"，做到"上有册，下给票；上有图，下守业"。王艮认为，这样做可以避免"随分随乱，以致争讼"的状况。

王艮所建议"均分"者为关系盐业生产的"草荡"，并不触及地主阶级的土地制度，"粮田、官地等项除外"，它是明朝政府官方盐业政策的继续。有些著作把它说成是："企图从土地所有制，解决封建制社会的矛盾"，"具有反对封建独占的平均主义小私有的性质"云云，完全是以想当然代替了严肃、细致的科学研究的结果。

1540年（嘉靖十九年），王艮病重。据《年谱》记载，王艮仍然将门人召至榻前力疾讲学。几个儿子哭着询问后事，王艮看着第二个儿子王襞说："汝知学，吾复何忧！"又对其他几个儿子说："汝有兄，知此学，吾何虑汝曹，惟尔曹善事之！"1541年1月12日（嘉靖十九年十二月八日），王艮病卒。

王艮死后，不少官僚为其设祭，写墓志，作传记，立祭田，定祀典。本来，明制，谥不及于小臣，尤不及于布衣，但偏偏有不少人为他请谥。他们说：王艮的学说是"觉世之金声"，"民生日用之饮食"，王艮是可以"扶天纲地维于不坠"的人；在"世衰道微""风会日下，忠孝节义之念坏于士林"的时候，提倡王艮的学说实在大有必要。1623年（天启三年），即陕北农民大起义爆发的前四年，竟有扬州籍京官李茂英等二十三人联名写了揭帖（广告），为王艮请谥。1630年（崇祯三年），即张献忠在延安起兵,称八大王的同年,封建最高统治者终于将王艮的从祀问题交国子监等衙门"勘议"(以上材料,参见《疏传合编》,《心斋集》卷五)。

这些事实,有力地说明了王艮的思想乃是为封建地主阶级服务的。

王艮的著作被辑录在《王心斋先生遗集》中。

第三章

"身"为天下、国家之本的"淮南格物"论

《礼记·大学》篇讨论宏扬道德和治国、齐家、修身、正心、诚意之间的关系,其中有一个环节是"致知在格物",中国古代的哲学家们对这环节曾经有过多种解释。客观唯心主义者朱熹认为"格物"的意思就是"穷理",即认识那个存在于万物之先的创造万物的客观精神。主观唯心主义者王阳明认为"格物"就是正行,即端正指导人们行为的思想动机。王艮的解释和朱熹、王阳明都有所不同,他认为"格物"的意思是认识"身"与天下、国家的本末关系。他说:

> 身与天下国家一物也,惟一物而有本末之谓。格,絜度也,絜度于本末之间……此格物也。(《答问补遗》)

絜,意为考虑、比较。王艮认为"吾身"是本,天下国家是末。因为泰州地处淮南,所以王艮的这种解释被称为"淮南格物"。明末的哲学家刘宗周说:"后儒格物之说,当以淮南为正。"(《泰州学案》一,《明儒学案》卷三十二)我们解剖王艮的思想体系,首先要从他的"格物"论入手。

一、宇宙在我，万化生身

王艮有一首哲理诗，讨论的是天的本质问题。他写道：

> 都道苍苍者是天，岂知天只在身边。果能会得如斯语，无处无时不是天。(《咏天》)

古人有一种看法，认为天就是人们头顶上的那个"苍苍然"的圆穹，所谓"天，坦也，坦然而高远也"(刘熙《释名》)，"水土之气，升而为天"(杨泉《物理论》)。有的词书还具体指出："天去地二亿一万六千七百八十一里半。"(《广雅》)这虽然是不科学的，但把天看成是一种物质存在，是一种朴素唯物主义的看法。与此不同，王艮认为，"天只在身边"。曾经有人问他：《论语》中"智者不惑，仁者不忧，勇者不惧"三句话怎样解释？王艮答道："我知天，何惑之有？我乐天，何忧之有？我同天，何惧之有？"(《语录》)在中国思想史上，"知天""乐天"都是习见的词语，这个"同天"却还比较陌生。天和人（我）之间怎么能画上等号呢？

这是因为王艮对"天"持有特殊看法。王艮说：

> 父母生我，形气俱全，形属乎地，气本乎天。中涵太极，号人之天。此人之天，即天之天。此天不昧，万理森然，动则俱动，静则同焉。天人感应，因体同然，天人一理，无小大焉。(《孝箴》)

王艮认为，人身上有一样东西，其名为"太极"。它主宰着人，所以称为"人之天"，同时，它也主宰着天，所以又称为"天之天"。它才是真正的"天"，其中森然罗列着"万理"，永远不会昏昧。

这个既是"人之天"又是"天之天"的"太极"是什么呢？王艮说："惟念此天，无时不见。告我同志，勿为勿迁。外全形气，内保其天。苟不得已，杀身成天。"（《孝箴》）从这一段话可以看出，王艮认为，"形气"属于"外"，"天"属于"内"，它不是物质性的实体，在"不得已"的情况下，它可以通过"杀身"的途径得到。看来，它是一种道德观念。古代有所谓"杀身成仁"的说法，王艮把它改成了"杀身成天"，在王艮的哲学体系里，"天"和"仁"是什么关系呢？他说：

夫良知即性，性即天，天即乾也，以其无所不包，故谓之仁。（《答朱惟实》）

原来，王艮所说的作为"人之天""天之天"的"太极"乃是"仁"。关于这个"仁"，王艮说：

《通书》云"无极而太极"者，即无根而根，无实而实也。"太极本无极"者，即此根本无根，实本无实也。不然，则无根无实者，沦于虚无，即根即实者，滞于有象，而非所谓道矣。故道也者，性也，天德良知也，不可须臾离也。率此良知，乐与人同，便是充拓得开，天地变化草木蕃，所谓"易简而天下之理得，而成位乎其中矣"。（《答刘鹿泉》）

王艮的这段话说得比较玄，大意是："仁"（这里又称为"道"）没有根，却像根一样发挥作用，不是实，却能结果。它不等于"虚无"，又没有形象。将它充拓开来，就可以"天地变化草木蕃"。

王艮又说：

> 此道在天地间遍满流行，无物不有，无时无然，原无古今之异，故曰："'鸢飞戾天，鱼跃于渊'，言其上下察也。"(《答朱凤岗节推》)
>
> 惟皇上帝，降中于民，本无不同，鸢飞鱼跃，此中也。譬之江、淮、河、汉，此水也；万紫千红，此春也。(《答问补遗》)

"中"是《礼记·中庸》篇提出来的哲学概念，"喜、怒、哀、乐之未发谓之中"，指的是人体内的一种精神本原，也是"天下之大本"。在王艮的思想体系里，"仁""性""天""良知""道""中"都是一个意思。王艮认为，"中"既存在于人，也存在于物，上至高飞近天的老鹰，下至跳出水面的游鱼，都是"中"的不同表现。

客观存在是第一性的，思维是第二性的。道德观念是特定阶级、集团对特定的社会关系的反映，把它说成是世界的本原和主宰者，乃是一种颠倒哲学，是对道德及其作用的神化。

哲学史的规律是主观唯心主义总要通向唯我论。王艮说：

> 虚明之至，无物不覆，反求诸身，把柄在手。合观此数语，便是宇宙在我，万化生身矣。(《语录》)
>
> 是故身也者，天地万物之本也；天地万物，末也。(《答问补遗》)

按古人的说法，四方上下叫宇，指的是空间；往古来今叫宙，指的是时间。"宇宙在我"，无限广阔的空间和无限悠远的时间都在我的身上，我的变化决定着宇宙万物的变化。自然要认为个人（身）是天地万物的根本，"我同天"了。

后来，王艮的学生徐樾也认为，"我者，万物之体；万物者，我之散殊"（《波石学案》，《泰州学案》一，《明儒学案》卷三十二），即认为世界上除了"我"之外，没有别的东西，万物只是"我"的不同表现。六合，是心的城郭；四海，是心的边际；万物，是心的形色。泰州学派的重要成员、大官僚耿定向则认为："何天非我，何地非我，何我非天地哉！"（《大人说》，《耿天台先生全书》卷十三）这就进一步将"我"无限吹胀，达到了和天地万物合而为一的地步。

世界的根本当然不是人的思想感情，也不是哪一个人。列宁指出："自然科学肯定地认为：在地球上没有也不可能有人类和任何生物的状况下，地球就已经存在了；有机物质是后来的现象，是长期发展的结果。"[1]地球从产生到现在有四十五亿至六十亿年的历史。在它的初期，没有任何生命活动。只是在距今十八亿年的太古代的晚期，才产生了最原始的生物，而人类的出现才不过大约一百万年。在这之前，"没有具有感觉的物质，没有任何'感觉的复合'，没有任何像阿芬那留斯的学说所讲的那种与环境'不可分割地'联系着的自我"[2]，自然，也不可能有王艮的作为"天地万物之本"的人身。

宇宙的运动有它自己的规律，它没有开始，也没有终结，不以任何个人的意志为转移。认为"宇宙在我，万化生身"，把人的思想感情、道德观念，把个人看成是自然界的根本，乃是一种荒谬的唯心主义，是变相的上帝创世说。

二、立吾身以为天下国家之本

关于自然界的本原，王艮谈得不多。他主要阐述的是个人与社会的关系。王艮说：

---

[1]《唯物主义和经验批判主义》，人民出版社1960年版，第62页。
[2]《唯物主义和经验批判主义》，人民出版社1960年版，第62页。

> 大人者，正己而物正者也。故立吾身以为天下国家之本，则位育有不袭时位者。
>
> 知修身是天下国家之本，则以天地万物依于己，不以己依于天地万物。
>
> 其身正正而天下归之。(《语录》)

这就是说，在社会历史范畴内，个人也是根本。只要有了具备高度道德修养的"大人"，那么，不管他处在什么样的时代条件下，也不管他处在什么样的社会地位上，都可以正己正物，发挥其安排天地、培育万物的作用。不是个人依赖着天地万物，而是天地万物依赖着个人。王艮甚至认为，"大人"的一个念头就可以决定历史的发展。史载：刘邦在担任秦王朝的亭长时，曾押送一批"刑徒"去骊山服劳役。半路上，"刑徒"纷纷逃亡，因而，刘邦便将他们全部放走，并和其中的十余人一起逃亡。在路上，又砍杀了一条横卧当道的大蛇。王艮认为，这就是刘邦之所以能建立汉王朝的决定性原因。他说："汉高之有天下，以纵囚、斩蛇一念之仁，……故人皆有是恻隐之心，苟能充之，足以保四海。"(《语录》)

这是一种典型的唯心史观。

从表面上看来，社会是由一个个有思想、有意志的个人组成的。在许多时候，某个杰出的个人，即通常所说的英雄人物，对社会历史的发展起着巨大的作用。即以刘邦为例，他确实从释放骊山"刑徒"开始反秦斗争。是他，率领着一支农民起义队伍最先进入了关中，后来，又击败了声势赫赫、不可一世的项羽，建立了汉王朝。这种情况，不是很可以说明个人创造世界，"吾身"是"天下国家之本"吗？

不能。

第一，马克思、恩格斯指出："社会结构和国家经常是从一定个人的生活过程中产生的。但这里所说的个人不是他们自己或别人想象中的那种个人，而是现实中的个人，也就是说，这些个人是从事活动的，进行物质生产的，因而，是在一定的物质的、不受他们任意支配的界限、前提和条件下能动地表现自己的。"[1] 社会是由个人组成的，历史离不开个人的活动。但是，任何个人都处在一定的社会关系中，这种社会关系是不以其个人的意志为转移的。正是这种社会关系决定了人的性格、思想、意志和活动。刘邦之所以能释放骊山"刑徒"，这是"刑徒"——奴隶们以逃亡作为斗争手段的结果。"群盗满山"（《汉书·食货志》），"逃亡山林，转为盗贼"（《汉书·贾谊传》），当时这种斗争随处可见。例如，英布就带领过部分骊山"刑徒"，逃亡江中。没有"刑徒"的斗争，没有当时全国的阶级斗争形势，刘邦就不会有什么"释囚"的"一念之仁"。有了压迫，有了剥削，才会产生反压迫、反剥削的思想；没有压迫，没有剥削，任何天才的头脑也创造不出反压迫、反剥削的思想来。从根本上说，是社会历史的发展决定着个人的发展，而不是个人的发展决定着社会历史的发展。

第二，思想来自群众，力量在于群众。秦王朝的被推翻，汉王朝的建立，都有赖于千百万人民群众的斗争。离开了群众，任何个人的力量实际上都等于零。个人之所以有力量，必然总是一定的阶级力量的表现；个人的思想之所以能引起有广泛群众参加的社会运动，必然是这一思想集中地反映了群众的情绪、群众的愿望。不反映群众的情绪和愿望的思想是没有人理睬的。刘邦的军队之所以能从十几个人发展成为一支可以进击关中、打败项羽、进而统一全国的力量，乃是因为他的政策在一定程度上反映了当时群众的愿望和历史的要求，否则，任何思想都只能默默地产生，默默地消失，不会对社会生活产生任何实际影响。

---

[1]《德意志意识形态》，《马克思恩格斯全集》第一卷，人民出版社1961年版，第19页。

第三，在阶级斗争中，总会锻炼出某些有突出智慧、突出才能、突出道德品质的个人来，群众也总会推举出这样的个人来作为自己的代表或领导者：不是这一个，就是那一个。正如恩格斯说的："假如不曾有拿破仑这个人，那末，他的角色是会由另一个来扮演的。"[1]在公元前三世纪我国的阶级斗争中，缺少了这一个刘邦，也总会出现另一个人的。这一点，连封建社会中的有些人也看得出来。例如，北宋的杨时就说过："借令沛公死，天下其无沛公乎？"（《史论》，《杨龟山先生全集》卷九）

可见，尽管杰出的个人会对社会历史的发展产生巨大的影响，但是任何个人都不能决定历史的发展，都不能成为"天下国家之本"。历史，是群众的事业；人民，是历史的主人。

王艮的"淮南格物"论在自然观上是创世主的哲学，在社会历史观上则是救世主的哲学，是一种将"大人"的作用无限吹胀了的主观唯心主义。

从这种"格物"论出发，王艮提出了他的保身论、尊身论和修身论。

在王艮看来，个人是这样重要，有了个人，天地位，万物育；缺少了个人，天地颠倒，万物消亡。因而人就要千方百计地保护自己的人身安全。他说：

> 危其身于天地万物者，谓之失本；洁其身于天地万物者，谓之遗末。
>
> 仕以为禄也，或至于害身；仕而害身，于禄也何有？仕以行道也，或至于害身；仕而害身，于道也何有？（《语录》）
>
> 知保身者，则必爱身如宝。（《明哲保身论》）

---

[1]《致符·博尔吉乌斯》，《马克思恩格斯选集》第4卷，人民出版社1972年版，第507页。

王艮认为，一个人逃避现实，不管天地万物，这是"遗末"，丢掉了次要的东西，是不好的。但是，因为天地万物而危及自己的身体，就是"失本"，是更不好的。千重要，万重要，保住自己的生命最重要。否则，身之不存，"禄也何有"？"道也何有"？脑袋掉了，俸禄呀，原则呀，都有什么用呢？因此人们要"爱身如宝"，"舍生杀身"一类的事不到万不得已的情况是不能去干的。理由呢？很堂皇："吾身不能保，又何以保天下国家哉！"

这就是王艮的保身论。

"人生自古谁无死，留取丹心照汗青。"生命于人只有一次，当然是重要的。但是社会的进步和发展尤为重要，人民的利益尤为重要。为了人民的利益而死，就是死得其所。历史上的许多仁人志士都是这样做的。他们赢得了人民永久的怀念和尊敬。把个人的生命看得比什么都重要，把"保身"放到了"天地万物"之上，其结果必然是"临难苟免"（《泰州学案》一，《明儒学案》卷三十二），在关键时刻，成为民族的败类、人民事业的叛徒。

王艮又认为，既然个人是如此重要，天地万物都依赖着自己，因而，就要抬高自己的身份，"待价而沽"。他说：

> 身与道原是一件，至尊者此道，至尊者此身。尊身不尊道，不谓之尊身；尊道不尊身，不谓之尊道。须道尊身尊才是至善。（《答问补遗》）

这就是说，道体现在个人身上，既要尊道，又要尊身；为了尊道，就必须尊身。怎样才能尊身呢？王艮认为，这就要慎于出处，不要贸贸然地跑到封建官僚集团中去，最好的办法是讲明学问，等皇帝诚心诚意、致敬尽礼地来请教，"出则为帝者师"，"处则为天下万世师"，用自己的一套主观唯心主义的学术体系来指导封建地主阶级，指导"天下万世"。

这就是王艮的尊身论。

这种思想，是从极端唯我主义出发的一种狂妄的生活态度。

王艮又认为，不管社会问题多么繁难复杂，其终极原因还在于个人的道德修养："天下国家不方，还是吾身不方。"（《语录》）"吾身是个矩，天下国家是个方。絜矩则知方之不正由矩之不正也，是以只去正矩，却不在方上求。矩正则方正矣，方正则成格矣。故曰物格。"（《答问补遗》）在王艮看来，一个社会之所以危机重重，矛盾百出，关键就在于个人的道德修养有问题。因此，要解决社会问题，不必从社会问题本身着手，而要进行自我的道德修养，即所谓"治天下有本，身之谓也"（《复初说》）。王艮认为，个人修养好了，为天下人树立了表率，就可以推己及人，使人人如己；就可以进行讲学，使人人都一心向善，这样，万事万物都可以成格，天下也就随之太平了。

这就是王艮的修身论。

道德观念是一种意识形态，属于社会上层建筑的范畴，它对于经济基础起着一定的作用。但是，社会变动的根本原因在于社会的物质资料的生产方式——生产力和生产关系的矛盾。要解决社会危机，必须变革现存的生产关系，解放并发展生产力，这就要进行新与旧的斗争，就要革命。不抓住这一根本性的问题，而把个人的道德修养视为主要的办法，乃是过分夸大了意识形态的能动作用，是一种唯心主义思想。历史证明，当一个阶级面临灭亡，一个社会面临崩溃之际，总是有些人要侈谈道德的作用，大肆鼓吹旧道德，企图抓住这根稻草来免除本阶级的灭顶之灾，巩固和加强旧的社会经济基础。

王阳明是这样做的，王艮也是这样做的。

第四章

"天然自有""现现成成"的道德论

> 瑞气腾腾宝韫山，如求珍宝必登山。无心于宝自然得，才着丝毫便隔山。(《天下江山一览诗六首觉友人》)

这是王艮写的另一首哲理诗，讲的是认识论问题。王艮认为，人的认识如同登山求宝，要"无心"，如果不是这样，有丝毫着意，就找不到宝了。

一、天然自有，不费些子气力

人的道德观念是从哪里来的？王艮认为是人"天然自有"的。他说：

> 天理者，天然自有之理也；良知者，不虑而知，不学而能者也。惟其不虑而知，不学而能，所以为天然自有之理；惟其天然自有之理，所以不虑而知，不学而能也。(《天理良知说答甘泉书院诸友》)

在王艮的思想里,"天理"和"良知"是一个东西,都是指封建道德观念。他说:"天理者,父子有亲,君臣有义,夫妇有别,长幼有序,朋友有信是也。"(《王道论》)这就是说,封建道德观念是"天然"存在于人心之中的。

王艮反对人在认识过程中的任何主观努力。他说:

学者初得头脑,不可便讨闻见支撑。

天理者,天然自有之理也。才欲安排如何,便是人欲。(《语录》)

良知一点,分分明明,亭亭当当,不用安排思索。(《与俞纯夫》)

在王艮看来,人的认识和人的感觉器官无关,所以说"不可便讨闻见支撑";也和人的思维器官无关,所以说"不用安排思索"。一切经由人的活动所获得的东西都是"伪",只有人心"天然自有"的道德观念才是真。他说:

凡涉人为,皆是作伪。故伪字从人从为。(《语录》)

王艮主张,在认识过程中,人什么也不要做,一点力气也不要花:

天下之学,惟有圣人之学好学,不费些子气力。(《语录》)

王艮的一个门徒"持功太严",即进行道德修养很认真,王艮说:"学不是累人的!"他指着一个木匠说:"彼却不曾用功,然亦何尝废事。"(《语录》)他要门徒不必那样用功。

王艮的这种思想是完全错误的。

人的认识开始于实践。常识告诉我们，必须积极使用人体的各种感觉器官，才能获得感觉经验。人必须用眼，才能视物；必须用耳，才能听声；必须用鼻，才能知香臭；必须用舌，才能辨五味。在获得了感觉经验之后，我们还必须使用思维器官对这些来自肉体感官的经验进行分析，去粗取精，去伪存真，由表及里，由此及彼，加以改造制作，造成概念、判断和推理，才能进而认识事物的本质、事物的全体和事物的内部联系。这一切，都不能离开人的主观能动作用。毛泽东同志指出：正是"由于客观过程的反应和主观能动性的作用，才使得人们的认识由感性的推移到了理性的"。[1] 人要取得认识，必须实践，必须思索，必须发挥主观能动作用。谁不用功夫，谁就无法找到真理。

一切科学上的发现都是长期实践、付出了巨大劳动的结果。和王艮同时代的医学家李时珍长期上山采药，走了几万里路，访问过无数农民、渔人、樵夫、猎户，阅书八百余册，用了二十多年时间对前人鉴定过的一千五百五十八种药物重新做了一番精密的审查，才写出了《本草纲目》。鲁迅说："大约古人一有病，最初只好这样尝一点，那样尝一点，吃了毒的就死，吃了不相干的就无效，有的竟吃到了对症的就好起来，于是知道这是对于某一种病痛的药。这样的累积下去，乃有草创的记录，后来渐成为庞大的书，如《本草纲目》就是。而且这书中的所记，又不独是中国的，还有阿剌伯人的经验，有印度人的经验，则先前所用的牺牲之大，更可想而知了。"[2] 这些，哪里是"不费些子气力"可以做到的呢？

在阶级社会中，道德观念反映着人们所属阶级的根本利益。对于这一根本利益的认识是有过程的，人们在某一道德观念的支配下进行自身道德品质的培养更是有过程的。

---

[1]《实践论》，《毛泽东选集》合订本，人民文学出版社1969年版，第270页。
[2]《经验》，《鲁迅全集》第四卷，人民文学出版社1957年版，第412页。

当我国还处于奴隶社会时，周王朝的统治者提倡过一种名为"敬"的道德规范，意思是小心谨慎，使思想经常处于警戒的状态中。这是怎么回事呢？原来，周以前的商王朝是相信天命的。商王朝的奴隶主们认为世界上有一个有意志的人格神——上帝。它是世界的主宰。地上的最高统治者乃是上帝的嫡系子孙，是上帝所任命的。因此，这个统治权可以千秋万代地传下去。但是，奴隶主对奴隶的苛重剥削引起了奴隶的剧烈暴动，商王朝倒台了。这一事实迫使周王朝的统治者认识到，只靠"天命"是不行的，在此之外，还要小心谨慎地处理人事。人事上稍有疏忽，就要出乱子，"天命"也就难保了。他们认为"天命靡常"（《诗·大雅·文王》）是可以改变的。因此，提出"敬"这一道德观念，要使统治者有所警惕。它是商王朝覆亡和周王朝自身统治的历史经验的总结。

马克思和恩格斯的学生，马克思主义者拉法格曾经正确地指出："进步、自由、正义、祖国等等思想也和数学上的公理一样，不是存在于经验领域之外，它们不是在经验之前就存在了，而是跟随经验才有的。"[1]数学，是从丈量土地、测量容积、计算时间、制造器皿中发展起来的，它不能先于经验。同样，道德观念的形成、道德品质的培养也不能先于经验。

在生活中，人的才能、道德状况都是有差异的。这种情况，决定于人所处的社会环境和人的主观能动性。在大体相同的条件下，主观能动性发挥得愈充分、用力愈多，收获也愈多；用力愈少，收获愈少；不肯用力，则什么收获也没有。

有一段时间，马克思在伦敦大不列颠博物馆内"尽了最大的努力"研究某一个问题。他在写给美国人魏德迈尔的信中说："不管这一切，工作很快就要结束了。我们必须用全力在某处突破一点。民主派的傻瓜们，

---

[1] 拉法格：《思想起源论》，生活·读书·新知三联书店1963年版，第12页。

认为知识是'从天上'掉下来的,自然不需要这种努力。"[1]王艮认为,人的"良知"是人"天然自有"的,自然会主张"不费些子气力"了。

二、心之本体,着不得纤毫意思

为了进行道德修养,《礼记·中庸》篇提出:在人所看不到的地方,也要敬畏谨慎;在人所听不到的地方,也要警惕恐惧,即所谓"君子戒慎乎其所不睹,恐惧乎其所不闻"。《礼记·大学》篇则提出:要端正自己的心,首先要诚实自己的意念,即所谓"欲正其心者,先诚其意"。对于这些,王艮都不大赞成。他说:

> 夫戒慎恐惧,诚意也;然心之本体,原着不得纤毫意思的。才着意思,便有所恐惧,便是助长,如何谓之正心?是诚意工夫犹未妥帖,必须扫荡清宁,无意,无必,不忘,不助,是他真体存,存才是正心。(《答问补遗》)

王艮认为,"心之本体"是着不得一丝一毫的"意思"的,有意识地做"戒慎恐惧"的"诚意工夫",就是拔苗助长,是不够"妥帖"的。

为了进行道德修养,程颐、朱熹等人也曾提出过许多要求,其一就是"敬"。例如,朱熹写过一篇《敬斋箴》,要人在心理状态方面像永远面对上帝一样严肃、认真,"战战兢兢";在外形方面,则要人正衣冠,尊瞻视,脚步要稳重,手势要恭顺,步子踏出去要有选择,出门像做宾客,接受事情像祭祀……这就是所谓"持敬"功夫。对于这一切,王艮也都认为没有必要。他主张直接去认识人心的"天然自有"之"理":

---

[1]《马克思恩格斯给美国人的信》,人民出版社1958年版,第25页。

> 识得此理，则现现成成，自自在在。即此不失，便是庄敬；即此常存，便是持养。真体不须防检。不识此理，庄敬未免着意。才着意便是私心。(《答问补遗》)

王艮认为，只要认识了这个"理"，什么"庄敬"呀，"持养"呀，"防检"呀，这一套功夫都可以不必做。

"致良知"是王阳明哲学思想的重要命题。王阳明认为，"良知"是天赋的，人心固有的，但是一般人由于"私欲"的蒙蔽，使得这种"良知"不能发生作用，恰如日光为浮云所遮，铜镜为尘垢所污一样，因此，必须通过做"省、察、克、治"等一系列修养工夫消除障蔽，达到和复归良知。王阳明的这一思想在他的弟子罗洪先等人中得到了进一步发展。罗洪先等认为，良知虽然出于自然的"禀赋"，但要使它流行发用，还须在修养上狠下功夫，"必有致之之功"(《寄谢高泉》，《念庵罗先生集》)。所以，他们特别强调这个"致"字，"不以良知为足，而以致知为工"(《答郭平川》)，说是"阳明拈出良知，上面添一致字，便是扩养之意"(《与尹道舆》，《江右学案》三，《明儒学案》卷十六)。

王艮却不大愿意要这个"致"字。欧阳德和他讨论"致良知"的问题，他开玩笑地说："某近讲良知致。"(《年谱》)他甚至对族弟王栋说：王阳明最初讲的是"致良知"，后来只讲"良知"二字，不要这个"致"字了。王栋叙述说：

> 良知无时而昧，不必加知，即明德无时而昏，不必加明也……故学者之于良知，亦只要认识此体端的便了，不消更着致字。先师（指王艮）云：明翁（指王阳明）初讲致良知，后来只说良知，传之者自不察耳！(《王一庵先生遗集》卷一)

这就是说,"良知"在任何时候都不会被障蔽,它"现现成成"地存在着,所以,不需要去"致",就连王阳明所主张的那一套修养功夫也不需要了。

后来王艮的弟子颜钧、罗汝芳、王栋等提出"制欲非体仁"论,反对宋明道学"察私防欲"的一套修养方法,王襞提出"自然之谓道",主张人饿了就吃,困了就睡,什么也不要追求,都是由王艮这里的思想进一步向前发展的。

王艮强调不"着意"。"着意",在宋明道学里,就是注意、用心的意思。"不着意",就是无所用其心,不必有意识地做什么。

在另外的一些地方,王艮又说:"只心有所向,便是欲;有所见,便是妄。既无所向,又无所见,便是无极而太极。"(《与俞纯夫》)这就是说,人不能有什么愿望、目的,也不能有什么观点看法。王艮主张"扫荡清宁",追求一种"善念不动,恶念不动""无思也,无为也"的境界,要求人在认识过程中不仅什么都不做,而且什么都不想,一丝一毫的意念活动都没有。他说:

> 人心本无事,有事心不乐。有事行无事,多事亦不错。能无为兮无弗为,能无知兮无弗知。(《示学者》)

什么都不做,就什么都能做;什么都不知,就什么都知道。这就是王艮的逻辑。

人是有思想、有意识的,人的行为也都受到一定的思想意识的支配。恩格斯指出:"人离开动物愈远,他们对自然界的作用就愈带有经过思考的、有计划的、向着一定的和事先知道的目标前进的特征。"[1]

---

[1] 恩格斯:《自然辩证法》,人民出版社 1955 年版,第 144 页。

毛泽东同志也指出:"思想等等是主观的东西,做或行动是主观见之于客观的东西,都是人类特殊的能动性。这种能动性,我们名之曰'自觉的能动性',是人之所以区别于物的特点。"[1]人的生产斗争、阶级斗争的实践,包括道德品质的锻炼在内,都是有意识、有目的的,它们是人的"自觉的能动性"的一种表现。而动物则不然,尽管动物的活动在某种程度上也改变外部的自然,例如,蚂蚁筑窝、蜜蜂营巢、蜘蛛结网等;它们有时也可以表现出某种和人类相似的行为,例如,母鹿护养幼鹿,当象群受到攻击时,公象会自动担负起保卫母象和幼象的任务等。但是,这一切活动都只是受本能的支配,而不是一种自觉的、有意识的活动。

王艮要求人们在道德修养过程中"不着意",反对任何自觉的、有意识的努力。主张"善念不动,恶念不动","心之本体,着不得纤毫意思"。既然一丝一毫的意念活动都不能有,那么,人的精神活动还剩下什么呢?剩下的就只有和动物类似的本能了。王艮正是把封建道德看成是人"天然自有"的本能,要求人既像动物似的蒙蒙昧昧、浑浑噩噩地生活,而又能够遵守封建道德;这种"动物"对于稳定封建统治秩序来说自然是最理想不过的了。

王艮认为,认识的任务就是懂得封建道德是人的固有本能。王艮把这种"本能"称为"心之本体",又叫"真体"。在王艮看来,认识了这个"本体",便是"位天地、育万物事业"(《答问补遗》),而且"自自在在""有无限快乐"。

怎样才能认识这个"本体"呢?王艮认为要靠"一觉":"私欲一萌时,良知还自觉。一觉便消除,人心依旧乐。"(《乐学歌》)这里所说的"一觉",指的是一种迅速地思想省悟。据说,有了这"一觉",一切

---

[1]《毛泽东选集》合订本,人民出版社1969年版,第445页。

"私欲"便立竿见影地"消除"了。

宋明道学，在认识论上都是先验论。它们都把封建道德观念说成是天赋的、先天就有的，把它安放到了人们心中。在方法论上，则是诡辩论。既然封建道德观念是天赋的，那么，人自然都是天生的圣人，还有什么进行道德修养的必要呢？于是，宋明道学又提出了种种说法，说是由于什么"气秉之偏"和"物欲之蔽"，使天赋的封建道德观念不能发生作用，于是，就要进行道德修养，就要用功，以恢复天赋的封建道德观念的作用。在修养路线上，宋明道学又有所谓"向外"和"向内"的两条路线。程颐、朱熹等客观唯心主义者认为：理是世界的本原，它既体现在天地万物中，也体现在人心中。因此，他们同时主张向外用功和向内用功的两条路线。向外用功，即所谓"即物穷理"，指的是彻根彻底地穷究外物之理，以唤醒沉睡于人心的天赋之理；向内用功，指的是反观内省，进行自我道德省察，以认识表现在人心中的天赋之理。陆九渊、王阳明等主观唯心主义者认为，"向外用功"的路线太支离琐碎。他们主张，"心"是世界的本原，心即理，因此，只需要"向内用功"就可以了。他们认为这样做，比起程颐、朱熹等人来，要简易直截。

同是"向内用功"，宋明道学内部又存在方法上的分歧。有些人比较多地主张直接体认人心的天赋之理，本根一明，"私欲"全消。它类似禅宗的顿悟。有些人则主张惩忿制欲，一点一点地克除心中的"私念"，从而复归天理。它类似于禅宗的渐修。后来，王阳明将这两种方法加以总结，他认为"顿悟"之法适用于聪明绝顶的"利根"之人，这种人"直从本源上悟入人心"，"一悟本体，即是功夫，人己内外，一齐俱透"；"渐修"之法适用于绝大多数的"钝根"之人，"其次不免有习心在，本体受蔽，故且教在意念上实落为善去恶，功夫熟后，渣滓去得尽时，本体亦明尽了"（《王文成公全书》卷三）。

在"向外用功"和"向内用功"的两条唯心主义认识路线上，王艮主张简易的"向内用功"的认识路线;在"顿悟"和"渐修"的两种修养方法上,王艮主张"不费些子气力"的"一觉"。他的认识论乃是彻底简易化了的唯心主义先验论。

有时,王艮也强调阅读儒家经典著作。他认为"正诸先觉,考诸古训,多识前言而求以明之",乃是"致良知之道"(《奉诸山先生书》)。他不完全同意明代主观唯心主义者陈献章的"若能握其机,何必窥陈编"的看法,强调孔子虽是天生圣人,也还要学《诗》、学《礼》、学《易》,一段段地钻研,以至于系连竹简的皮带子断了三次。他说:"《六经》正好印证吾心,孔子之时中,全在于韦编三绝。"(《语录》)甚至于说:"人之天分有不同,论学则不必论天分。"(《语录》)

王艮这里所说的"学",乃是学习"六经""四书"等儒家著作,走的是脱离实践的复古主义的道路。这种"学",是对于万理具备的"吾心"起一个"印证"作用。陆九渊、王阳明等先验论者都是这样主张的。王艮这里所说的"天分"乃是指的王阳明所说的"才力"。王阳明认为,人的良知都是一样的,但"才力"是不同的,就好像金子的分量有轻重一般。尧、舜是万镒,文王、孔子是九千镒,禹、汤、武王是七八千镒,一般人则只有一两:"所以为精金者,在足色,而不在分两;所以为圣者,在纯乎天理,而不在才力也。"(《王文成公全书》卷一)一两之金与万镒之金虽然相差悬绝,但通过提炼,都可以成为"足色"的纯金;凡人与尧舜的"才力"虽然也相差悬绝,但凡人只要能一心"为学","使此心纯乎天理",那么,也就可以成为圣人了。王艮这里的意思和王阳明完全一样,如果以为王艮是在反对什么先验论,那是上了当了。

王艮主张"现成良知""不费些子气力",又主张认真读儒家著作,这是有点矛盾的,所以他又说:

> 吾治总经,惟事此心耳。(《圣学宗传》卷十六)

经所以载道，传所以释经。经既明，传不复用矣；道既明，经何足用哉！（《语录》）

王艮认为，最重要的是明道——体认人心固有的封建道德观念。道既明，经与传就没有多少用处了。在《天下江山一览诗六首觉友人》中，他又说：

千书万卷茫茫览，不如只在一处览。灵根才动彩霞飞，太阳一出天地览。

他要人们抛却"千书万卷"，直接去览"一"。这个"一"，也就是"道"和"良知"的同义语。

万历年间，曾经有人吹捧王艮为"吾道曹溪"（熊尚文《重刻心斋王先生全集序》），确实，王艮在某些方面和标榜"不立文字"的禅宗六祖惠能很相似。

三、乐向心中寻

硕鼠硕鼠，无食我黍。
三岁贯汝，莫我肯顾。
逝将去汝，适彼乐土。
乐土乐土，爰得我所。
——《诗·魏风·硕鼠》

在人压迫人、人剥削人的社会里，充满着灾难和痛苦。无数次奴隶起义、农民起义，都是为了摆脱压迫和剥削，建立一个没有苦难，只有欢乐的世界。然而,一次次起义都失败了,人民依旧生活在深重的灾难中。"乐"向何处寻,哪里才是"乐土",怎样才能摆脱痛苦,这些问题总是深深地困扰着旧时代的人们。

> 此乐多言无处寻,原来还在自家心。(《和王寻乐韵》)
> 不亦乐乎?乐是心之本体。(《语录》)

人们到处找寻快乐,哪儿也没有找到,原来是在自己的心里。这就是王艮的回答。这真是:踏破铁鞋无觅处,得来全不费工夫。

王艮有一首《乐学歌》,曾经很流行:

> 人心本自乐,自将私欲缚。私欲一萌时,良知还自觉,一觉便消除,人心依旧乐。乐是乐此学,学是学此乐。不乐不是学,不学不是乐;乐便然后学,学便然后乐。乐是学,学是乐。呜呼!天下之乐何如此学,天下之学何如此乐。

王艮认为,人心是本然地快乐的,只是被私欲束缚住了。怎样才能消除这种束缚呢?这就要靠"一觉"。据说,"一觉"之后,人心便依旧快乐了。怎样才能"一觉"呢?这就要靠"学"。王艮这里所说的学,就是他所说的"至易至简"的封建道德修养之学。王艮认为,从事了这种学,便可以获得最大的快乐。王艮是在贩卖一种廉价而速效的"快乐寻求法"。

王艮又认为,快乐是超功利的。他说:"日用间毫厘不察便入于功利而不自知,盖功利陷溺人心久矣。须见得自家一个真乐。"(《语录》)在王艮看来,和功利相联系的快乐是假乐,超功利的人心固有之乐才是真乐。他要人们"俯视"尘凡事,一切"无足入虑"(《语录》)。

存在决定意识，阶级斗争和民族斗争的客观现实决定人们的思想感情。"世界上没有什么超功利主义，在阶级社会里，不是这一阶级的功利主义，就是那一阶级的功利主义。"[1]乐是一种思想感情，是人的一种主观心理状态。它不能离开现实。只有现实中存在着可以引起快乐的事物，才会引起人们快乐的思想感情。同样，它也不能离开功利。

在封建社会里，广大劳动人民食不果腹，衣不蔽体，干的是牛马活，吃的是猪狗食。当他们眼望着金黄的谷粒被一袋袋地掠夺进了地主的粮仓，一家人啼饥号寒的时候，当他们被逼得卖儿卖女，仅有的几亩薄地也成了地主的财产时，是不可能有任何快乐的。王艮的这种"人心本自乐"的理论，乃是诱使农民安于现状，快乐地受剥削、受压迫的精神麻醉剂。

与"人心本自乐"思想相关的是"性体活泼"论。王艮说：

> 天性之体，本自活泼，鸢飞鱼跃，便是此体。与鸢飞鱼跃同一活泼泼地，则知性矣。(《语录》)

在《中庸》一书中，鸢飞鱼跃本来是用以说明道无所不在的，即所谓"上下察也"；第一个把它们和"活泼泼地"联系起来的是程颢。他说：

> 鸢飞戾天，鱼跃于渊，言其上下察也。
> 此一段子思吃紧为人处，与"必有事焉而勿正心"之意同，活泼泼地。会得时，活泼泼地；不会得时，只是弄精神。(《河南程氏遗书》第三)

---

[1]《毛泽东选集》合订本，人民出版社1969年版，第821页。

这里，鸢飞鱼跃被用来比喻一种理想的修养境界，即"活泼泼地"。

道学家们主"静"，于是，有人就终日静坐，如槁木死灰；主"敬"，于是，有人就终日规行矩步，面目古板。为了防止这种倾向，程颢提出"活泼泼地"来，作为主"静"或主"敬"说的补充。但是，程颐、朱熹一派道学家担心出现"流荡无节""狂了人去"的情况，始终"活泼"不起来。一直到了王阳明讲学，以朱熹学派的反对派面目出现，关于"活泼泼地"的论述才又逐渐多起来。下面是王阳明和门徒的一些问答：

问：先儒谓"鸢飞鱼跃"，与"必有事焉"同一活泼泼地。

答：亦是天地间活泼泼地无非此理，便是吾良知的流行不息。（《传习录》下）

问："逝者如斯"，是说自家心性活泼泼地否？

答：然。须要时时用致良知的功夫，方才活泼泼地，方才与他川水一般。若须臾间断，便与天地不相似。（《传习录》下）

王阳明讲学，重视激发人的道德观念，而不强调形式格套。据《传习录》记载，一次，王畿等侍坐，因天热，王阳明握扇说："你们用扇！"王畿等起立说："不敢！"王阳明说："圣人之学，不是这等捆缚苦楚的，不是装作道学的模样。"王艮的"性体活泼"论正是对王阳明上述思想的承袭。

前引《乐学歌》云："不乐不是学，不学不是乐。"这前一句话的锋芒所指就是宋明道学一系列烦琐的修养要求和形式格套，理由很简单，它们"不乐"，所以"不是学"。

在讲学中，王艮不要求门徒做习静一类的功夫，也反对装腔作势地"持敬"。《年谱》载，乐安董燧来学，一天，正在"瞑目跌坐"之际，王艮走到了他身旁，董燧没有发觉，王艮在他的背上拍了一掌说："青天白日，何自作鬼魅！"《年谱》又载：一天晚上，王艮与徐樾在月下散步，王艮指着星星和徐樾说话，徐樾非常拘谨，"应对间若恐失所持循"，王艮非常不满，大声说："天地不交了吗？！"[1]

显然，"性体活泼"论反映了对宋明道学呆板枯燥的修养方式的不满。它在王艮的后学颜钧、杨起元等人那里得到了进一步发展。

---

[1] 古人认为"天地交"则吉，"不交"则凶。

第五章

所谓"百姓日用是道"

王艮在进行传道讲学时有自己的特点。

王艮《年谱》载：

> 四十二岁……多指百姓日用以发明良知之学。
>
> 四十六岁……言百姓日用是道。
>
> 五十一岁……以日用现在指点良知。

"百姓日用是道"，乍看起来，这似乎是一个很进步的命题。

毛泽东同志说："我们是马克思主义者，马克思主义叫我们看问题不要从抽象的定义出发，而要从客观存在的事实出发。"[1]要了解"百姓日用是道"这一命题的实质，就必须对王艮和泰州学派传道讲学的"事实"做一番深入的考察。

---

[1]《毛泽东选集》合订本，人民出版社1969年版，第810页。

一、以日用现在指点良知

战国时的主观唯心主义者孟子讲过这样一段话："人有鸡犬放，则知求之，有放心而不知求。学问之道无他，求其放心而已。"(《孟子·告子上》)意即人们要像把放出的鸡犬找回来一样，把心中散失了的仁、义、礼、智等道德观念找回来。有人觉得这很难办到，对王艮表示说："放心难于求。"王艮并不正面回答，却突然喊起这个人的名字来。这个人本来坐着和王艮谈话，经这一喊，立即起立答应。王艮说："尔心现在，更何求心乎？"(《语录》)

一个人喊另外一个人的名字，引起了另一个人大脑皮层特定区域的反应，从而产生相应的反射动作，这是人的高级神经系统的作用。这种作用对于一个健康的人来说是每时每刻都可以发生的。王艮以这个当时发生的事情为例，目的在于向发问者指明，仁、义、礼、智这些道德观念现在就存在于你的心中，没有失去，当下即是良知，不必花什么力气去求它。

一次，有人问王艮，什么是"中"？在宋、明道学的唯心主义体系里，"中""理""性""道"等概念基本上都是一个意思。对于这一问题，王艮也不正面回答，却指着来来往往的童仆说："此童仆之往来者中也。"意思是说童仆们的来来往往就是"道"。

为什么童仆的来来往往就是"道"呢？这里，我们要结合王艮的三传弟子罗汝芳的一个例子来加以考察。

为了使人们懂得"性体"的"广大精微"，罗汝芳曾经带着一帮人站在南京的大中桥上，指着陆陆续续、来来往往的过路行人，对他们说：你看这千百万过往的人，"人人一步一趋，无少差失；个个分分明明，未见跌撞"，"性体"的"广大精微"从这里可以默默地认识到了

吧！（《天台论学语》,《泰州学案》四,《明儒学案》卷三十五）

战国时子思、孟子学派的著作《中庸》认为："天命之谓性，率性之谓道，修道之谓教。"意思是上天所赋予的叫作性，顺着本性行动叫作道，将道加以修明和推广，使人实行就是教。这个"性"既广大而无所不包，又精细入微。王艮、罗汝芳这里是要人从"往来"行走这一方面去认识人的天"性"。既然每个人都天生会走路，自然，每个人都天生具有道德观念。

又一次，有人请王艮讲一讲"无思而无不通"这句话。北宋哲学家周敦颐认为，圣人不需要思维活动，但是，却什么都能认识，什么都能做到，所以他在《通书》中说："无思而无不通为圣人。"王艮在进行讲解时，"呼其仆，即应。命之取茶，即捧茶至"，在仆人把茶送到之后，王艮才说："才此仆未尝先有期我呼他的心，我一呼之便应，这便是无思无不通。"（《江右学案》一,《明儒学案》卷十六）意思是，仆人的日常生活就体现了这种修养要求。

大概泰州学派认为"捧茶"这个例子很有说服力，所以曾在讲学中多次予以运用。

某次，罗汝芳和弟子们讨论什么是"道"。大家议论纷纷，众说不一。这时，有小童端茶来献。罗汝芳说："此捧茶童子却是道也。"大家都茫然不解。沉默了一会，一人突然反驳说："终不然此小童也能'戒慎恐惧'耶？""戒慎恐惧"是《中庸》提出的"君子"的一套修养方法，此人认为小童不懂，所以这样问。罗汝芳说："茶房到此，有几层厅事？"大家回答："有三层。"罗汝芳叹口气说："好造化，过许多门限阶级，幸未打破一个钟（盅）子。"（《近溪子集》第二册）意思是小童端茶时的小心谨慎和"君子"的"戒慎恐惧"之道是一样的。

类似的例子还可以举不少。如，弟子初见王艮问"道"，王艮常指着他说："即尔此时就是。"弟子不懂，王艮说："尔此时何等戒惧，私

欲从何处入？常常如此，便是'允执厥中'。"（《语录》）

又如，有一乡下老人问王艮的再传弟子韩贞：良心是何物？韩贞并不解释，却要他脱衣服。老人把衣服一件件脱了，最后脱到裤子，对韩贞说："愧不能矣！"韩贞便对他说："即此便是良心。"（《韩先生遗事》，《韩贞集》）

再如，一个叫张振德的人向罗汝芳的弟子杨起元表示："不思而得，不勉而中"的境界只有"生知之圣人"才能达到，一般人恐怕无法企及。杨起元也不做解释，却道："又来了！我今坐此，汝见否？"张答："见。"杨起元再问："汝这见，待思勉否？"张答："不待思勉。"杨起元又问："我说话，汝闻否？"张答："闻。"杨起元再问："汝这闻，待思勉否？"张答："不待思勉。"杨起元又问："此时有功夫，无功夫？"张答："此时无功夫。"经过如此一番问答后，杨起元才说："此已即是'不思而得，不勉而中'，真生知之圣体，纤毫不属人为，这就是天聪天明，天之道也。人人具足，何却言未易及！"（《秣陵纪闻》卷五）

又如，有一个姓彭的人向罗汝芳的另一个弟子周汝登表示："子言焉往非学，夫何以能持之，使焉往而非学也？"周汝登答道："学者，觉也。子何往而不觉乎？觉寒，觉暑，觉痛，觉痒，以至于夜寐沉寂，觉未尝少，岂待持之、使之而后觉！焉往非觉，则焉往非学矣。"（《彭子卷跋》，《东越证学录》卷六）

可以看出，所谓"百姓日用是道"就是选取人们日常生活中的某些动作、感觉、行为来说明"良知"——封建道德"现现成成"地存在于人们心中，人人具足，虽童仆一类的"愚夫愚妇"也不例外。这就叫作"以日用现在指点良知"，或叫作"指百姓日用以发明良知之学"。

"个个人心自中正"，盖是指点人良知所自有的"中正"示人，非推我所有以与之也。（《会语续集》，《王一庵先生集》）

不是把我的道理讲给你听，而是将你自身固有的"良知"指给你看。王栋的这段话讲出了泰州学派的传道的特点。

二、逻辑上的"无类比附"

封建道德本来是封建的经济关系、政治关系的反映，现在要把它说成是天赋观念；封建道德本来是地主阶级的狭隘道德，现在要把它说成是超阶级的全民道德，这自然是件困难的事；要大家都来信奉，自然更加困难。为了推销这些货色，宋、明道学家们想了很多办法，力图证明这些谬论是真理。程颢说：

> 天地万物之理，无独必有对，皆自然而然，非有安排也。（《河南程氏遗书》卷十一）

程颐说：

> 事事物物上皆天然有个中在那上，不待人安排也。（《河南程氏遗书》卷十七）

程朱学派认为，天地万物的运动和发展都表现出一定的秩序和条理。车只可行于陆，舟只可行于水；四条腿的椅子，缺了一条腿就站不住；镜子可以照人，木板子则不可以；花瓶有花瓶的道理，书灯有书灯的道理；牛穿鼻，马络首，水润下，火炎上，有寒必有暑，有昼必有夜，有生必有死，有高必有下，有大必有小，有动必有静，有阴必有阳……"都是天然合当如此底道理"，"不待人安排也"。因此，仁、义、礼、智、信，父子有亲，君臣有义等，也是"天然合当如此底道理"，"不待人安排也"。这是客观唯心主义的程朱学派的方法。程颐、朱熹等一派哲学家们混淆物性和人性、物之理和人类社会的道德伦理，用这种方法为其先验论哲学找寻根据。

物性、物理为客观事物本身所固有，这是正确的，但是，这并不能证明人性、人的认识也是人所固有的。因为人性乃是人的社会性，马克思说："人的本质并不是单个人所固有的抽象物。在其现实性上，它是一切社会关系的总和。"[1]它和人的认识、人的道德观念一样，是后天才有的，是在社会实践中形成和获得的。程朱学派的论证方法在逻辑学上是一种生拉硬扯的"无类比附"，其站不住脚是很清楚的。

耳朵天生就有听力，眼睛天生就有视力，小孩天生就有饮食能力的，因此，人也天生就有判明是非的能力，天生就懂得对父应该孝，对兄应该悌的道理。由于主观唯心主义者陆九渊、王阳明等认为吾心即是宇宙，心即理，因而，在论证天赋人性、天赋道德时转换了途径。他们接受和改造了禅宗的"作用见性"说，力图用人的生理本能或人体某一器官的生理功能来为其先验论哲学找寻根据。

按禅宗的说法，人人都有一种精神实体，叫作佛性。这种佛性通过人体各器官的"作用"（功能）表现出来："在胎为身，处世为人，在眼曰见，在耳曰闻，在鼻辨香，在口谈论，在手执捉，在足运奔。"（《菩提达摩传》，《景德传灯录》卷三）禅宗认为，人之所以有肉体，眼、耳、鼻、口、手、足等器官之所以各具特殊的功能，都是由于这个佛性的作用。这就叫作"作用见性"。

陆九渊、王阳明等走的都是这条路子。陆九渊说：

> 汝耳自聪，目自明，事父自能孝，事兄自能悌，本无欠缺，不必他求，在自立而已。（《象山先生全集》卷三十四）

---

[1]《关于费尔巴哈的提纲》，《马克思恩格斯选集》第1卷，人民出版社1972年版，第18页。

王阳明说：

> 所谓汝心，却是能视、听、言、动的，这个便是性，便是天理。有这个性才能生这性之生理，便谓之仁。这性之生理，发在目，便会视；发在耳，便会听；发在口，便会言；发在四肢，便会动。都只是天理发生。以其主宰一身，故谓之心。（《王文成公全书》卷一）

陆王学派认为，人人都有一种精神实体，叫作"天理"或叫作"心"。人的视、听、言、动是它的作用，孝、悌、仁、义等道德观念也是它的作用。视、听、言、动的能力是"不假外求"的，自然，孝、悌、仁、义等道德观念也是"不假外求"的。

陆王学派的错误也很明显。能听、能看、能吃……这些确实是人的本能，是"不虑而知""不学而能"的，但是，它们也是动物的本能。本能决定于生理，而人性、人的认识则决定于社会存在。它们不是一回事。陆王学派的方法也是一种无类比附。

在泰州学派的成员中，虽然也采取程颐、朱熹一派的论证方法，但只是个别的例子。较多采用的是陆王学派的方法。王艮《年谱》记载："先生指僮仆之往来，视、听、持、行，泛应动作处，不假安排，俱自顺帝之则。"目视、耳听、手持、足行等一般性的生活动作属于人的生理本能范畴，"帝之则"——封建社会的伦理道德原则，属于社会意识形态范畴，王艮正是把这两者混淆起来，说明它们都"不假安排"，人人具足。我们前面引述过的童仆"端茶"的例子就是如此。端茶，是手持；送茶，是足行；它们被用来论证虽"无知"如童仆，也懂得"无思无不通""戒慎恐惧"一类的修养之道。在王艮的弟子中，徐樾说："此心自朝至暮，能闻能见，能孝能悌。"（《泰州学案》一，《明儒学案》卷三十二）林春说:"目自能视,视之而已,岂待加视而后明;耳自能听,听之而已,岂待加听而后聪;心自能思,思之而已,岂待加思而后睿哉!神明无待于外求,直养自复其本体。"(《答朱画崖》,《林东城文集》卷下)这用的都是陆王学派的方法。

人的生理本能或人体器官的功能是生物长期进化的结果,是人体这一特殊的物质所表现的特殊功能形态,它们是人生来具有的。如会吃,会睡,眼能视,耳能听等。有些,则是在先天的物质条件上,经过后天的发育、锻炼,人人可以达到的。例如手持,足行。王艮和泰州学派把人的生理本能和人的道德观念混淆起来,必然会得出一系列荒谬的结论。在这方面,王艮和泰州学派走得比陆、王更远。

如果能视、能听、能持、能行、端茶、送茶都是"道"的作用,这种"道"岂不是"现现成成",无待修养,人人具足?逻辑的结论必然是"满天下都是圣人"。在王阳明门下的时候,王艮上街游览,看看这个人是圣人,看看那个人也是圣人,因此,认为"满街人都是圣人"。罗汝芳则认为人的整个肉体都是"道"的作用,只要有一个肉体的形躯,便是圣人。他说:"只完全一个形躯,便浑然是个圣人。"(《近溪子集》第二册)罗汝芳的弟子周汝登更进了一步,认为当下即是圣人。他曾经问一个弟子:"你相信当下吗?"弟子回答:"相信。""那末你是圣人吗?""也是圣人。"周汝登大声呵斥说:"圣人便是圣人,又多一也字!"(《泰州学案》五,《明儒学案》卷三六)

马克思在批判马丁·路德的宗教改革时曾经说过:"他把僧侣变成了俗人,但又把俗人变成了僧侣。他把人从外在宗教解放出来,但又把宗教变成了人的内在世界。他把肉体从锁链中解放出来,但又给人的心灵套上了锁链。"[1]王艮的泰州学派不同于马丁·路德的宗教改革,但是这段话对

---

[1]《〈黑格尔法哲学批判〉导言》,《马克思恩格斯选集》第1卷,人民出版社1972年版,第9页。

于我们评价泰州学派仍然很有意义：他把圣人变成了俗人，但又把俗人变成了圣人。他把人从外在的封建道德观念中解放出来，但又把封建道德观念变成了人的内在世界。套用一下马克思的话，不是很合适吗？

三、百姓日用而不知

在某些地方，王艮特意抬高"百姓"的地位。他说：

> 百姓日用条理处，即是圣人条理处。
> 圣人之道无异于百姓日用，凡有异者，皆谓之异端。(《语录》)

孤立起来看，王艮似乎在主张"百姓日用"是检验"圣人之道"的标准，这当然是进步的；然而，结合王艮的全部思想看，并不。他强调的是"百姓日用而不知"。

"百姓日用而不知"是《易·系辞上传》中提出来的思想。其第五章云：

> 一阴一阳之谓道，继之者善也，成之者性也。仁者见之谓之仁，智者见之谓之智；百姓日用而不知，故君子之道鲜矣。

这段话的原意是：道无所不在，它表现在人性上就是"善"，百姓日用生活无不受这个道的支配，也无不体现这个道，但是，百姓却对之不能认识、领会。王艮的思想正是从这里生发出来的。他多次说：

> 惟百姓日用而不知，故曰：以先知觉后知。圣愚之分，知与不知而已。(《与薛中离》)
> 保合此中，无思也，无为也，无意必，无固我，无将迎，无内

外也。何邪思？何妄念？惟百姓日用而不知，故曰：君子存之，庶民去之。(《答问补遗》)

夫良知即性，性焉安焉之谓圣，知不善之动，而复焉执焉之谓贤，惟百姓日用而不知，故曰：以先知觉后知。(《答徐子直》)

原来，圣与愚、君子与庶民还是有区别的。虽然上帝赋予了每个人同样的"良知"，其奈愚夫愚妇们"日用而不知"何！即以泰州学派爱用的童仆端茶为例，据王艮说：当主人呼喊端茶的时候，童仆"有时懒困着了，或作诈不应，便不是此时的心"(《聚所先生语录》，《江右学案》一，《明儒学案》卷十六)，就不是道了。这种情况，王艮称为"失"。他说：

圣人知，便不失；百姓不知，便会失。(《语录》)

王艮认为，这一"失"，问题可就严重了。他说：

穷乡下邑，愚夫愚妇，又安知所以为学哉！所以饱食暖衣，逸居无教，而近于禽兽，以致伤风败俗，轻生灭伦，贼君弃父，无所不至，而冒犯五刑，诛之不胜其诛，刑之无日可已。(《王道论》)

在王艮看来，愚夫愚妇们的生活一失去封建道德这一"条理"，必然坏事干尽，和禽兽差不多，杀起来不胜其杀，用起刑来没有个完。
王艮的儿子王襞说：

若百姓则不自知其日用之本真而获持之，一动于欲，一滞于情，遂移其真而滋其弊，而有不胜之患矣！(《上许敬庵司马书》)

王艮的族弟王栋说：

> 君子谓百姓日用是道，特指其一时顺应，不萌私智者言之，……转眼便作跷蹊，非自私则用智，忽入于禽兽之域而亦不自知也。故与道合者才十一，而背于道者恒十九矣。(《会语续集》)

一个说是"不胜之患"，一个说"忽入于禽兽之域"，都把人民看成了可怕的洪水猛兽。泰州学派鄙视、敌视人民的思想跃然纸上，哪里有什么"人民性"的味道呢？

哲学上每一个命题的提出都有它的现实基础，王艮提出"百姓日用是道"，反映了明代中叶以后阶级斗争的新形势，适应着地主阶级扩大哲学的实际效用，以及将王阳明学说向下层传播的需要。

这一时期，农民起义风起云涌，封建地主阶级日益腐朽、没落，封建统治集团迫切需要加强封建道德对人民的影响。在文学上，王阳明曾建议编演一部分通俗戏曲："取今之戏子，将妖淫词调俱去了，只取忠臣孝子故事，使愚俗百姓人人易晓，无意中感激他良知起来，却于风化有益。"(《王文成公全书》卷三) 在哲学上，王阳明在努力建立一种不仅"公卿、大夫、天子"可做，而且"童子""卖柴人"也可以做的简易方便的"格物"之学(《王文成公全书》卷三)。

这就不能不引起哲学的传播对象、讲学方式和一系列命题的变化。

在哲学的传播对象上，王阳明的弟子钱德洪、王畿等已经开始注意对"愚夫愚妇"进行讲学，但效果不好。王阳明帮他们总结说："你们拿一个圣人去与人讲学，人见圣人来，都怕走了，如何讲得行！须做得个愚夫愚妇，方可与人讲学。"(《王文成公全书》卷三)

在讲学方式上，王阳明也已经生拉硬扯地从人们的日常生活中选取一些事例来说明"百姓日用是道"。据记载，王阳明一次给弟子们讲程颢《定性书》中的"大公顺应"四字,弟子们不悟。王阳明便带着他们到田间去,"见耕者之妻送饭,其夫受之食,食毕与之持去"。王阳明说:这便是"大公顺应"。(《聚所先生语录》,《江右学案》一,《明儒学案》卷十六)又一次,街上有两人吵架。甲骂乙:"尔无天理!"乙骂甲:"尔无天理!"甲骂乙:"尔欺心!"乙骂甲:"尔欺心!"王阳明听了之后,对弟子们说:好好听听,这是在讲学呢!弟子不明白,认为是相骂。王阳明说:他们讲"天理",讲"欺心",这不是讲学是什么呢!(《新建侯文成王先生世家》,《耿天台先生全书》卷十)

在哲学命题上,王阳明提出,"人胸中各有个圣人"(《王文成公全书》卷三),又提出:"良知良能,愚夫愚妇与圣人同"(《王文成公全书》卷二),"与愚夫愚妇同的,是谓同德,与愚夫愚妇异的,是谓异端"(《王文成公全书》卷三),表现了抬高"愚夫愚妇"和使哲学通俗化的意向。王阳明这里所指斥的"异端",乃是烦琐艰深,一般人无法做到的程朱一派的"格物"之学。

这些变化,实际上已经开启了王艮和泰州学派的先河。

但是,王阳明学说仍然有其不能适应一般人,特别是向下层劳动人民传播的某些方面。

前文指出,王阳明曾经主张"直从本源上悟入人心","一悟本体,即是功夫,人己内外,一齐俱透"(同上)。这种"顿悟"法简易快捷,符合地主阶级急于见效的心理。然而,"本体"在哪里,怎样去"悟",又实在令人难以捉摸,所以王阳明不得不承认"吾讲学亦尝误人",说这种修证方式的弊端在于"流入空虚",学者们只"悬空想个本体,一切事为,俱不着实"[1];"钝根之人"自然更无法接受。王艮提出"百姓日用是道",就正解决了这些问题。

---

[1] 参阅《王阳明年谱》嘉靖六年九月及《附录》嘉靖二十九年四月条。

首先，他"以日用现在指点良知"，选取日常生活中的某些事例来说明良知是天赋于人的，"本体"就是使人能视、能听、能言、能动的精神性实体，这样，"本体"就比较形象、具体，易于理解了。

其次，王艮提出"百姓日用是道"，这样，人们就不会去"虚想、虚坐"，而注意在日常生活中发扬封建道德观念。所以他主张"体用一致"，或"体用一原"，认为"合着本体是功夫，做得功夫是本体"（《答问补遗》）。

体与用是使宋、明道学家们常常感到困惑的一对矛盾。王艮说：

> 知体而不知用，其流必至于喜静厌动，入于狂简；知用而不知体，其流必至于支离琐碎，日用而不知，不能一切精微。（《答徐子直》）

王艮这里所说的"知体而不知用"，就是王阳明所批评的"悬空想个本体"，近似于我们今天所说的一味钻研理论体系而不去应用。王艮所说的"知用而不知体"则与此相反，是指会实际应用，但不懂得理论体系。王艮力图解决这一矛盾，使人们既知"体"，又知"用"，而以"用"作为认识"本体"的把柄。关于此，王栋有两段话值得参考。他说：

> 夫子教人，只在言动事为上从实体会，而性天之妙自在其中，故曰"下学而上达"，更不悬空说个"性"与"天道"，使人求高望远。（《会语续集》）

> 体用原不可分，良知善应处便是本体。孔门论学，多就用处言之，故皆中正平实。后儒病求之者逐事支离，不得其要，从而指示本体，立论始微，而高虚玄远之蔽所自起矣。（《会语正集》）

哲学是阶级斗争理论和生产斗争理论的高度概括，当一种哲学"高虚玄远"而不切于"用"，或不能为多数人理解的时候，它就必然会被逐渐抛弃。

后来，周汝登有诗云："圣门真诀几人传，无载无声说妙玄。说得妙玄成底用？人情之外别无天。"（《东越证学录》卷六）这个"成底用"正反映了泰州学派对宋明道学愈来愈思辨化的不满，王艮提倡"百姓日用是道"的奥秘也就在这里。

四、存在着"认欲为理"可能

一种理论观点的社会作用常常不是单一的。

王艮混淆人的道德观念和人的生理本能，固然便于论证封建道德的先验性和全民性，提高人们成圣成贤的信心，但是，这样做的结果，也在一定条件下对宋明道学起着破坏作用。

王艮的"百姓日用是道"从禅宗的"作用见性"说发展而来。对于禅宗的"作用见性"说，客观唯心主义者朱熹早就表示过激烈的反对意见。他说：

> 作用是性，在目曰见，在耳曰闻，在鼻嗅香，在口谈论，在手执捉，在足运奔，即告子"生之谓性"之说也。且如手执捉，若执刀胡乱杀人，亦可为性乎？（《朱子语类》卷一六）

> 桀、纣亦会手持足履、目视耳听，如何便唤做道？若便以为道，是认欲为理也。（《朱子语类》卷六十二）

> 运水搬柴，须是运得水，搬得柴，方是神通妙用；若运得不是，搬得不是，如何是神通妙用？佛家所谓"作用是性"便是如此。他却不理会是和非，只认得那衣食作息、视听举履便是

道,……更不问道理如何!(《朱子语类》卷六十二)

朱熹认为:人的知觉(感觉)、运动(动作)、嗜欲和人的道德观念不是一回事。掐着痛,抓着痒,喊了应,饥思食,渴思饮,寒思衣,视、听、持、行,属于前者,叫作"心",或叫作"人心",生于"血气之私"。仁、义、礼、智、信,恻隐、羞恶、辞让、是非等道德观念叫作"性",或叫作"道心",生于"义理之正"。因此,他强调"心""性"有别,"心"不等于"性"。视有视之礼,听有听之礼,人的感觉、动作、嗜欲、行为,都有它们的"当然之则",这个"当然之则"就叫作"礼",或叫作"理"。只有在它们符合"礼"的时候才可以叫作"道",不符合礼的时候就不能叫作"道"。例如手持,这是一种行为动作,持刀杀坏人是"道",持刀胡乱杀人就不是"道"。又如人饥渴时欲得饮食,朱熹认为这是"心"之作用,必须受"理"的主宰和支配,有的时候可以饮食,有的时候就不可以饮食。朱熹认为,如果把"衣食作息、视听举履"的本身一概看作"道",那就很可能"认欲作理",把人的本能、人的生理欲望都看成是符合道德规范的,那么,岂不是要承认"桀""纣"这种坏人的"手持足履""目视耳听"也是"道"吗?岂不是要承认人的饥思食、渴思饮、寒思衣的欲望,也是"道"吗?其结果必然是无处不是"道"、无时不是"道",还有什么进行道德修养的必要?置"天理"于何地?"何用恐惧戒谨,何用更学道为"(《朱子语类》卷六十二)?而这对于加强封建道德对人们的控制,巩固封建制度很不利。朱熹这个人的地主阶级性很强,他对于意识形态中任何一点可能产生对其阶级不利作用的地方都很敏感。

在王艮和泰州学派的"百姓日用是道"的命题里正存在着这种可能。

"百姓日用是道"。"百姓日用"是什么?就是人的生理本能和人体某一器官的物质功能,就是眼视色、耳听声、口辨味、饥欲食、渴欲饮、寒欲衣……这岂不是可以认为视色、听声、辨味、欲食、欲饮、欲衣,都符合于"道"吗?王艮说:

> 即事是学,即事是道。人有困于贫而冻馁其身者,则亦失其本而非学也。(《语录》)

意思是说,要御寒,要吃饱,是"道";挨饿、受冻,就不是"道"。王艮主张,要使人民"得其养",即有起码的生活条件。他说:"饥寒切身而欲民之不为非,亦不可得也。"(《王道论》)在王艮看来,老百姓如果挨饿受冻的话,就要去为非作歹了。

宋明道学主张"遏人欲""窒欲""无欲"。王艮认为,人如果"冻馁其身"的话,就是"失其本而非学",这就有点把人的生理欲望看作"道","认欲作理"了。这样,宋明道学的僧侣主义、禁欲主义理论就出现了一条裂缝,为反道学思想的发展提供了条件。后来,李贽提出"穿衣吃饭即是人伦物理"(《答邓石阳》,《焚书》卷一),正是从这里进一步向前发展的。

如果把人的一切动作、行为都看作是"道"的表现,那么,事实上也就取消了道德作为一种行为规范的作用。在王艮的弟子中,有些人认为人的浑身上下,无不是道,日用动作,无不是道。例如罗汝芳,认为人的"早作而夜寐,笑嬉而偃息,无往莫非此体"。有人问他什么是道,罗汝芳回答说:举起茶杯,知道往口边送,不会送到鼻边、耳边;喝完了茶,知道把杯子往杯盘中放,不会脱手放到杯盘外,这就是道(《都邸迩言》,《耿天台先生全书》卷二)。又如有人曾向罗汝芳的弟子杨起元表示歉意,说自己忘了和大家一起讲道谈学,互相"会语"。杨起元回答说:

予见子之未尝忘也。子凤则兴，兴则盥，盥则栉，栉则衣冠，衣冠则或治事，或见宾，言则言，动则动，食则食，向晦则息，明发复然。予见子之未尝忘也。（《证学编》卷一）

天亮了，知道起床，起床后就洗脸，洗脸后梳头，梳头后穿衣戴帽，穿衣戴帽后，或做事，或见客，该说时说，该动时动，该吃饭时吃饭，天黑了就睡觉。第二天照样如此。杨起元认为，这也就是"道"，不忘记这些就可以了，不必去讲道谈学："是不忘斯可矣，又何事会语哉！"这实际上也就否认了进行道德修养的必要。自然，这对大力鼓吹封建伦理道德的宋明道学有某种破坏作用。

在禅宗提出"作用见性"说后，佛教中曾经出现过一些声称"酒色财气不碍菩提路"的僧侣；在泰州学派提出"百姓日用是道"后，道学中也出现过一些声称"人之好贪财色，皆自性生"的地主阶级分子。

对于这种情况，王阳明的弟子提出过批评。罗洪先说："今或有误认猖狂以为广大，又喜动作名为心体，情欲横恣，意见横行，窃虑贻祸斯世不小也。"（《与吴疏山》，《明儒学案》卷十八）罗洪先认为，利用视、听、持、行等动作来论证"心体"的做法不妥当，"理欲混淆，故多认欲以为理"（《答郭平川》，《念庵罗先生集》卷一），会造成"情欲纵恣"的后果，从而"贻祸"于明王朝。泰州学派中也有人力图纠偏，防止弊端，如何心隐、耿定向。他们在不同程度上承认人有欲望，但又强调要用封建道德来统率"欲"，驾驭"欲"。这些地方，都是为了挽回"百姓日用是道"这一命题所可能产生的"不良"后果。

五、鼓吹封建道德的"性能易命"说

王艮不是诗人，但偶尔也评诗。

晋朝的陶渊明写过两句诗："天命苟如此，且尽杯中物！"在命运面前表现了消极无奈的态度。对此，王艮很不满意，斥之为"便不济"，意思是说这就不怎么样了（《语录》）。

王艮承认"天命"，但他不主张"听命"，而主张"造命"。《答徐子直书》云："我命虽在天，造命却由我。"他以孔子为例说："孔子之不遇于春秋之君，亦命也，而周流天下，明道以淑斯人，不谓命也。若天民则听命矣，故曰大人造命。"（《语录》）造命，这在中国思想史上，还是一个很少见的提法。

怎样"造命"呢？王艮提出的办法是"尽性"，即彻底体认并实践人性所固有的道德观念。

据传说：舜的父亲瞽瞍几次要杀舜。一次，让舜修理谷仓，待舜上了仓顶，瞽瞍便搬开梯子，放火烧仓。又一次，让舜淘井，待舜下井之后，便用土填井。尽管如此，舜仍然曲尽事亲之道，终于感动瞽瞍。王艮对此评论说："瞽瞍未化，舜是一样命；瞽瞍既化，舜是一样命；可见，性能易命也。"（《年谱》）在对弟子讲学时，王艮也说："舜于瞽瞍，命也；舜尽性而瞽瞍底豫（高兴），是故君子不谓命也。"（《语录》）

"天命"说是剥削阶级束缚人民的精神枷锁。自奴隶制确立以后，剥削者就把人间的一切都说成是"天命"的安排，永远不能改变，人只能消极地"听命"。与此相反，王艮认为人可以"易命""造命"。从表面上看，这一思想肯定人的主观能动性，似乎具有反天命的色彩，而实际上，它却大有利于巩固封建统治。因为，"易命""造命"的条件乃是"尽性"，这样做的结果只能成为封建阶级所标榜的圣贤，而不会成为敢于反抗封建秩序的战士。

王艮的"性能易命"说是封建道德的特殊鼓吹术。在当时，王艮鼓吹一些什么样的道德规范呢？首先是"孝"。

明武宗朱厚照无子嗣，世宗朱厚熜以堂弟的资格继位。朱厚熜做了皇帝之后，曾经装模作样地提倡过一阵"孝道"。按皇统继承规则，朱厚熜要承认自己是孝宗朱祐樘的儿子，但是，按照家系来讲，朱厚熜的本生父是兴献王朱祐杬，孝宗只是叔父。是承认皇统，还是承认家系，成为封建统治集团中一次严重的争论，即所谓"大礼议"。争论结果，朱厚熜决定以本生父为皇考，以示对"孝道"的尊崇，于是兴献王朱祐杬升级为献皇帝，后来，又称为睿宗，并将神主送入太庙。这一过程中，王艮跃跃欲动。他积极联络在南京的王阳明的弟子们，准备不失时机地向封建统治集团献策，说什么"今闻主上有纯孝之心，斯有纯孝之行，何不陈一言尽孝道而安天下之心，使人人君子，比屋可封"（《与南都诸友》）。王艮认为：孝是人的本性，天的命令，国家的元气；对父亲孝，对皇帝就会忠，就不会犯上作乱，"天下有争斗者鲜矣"，就可以进入太平世界了。

原来如此，王艮害怕的乃是"争斗"，力图用孝来使人们成为封建统治阶级驯服的奴才。

王艮又说："我太祖高皇帝《教民榜》文，以孝悌为先，诚万世之至训也。"王艮这里所说的"太祖高皇帝"指的是朱元璋，其《教民榜》共六条：（一）孝顺父母；（二）尊敬长上；（三）和睦乡里；（四）教训子孙；（五）各安生理；（六）毋作非为。（《训行录》）这六条后来成为泰州学派对劳动人民讲学的主要内容。王艮建议，由明朝政府下诏选拔天下的孝子，逐级上报，赏以爵禄，任以官职，进于朝廷，并且颁示天下，"以孝者教天下之不孝者"。

王艮自己就是"孝道"的身体力行者。他的父亲得了痔疮，痛得厉害，王艮居然"以口吮之"。

值得指出的是，王艮有一篇《孝悌箴》，中云：

父兄所为，不可不识；父兄所命，不可不择。所为若是，终身践迹；所为未是，不可姑息。所命若善，尽心竭力；所命未善，反复思绎。敷陈义理，譬喻端的；陷之不义，于心何怪！父兄之愆，子弟之责，尧舜所为，无过此职。

这里，它并不宣扬对父兄之言必须绝对服从，而是要求有所分析，似乎与封建道德有别。事实上，这一思想早见于《孝经》。该书说："故当不义，则子不可以不争于父"，"从父之命，又焉得为孝子"（《孝经·谏诤章》第十五）！封建统治者早就认识到，必须以封建道德的总原则作为指导父子关系的准绳。

王艮着力宣扬的第二种道德规范是忠。他说：

> 君臣大伦，岂一日可忘！（《答宗尚恩》）
> 君臣上下，名分秩然。（《语录》）

东汉的刘秀在做了皇帝之后和老朋友严光共榻，睡梦中，严光把脚伸到了刘秀的肚子上。在历史上，这是一段美谈，但王艮却很不以为然。他认为刘秀与严光共榻，是"伸私情"，不是"尊贤之道"；严光没有辞谢，也丧失了"贵贵"（尊重贵人）之义。"周武革命"，周武王用暴力夺去了据说是荒淫暴虐的商纣王的天下，这是许多封建正统史学家都肯定的，认为是"顺乎天而应乎人"，但是，王艮却有不同看法。他认为，纣可伐，但天下不可取，武王应该去迎立纣王的哥哥微子为王，自己则退居封地，老老实实地继续当臣子。王艮的意思是，只要一个人当了帝，做了王，就要万世一系，由这一家人父传子，子传孙，一代一代地统治下去。

"皇帝轮流做，明年到我家"，这是与王艮同时代的神话小说《西游记》中孙悟空的豪言壮语，它体现了当时农民的革命精神。相比之下，王艮的思想显得多么迂腐，奴才性格多么突出。

在忠、孝等传统的封建道德之外，适应明王朝稳定统治秩序的需要，王艮还特别提倡一种妥协、退让、调和的道德观。

其一是容恶。封建社会是充满了丑恶的社会，明代中叶以后，封建统治集团更是已经烂透了，霉透了。对于社会的丑恶现象，王艮主张容忍："恶者容之，则恶自化"，"容得天下人，然后能教得天下人"（《语录》）。历史证明，扫帚不到，灰尘照例不会自己跑掉，丑恶现象、丑恶的事物是从来不会自动退出历史舞台的。容忍丑恶，实际上是纵容丑恶。

在对于政治的态度上，王艮主张不批评时政，哪怕是坏到了一塌糊涂的程度，也要保持沉默："居是邦不非其大夫"，"无道，其默足以容"（《语录》）。根据这个要求，王艮甚至于对"大成至圣先师"孔子也有所不满。孔子时代，新兴地主阶级的季氏舞"八佾"于庭，仲孙、叔孙、季孙三家在祭祀祖先的时候，唱着《雍》诗。八佾，是六十四人演出的一种乐舞，只有天子才能用，《雍》诗，也只有天子主祭时才能唱。现在，一般的大夫居然都在用，都在唱了，对于这种违反周礼的"僭越"行为，孔子曾经有过讥刺。王艮认为，这是孔子"早年之事"，不足为训。

其二是反己。王艮说："反己是格物的功夫。"（《答问补遗》）所谓反己，指的是一种自我的道德省察，即在待人接物、处理一切问题时都"反求诸己"，把一切责任、一切过错都归结到自己身上。王艮反对批评别人、埋怨别人、责备别人，主张"攻己之过，无攻人之过"（《语录》）。如果一旦批评了别人，这就是最大的过失："若说己无过，斯过矣；若说人有过，斯亦过矣。"这就是说，如果地主老爷榨干了你的血汗，也不能有半点埋怨，有了埋怨，就是过错。王艮的一个友人批评了一个人的过错，王艮马上严厉地责备说："尔过矣。尔何不取法君子，见不贤而自省之不暇，哪有许多工夫去较量别人的过失！"（《语录》）

王艮又主张爱人、敬人、信人，认为"能爱人则人必爱我，人爱我则吾身保矣";"能敬人则人必敬我,人敬我则吾身保矣"(《明哲保身论》)。王艮认为,"明哲保身"是人的一种良知良能,为了保护自己,就要用对别人的爱敬来换取别人对自身的爱敬。如果别人不爱我、不敬我呢？那是自己不好,是爱人、敬人、信人的功夫还未到家。王艮说：

> 人不爱我,非特人之不仁,己之不仁可知矣；人不信我,非特人之不信,己之不信可知矣。君子为己之学,自修之不暇,奚暇责人哉！(《勉仁方》)

这就是说,如果地主老爷用皮鞭抽了我,甚至于要虐杀我,那是我的不好,"己之不仁可知矣"。如果地主老爷骗了我,那也是我的不好,"己之不信可知矣"。于是,我就要对地主老爷更爱、更敬、更信,"爱人直到人亦爱,敬人直到人亦敬,信人直到人亦信"(《语录》),爱到、敬到、信到地主老爷爱我、敬我、信我的时候,就"性能易命"了。

这不是一种最坏的道德观又是什么呢？

> 自反然后能不较(《会语续集》)。

在阶级矛盾尖锐、紧张的时候,如果能使得人民都自省、自责之不暇,那么还怎么会有反对压迫、反对剥削的斗争呢？王栋的这句话很好地道出了王艮提倡这种道德观的秘密。

> 为子而见父母不是,子职必不共；为臣而见君上不是,臣职必不尽……一切不见人之不是,然后能成就自家一个是。
>
> 学者以圣贤律己,则必严密一层,于无过中搜出有过来。(《会语续集》)

对人，要"一切不见人之不是"；对己，要"无过中搜出有过来"。千好万好，都是主子好；千该死，万该死，都是奴才该死。在王艮那里，儿子还可以根据封建伦理原则来检验父母行为的是非；在王栋这里，连这一点权利也没有了。儿子不能"见"父母的"不是"，臣子不能"见"君上的"不是"，这就将王艮的道德观点发挥到登峰造极的地步了。

为了宣扬封建道德，说明修身的重要，王艮特别重视讲学。他说：

经世之业，莫先于讲学。

只是学不厌，教不倦，便是致中和、位天地、育万物，便做了尧舜事业。此至简至易之道，视天下如家常事。（《语录》）

在王艮看来，孔子的最伟大之处就在于教人不厌，诲人不倦，以先知觉后知。他认为，只要勤于讲学，就会出现"师道立而善人多，善人多而朝廷正"（《安定书院讲学别言》）的局面，就"大明万世还多多"了。

这就是王艮所谓的"大成"之学。他说："诚能止至善，大成圣学全。"（《送胡尚宾归省》）王艮自以为替明朝统治者找到了治国、平天下的"易简"之道，实际上不知是儒家学派重复了多少遍的梦话、废话！

在中国封建社会中，地主阶级在解决社会矛盾上常常表现为两派：一派着重加强封建伦理道德教育，一派着重进行社会政治或经济的改革。两派有时统一，有时矛盾。在明代的思想、政治派别中，泰州学派属于前者，张居正则属于后者。史载：张居正曾读过王艮一份《上世庙书》，对人说："世多称王心斋，此书数千言，单言孝悌，何迂阔也！"（《明儒学案》卷三十二）所谓"迂阔"，意为解决不了社会实际问题。因此，他对泰州学派的讲学活动一直持反对态度，与颜钧、罗汝芳、何心隐等人的矛盾也大都根源于此。

第六章

王襞及其弟子韩贞

王艮生前，四方来学的人就不少；王艮死后，他的学说经一传再传，形成了一个很有影响的派系。据袁承业的《王心斋先生弟子师承表》统计，有籍可考的四百八十余人。以南直隶（江苏）、江西两省为最多。比较著名的有王襞、王栋、朱恕、韩贞、夏廷美、徐樾、颜钧、罗汝芳、杨起元、周汝登、何心隐、耿定向等。

一、王襞"自然之谓道"的哲学思想

王襞（1511—1587），字宗顺，号东崖，王艮的第二个儿子。九岁起，即从王艮游学于王阳明之门，很受器重。王阳明让他以王畿、钱德洪为师，先后居留越中近二十年。王艮开门受徒后，王襞成为助手。王艮死后，又继承父业，讲学于浙江、安徽、南直隶等地。焦竑说："今东南人传王氏之书，家有安丰之学，非东崖羽翼而充拓之，何以致此？"（《王东崖先生遗集序》，《王东崖先生遗集》）可见，他在传播王艮的学说上起了很大的作用。

1574年，王襞在南京讲学时，李贽曾向他问学。王襞的思想对李贽有一定影响。

王襞的著作，被辑录在《王东崖先生遗集》中。

有一段话，比较集中地代表了王襞的哲学思想。在《语录遗略》中，王襞说：

> 鸟啼花落，山峙川流，饥餐渴饮，夏葛冬裘，至道无余蕴矣。

这里提到了两类现象，一类是自然现象，一类是人的生理现象，王襞认为这两种现象都是"道"。

在中国哲学史上，有好几个哲学家都讨论到"山峙川流"问题，对于这一问题，有唯物主义的回答，也有唯心主义的回答。

唐代的柳宗元在《非国语·三川震》一文中说：

> 山川者，特天地之物也；阴与阳者，气而游乎其间者也。自动自休，自峙自流，是恶乎与我谋？（《柳河东集》卷四十四）

山的峙立，水的奔流，都是由于物质性的"气"的自然运行，和人没有关系。这是唯物主义的回答。

宋代的朱熹说：

> 天理流行，触处皆是：暑往寒来，川流山峙，父子有亲、君臣有义之类，无非这理。（《朱子语类》卷四十）

朱熹承认，"山峙川流"等现象是"天生自然"的，"岂是安排得来"，和人没有关系，是一种独立的精神实体——"天理"运动流行的结果，这是客观唯心主义的回答。

王襞说：

> 心也者，吾人之极，三才之根，造化万有者也。莹彻虚明，其体也；通变神应，其用也。空中楼阁，八窗洞开，梧桐月照，杨柳风来，万紫千红，鱼跃鸢飞，庭草也，驴鸣也，鸡雏也，谷种也，呈输何限，献纳无穷，何一而非天机之动荡？何一而非义理之充融？（《题鹤州卷》）

人心，是天地人"三才"的根本，是世界"万有"的造物主，梧桐月照、杨柳风来、鱼跃、鸢飞、驴鸣等一切自然现象，都是人心的一种外在表现，自然，"鸟啼花落，山峙川流"，也是人心的一种外在表现。王襞的回答乃是主观唯心主义的回答。

恩格斯指出："全部哲学，特别是近代哲学的重大的基本问题，是思维和存在的关系问题。"又指出："哲学家依照他们如何回答这个问题而分成了两大阵营。"[1]凡是断定精神先于自然界而存在，精神是第一性的，组成唯心主义的阵营；凡是认为自然界是本原的、第一性的，组成唯物主义的阵营。朱熹和王襞对于"山峙川流"等自然现象的解释虽然不完全相同，但都认为精神是自然界的本原，因而同属于唯心主义。

值得注意的是，王襞"饥餐渴饮，夏葛冬裘"是"至道"的提法。

前文已经指出，朱熹不认为饥思食、渴思饮、寒思衣这类生理欲望是道。曾经有人问他，怎样区别在"饥食渴饮，冬裘夏葛，以至男女居

---

[1]《路德维希·费尔巴哈和德国古典哲学的终结》，《马克思恩格斯选集》第4卷，人民出版社1972年版，第219页。

室"一类问题上的"理"和"欲"。朱熹回答说:"固是同是事,是者便是天理,非者便是人欲。如视听言动,人所同也。非礼勿视听言动,便是天理;非礼而视听言动,便是人欲。"(《朱子语类》卷四十)这就是说,要看它们符合不符合儒学道德标准。

王襞没有像朱熹这样加以区别。怎样评价它呢?鲁迅说:

> 假如我们设立一个"肚子饿了怎么办"的题目,拖出古人来质问罢,倘说"肚子饿了应该争食吃",则即使这人是秦桧,我赞成他,倘说"应该打嘴巴",那就是岳飞,也必须反对。[1]

在封建社会里,劳动人民经常衣不蔽体,食不果腹。"争食吃",就是向地主阶级进行斗争。王襞主张"争食吃"吗?不!他主张"自然之谓道"。王襞说:

> 希天也者,希天之自然也。自然之谓道。天尊地卑,自然也,而乾坤定位矣。(《上道州周合川书》)

这就是说,天地是"自然"分为尊卑的,世间的一切都"定位"而不可改变。按照天然的尊卑秩序生活,就是道,妄图改变这种秩序,就不是道。"一切现实的都是合理的",在"自然之谓道"这个命题里,王襞为封建社会的"合理性"做了论证。

王襞又说:

> 窃以舜之事亲,孔之曲当,一皆出于自心之妙用耳,与饥来吃

---

[1]《两封通信》,《鲁迅全集》第七卷,人民文学出版社1958年版,第639—640页。

饭倦来眠同一妙用也。(《率性修道说》)

着衣吃饭，此心之妙用也；亲亲长长，此心之妙用也；平章百姓而协和万邦，此心之妙用也。(《上敬庵许司马书》)

着衣、吃饭、睡眠，是人所固有的精神性实体——"心"的神妙作用，亲亲、长长、平章百姓，也是"心"的神妙作用。着衣、吃饭、睡眠是自然而然的，亲亲、长长、平章百姓也是自然而然的。王襞这里使用的仍然是一种"无类比附"逻辑。从这里，我们可以又一次看出，在泰州学派"百姓日用是道"的命题里，虽然存在着"认欲为理"的可能，但主要是为了论证封建道德是人的天赋本能。"所赖者君正臣贤，所尚者纲常礼乐。"(《清闲安乐步天阶四韵》)王襞实际上是一个封建道德的狂热鼓吹者。

既然"饥餐渴饮，夏葛冬裘"就是到了顶的"至道"，而且，据王襞说，人一天从早到晚的生活里，"动作施为，何者非道"(《语录遗略》)，那么，还有什么用功学习的必要呢？

知之为知之，不知为不知，一毫不劳勉强扭捏，而用智者自多事也。(《语录遗略》)

若将迎，若意必，若检点，若安排，皆出于用智之私，而非率夫天命之性之学也。(《上敬庵许司马书》)

才有纤毫作见与些子力于其间，便非天道，便有窒碍处，故愈平常则愈本色，省力处便是得力处也。(《寄庐山胡侍御书》)

知道的事情你就知道，不知道的事情就不要想去知道。使用智慧与力量去知道那些不知道的事情，乃是"多事"；愈省力便愈得力，些子力也不用，人的"自然"状态是什么样子，就保持什么样子，就是"天道"。和王艮比起来，王襞的唯心主义先验论更彻底。王艮还赞美孔子读《易》，把系竹简的皮带子读断三次的苦学精神，主张读几本儒家学派的著作，王襞连这也认为没有必要："今日之学，不在世界一切上，不在书册道理上，不在言语思量上。"（《寄会中诸友书》）又说："道本无言。"（《语录遗语》）"书册"可以不要，语言也可以不要，"直下便是，岂待旁求；一彻便了，何容拟议？"（《上敬庵许司马书》）关键只在于刹那之间的大彻大悟。这就和不立语言文字，标榜教外别传的禅宗很一致了。

有什么样的认识论，就有什么样的人生观。王襞反对人们认识世界，就必然反对人们改造世界。

"帽顶有天宜听命"（《问病乐吾》），你不是缺吃少穿吗？这是"命"该如此。"守分平生第一关"（《用示诸友前韵》），还是让我们服从命运的安排，老老实实地守着自己的本"分"吧！

王襞要人"常虚、常静、常无事"，从而达到一种"无心"的境界：

庄严宝相皆成伪，幻妄空花早破除。（《次董罗石翁馀字韵》）
为学先寻静处天，尘机如息始安然。（《和答凤山》）
此心收敛即为贤，敛到无心识性天。
胸中不挂一丝缠，便有工夫闲打眠。堪笑世人甘受缚，不知潇洒在何年。（《和乐吾韵，勉殷子实二首》）

现实世界的一切，在王襞看来都是"幻妄空花"，应该破除；心中的一切都是"尘机"，应该息却。"人贪富恶贫，而我忘乎富贫；人爱生恶死，而我忘乎生死"。（《勉诸生》）富也无所挂于心，心安理得地去富；贫也无所挂于心，心安理得地去贫；生也无所挂于心，死也无所挂于心；自然，被剥削被压迫也应该无所挂于心。这就是所谓"不挂一丝缠"的"无心"境界。王襞认为，达到了这种境界，就可以潇潇洒洒地打瞌睡，去过"闲打眠"的自在日子了。

王襞又说：

> 有所倚而后乐者，乐以人者也，一失其所倚，则慊然若不足也。无所倚而自乐者，乐以天者也，舒惨欣戚，荣悴得丧，无适而不可也。（《太岳山人杨希淳撰诗引》）

这段话是对王艮《乐学歌》的发挥。在王襞看来，发源于现实生活的快乐是假乐，超脱于现实生活的快乐才是真乐，"舒惨欣戚，荣悴得丧"都没有关系。

不难看出，王艮要人们过的是一种糊里糊涂、蒙蒙昧昧、出于本能的动物式的生活。列宁说："意识到自己的奴隶地位而与之做斗争的奴隶，是革命家。不意识到自己的奴隶地位而过着默默无言、浑浑噩噩的奴隶生活的奴隶，是十足的奴隶。"[1]王襞所要培养的就是这样一种浑浑噩噩而又心满意足的奴隶。

王襞的这种"自然之谓道"的思想完全是后期禅宗思想的翻版。根据李贽在《读史汇》中所提供的材料，王襞在绍兴受学于王畿时，曾经同时受学于王畿的友人——月泉老衲（《储瓘》，《续焚书》卷三），因而，他的思想带有鲜明的禅宗意味就不奇怪了。

由于禅宗把人的视、听、持、行这一类生理本能或生理功能看成是精神实体——"佛性"的作用，因而，主张佛就在自己的心中，即心是佛，"我心自有佛，自佛是真佛"。后期禅宗更强调人的行、住、坐、卧等日常生活以及一弹指、一扬眉、一动睛、一笑、一咳嗽都是"佛性"

---

[1]《纪念葛伊甸伯爵》，《列宁全集》第13卷，人民出版社1959年版，第36—37页。

的表现。"梦幻空花，何劳把捉；得失是非，一时放却"(《古尊宿语录》卷四)，人只要由迷转悟，认识到客观世界是虚幻不实的，改变一下对世界的看法就可以了，"一悟即至佛地"(《坛经·般若品》)，"深自悟入，直下便是"(《断际禅师传心法要》)。因此，要行就行，要坐就坐，饥来吃饭，睡来合眼，善事不必做，恶事不必断，自自然然地生活，什么也不追求，做一个无为、无念、无心之人。所谓"无为""无事"，就是什么也不做；所谓"无念"，就是不念有与无、善与恶、苦与乐、取与舍、生与灭、怨与亲、爱与憎；所谓"无心"，就是现实世界的一切都不能激起心中的波纹，要像泥沙一样，被诸佛、菩萨踩过时不喜，被牛羊虫蚁践踏而行时不怒，被粪尿臭秽所污时不恶。据说，达到了这个境界就是佛了。禅宗僧侣临济义玄说：

> 佛法无用功处，只是平常无事，屙屎送尿，着衣吃饭，困来即卧。道流，设解得百本经论，不如一个无事底阿师。(《古尊宿语录》卷四)

宋朝的禅宗信徒宗元对僧侣道谦说，有五件事我不能代替你：着衣、吃饭、屙屎、放尿、驮个死尸路上行。据说，道谦"言下大彻"，手舞足蹈。(《建宁府沙门释道谦传》,《高僧传》四集卷五)

按禅宗的看法，一个人只要饥来吃饭，困来即眠，会屙屎，会放尿，就是佛，因而，就不必去念经、打坐、修行、布施、积功德，甚至也不必守戒律，"无道可求，无佛可成，无法可得"(《古尊宿语录》卷四)。你去求"道"呢，"道"就远了；你不去求"道"呢，"道"就在面前了。禅宗的这种思想在破除佛教烦琐的宗教仪式和宗教修养上有其可以肯定的地方，但是，它主要是要人们消极无为，安于现状，放弃对苦难的现实世界的任何抗议与不满，像动物似地吃饭、睡觉、屙屎、放尿，一切无所求。你有酒有肉呢，吃就是了。"富贵丛中参得禅"，"但自无心于万物，何妨万物常围绕"（《示徐提刑》，《大慧普觉禅师语录》）。它用这种方法为世俗地主阶级的享乐生活发放了许可证，同时，又要人民安于被剥削、被压迫的奴隶地位，一切处以"无心"。

对于王襞的"自然之谓道"也应作如是观。他主张"饥餐渴饮，夏葛冬裘，至道无余蕴矣"，这种思想，在破坏宋明道学一系列烦琐的道德修养要求上是有一定作用的。但是，它主要是为了论证尊卑、贫富"定位"不可改变的封建现实的合理性，要人们安于现状，放弃一切认识世界、改造世界的要求和努力，磨去人们思想中任何不满于封建现实的棱角，从而巩固封建制度。这一点，从王襞的弟子韩贞身上可以清楚地看出来。

为了加强宗族统治，1552年，王襞在巡盐御史所建的"高士王艮祠"中创建了"宗会"，每月全族聚会两次，并准备进一步修族谱，建家庙，置义田，立义学，"以联一家和睦之亲"，"永俾吾族为慈孝忠厚之族，而吾乡为仁善和义之乡"（《告合族宗祖文》）。

人是被区分为阶级的。王艮一族原是从苏州迁至安丰的，到了王襞时代，已经"不下数百门，数千食口"，"富贫莫均，贤愚劣等"，不属于一个阶级了。创立这种"宗会"，用血缘关系来掩盖阶级关系，用家族"和睦"来调和剥削阶级与被剥削阶级的尖锐对立，用微不足道的"义田""义学"等慈善措施来掩盖残酷的血淋淋的掠夺，其历史作用是反动的。

王襞的"宗会"对于何心隐的"聚和合族"起了直接的影响。

王襞还有一篇《书祁门郑竹冈永思卷》，认为"人心自善，本之天性"，不只男子是这样，"妇人女子亦同有是理也"，这一思想对于李贽也明显地发生过影响。

二、被毒害了的奴隶韩贞

泰州学派的成员中，不少是封建官僚，据袁承业辑录的《王心斋先生弟子师承表》统计，可考的封建官僚八十人左右。有的则是明王朝统治集团中的高级官僚。如耿定向，曾任福建巡抚、户部尚书。赵贞吉，位至大学士。但是，泰州学派确也在劳动人民中有过较多的传播。兴化人大官僚李春芳自述，有一年，他曾带着知府、知县等一批地方官僚去安丰向王艮"请益"，居留月余，"见乡中人若农若贾，暮必群来论学"（《崇儒祠记》，《心斋集》卷四）。大概泰州学派在进行讲学时不问对象，"牧童樵竖，钓老渔翁，市井少年，公门将健，行商坐贾，织妇耕夫，窃屦名儒，衣冠大盗"，以至"白面书生，青衿子弟，黄冠白羽，缁衣大士，缙绅先生"（李贽《罗近溪先生告文》，《焚书》卷三），一概都可以对之讲学。

泰州学派成员中属于劳动者阶层的有：林春（1498—1541），字子仁，号东城，泰州人。原是王艮家的童工，后来，王艮让他和子弟一块读书，同时，靠织草鞋以维持生活，终于成为封建统治集团的一员，中了进士，历官户部主事，吏部郎中。著有《林东城文集》。

林春认为人的认识是人所固有的："即心是理"，"物之是非善恶，如体之疾痛疴痒，无不自知"（《复陈见吾》，《林东城文集》）。又主张："真学不于照上论真，惟于无照上致决。果是无照，即是真体。"（《简陶镜峰》，《林东城文集》）意思是，真理的获得不在于去认识事物（照），而在于不去认识事物（无照）。人只要做到了"心果无事"，就能"百体自舒"，"虽造次颠沛，亦自裕如不见有事"（《简陶镜峰》，《林东城文集》）。所以，他对现实采取不问是非的糊涂态度，主张"一念不起，举万缘而皆空之"（《答欧阳南野少司成》，《林东城文集》）。他要求不见人过、不恶人。一次，王栋和他讨论一个问题，竭力想辨明自己正确，林春则无意辩论，认为"辨得自己极是，不难为了别人"，"又在这里辨个优劣，要做甚么"（《王一庵先生遗集》卷一）。

朱恕，字光信，号乐斋，泰州草堰场人，樵夫，常于采樵后往王艮处听讲学。据说，他饿了就向人讨点浆水和饭而食，吃完又负柴高歌而去。他唱的一首歌"离山十里，薪在家里；离山一里，薪在山里"，曾经很受王艮欣赏，用以作为劝弟子们求道的比喻，"道病不求，求则得之，不求则近非已有也"。有人送他点钱，希望他找点别的事做，他却很能"安于贫困"，说你不是爱护我的人，我看了这些钱后，"经营之念起矣"。终拒绝不要。在王艮处学习卒业后，朱恕曾经写过一些语录体的诗，都是劝人安分守己的。如云："明暗若违还伪学，鬼神如在是真修。"又云："邪思乱性伤生药，笃志为仁切己谋。"（《朱先生墓表》，《兴化县志》卷八）

夏廷美，字云峰，繁昌人，农夫。曾远程去黄安，向耿定向问学，后师事焦竑。他认为人性是天赋的："人原是天，人不知天，便不知人。"他又认为读"四书"，应该用之于"事亲称孝子"，而不能为了个人的"荣肥"。他又主张"须是自心作得主宰"，"凡事只依本心而行，便是大丈夫"；"不能自信本心，剿袭纸上陈言，挨傍别人口吻"，就是"妾妇之道"。他认为天理和人欲的区别只在迷、悟之间，"悟则人欲即天理，迷则天理亦人欲"。他的这种看法，耿定向曾极为欣赏（《夏叟传》，《耿天台先生全书》卷十一）。

从以上数例可以看出，他们虽然都出身劳动者阶层，但都在不同程度上受了王阳明主观唯心主义思想的影响，而最为典型的则是韩贞。

韩贞（1509—1585），字以中，号乐吾，兴化韩家窑人，窑夫。韩家窑是一个以烧制砖瓦为主业的小镇，韩贞祖上也世代以烧窑为生。韩贞少年时，砍过柴，给人放过牛。他十九岁时，从朱恕学《孝经》《小学》。二十五岁时，他由朱恕引荐，去安丰会见王艮，拜王襞为师。这时，王艮已经声名很大，"门下皆海内名贤"，韩贞"布衫芒履，周旋其间"，受到大家的轻视，"不得列坐次，惟晨昏供洒扫而已"（《乐吾韩先生遗事》，《韩乐吾诗集》）。后来，他逐渐得到了王艮的赏识，被认为是可以继承自己学术的人。

三年学成后，韩贞回到韩家窑，"儒巾深衣，众皆笑其狂"。哥哥气得把他打了一顿，把他的头巾、衣服也撕了。但韩贞并不悔悟，决心"倡道化俗"，担负起向劳动人民传播泰州学派思想的工作。

韩贞的思想保存在《韩乐吾诗集》中。说是诗，其实不过是有韵的语录。

韩贞的哲学思想完全承袭王阳明、王艮的主观唯心主义体系，同时，突出地体现了禅宗思想。他说：

吁嗟色相原非相。（《野寺》）

物物性空无内外。（《寄王云衢》）

有意观空空亦物，无心应物物还空。（《勉朱平夫》以上均出自《韩乐吾诗集》以下所引韩贞诗，均出于同书，不一一加注。）

韩贞这里的思想为禅宗经典习见。色，指有形象的物质世界。相，指事物的外部表象，如水的流相、火的焰相。性，指事物的内在本质，如水的湿性、火的热性。佛教认为物质世界是虚幻不实的，所以称为"色空"，又认为物质世界的各种现象都有各自生起坏灭的主要条件和辅助条件，而没有实在的自体，例如水得火则热，止火则冷，所以称为"性空"。韩贞认为，有形的物质世界以及这个世界的种种现象都是空的、假的、不存在的，只有无形的精神——心，才是真实的、永恒的。他说：

万有浑融方寸内。（《闲居》）

> 凡圣总由心，松泉莫外寻……包罗天地大，贯彻古今深。(《勉松泉陆孝卿》)

这个"心"真是不得了，简直是囊括一切，包罗天地，超时间，超空间。韩贞的学生要给韩贞画像，韩贞不让画本人，告诉他们说：

> 虚灵我心性，天地我形骸，寄语丹青客，曾描此意来。(《诸生写照》)

虚灵而不可见的"良知"是我的"心性"，可见的"天地"乃是我的形体和骨骸；我就是世界，世界就是我。同样，韩贞经由主观唯心主义而发展为极端的唯我论。

韩贞认为：人心，不仅是外部世界的本原，而且是知识、智慧、道德、伦理的本原。它先天自满自足，不依赖于外部世界，也不依赖于人的实践活动。

> 道即是心心即道。(《勉刘守恒》)
> 万理具在人心，人心本有天则。(《示沙子贤良知》)
> 虚灵半点不容添，性体空空万善全。(《与魏东岗》)
> 人人天地性，个个圣贤心。原不少些子，何须向外寻？(《自在吟》)

既然这个"心"是如此多能，里边一应俱全，什么也不缺少，自然不必"外寻"，不用去认识客观世界。这样，和王阳明、王艮一样，人的认识就变成了对这个本心的认识，人的道德修养也就是对这个本心的复归了。

禅宗的一些人为了宣扬"一切诸法皆由心造"的主观唯心主义，用存在于人心中的"佛"去代替外在的"佛"，因而，曾形成一种"呵佛骂祖"的作风。他们说：佛是"老胡屎橛"，是"大杀人贼"，甚至说什么要"逢佛杀佛，逢祖杀祖，逢罗汉杀罗汉"（《古尊宿语录》卷四）。他们不坐禅，不看经，反对向"大策（册）子上抄死老汉语"，"把屎块子向口里含了吐与别人"（《古尊宿语录》卷四），主张心外无佛，即心是佛，我即是佛。韩贞则说："千圣难传心里诀，六经未了性中玄。"（《答友二首》）又说："此般至理人人有，莫向三家纸上寻。"（《答问三教》）历代的圣人都不能了解"心"的"诀要"，《诗》《书》《易》《礼》《春秋》等儒家经典也不能表达出"性"的玄妙；每个人的心中都存在着"至理"，根本不需要向儒、释、道三家的著作中去寻找。这里，韩贞虽然还没有禅宗诸人"呵佛骂祖"的那股泼辣劲儿，但也似乎否定一切，"横扫千军"了；发展下去，这自然是一个思想解放的缺口，可以进一步提出反封建的"异端"思想来。但是，这只不过是韩贞的一种手法，目的是把人"心"抬到至高无上的地位。陆九渊、王阳明等主观唯心主义者在不同程度上都是这样做的。

韩贞的思想和行动并不曾超出封建主义所许可的范围。

韩贞反对人在生活领域、认识领域内发挥主观能动作用，反对人的实践活动，甚至连思维活动、语言活动也加以反对。他说：

总因人力安排后，谁识天机混沌前。无说说时为妙说，不传传处是真传。（《答静轩上人》）

人为天动两纷然，除却人为就是天。（《答友二首》）

孔子教人惟默识。（《答问三教》）

不须文字可升堂。（《与黎恭臣》）

良知不用思索。（《示沙子肾良知》）

韩贞要"除却"一切"人为""人力"的因素，主张人什么也不要干，不说话时就是"妙说"，不传道时就是真传，要像一片浮云似的任风吹来吹去，自自然然地生活。

　　率性功夫本自然，自然之外更无传。(《寄王云衢》)
　　万事无心妙，浮云任去来。天机原自在，何用力安排。(《自在吟》)

在儒、释、道三家中，道家主张"忘机""求玄"，即忘去世俗生活的一切，追求"玄之又玄"的"道"的世界；儒家主张"克己复礼"，即克去"私念"，遵守统治阶级规定的等级秩序。韩贞认为，这些也不能有意识地去追求："着意求玄便不玄"(《答静轩上人》)，"着意忘机便是狂"(《与黎恭臣》)，"克念克来为至克"，"闲心闲却是真闲"(《偶成》)。你想克去私念吗？这个克去私念的念头也要克掉，这就叫"至克"；你想使自己的心闲下来吗？这个想使自己的心闲下来的心也闲了，这才是"真闲"。"此心难着丝毫力，才着丝毫便隔关"(同上)，这就是说，人什么也不必想，什么也不必追求。韩贞所企图达到的是这样一种境界：

　　不识不知登道岸，无声无臭会心神。(《答友二首》)
　　悟得天机原寂静，肯随流俗任浮沉。纵然日应千头事，只当闲弹一曲琴。(《勉刘永恒》)

糊里糊涂，"不识不知"，可以接触事物，但是，什么也不要放在心里。韩贞又说：

　　七情不动天君泰，一念才萌意马狂。(《寄江爱吾》)
　　理从欲尽源头觅，身向心萌念处修。(《赠孙迎栖》)

有私非入道，无欲始凝神。(《示董子儒》)

什么生活欲望也没有，什么念头也没有，喜怒哀乐之情一无所动，这实际是禅宗所鼓吹的"一念不起""坦然寂静"，寂静得像墙壁那样坚定不移的境界。

怎样才能达到这种境界呢？韩贞提倡"直指先天"，提倡"顿悟"。他说："迷时万里源头塞，悟后千年道脉开。"(《简李中秘勉斋先生》)经过"悟"，就可以消灭主观和客观的对立，"心忘物我"，而且，安邦定国的大计也就在里边了。

悟得胸中无一物，澄清天下岂多方？(《新秋与刘子华夜坐》)

自然，奴隶们达到了这种境界，哪怕你给他们千种剥削、万种压迫，他们都可以"胸无一物"，那么，还有什么造反、革命的可能呢？封建地主阶级不就可以天下澄清、定邦定国了吗？

在生活态度上，韩贞大力提倡清静无为、安分守己、与世无争、淡泊自然。他说：

且饮三杯欢喜酒，不争一个皱眉钱。尧功舜业浮云过，底事人生不自然！(《樵歌五首》)

世路多歧未许游，得休休处且休休。(《与东村》)

三飡藿食心常足，一片荷衣志已休。(《又辞乡饮》)

此身寄世若浮沤，底事朝愁与暮愁……能进不如能退好，一瓢陋巷更何求。(《与孙玉峰》)

这就是说，哪怕你三餐吃的都是野菜，穷得连衣服也穿不起，但内心也应该是满足的;"得休休处且休休",世上的一切不平事都算了吧!韩贞有一段时间很穷,欠了人家的钱,没有办法,只好把仅有的几间茅屋卖掉。这总该有点牢骚,有点抗议了吧?不,没有,韩贞仍然很悠悠然。他自我安慰说:

> 今古乾坤几换肩,眼前得失不须怜。两间茅屋更新主,四海烟霞结旧缘[1]。世事浮云无定在,人生何地不悠然!(《赁居以偿称贷》)

鲁迅说:"甘心乐意的奴隶是无望的,但若怀着不平,总可以逐渐做些有效的事。"[2]泰州学派培养的就是一种挨打不叫疼、受了剥削不叫苦的"甘心乐意"的奴隶。

韩贞在认识世界、改造世界上主张"无为",但是,在为封建地主阶级稳定社会秩序上却是积极有为的。他广泛地在农村传播王阳明、王艮的主观唯心主义哲学,"农工商贾从之游者千余。秋成农隙,则聚徒谈学,一村既毕,又之一村"(《泰州学案》一,《明儒学案》卷三十二)。1569年(隆庆三年),里下河地区大水,人民生活困苦异常,阶级矛盾顿时紧张,"人心汹汹思乱",兴化县令请出了韩贞,韩贞便带了门人,驾小船环游各村,作诗劝谕:"养生活计细思量,切勿粗心错主张。鱼不忍饥钩上死,鸟因贪食网中亡。安贫颜子声名远,饿死夷齐姓字香。去食去兵留信在,男儿到此立纲常。"据说,"民为之感动","故虽卖妻鬻子,而邑中无莩苻之警"云。

自然,韩贞的这一切活动受到了地主阶级的欣赏。兴化的大官僚、

---

[1]《明儒学案》引此两句作"三间茅屋归新主,一片烟霞是故人"。
[2]《两地书》,《鲁迅全集》第9卷,人民文学出版社1958年版,第40页。

大学士李春芳几次召见他，并嘱咐督学耿定向予以嘉奖，"以广厉士风"。县令称呼他为"乐翁韩老先生"，请他参加"乡饮"，赠金赠米。县学教谕提出要把韩贞请到城里去讲学，使得"本县之所愿化百姓者，而此老能化之"。他们一块块地给他送匾额，什么"仗义仁族""敦行正俗""笃信圣道""淮海高士"等，不一而足。韩贞死后，地主阶级分子除了在城里修建韩公祠外，又在他的墓前竖起了高大的牌坊，题曰东海贤"人"，赫赫然镌有"圣旨"二字。

韩贞有一首诗："固知野老能成圣，谁道江鱼不化龙？自是不修修便得，愚夫尧舜本来同。"（《勉朱平夫》）韩贞这个"野老"是修成了准圣人——"贤人"了，难道这是"江鱼化龙"吗？不，是化为奴才。

在历史上，奴隶主阶级、封建地主阶级是从来不肯承认人民可以在政治上、经济上和自己平等的，但是，他们中的某些人却非常愿意宣扬人在成圣、成佛问题上可以平等。"人皆可以为尧舜""涂之人皆禹"，这是儒家的说法。"一阐提人皆有佛性""一念悟时众生是佛"，这是佛教的说法。明代中叶以后，这种"人性平等"说更喧嚣一时，普通的"愚夫愚妇"被说得愈来愈和圣人一个样子，甚至还有说"圣贤有不如愚夫愚妇处"（《近溪子集》第六册）的。

这种情况，使我们想起了旧时代的某些商人，在他们的货物滞销时，便发出大减价、大拍卖的吆喝，借以招徕顾客。明代中叶，封建社会已进入没落时期，地主阶级道德败坏，农民起义风起云涌，这种关于"满街人都是圣人"的议论，不过是地主阶级推销早已没有多少人问津的货物——封建道德的一种手法罢了。

相信旧时代商人大减价吆喝的人买到的往往是劣等货；相信"野老"可以"成圣"的人往往就要受骗。韩贞即是一例。

王襞弟子众多，除韩贞外，《东台县志》《泰州志》等还记载了不少人。如：

吴旦，安丰人，师事王襞，"亦明于良知之学，家贫不治生计，一室萧然，弦歌自若"。

季宦，安丰人，少随父为商，"既而曰：'谋食不如谋道'，乃师事王艮二子，补郡庠生"。

王宏道，安丰人，"生平笃信谨守，师事王襞，一以恬退自守，不令子弟违义谋生计"。

徐懋勋，字观潮，安丰人，"恪守师训，廉隅谨饬，晚年嗜道益笃，既自得，又恒举以诲人。纂徐氏族谱，以明宗法"。

周思兼，字绍旦，"谨恪诚信，取与以义"。

徐治，字景文，新灶人，"生平谆谨，与物无竞"。父死，庐墓三年。

黄钰，字子元，梁垛人，"孝友著闻"。

葛雷，字应龙，东台人，"讲明理学，身体力行，年未五十，即弃去铅椠，闭户暗修"。

朱纬，字文之，何垛人，"事亲孝，事继母尤谨。闻王襞倡明理学，往从之，恍然有悟，乃身体力行，不治生产"。

上列诸人在思想史上并无一论的价值，我们之所以不厌其烦地罗列在这里，目的在于说明泰州学派讲学的社会实际效果。

第七章

颜钧、罗汝芳、何心隐思想

黄宗羲在《明儒学案》一书中说:"泰州之后,其人多能以赤手搏龙蛇。传至颜山农、何心隐一派,遂复非名教之所能羁络矣。"(卷三十二)名教,指的是封建礼教,意思是说,泰州学派传到了颜钧、何心隐那里,就不是封建礼教所能管束得住的了。

王世贞在《弇州史料后集》中说:"盖自东越之变为泰州,犹未至大坏;而泰州之变为颜山农,则鱼馁肉烂,不可复支。"(卷三十五)意思是说,王阳明的学说发展到了王艮,还不算太坏,但是王艮的学说发展到了颜钧那里,就成了臭鱼烂肉了。

颜钧、何心隐的思想虽有某些特别的地方,但是,一经与其著作核实,发现他们的思想总体上并未超出传统儒学范围,黄、王二人之说不确。颜、何之间,还有一个罗汝芳,他是颜钧弟子,江西建昌府南城人,也是泰州学派的重要思想家,将在本章中一并讨论。

一、颜钧、罗汝芳的"制欲非体仁"论

颜钧(1504—1596),字子和,号山农,又号耕樵、樵夫,因避万

历皇帝讳,改名铎,江西吉安府永新县三都芦溪乡中陂村人。世代业儒。其父颜应时,曾在江苏常熟任训导。生五子,钧居四,二兄颜钥,嘉靖举人,曾任山东新城、湖北枝江知县。为北方王学传人。

颜钧自幼被认为痴呆,十二岁时始有知识。十三岁随父在常熟学宫读书,不喜科举程课。十七岁时父亲病故,随兄扶柩归乡,长兄颜钦被人诬告,家道中落。颜钧因贫不能继续求学。。

嘉靖七年(1528),颜钧二十五岁时,二兄颜钥自江西白鹿洞书院归来,抄示王阳明的《传习录》。其中的《示弟立志说》有四句:"精神心思,凝聚融结,如猫捕鼠,如鸡覆卵",原是王阳明鼓励其弟王守文专心致志学道时的语言。[1]颜钧读后受到启发,闭门静坐七日夜,自称悟道,读《大学》《中庸》,一下子都明白了。他将其闭门静坐法总结为:"以绢缚两目,昼夜不开;棉塞两耳,不纵外听;紧闭唇齿,不出一言;擎拳两手,不动一指;跌咖两足,不纵伸缩;直耸肩背,不肆惰慢;垂头若寻,回光内照。"其"内照"法则为:"将鼻中吸收满口阳气,津液漱噗,咽吞直送,下灌丹田,自运旋滚几转","如此百千轮转不停","倒身酣卧","长卧七日","七日后方许起身"。(《颜钧集》第38、54-55页)据说,这以后,颜钧又隐居山谷九月。

颜钧隐居归来后即成立三都萃和会,聚集本家、本族、本乡七百余人讲学:其内容为明太祖朱元璋《教民榜》中的六条:孝顺父母、尊敬长上、和睦乡里、教训子孙、各安生理、毋作非为,每条均有解释并各系以诗,其第六条系诗云:

莫讼官司莫教唆,及时努力办差科。奉公守法兢兢过,纵使家

---

[1] 此文见于《传习录》早期刻本,自明隆庆六年(1572)谢廷杰刊刻《王文成公全书》起,移入该书《文录》。

贫乐也多。

依恋衙门结冤仇，已身漏网子孙忧。请观造恶欺天者，几个儿孙得到头。

综观六条的解释及所系诗歌，说明颜钧成立萃和会的目的在于劝人遵守儒学伦理，奉公守法，和睦相处，或耕田，或读书，努力完成国家"差科"。前人以"耕读正好作人，作人先要孝弟"概括其讲学内容，这是准确的。玩索其第六条所附第二首诗，劝人不要"依恋衙门"，说明该会还有调解乡民矛盾，协助官府稳定社会的作用。他的文集中留有《劝忠歌》《劝孝歌》，均应是这一时期的作品。其《劝孝歌》赞颂郭巨为奉养母亲，免分母食而"埋儿"的残酷企图，其守旧、迂腐可知。据说，萃和会成立一月后，一乡感化，士农工商都能做到日出而作，晚则皆聚宿会堂，联榻研究。同年，其母病故，颜钧在居家守丧后出游。

嘉靖十五年（1536），颜钧到北京，从学于王艮弟子礼部祠郎徐樾，凡三年。嘉靖十八年（1539）经徐引荐，到泰州从学于王艮，研究其所谓"大成学"，自言其目的在于"勉天下人尽为孔孟"（《柬当道诸老》，《近溪子文集》卷五）。

嘉靖十九年（1540）秋，颜钧自泰州回到江西。在南昌张贴《急救心火榜文》，向应考士子宣讲，要"除却心头炎火"，听讲者达千五百人。其中南城人罗汝芳因参加科举考试落第，以为是医生，前来求治，自述能在生死得失这些问题上"不动心"，颜钧答称："是制欲，非体仁也。"罗汝芳不服，反问："克去己私，复还天理，非制欲，安能体仁？"颜钧当即以孟子的"四端"之说作答。孟子认为，人人生而具有恻隐之心、羞恶之心、恭敬之心、是非之心，它们是仁、义、礼、智四种道德的开端，扩充这"四端"，就可以了，没有"制欲"必要。他对罗说："知皆扩而充之，若火之始燃，泉之始达，如此体仁，何等直截！故子患当下日用而不知，勿妄疑天性生生之或息也。"据说，罗汝芳听了之后，如大梦得醒。第二天清晨，即拜见颜钧，称弟子。颜钧对罗说："此后病当自愈，举业当自工，科第当自致。不然者非吾弟子也。"果然，罗汝芳的病就好了。(《明儒学案》卷三四)此后，颜钧即抛开科举文章不观，专于"四书"讲求孔、孟之学。

嘉靖二十年（1541）三月，颜钧得到王艮去世消息，立即赶赴泰州，祭拜王艮祠墓，聚徒千余人，讲解《大学》《中庸》二书。嘉靖二十二年（1543），随二兄颜钥赴北京，即在北京讲学。嘉靖二十三年（1544）秋后，偕罗汝芳等四十七人南下泰州，会于王艮祠，续至扬州、如皋、仪征等地讲学。大概就在这一段时期，窑夫韩贞跟随颜钧学习半年。次年，会讲于扬州邗江书院，作《扬城同志会约》。

嘉靖二十五年（1546），吉安永丰人梁汝元来学。梁汝元，后更名何心隐，成为泰州学派的又一名著名学者。他在家族书院（乡学）旁边建立聚和堂，是颜钧"萃和会"事业的继续和发展。

嘉靖二十九年（1550），同门监察御史赵大洲贬为广西荔浦典史，颜钧随行。次年，云南少数民族头领、地方官员"土舍"那鉴叛乱，继而诈降，云南左布政史徐樾前往受降被杀。颜钧曾从学徐樾三年，为了寻找其师遗骸，数年奔波，寻得后葬于王艮墓旁。

嘉靖三十二年（1553），颜钧发布《告天下同志书》，邀请四方学友聚会南京，研讨王艮所传授的"大成之"学。嘉靖三十五年（1556），与罗汝芳同至北京，时徐阶为相，邀颜钧到灵济宫讲学，参加者各地到北京朝见皇帝的官员三百五十人，凡三日。七天后，又邀颜钧为会试举人七百人讲学，也是三日。后遭依附权臣严嵩的御史鄢懋卿"诮谮"，转往外地讲学。当时，日本海盗正在中国东南沿海地区劫掠，称为倭寇，浙江总督胡宗宪奉命征讨，颜钧虽然研究阳明心学，但也熟悉兵法。嘉靖三十六年（1557），颜钧因门人程学颜推荐，被胡宗宪聘到宁波军中策划，使胡军在舟山战役中获胜。次年，颜钧留下次子参军，自己继续在各地讲学。

颜钧看到了明代社会当时的种种矛盾。其《急救溺世方》首述政府的横征暴敛："今天下四十余年，上下征利，交肆搏激，刑罚灭法，溢入苛烈。赋税力役，科竭蔀屋。逐溺邦本，颠覆生业。"次述自然灾害："触变天地，灾异趵突。"三述外患频仍："达倭长驱，战阵不息，杀劫无厌"。四述人民穷困："海宇十室，九似悬罄。吁嗟老稚，大半啼饥。"文章指斥政府的严酷统治和官吏们的麻木不仁："近代专制，黎庶不饶。"这里用"专制"一词指斥政府，开近代语言史之先河。文章最后问道："何士何市，何官何吏，亦尝苦辛，经操危虑，而皆知此病痛险阻，置思援拯同恻恻耶？"（《颜钧集》）应该承认，在对明代社会现实的认识上，颜钧是少有的清醒者，但是他开出的药方却惊人地天真、幼稚："只要一仁天下之巨臣"，他能够设法取得"亿万万银"，"聚塞帝庭"，然后就免除"天下贡赋，三年免征，大苏民困乐有余"了。在此基础上，再广泛搜罗、聘请"有位无位、学德智仁"都堪称"贤能"的人到京师，实行孔子的"大学大道"，据说，这样做，很快就可以"大赍以足民食，大赦以造民命，大遂以聚民欲，大教以复民性"的"君民乐只"的美好幸福境界了（《颜钧集》）。

颜钧的讲学除继承王艮的特点外，禅宗的作风更为明显。据耿定向说，某次讲会中，颜钧忽然起立，就地打滚，说："试看我良知。"（《答周柳塘》，《李温陵集》卷四）又据《永新县志》载，某次颜钧与"诸大儒"讨论"天命之谓性"的涵义，正在众说纷纭、聚讼不决之际，颜钧突然"舞蹈而出"，以此表达他对这一问题的看法。

颜钧善于演讲，其对象除官僚和士子外，也包括大量一般平民、道教徒、佛教徒，甚至包括狱囚。听众广泛，数量庞大。其讲学以《礼记》中的《大学》《中庸》两篇为主，因此有人称为"大中哲学"或

"大中仁学"。他高度推尊孔子，称其为"仁神"，以孔子的继承人和弘扬人自居。他也特别推崇王艮的《乐学歌》，视为"传道要语"，承认自己受传有获。(《颜钧集》)为此，他写过短诗《歌乐学》，赞扬王艮之说可以"御天""造命"。诗云："御天兮无声，造命兮时成。天下兮归仁，万古兮利贞。"这自然是对于王艮学说作用的过度夸大。

嘉靖三十六年（1557），颜钧离北京南下，沿途讲学，在河间地方听众多至八千人。但其讲学活动不能为当局所容。加之颜钧性格直率，"见人有过即规正之，虽尊贵大人不少贬阿"，"久则不能堪"。(罗汝芳《揭词》《颜钧集》)据说，曾上书首相徐阶与时为权臣的张居正，有所"指斥"，二人不悦。(《永新县志》卷十七)嘉靖三十七年（1558），颜钧南下经过扬州，被官为南都提学的耿定向诱骗至安徽太平府（今马鞍山）讲学，不到三日后被捕，押解南京，被定为死罪，遭到严刑拷打，几乎死去三次。[1]有关官员发文调查颜钧的过恶，均无所得。隆庆元年（1567），被强定为"盗卖官船"罪，罚银三百五十两。隆庆三年（1569）三月，弟子罗汝芳为其书写"揭词"鸣冤，同时公开募捐，如数交罚银后出狱，改为遣戍福建邵武。刚到戍所七日，颜钧即被两广总兵俞大猷调用为"参谋"，参预征剿"海寇"。至隆庆五年（1571），因有功被放归永新。万历二十四年（1596），病逝于家，卒年九十三岁。

颜钧生前自编有《山农集》与《耕樵问答》二种。其文佶屈聱牙，艰涩难读。清咸丰六年（1856），族人辑为《颜山农先生遗集》九卷刊刻。1996年，中国社会科学院历史研究所黄宣民将之编辑整理的《颜钧集》，与兴化窑工韩贞所著《韩贞集》合为一书，交中国社会科学出版社出版。

---

[1] 关于颜钧的这桩公案，据《永新县志》卷十七记载，巡抚何迁二子争财，颜钧为之调解，兄弟和好，何迁感而赠以己舟，至此，"宵人"遂诬以"盗官舟"罪下狱论死。

颜钧的主要思想是"制欲非体仁"论。

黄宗羲概述其学术大旨说："其学以人心妙万物而不测者也。性如明珠，原无尘染。有何睹闻？著何戒惧？平时只是率性所行，纯任自然，便谓之道。及时有放逸，然后戒慎恐惧以修之。凡儒先见闻、道理格式，皆足以障道。"（《明儒学案》卷三十二）意思是：人心最灵妙，人性如明珠，天赋地是善良的，它本来没有尘垢的污染，因此不需要修养，按照天赋的人性自然地做去，就是"道"了。只有在产生了"放逸"的情况以后，才需要进行修养。人的感官的"见闻"和前代"儒先"们的"道理格式"，都妨碍"道"。

黄宗羲的上段概述比较简略，须要结合颜钧的弟子罗汝芳的思想一起加以分析。

罗汝芳（1515—1588），字惟德，号近溪，江西南城人。少年时学佛，长大了习科举，自称读《法华》诸经后文辞大为畅达。后来不断与僧侣、道士来往，广泛阅读佛教和道家著作，当时人说他"释典玄宗，无不搜讨；缁流羽客，延纳弗拒"（《明儒学案》卷三十四）。嘉靖三十二年（1553）成进士，历官太湖知县、刑部主事、宁国知府等职。在宁国时，以"讲会""乡约"作为治理手段。他建前峰书屋于从姑山，广收弟子，甚至命打官司的人在公庭上听讲学。1569年（隆庆三年），因丁忧离职。三年后周游各地，先后与王学信徒们大会于南丰、广昌、韶州、衡阳等地。1572年（隆庆六年）起复，宰相张居正问以山中功课，罗汝芳答道："读《论语》《大学》，视昔差有味耳！"张居正听后，默然不语，不肯赞同颜钧的说法。其后，出任山东东昌知府、云南屯田副使、参政。1577年（万历五年），因事进京。事毕，讲学于广慧寺，自刑部尚书刘应节以下，不少官僚都前往听讲。当时，张居正正锐意改革，憎恶谈空说玄的讲学活动，因此，先是通过官员沈懋学等人"切责"，后又通过神宗朱翊钧下诏："云南参政罗汝芳进表事完，出城潜住。应节往与谈禅，辄坐移日。宜斥罢，以为人臣玩旨废职之戒"。"汝芳既已辞朝，潜住城外何为，查参以闻"。(《明实录》第三六七册)不久，罗汝芳被勒令退休。

退休后，罗汝芳往来浙江、南京、福建、广东等地，继续阐扬泰州学派的思想，"所至弟子满座"，和王阳明的弟子王畿（龙溪）并称为"二溪"，成为泰州学派中一个相当有影响的人物。

罗汝芳擅长作通俗讲演，常在宗祠、书院等处对各类人宣讲朱元璋的《教民榜》，又曾作有《易百姓》诗二十首，中云：

劝吾民，多积善，天公报应疾如箭，积善之家庆有余，若还积恶天岂眷！

劝吾民，早输赋，公家税额终难负，但得及时赴催科，任他差皂来追捕。

劝吾民，莫负租，皇家赋税大户输，若还负租累大户，纵逃王法天也诛。

劝吾民，莫恃强，强梁好勇身早亡，齿先舌敝皆由硬，柔弱枝条生意长。

劝吾民，勤生理，士农工商勤为美，大富由命小由勤，游手好闲身何倚？

可以看出，完全是在维护大地主阶级的利益。

1562年（嘉靖四十一年）、1586年（万历十四年），著名戏曲家汤显祖曾两次问学于罗汝芳。据汤显祖自述，他青年时，喜欢读"非圣"之书，结交四方的"气义"之士。后来，在罗汝芳的诱导下，认识到"生之为性是也，非食色性也；生之豪杰之士是也，非迁视圣贤之豪。如世所豪，其豪不才。如世所才，其才不秀"（《秀才说》，《汤显祖诗文集》卷三十七）。终于，也推崇起道学来。从主要的方面看，罗汝芳对汤显祖的影响是不好的。

罗著有《近溪子集》《近溪子文集》等，近人辑录、整理为《罗汝芳集》，列为《阳明后学文献丛书》。

和颜钧、罗汝芳思想比较接近的有王栋。

王栋（1503—1581），字隆吉，号一庵，泰州姜堰镇人。王艮的族弟，后师事王艮。在江西、山东等地担任过训导、教谕一类的学官，所至之处，大力创建研讨主观唯心主义的讲学组织——讲会，被称为见地"超卓"，不愧为"心斋门人"（《东越证学录》卷三）。

王栋著有《王一庵先生遗集》。

罗汝芳自述他"悟道"时的一段经历说：青年时，接受了明朝程朱学派哲学家薛瑄的思想，认为"万起万灭"的私心杂念长久以来就扰乱着自己的心，必须把它们除去。于是，便在一个野庙里闭门静坐，在几上置水一杯，镜子一面，要使自己的心像水一样静，镜一样平。一段时间之后，得了"心火病"。后来，去南昌参加科举考试，正值缙绅集会讲学，主讲人就是颜钧。罗汝芳告诉颜钧：自己在得了重病之后，如何能在生死问题上不动心；这次科举不中，又如何能在得失问题上不动心。颜钧对于罗汝芳的这种状况并不称许，却说："是制欲，非体仁也。"意思是说：这是克制自己的欲望，而不是体认"仁"这一道德观念。罗汝芳想不通，提出问题说："克去己私，复还天理，非制欲安能体仁？"通过克制个人欲望和所谓私念，以恢复到天赋于人的充满天理的状态，这是朱熹所提倡的修养方法，见其所作《仁说》。这里罗汝芳直接把朱熹的话搬了出来。但是颜钧却抬出了孟子，他说：

> 子不观孟子之论四端乎？"知皆扩而充之，如火之始燃，泉之始达"，如此体仁，何等直截！故子患当下日用而不知，勿妄疑天

性生生之或息也。(《罗近溪先生语要》)

孟子认为，人天赋具有恻隐、羞恶、辞让、是非观念，就像人天赋具有四肢一样。火愈烧愈旺，泉愈流愈猛，人的天赋观念扩充发扬起来，道德修养境界便愈高。颜钧认为，人的天赋道德观念是永远不会泯灭的。每一个人的内心都时时刻刻保有着它，人只要发扬这种本有的道德观念就可以了，因此，根本不必从"制欲"入手。罗汝芳听了之后，据说如大梦初醒。第二天五鼓，就跑到颜钧那里去叩头称弟子。自此，罗汝芳便完全舍弃了朱熹的修养方法，认为它"饼样虽画完全，饥饱了无干涉"，结果是"劳苦身心""丧亡莫救"。他以很大的热情在讲学活动中鼓吹颜钧的这种"制欲非体仁"论。他说：

隶胥之在官府，兵卒之在营伍，杂念之类也。宪使升堂而隶胥自肃，大将登坛而兵卒自严，则慎独之与杂念之类也。今不思自作宪使主将，而惟隶胥兵卒之求焉，不亦悖且难哉。(《近溪子集》第三册)

他认为，人的良知（仁）如同主将，杂念（欲）如同隶胥、兵卒，主将升堂，隶胥、兵卒就自然而然地规规矩矩了。因此，关键是自作主将（体仁），而不是一个个地去管束隶胥、兵卒（制欲）。

王阳明等人讲学时，常常爱用佛教经典中的"扫浮云而见天日""磨镜去垢"等比喻，要人们在内心深处进行"省、察、克、治"等活动，像猫逮耗子似的"一眼看着，一耳听着"，将心中萌发的各种"欲念"克去，以复归本来固有的良知。对此，罗汝芳不表同意。他认为"浮云天日""尘垢镜光"这些"俱不足为喻"，"省、察、克、治"的做法也与孔孟的宗旨"迥然冰炭"(《近溪子集》第五册)。

在泰州学派成员中,林春也有过和罗汝芳类似的"悟道"经历。据说,当他开始进行道德修养时,每天用朱、墨两种颜色的笔点记,心中有了"善念",点一个红点,有了"杂念",点一个黑点。久而久之,忽然觉悟说:"此治病于标者也,盍反其本乎?"(《泰州学案》一,《明儒学案》卷三十二)于是,也抛弃了这种"制欲"的修养方法。

和罗汝芳、林春等比较起来,王栋的某些说法似乎尤为激烈。他几乎反对宋明道学的所有修养方法:

> 察私防欲,圣门从来无此教法,而先儒莫不从此进修,只缘解克己为克去己私,遂漫衍分疏,而有去人欲,遏邪念,绝私意,审恶几,以及省、防、察、检纷纷之说,而学者用功始不胜其烦且难矣。(《会语正集》)

他认为,当一个人有了"私欲""私念"之后,再去"治"它,"克"它,用起功来就麻烦了,应该用功于"私欲""私念"发生之前。"意"是"心"的主宰,因而,应该先做"诚意""慎独"的功夫,"主宰一定,自无邪思物欲可干,此先天易简之真机,不俟去而欲自不侵,不待防而私自不起者"(《会语》),就如同太阳一出,一切魑魅鬼怪都潜逃无踪一样。王栋认为,这才是最简易的方法。

"制欲非体仁"论确是泰州学派的基本观点,怎样认识它呢?

"存天理,去人欲"是宋明道学的核心。"天理",就是封建社会的等级秩序和为之服务的儒学伦理道德。宋明时期,农民革命已经提出了"等贵贱,均贫富"的革命口号,认为"法分贵贱贫富,非善法也"。这些思想,反映了被压迫、被剥削的农民砸碎封建枷锁,争取翻身解放的迫切愿望。同时,在城市商品经济日益发达的情况下,地主阶级聚敛财富、追求物质享受的愿望也日益强烈。这种愿望是封建地主阶级本性的必然表现。从根本上说，它受到地主阶级政权的保护和支持。但是，它们无控制地发展的结果，又容易引起地主阶级内部的分裂、倾轧，激化与农民的阶级矛盾，从而有害于地主阶级的总体利益和根本利益。在这种情况下，封建地主阶级的哲学家们就不能不提出"天理"这一范畴来，企图用这道堤防来阻遏争取翻身解放的农民起义的滔滔洪流，同时，也使地主阶级的某些个人服从本阶级的根本利益，把他们的贪欲纳入封建等级秩序的轨道。这就是"去人欲"的具体内容。

有压迫就有反抗，有剥削就有斗争。在宋明道学孕育、形成、发展的过程中，农民的革命斗争一天也没有停止过。明代中叶以后，在刘六、刘七起义前后，农民革命的烽火燃遍了全国。历史在预示着，正孕育着一次巨大的革命风暴。

狼总是贪得无厌，剥削阶级的欲壑也总是无法填满，地主阶级永远无法完全依从封建等级秩序和封建伦理道德的安排、支配。恩格斯说得好："实际上，每一个阶级，甚至每一个行业，都各有各的道德，而且也破坏这种道德，如果它们能这样做而不受惩罚的话。"[1]封建地主阶级制定了儒学伦理道德，其作用之一就是作为本阶级的行为规范，但是，它的成员为了自己的私利，又时时在破坏着这种规范。明代中叶以后，由于资本主义萌芽的出现，城市商品货币经济的空前发达，地主阶级的贪欲与生活腐朽的程度也就空前地发展起来。

在这种情况下，朱熹、王阳明等人苦心经营的"天理"的堤防早已岌岌乎危哉。它制止不了"人欲"。罗汝芳"闭关静坐"，按照朱熹、薛瑄的办法"克去己私"，结果得了"心火病"，按照王阳明《传习录》等书的办法做起来，也还是"每有窒碍，病虽小愈，终沉滞不安"（《近

---

[1]《路德维希·费尔巴哈和德国古典哲学的终结》，《马克思恩格斯选集》第4卷，人民出版社1972版，第236页。

溪子集》第二册）；林春用红、黑两种色笔点记"善念""杂念"的做法也行不通，觉得这种做法"矜持不泰，无与物同春之意"（《答王龙溪》，《林东城文集》卷下）。

正是由于这样，颜钧、罗汝芳等人的"制欲非体仁"论就应运而生了。

在中国佛教史上，有些人比较注重于建立人的"空"与"无"的世界观，而不大注重克去欲念。例如，东晋时的僧侣道安主张"本无"，认为"无在万化之前，空为众形之始。夫人之所滞，滞在未有，若托心本无，则异想便息。"（《中观论疏》卷第二末）意思是说，世界的本原是"空"，是"无"，人只要认识了这一点，各种"异想"便自然消失了。所以他又说："淫息存乎解色，不系防闲。"（《大十二门经序》，《出三藏记集》卷六）即通过分析的办法使人认识"色"本是"空"，不采用防遏的办法去消除欲念。后来，禅宗主张"顿悟"，提倡"不执外修，但于自心常起正见，烦恼尘劳，常不能染，即是见性"（《坛经·般若品》），更是这一思想进一步的发展。在宋明道学中，也有人主张进行道德修养必须首先"识仁"，即认识人所固有的产生道德观念的精神本原。据说，认识了这个"仁"之后，就"不须防检"，"不须穷索"，连"纤毫之力"都不必用，就可以达到圣人的境界了。例如程颢。

恩格斯指出："任何新的学说"，都必须"首先从已有的思想材料出发，虽然它的根源深藏在经济的事实中。"[1]颜钧、罗汝芳等人的"制欲非体仁"论正是从上述思想材料出发，而其根源则深藏于明代的经济事实中。哲学史上常常有这样的现象，一个哲学命题的提出似乎是过去时代某一命题的重复，而实际上，它是被当代的阶级斗争所决定并为其服务的。

颜钧、罗汝芳、王栋等人反对"制欲"，他们中有些人的言论锋芒直接指向了朱熹、王阳明等所倡导的省、察、克、治及主静、持敬等

---

[1]《反杜林论》，人民出版社1970年版，第14页。

内心修养方法，这种情况，客观上对反道学思想的发展能起某些有利作用。他们中的某些人在生活上似乎也有点"不拘小节"。正因为这样，所以封建地主阶级的某些正统思想家们批评他们"脱略礼教"，顾宪成说他们"直打破这'敬'字矣"（《小心斋札记》卷九），黄宗羲说他们"非名教所能羁络"。

但是，我们不要以为颜钧、罗汝芳、王栋等人是在主张发展"人欲"，更不要以为他们是在反对宋明道学最基本的哲学范畴——天理。不！他们对于所谓"人欲"进行着不遗余力地攻击。在他们看来，人一旦有了"欲"，那就不是人，而是禽兽、妖孽了。罗汝芳说：

> 少为欲间，则天不能不变而为人；久为欲引，则人不能不化而为物；甚而为欲所迷且蔽焉，则物不能不终而为鬼魅妖孽矣。
>
> 其发端既从口、耳、四肢之欲着了一脚，此欲原是无厌足的东西，若稍放一步，便贪求非所当得……便堕坑堑荆棘，反自戕其身，而为凶人、恶人以至于禽兽异类而莫可纪极者矣……此可见小体之必不可从，而小人一路决不可不审择防闲也。(《近溪子集》第五册)

罗汝芳认为，口、耳、四肢之类叫作"小体"，"小体"不可从，"小体"之欲不可有，那是坏得不能再坏的东西，不能允许它有存留之地。

人是有欲望的。恩格斯指出："一个很明显而以前完全被人忽略的事实，即人们首先必须吃、喝、住、穿，就是说首先必须劳动，而后才能争取统治权，从事政治、宗教和哲学等等。"[1]在封建社会里，地主阶级积累了大量财富，生活优裕，庖有肥肉，厩有肥马，而劳动人民则

---

[1]《卡尔·马克思》，《马克思恩格斯全集》第19卷，人民出版社1963年版，第123页。

饥寒交迫，衣食无着，在这种情况下，高叫什么"小体"不可从，口、耳、四肢之欲不可有，反对什么"贪求非所当得"，其实质只能是维护地主阶级的既得利益，阻遏人民群众的求翻身、求解放的革命要求。

很清楚，颜钧、罗汝芳、王栋等人的目的是用"制欲"以外的办法去"制欲"，通过"体仁"去"存天理"，从而保住这道即将被洪水冲垮的堤坝。

"仁"是什么？罗汝芳认为就是"愚夫愚妇"对子女、对父母的爱。他说：

> 试看今时闾阎之间，愚蠢之妇，无时不抱着孩子嬉笑。夫嬉笑之语言最是浅近，闾阎之村妇最为卑下，殊不知赤子之保，孩提之爱，到反是仁、义之实，而修、齐、治、平之本也。（《近溪子集》第六册）

因此，他认为：

> 言有浅近，而理无浅近；浅近之言即理也；民有卑下，而中无卑下，卑下之民即中也。（《近溪子集》第六册）

他主张"求道"者要改变方向："不求诸古，只求诸今；不求诸圣，只求诸愚"。（《近溪子集》第六册）

一个哲学命题常常有它的一般意义和具体意义。就一般意义来说，罗汝芳的上述思想无疑具有进步性。晚明文学中的进步流派公安派从这里得到启发：重视民间文学，反对模仿古人。但是，就其具体意义来说，罗汝芳主张"求诸今""求诸愚"的还是儒学伦理，说是：识得今时愚人所知能的，便通得古时圣人所知能的了。

更多的地方，罗汝芳把"仁"具体化为"赤子下胎之初"的"哑啼一声"。他说："但今看来，道之为道，不从天降，亦不从地出，切近易见，则赤子下胎之初哑啼一声是也。(《近溪子集》第三册)圣人孔子……看见赤子出胎最初啼叫一声，想其叫时，只是爱恋母亲怀抱，却指着这个爱根而名为仁，推充这个爱根以来做人，……若做人的长是亲亲，则爱深而其气自和，气和而其容自婉，一些不忍恶人，一些不敢慢人，所以时时中庸而位天育物。(《近溪子集》第三册)

罗汝芳认为，初生婴儿下胎时的第一声啼哭就是"道"。它是"爱"这种思想感情的根本，是"孝、悌、慈"等各道德观念的基础，"天下万世人不约而同者也"。他说：谁不曾做过孩提赤子来？谁人出世之时不会恋着母亲吃乳，争着父亲怀抱？又谁的父亲、母亲不喜欢抱养孩儿？谁的哥哥、姐姐不喜欢看护小弟、小妹？人这个生性，性这样良善，官人与舆人一般，汉人与夷人一般，云南人与天下人一般，大明朝人与唐虞朝人也是一般。(《近溪子集》第三册)

因此，罗汝芳认为，只要发扬了这种从母胎中带来的"爱根"，气就会"和"，容貌就会"婉"，就不会去恨人，恶人，百岁老翁都嬉嬉如赤子一般，家家户户就会共相爱敬，共相慈和，共相安乐，就可以"开太平于兹，天下万万世无疆"(《近溪子集》第一册)了。这样，婴儿出生时的第一声啼哭就成了一个创造奇迹的神，它可以帮助罗汝芳解决明代社会生活中的一切问题。

这就是罗汝芳对"道"的看法，是对王艮"百姓日用是道"的具体阐释。

赤子下胎时的"哑啼一声"只是人的一种本能，它并不是爱。爱是一种思想感情，取决于社会生活，取决于阶级斗争、民族斗争的现实。毛泽东同志说："爱是观念的东西，是客观实践的产物。我们根本上不是从观念出发，而是从客观实践出发。我们的知识分子出身的文艺工作者爱无产阶级,是社会使他们感觉到和无产阶级有共同命运的结果。我们恨日本帝国主义,是日本帝国主义压迫我们的结果。世界上绝没有无缘无故的爱,也没有无缘无故的恨。"[1]爱,总是具体的、历史的,在阶级社会中,总是有着阶级的内容的。劳动人民对父母的感情和地主阶级提倡的"孝"道不是一回事,同样,"闾阎"的"愚蠢之妇"对子女的爱也绝不会等同于贾母、贾政对宝玉的爱;劳动人民也不会把这种爱推及吃他们的肉、喝他们的血的地主老爷们身上。

脱离人的社会性,把人的生理本能看成人性;或者是抽去人的思想感情的历史的、阶级的内容,把什么抽象的、一般的"爱"呀,抽象的、一般的"喜怒哀乐"之类看成人性,这是古代的人性论者的手法,也是一切人性论者的共同手法。

既然"道"只是赤子下胎时的"哑啼一声",自然是人人具足,个个完全,此身此时,浑然皆道了,还有什么探求、修养的必要呢?

罗汝芳认为:"大道只在此身"(《近溪子集》第二册),人的目视、耳听、饮茶、吃饭、早起、夜寐、相对问答,以至眸子的转动、肌肤的痛感,无一不是这个"道"的作用和表现。他说:"浑身自头至足,即一毫一发,无不是此灵体贯彻。"(《罗近溪先生语要》)也就是说,只要具备了一个肉体的形躯,就具备了做圣人的条件。

罗汝芳主张,人根本不必学习:"以不学为学,乃是大学;以不虑为虑,乃是虑而能得也。"(《近溪子集》第五册)你想有所追求吗?"若不去要,便可得;只因子去要,所以多不得。"(《近溪子集》第三册)你想进行一点什么修养上的"持守"功夫吗?"持之愈急,则失之愈速。"(《近溪子集》第三册)最好的办法是"一切都且放下"(《近溪子集》第五册),在罗汝芳看来,人心就如同一泓定水一样,本来可以鉴

---

[1]《毛泽东选集》合订本,第827页。

天彻地，你一动手，就波起明昏，什么也不能照见了。

罗汝芳有一个譬喻：人放肆自己的利欲时是水凝成了冰，和师友讲论讲道，"胸次开朗"了，是冰消融成水。"冰虽凝而水体无殊，觉虽迷而心体俱在"（《近溪子集》第五册），人的良知是永远不会消失的，不以修炼而增，也不以不修炼而减，圣与愚的差别只在于"觉"与"迷"之间，因此，成圣、成贤简直非常容易。他说：

人之所以能圣，圣之所以能时，在一举足之间，一启口之顷也。（《近溪子集》第二册）

只一见性善，便凡夫立地成圣。（《近溪子集》第四册）

动一动脚，张一张嘴，这么一点时间，就可以成为圣人了。真是何等简易，何等快捷！

惠能的禅宗创造的是"立地成佛"法，王艮的泰州学派创造的是"立地成圣"法，都企图对人们进行一种廉价的商品推销。这种简易的成圣法既适应向下层"愚夫愚妇"传播的需要，又能满足那些希冀"成圣"，而又不肯花工夫，不愿意接受严格的道学理论束缚的地主阶级分子的需要，因此，在晚明相当风行。

罗汝芳的弟子有杨起元与周汝登。

杨起元（1547—1599），字贞复，号复所，广东归善人。与周汝登同为万历五年（1577年）进士，历官翰林院编修、国子监祭酒、吏部侍郎等职。著有《证学编》《杨复所先生文集》等。

周汝登（1547—1629），字继元，别号海门，浙江嵊县（今嵊州市）人。历官南京工部主事，兵、吏二部郎中，南京尚宝司卿等职。著有《东越证学录》《圣学宗传》等。

杨、周二人的思想愈益明显地表现了禅宗的影响。他们都不讳言禅，公然声明佛家的教义很多地方可以和"六经"相发明；不读《坛经》，就不可能懂得"妙理"。周汝登说："一碗饭在前，可以充饥，可以养生，只管吃便了"，不要去问它是"和尚家煮的，百姓家煮的"（《东越证学录》卷一）。

在本体论上，杨起元认为："盈宇宙一灵也"（《证学编》卷一）。周汝登认为："目含万象，耳含万声，鼻含万臭，舌含万味。"（《东越证学录》卷一）他们都是主观唯心主义者。

在认识论上，杨起元、周汝登二人主张，人只要平平常常、安分守己地过日子就是道。周汝登说：

> 道本无奇，功惟现在。为士子则习举业，为农夫则事耕作，为比丘则诵经课，为宰官则修政绩，各素其位，各安其心，而道存乎其间矣。（《东越证学录》卷十九）

> 天地间有个甚么，只依本分，平平行去便是。（《东越证学录》卷一）

因此，他们和其师罗汝芳一样，认为不学就是学。这里，有两个很有意思的例子。

其一，杨起元带着一个前来求学的门徒"终日歌笑散乐"，始终不谈学问。一天，门徒乘间询问做学问的道理，杨起元说："即此是学，又更何学！学问原是平常简易，无有许多烦难作为，功夫原自圆通，不是死死做得去的。"（《秣陵纪闻》卷二）

其二，一个门徒拜见杨起元。杨问："汝平日功夫如何？"门徒答道："时时提醒此念，如对上帝。"杨起元不表同意。门徒茫然。过了一会儿，一群儿童"笑舞于侧"。杨起元问道："此小子功夫何如？"门徒突然省悟，回答说："二三小子，不识不知，顺帝之则，嬉游笑舞，到是鱼跃鸢飞景象。吾人心体活泼，原来如此。"他问杨起元："此倪即愚夫愚妇同圣人处？"杨起元这时才表态道："然！圣人原与愚夫愚妇同知能。稍执着，便非圣学。"（《秣陵纪闻》卷一）

可以看出，在这里，宋明道学一系列修养要求和方法都被抛弃了。圣人被还原为凡人，对本体的思辨探索转化为"不识不知"，"省、察、克、治"的清修让位于"嬉游笑舞"的世俗生活。这一切，标志着宋明道学的彻底破产。

必须指出的是，杨起元、周汝登反对的主要是宋明道学中"好高务奇"和追求"格式门面"的形式主义倾向，并非反对道学本身，更非反对儒学伦理。对于儒学伦理，他们都是积极的维护者。杨起元于声称"礼非确定死板束缚人之物"的同时，企图建立一种关于"孝"的宗教。他要人们每天清晨"盥栉、盛服、上香，北向礼拜"，然后，"面北默坐，闭目观想"：孩提爱亲时光景何如？下胎一声啼叫时光景何如？在母胎中母呼亦呼、母吸亦吸时光景何如？然后诵读《孝经》（《证学编》卷四）。周汝登则多次声明："道理只是平常，此为好奇作怪人言耳"，"我辈切不可以平常二字，自骗自过"（《海门先生文录》卷二），意思是，儒学伦理还是必须遵守的。

二、何心隐思想剖析

何心隐（1517—1579），本姓梁，名汝元，字柱乾，号夫山，江西吉安府永丰县人，出身于"家世饶财"的大地主家族。他三十岁时，郡试中第一名，不久，接触到王艮的学说，便抛弃科举道路，以颜钧为师。三十七岁时，他在家乡办"聚和堂"，企图通过加强宗族统治以缓和社会矛盾。后因反对征收所谓"皇木银两"的额外赋税，他被定了绞罪，减为充贵州卫军，为友人程学颜所救，调至浙江总制胡宗宪幕中。大约就在这一时期，他改名为何心隐。1560年（嘉靖三十九年），何心隐随程学颜入京，结识御史耿定向，又因耿定向认识了当时担任国子监司业的张居正。某次，张居正讲学于显灵宫，何心隐不满于其观点，开始只表示"唯唯"，后来，嘲讽地问他："公居太学，知《大学》之道吗？"张居正装作没有听见，注视着何心隐说："你意时时欲飞，却飞不起也。"（《泰州学案序》，《明儒学案》卷三十二）二人不欢而别。此次，何心隐意识到了他和张居正在思想上的严重对立，对耿定向说："张公必官首相，必首毒讲学，必首毒元。"（《上祁门姚大尹书》）。其后，何心隐在京"辟各门会馆，招来四方之士，方技杂流无不从之"（同上文），据说曾参与反对权相严嵩的活动，因此，受到严党的仇视，不得不逃到南方。1567年（隆庆元年），何心隐随程学颜的弟弟程学博赴重庆，曾参加镇压蔡百贯所领导白莲教起义。他自述说："初抵重庆，值白莲贼发，不满一月而破一州六县，即亦不满一月而灭白莲贼。虽皆程之功，元不贪之为己力，然元亦不无一二力之与也。"（《上祁门姚大尹书》）1569年（隆庆三年），他离开重庆，先后居留于杭州、道州、湖北孝感、黄安等地，进行讲学，产生了广泛的社会影响："自命为圣人，而天下群以圣人奉之。"（刘芳节《太岳先生文集评》，《张文忠公文集》附）

1572年（隆庆六年），穆宗朱载垕死，神宗朱翊钧即位，以张居正为首辅。为了加强思想统治，1575年（万历三年），张居正上《请申旧章饬学政以振兴人材疏》，中云："圣贤以经术垂训，国家以经术作人，若能体认经书，便是讲明学问，何必又别标门户，聚党空谈！"要求明王朝明令禁止"别创书院"及"群聚徒党"一类的讲学活动，违反者"许各抚按衙门访拿解发"（《张文忠公全集·奏疏四》）。1576年（万历四年），湖广巡抚陈瑞开始缉拿何心隐，名义是盗犯。同年初，吉安府籍京官傅应祯上疏，内有"此'三不足'者，王安石以之误宋，不可不深戒也"等语（《明史》卷二二九），影射攻击张居正。紧接着，吉安府另一位京官刘台又上疏弹劾张居正"专擅威福""罔上行私"（同上）。次年，张居正父死。按封建社会惯例，张居正应该回籍丁忧三年，但神宗皇帝却批准张居正"夺情""吉服视事"。当时又正好出现了彗星，于是，"孝"道的维护者们立刻大哗，纷纷上疏，指责张居正"忘亲贪位"，吉安府籍进士、王学信徒邹元标也参加了这一行列。与此同时，何心隐在聚徒讲学中也扬言：张居正"蔑伦擅权，实召天变"（《野获编》卷十七），并表示要入都主持正议，驱逐张居正。这样，就使得张居正怀疑傅、刘、邹三人与何心隐本为一党，"示意其地方官物色之"（同上）。同年，何心隐回永丰安葬父母，再次遭到通缉，名义是逆犯、妖犯。1578年（万历六年），何心隐写作《原学原讲》，准备上书明王朝，要求开放讲学活动。1579年（万历七年），常州知府施观民因私创书院被革职，张居正通过朱翊钧下诏："命毁天下书院"，"不许聚集游食，扰害地方"（《明实录》三七〇册）。同年，何心隐在南安被捕，转解到武昌。在见到继任的湖广巡抚王之垣时，何心隐表示："公安敢杀我，亦安能杀我！杀我者，张居正也。"（《明儒学案》卷三十二）王之垣为了向张居正献媚，命人痛笞何心隐百余杖。不久，何心隐死于狱中。[1]

何心隐的著作有《爨桐集》，近人整理、编辑为《何心隐集》。

无有不亲，无有不尊

儒家学派认为"仁者人也，亲亲为大；义者宜也，尊贤为大；亲亲之杀，尊贤之等，礼所生也"（《礼记·中庸》）的说法，意思是：仁是爱人，最重要的是亲爱自己的亲人；义是适宜，最重要的是尊重贤人。

---

[1] 关于何心隐之死，李贽认为主使者是李幼孜（义河），张居正只主张"决罚"或"发遣"。说见《答邓明府》（《焚书》卷一）；耿定力则认为是由于王之垣与程学博之间的矛盾。说见《胡时中义田记》（《何心隐集》附录）。

亲爱自己的亲人，其中还要有差别；尊重贤人，其中也要有等级。所谓礼就是由这里产生出来的。何心隐进一步发展了这一思想。他说：

> 仁无有不亲也，惟亲亲之为大，非徒父子之亲亲已也，亦惟亲其所可亲，以至凡有血气之莫不亲，则亲又莫大于斯。
>
> 义无有不尊也，惟尊贤之为大，非徒君臣之尊贤已也，亦惟尊其所可尊，以至凡有血气之莫不尊，则尊又莫大于斯。（《仁义》）

何心隐认为：亲亲，尊贤是重要的；亲亲，不限于父子，要"亲其所可亲"；"尊贤"，不限于君臣，要"尊其所可尊"，以此为基础，进一步扩大范围，只要是一个有血气的人就要亲他，尊他。[1]这种说法，有点接近于西方基督教的"博爱"说。

亲亲，这是我国以血缘关系为纽带的宗法制奴隶社会时代的思想；尊贤，是奴隶社会崩溃时期奴隶主的改良主义思想。孔子就主张"近不失亲，远不失举"（《左传》昭公二十八年），以便既维护奴隶主贵族的统治，又扩大选拔统治人才的范围。此后，亲亲、尊贤的原则也为历代地主阶级所接受，成为地主阶级政治路线的一个组成部分。但是，只有这两项原则还是不够的，奴隶主阶级也好，地主阶级也好，都面临着一个如何对待广大被剥削、被压迫的人民群众的问题。宋、明时期，地主阶级总结了历代封建王朝的覆灭教训，愈益认识到这个问题的重要。他们力图掩盖地主阶级和农民阶级之间的尖锐对立，力图缓和农民对地主阶级的斗争。这种政治需要反映到意识形态上来便是关于"人类之爱"的种种说教。

程颢说："仁者以天地万物一体。"（《河南程氏遗书》卷二上）他认

---

[1]《中庸》有所谓"日月所照，霜露所坠，凡有血气者，莫不尊亲"的说法，是说普天下有血气的人都尊亲孔子，何心隐这里的意思与《中庸》不同。

为，天地之间的"品物万形"，就是人的"四肢百体"，"岂有视四肢百体而不爱哉"！据说，在他当县令的时候，在座的地方都要写上"视民如伤"四个字。程颐则主张对人要"无所不用其敬"，哪怕是对泥塑的人像也不能有慢忽之心（《杨龟山先生集》卷十六）。朱熹，大谈其所谓天地之中，人为"最贵"，"故曰同胞，则其视之也，皆如己之兄弟矣"（《张载〈西铭〉注》），又说什么"仁"就是"温然爱人利物之心"，"有个温厚慈祥之意"（《朱子语类》卷六十四）。连王阳明也主张："亲吾之父，以及人之父，以及天下人之父""亲吾之兄，以及人之兄，以及天下人之兄"，一直到"山川、鬼神、鸟兽、草木"都要"实有以亲之"（《大学问》，《王文成公全书》卷二十六）。

恩格斯指出："文明时代愈是向前进展，它就愈是不得不给它所必然产生的坏事披上爱的外衣，不得不粉饰它们，或者否认它们——一句话，是实行习惯性的伪善。"[1]不管哲学家们把这种"仁"呀，"义"呀说得怎样天花乱坠，不管哲学家们自己是怎样想的，这种"仁""义"的说教总是一件用来遮饰剥削阶级残酷的掠夺手段的外衣。

剥削阶级对人民会"无有不亲""无有不尊"吗？根本不会。

朱熹不是说过天地所生之人都是"同胞""兄弟"吗？他在做官的时候，地方上发生了灾荒，你看他又是查勘灾情，又是提出各种救荒措施，真好像满腔都是恻隐之心，然而，在灾民们动用了地主老爷们的财物时，你看看他那一副狞恶的面目吧："强盗不得财，徒二年；一匹，徒三年；二匹，加一等；十匹及伤人者绞；杀人者斩。其持杖者虽不得财，流三千里；五匹，绞；伤人者斩。"（《约束梟米及劫掠榜》，《朱文公文集》九十九卷）灾民们拿了地主老爷几匹布，就要流放几千里，甚至处以绞

---

[1]《家庭、私有制和国家的起源》，《马克思恩格斯全集》第21卷，人民出版社1965年版，第202页。

刑,或者砍头。王阳明,鼓吹"亲民"也是够积极的了吧?他在进剿农民军前夕还在说:"呜呼!民吾同胞,尔等皆吾赤子"(《告谕浰头巢贼》,《王文成公全书》卷十六)。然而,仅在江西一地,就将他的"同胞""赤子"们杀死了一万八千余人。何心隐不是也在讲什么"凡有血气之莫不亲""莫不尊"吗?然而,当四川的白莲教农民起义时,他也毫不犹豫地参加了镇压,既不讲"亲",也不讲"尊"了。

鲁迅说:"用奴隶或半奴隶的幸福者,向来只怕'奴隶造反'。"[1]当奴隶们规规矩矩地为老爷服役的时候,老爷是可以"爱"你的。"养之有道,教之有方"(王艮《王道论》),可以赏你一点粗糙的食物,使你有继续为老爷服役的精力;也可以给你一点教诲,使你懂得为老爷服役乃是天经地义。这就是封建统治阶级的圣人、贤人所提倡的这种"人类之爱"的实质。

人民对剥削者、压迫者能"无有不亲""无有不尊"吗?根本不能。

阶级斗争的历史经验告诉我们不能爱敌人、不能爱社会的丑恶现象。主张只要是一个有血气的人就要亲他、尊他,这无异是要被剥削者去爱剥削者,被压迫者去爱压迫者。在现实生活中,只能起麻痹人民革命斗志的作用。

正像改良是阶级斗争的副产品一样,各种各样的关于"人类之爱"的说教也总是阶级斗争的副产品。在两个阶级激烈厮杀的时候,总会有人出来嚷嚷一通,妄图用人与人应该"相亲相爱"的"甘霖"来浇灭燎原的革命烽火。

须要指出的是,何心隐"无有不亲""无有不尊"的思想虽然有点接近近代的人道主义,但它实际上是挽救封建制度的续命汤药。

在《辩无父无君非弑父弑君》一文中,何心隐激烈地攻击墨子的"兼

---

[1]《偶成》,《鲁迅全集》第4卷,人民文学出版社1957年版,第449页。

爱"和杨朱的"为我",认为他们所提倡的人与人的关系实际上是禽兽关系。何心隐强调,要建立君臣、父子、尊尊、亲亲的纲常伦理。他说:

> 必皇建其有极,乃有君,而有父也。必会极、必归极,乃有尊尊以君君也,乃有亲亲以父父也。又必易有太极,乃不堕于弑父弑君,乃不流于无父无君,乃乾坤其君臣也,乃乾坤其父子也,乃凡有血气其尊亲也。

极,指的是一种准则。"皇建其有极"是《尚书·洪范》的思想,指的是建立一种所谓至大公正的标准,使人们都会聚于它,归向于它。何心隐也要求建立一种标准,使人们都尊重贵者,亲爱自己的亲族,从而"君君""父父",避免"无父无君""弑父弑君"的现象。何心隐的这种思想,在封建社会没落,"乾纲解纽"的时候,起的是巩固和加强封建统治的作用。

何心隐还曾写过一篇《原人》,是讨论人的本质的。在何心隐看来,人和动物的区别就在于一个懂得仁义,一个不懂得仁义:"人则仁义,仁义则人,不人不仁,不人不义。不仁不人,不义不人,人亦禽兽也。"人有道德观念,动物没有,这是对的。但是,人的道德观念并不是人所固有的,而是在社会实践中形成的,被社会生活所决定的。"仁""义"只是某一特定历史时期剥削阶级的意识形态,是暂时的产物。何心隐把"仁义"看成是人所固有的本质,一方面是一种唯心主义的道德论,同时,也掩盖了"仁义"的阶级属性。

为了提高"仁"的地位,何心隐又进一步把它提高到世界本原的地位。他在《原学原讲》中说:"心,则太极也。"又说:"太者大也,大莫大于仁,而太乎其极也。"把理看作世界的本原,主张"理为太极",这是客观唯心主义的看法;把心看作世界的本原,主张"心为太极",

这是主观唯心主义者的看法。何心隐认为"仁"是天地万物发生的根本，有了仁，才有人，有了人，才有天地："惟天惟地，而不有人，则不有天地矣。惟人而不有仁，则不有人矣。"（《原学原讲》）这就是说，天地是依赖着"仁"而存在的。但是，另一方面，何心隐又说："然仁则人也，有乾坤而乃有人也，而乃有仁也。"（同上文）到底是先有什么，谁是世界的本原，何心隐讲了半天也没有说清楚，这就使他的思想陷在深深的混乱和矛盾中。

聚和合族

1553年（嘉靖三十二年），何心隐从事了一项工作，这就是所谓"聚和合族"。其内容是：

（一）办乡学。何心隐认为，过去族中子弟都"聚于私馆"读书，因此，容易产生"私念"。何心隐建议，将族中子弟"总聚于祠"，设率教一人，总管一族子弟的教育，入学者统一在祠中吃饭、住宿。据说，这样就可以消除子弟的"私念"，使"相亲相爱之念"油然而兴。这种"乡学"是否可以免费入学呢？并不。何心隐起草的办学文件《聚和率教谕族俚语》说得很清楚："若贫者以人单力薄而有送馔之虑，是谓无远虑矣。独不闻孟氏寡母，尚不惮三迁之劳与费，以教其子，何虑一送馔耶？"可见，伙食还是由学生家庭自己送去的。至于所谓"十年大成，则子弟不论贫富，其冠婚衣食，皆在祠内酌处"，乃是对于少数"大成"者的特殊奖励，并不是每个学生都可以享有这样的待遇。

（二）代完租税。何心隐认为："我有田产，不有君以统于上，则众寡相争，田产不得以相守也。今我得以守其田产者，得非君所赐欤？我有形躯，不有君以统于上，则强弱相欺，形躯不得以相保矣。今我得以保其形躯者，亦非君所赐欤？"（《聚和率养谕族俚语》）因此，向封建王朝缴纳田粮、丁粮乃是族人不可推卸的义务。当时，有一些人或行贿求减免，或想方设法把负担转嫁到别人身上。何心隐认为，这就会造成族中一部分人的贫困"失养"，结果，兄弟同胞间"相忤""相残""相戕"，"不惟忘君之所赐，亦将失养之所养矣"（同上）。何心隐主张，全族设率养一人，辅养数人，掌管全族向封建王朝缴纳赋税的工作。率养之下，设十二人总管粮于四季，二十四人分催粮于八节，七十二人各征粮于各候。遇有欠粮不缴的情况，则层层上报，由率养转告率教，予以教育，"教之不改，然后呈于官司"，就要交官究办了。何心隐企图通过这种办法使全族之人都"乐于尽分以报君上之赐"。

这就是何心隐"聚和合族"的全部内容。

很显然，它并不具有什么进步意义。

第一，它的目的在于对人民进行封建文化的教育，保证封建王朝的税收，起的是强化封建统治秩序的作用。

第二，它模糊了阶级界限。人是划分为阶级的，把对立的阶级关系掩盖在"相亲相爱"的家族关系里，起的是调和阶级矛盾的作用。

第三，它强化了封建的宗法统治。毛泽东同志指出："这四种权力——政权、族权、神权、夫权，代表了全部封建宗法的思想和制度，是束缚中国人民特别是农民的四条极大的绳索。"[1]何心隐所建立的率教、率养、辅教、辅养制度，正代表着封建的族权统治，是从政治上、经济上、思想上捆缚农民的绳索。

通过加强宗法统治以巩固封建制度并不是何心隐的独创，而是泰州学派的普遍主张。上文已经谈到，1552年（嘉靖三十一年），即何心隐"聚和合族"的前一年，王襞已经创立过一种叫"宗会"的组织，"以联一家和睦之亲"。此外，王襞的弟子韩贞主张："治世还从睦族先。"（《赠刘从善》，《韩乐吾诗集》）罗汝芳也主张要用宗族来调和日益激化

---

[1]《毛泽东选集》合订本，人民出版社1969年版，第31页。

的阶级矛盾："却如人家子孙众多,各开门户,各立藩篱,无宗以统而一之,其不致于相残相贼而流荡无归者无几矣。"(《近溪子集》第四册)

可见,他们都不约而同地重视宗族制度在巩固封建统治中的作用。

事实上,何心隐、王襞的做法是古已有之的。程颐、程颢弟兄说:凡人家法,须月为一会以合族。古人有花树韦家宗会法,可取也。(《河南程氏遗书》卷一)北宋时,范仲淹在苏州买田十余顷,"其所得租米,自远祖而下,诸房宗族,计其口数,供给衣食及婚嫁丧葬之用,谓之义庄。"(《建立义庄规矩》,《范文正公集》)义庄之外,又设义学。南宋时,陆九渊所属的金溪陆氏家族"合族而食",聚众至千余口,"一人最长者为家长,一家之事听命焉"(《陆九韶传》,《宋史》卷四三四)。这一类的事情在历史上有很多记载。江州陈氏,累世同居,聚族七百余口。浦阳郑氏,自南宋至明,同居十世,历二百六十余年。他们受到了道学家们的提倡,也受到了历代封建统治者的奖励。例如,陆九渊的家族就被"旌表"为"义门":"惟尔能睦族之道,副朕理国之怀。"(《年谱》,《象山先生全集》卷三六)它是符合于封建统治者"理国"的政治需要的。

曾经有些著作认为何心隐的"聚和合族"是一种"乌托邦的理想",这种看法似乎没有根据。

无欲、寡欲与育欲

战国时的主观唯心主义者孟子主张,人应该尽量减少自己的欲望,这样,才可以永远保有自己的天赋道德观念,如果人的欲望多了,这种天赋道德观念也就不能保有多少了。他说:

> 养心莫善于寡欲。其为人也寡欲,虽有不存焉者,寡矣;其为人也多欲,虽有存焉者,寡矣。(《孟子·尽心下》)

宋朝的哲学家、道学的奠基人周敦颐比孟子更进了一步。他主张"无欲"，即人什么欲望都不应该有。他说：

> 予谓养心不止于寡焉而存耳，盖寡焉以至于无。无则诚立、明通。诚立，贤也；明通，圣也。（《养心亭记》，《周元公集》卷三）

周敦颐认为，人如果达到了"无欲"的境界，就可以认识"诚"和"明"的"天人之道"，成为贤人、圣人了。

何心隐不同意周敦颐的看法。他认为，人不能没有欲望，美味、美色、美的音乐、舒服安逸，都是人们所喜欢的，它们就是人的本性：

> 性而味，性而色，性而安佚，性也。（《寡欲》）

有些哲学史研究者曾经从这里立论，认为何心隐肯定人的物质欲望出于天性，人欲就是天性，这种思想虽然错误，但是在当时具有进步意义。

如果孤立地看这几句，这种说法似乎可以成立，但是下面还有关键性的两句：

"乘乎其欲者也，而命则为之御焉。"（寡欲）这就是说，人性好比一辆车子，拉车的是"欲"，驾驭着车子的是"命"。何心隐又说："命以父子，命以君臣，命以贤者，命以天道，命也，御乎其欲者也。"（同上）这就很清楚了，在何心隐看来，人的欲望不能违背"天命"，不能违背君臣、父子一类的"天道"。

在人剥削人、人压迫人的社会里，一方面是富者田连阡陌，另一方面是贫者无立锥之地；一方面是朱门酒肉臭，另一方面是路有冻死骨。这种极不合理的社会现象，本来是极不合理的社会制度造成的。但是，剥削阶级却把这一切说成是由于天命：我富我贵，这是命该如此；你贫你贱，也是命该如此。让我们都服从各自命运的安排吧！

何心隐这里的思想正是如此。在何心隐看来，人虽然都喜欢美味、美色、美好的音乐，追求安逸，但是，命运让你享受多少就享受多少。如果命运规定了你服绮罗、餍酒肉，那你就心安理得地享受吧；如果命运规定了你一辈子吃糠咽菜，那你就愉快地吃糠咽菜吧！

这种思想，形式上和周敦颐的"无欲"说不一样，然而，同样是为剥削阶级的利益服务的。

这种思想，并非何心隐的独创，而是承袭于孟子。《孟子·尽心下》中有一段话说的就是这个意思：

> 口之于味也，目之于色也，耳之于声也，鼻之于臭也，四肢之于安佚也，性也，有命焉，君子不谓性也。

虽然口对于美味、眼对于美色、耳对于美好音乐、鼻对于芳香、四肢对于舒服的喜欢，都是天性，但能否得到属于命运，因此君子不把它们视为天性的必然，不去强求。

在宋明道学家中，也不是所有的人都主张绝对"无欲"。他们也承认人可以有某种物质欲望，例如朱熹就说过："若是饥而欲食，渴而欲饮，则此欲亦岂能无？但亦是合当如此者。"（《朱子语类》卷九十四）他们都有一个东西不愿放下，这就是"命"。朱熹的"合当如此者"不过是"命"的另一种提法而已。

何心隐主张"寡欲"。他说："凡欲所欲而若有所发，发以中也""凡欲所欲而若有所节，节而和也"（《寡欲》）。即根据"中和"的一套儒学道德标准来控制自己的物质欲望。

可以看出，何心隐离开了周敦颐，却回到了孟子。自然，承认人的物质欲望的合理性还是有意义的。

何心隐还有一个看法，这就是"育欲"：

> 欲货色，欲也。欲聚和，欲也。族未聚和，欲皆逐逐，虽不欲货色，奚欲哉？族既聚和，欲亦育育，虽不欲聚和，奚欲哉？聚和有教有养，伯叔欲率未列于率，惟朝夕与率，相聚以和，育欲率也；欲辅未列于辅，惟朝夕与辅，相聚以和，育欲辅也；欲维未列于维，惟朝夕与维，相聚以和，育欲维也。育欲在是，又奚欲哉？（《聚和老老文》）

"育欲"，在中国哲学史上还是一个崭新的提法。它是不是主张"发展自然本有的人欲""反映了劳动人民保卫自己生活权利的意志"以及"争取平等的要求"呢？不是。

何心隐的文章讲得很清楚："族未聚和，欲皆逐逐，虽不欲货色，奚欲哉？"这就是说，一族人不和平共处，而是争货争色，你抢我夺，这是不好的。《易·颐》云："虎视眈眈，其欲逐逐。"何心隐文义本此。何心隐认为，要把这种情况引导一下，使每个人都有"聚和合族"的欲望，都有和一族人相亲相爱的欲望。对于这种欲望，何心隐主张大力发扬。这就是将人的欲望从物质领域扩展到精神和社会领域，这是正确的、有意义的。所以，他在《辩无欲》一文中专门谈道：舍生而取义，是欲，欲仁得仁，是欲，不能连这些欲望也没有。在泰州学派中，耿定向也有类似的看法。他说：

> 大抵人心皆有所用，用在此则自不在彼。乃若孔子之心，所以肫肫皓皓若斯者，岂其心之本来一无所欲哉！盖其欲在明明德于天下万世也。欲在天下，自不能为一身一家私图计；欲在万世，自不

能为一时一世近利谋也。(《肃放心》,《耿天台先生全书》卷一)

耿定向主张要像孔子似的发扬"明明德于天下万世"之"欲",而不去考虑"一身一家""一时一世"的"近利"。

人不能离开物质而生活,自然,也就不可能没有物质欲望。在阶级社会中,人的欲望具有鲜明的阶级内容:反对人剥削人、人压迫人,以劳动去创造吃、喝、穿、住所必需的一切,这是劳动人民的欲望;反之,为了吃、喝、穿、住,占有别人的劳动成果,永远保持人剥削人、人压迫人的社会制度,这是剥削阶级的欲望。

对于"欲",不做具体分析,完全否定在"货色"这些物质利益问题上的要求和斗争,只单纯提倡培育什么"聚和合族"之欲,什么"舍生取义""欲仁得仁"之欲,是一种剥削阶级的世界观。其目的是要人民去爱剥削者、压迫者,放弃反剥削、反压迫的斗争。同时,也是为了要地主阶级从对金钱、财富的无限贪婪中稍稍抬一下手,关心一下本阶级的公共利益和根本利益,不要逼得农民造反而损害了这种利益。

从周敦颐的"无欲"到何心隐的"寡欲",从程颐、朱熹等人的"存天理,去人欲"到颜钧、罗汝芳等人的"制欲非体仁"论,再到何心隐的"育欲",这种情况,反映了明代中叶以后在农民起义的洪流和商品经济日益发达的冲击下,地主阶级"天理"的大堤不断崩塌的状况,反映了地主阶级思想统治、思想蒙蔽手段的变换。

易天而不革天

商周时期的占卜用书《易经》共六十四卦,其中有两卦,一名泰卦,另一名否卦。它们的图像刚好相反。泰卦是☷☰,即地在上,代表阴气,天在下,代表阳气。阳气上升,阴气下降,上下交感相通,是吉卦。否卦是☰☷,即天在上,地在下,阴阳二气不能交感交通,形成闭塞隔绝的局面，是凶卦。

何心隐从《易经》的这一思想材料出发，提出了他的"易天而不革天"的政治路线，《师说》《论友》《语会》《论潜》等文都是对这一条路线的阐述：

> 师非道也，道非师不帱。师非学也，学非师不约。不帱不约则不交。不交亦天地也，不往不来之天地也。革也，汤武之所以革天而后天，革地而后地。否也，未尽善也，未尽学也，未尽道也。友其道于师以学而交乾坤乎？
>
> 天地于易，易天而不革天，易地而不革地，师也，至善也。非道而尽道，道之至也。(《师说》)
>
> 天地交曰泰，交尽于友也。友秉交也，道而学尽于友之交也。(《论友》)

何心隐认为，天地交就泰（吉），天地不交就否（凶），把这种晦涩朦胧的语言翻译一下，意思是说：封建最高统治集团和下层的地主阶级知识分子互相交流通气就天下太平，不交流通气就天下倒霉。怎样才能做到上下交流通气呢？这就要靠"师"来讲明封建之"道"，靠"友"从"师"那里接受"道"来做上下交流通气的工作。何心隐认为，如果上下不交，闭塞隔绝，那就要像商汤伐桀、周武伐纣一样发生"革命"；"否也，未尽善也，未尽学也，未尽道也"，这不是最好的办法。"天地于易，易天而不革天，易地而不革地"，何心隐不主张用"革"，而主张用"易"，即反对激烈的变革，主张缓慢地变化。这曲折地反映出，何心隐等不满于明代的社会现实，期望有所改易，有所变化。怎样使社会现实有所改易，有所变化呢？何心隐等认为，这就要靠"师""友"来发挥作用。

在《语会》篇中，何心隐说：

> 夫会，则取象于家，以藏乎其身；而相与以主会者，则取象于身，以显乎其家者也……必身以主会而家以会，乃君子其身其家也，乃君子以显以藏乎士农工商其身其家于会也。乃仲尼其君子而身而家于国于天下，以显以藏以会也。

在这里，何心隐把"会"的地位提得很高，意思是有了"会"，不论是"士农工商"，一概可以成为"仲尼"式的"君子"。

"会"，指什么？有些哲学史研究者认为它是一种乌托邦式的社会组织，这种看法是错误的。

何心隐这里所说的"会"，乃是"讲会"，用我们今天的话来说，就是学术讨论会或学会。

1525年（嘉靖四年），王阳明在绍兴首次建立"讲会"，每月开会四次：初一，初八，十五，二十三。会址在龙泉寺中天阁。王阳明在壁上写道："故予切望诸君勿以予之去留为聚散，或五六日、八九日，虽有俗事相妨，亦须破冗一会于此，务在诱掖奖励，使道德仁义之习，日亲日近。"（《书中天阁勉诸生》，《王文成公全书》卷八）

1526年（嘉靖五年），王阳明的弟子刘邦采发起，集合江西安福的王阳明的信徒们为"惜阴会"，每两月集会五天，进行主观唯心主义的学术研讨活动，最多时曾达百人左右。

自此，这种"讲会"活动逐渐发展起来。

1532年（嘉靖十一年），大学士方献夫与泰州学派的徐樾、林春等举行庆寿山堂"讲会"。

1553年（嘉靖三十二年），王阳明的弟子欧阳德、钱德洪等在南京举行"讲会"。

1554年（嘉靖三十三年），邹守益等筹建复古、连山、复真等书院，举行"四乡会"。春秋二季，则联合各郡人士举行"大会"。

此外，这一时期的著名"讲会"还有泾县水西会、宁国同善会、江阴君山会、贵池光岳会、太平九龙会、广德复初会、新安程氏世庙会等。

这种会有"会规""会约"，入会者有"会籍"，彼此称为"友"，或称为"同志"。会议的主持者称为"主会"，可以轮流担任，即何心隐所说的"相与主会"。会议开起来可以长达十余天，与会者有时多达千余人。有人专门负责供应，"昼则大会于堂，夜则联铺"。乡有乡会，县有县会，省有省会。泰州学派的罗汝芳就曾计划邀集"缙绅士夫及高尚隐逸"在江西永丰召开"全省大会"。"会所以讲学明道"（《约会同志疏》，《王龙溪先生全集》卷二），它主要是为了研讨王阳明的主观唯心主义哲学。会上的发言记录称为"会语"。

何心隐《语会》一文中极力称道的就是这种"讲会"。何心隐认为，有了这种会，就可以大明孔子之道，从而大有补于身、于家、于国、于天下，使身成为君子之身，家成为君子之家，国成为君子之国，天下成为君子之天下。

何心隐还有一篇《论潜》，中云："人之言潜，言成功也。我之言潜，言用功也""潜于孔子者，用功而潜，潜而用功者也"。何心隐这里所说的"潜"，不是指的功成归隐那一类的"潜"，而是一种政治活动方式，即"师"与"友"在"讲会"中的讲学活动，因为这种活动方式是在野的、非官方的，所以称为"潜"。何心隐认为这种政治活动的最有权威性的代表乃是孔子，他一生从事授徒讲学；只要能像孔子这样"潜而用功"，就可以"在下而学以上达"，达到"成功"的目的。

何心隐看出了明王朝面临的危机，幻想通过讲学活动使上层封建统治集团和下层的地主阶级知识分子互通声气，"易天而不革天"，避免一场革命风暴的发生。这就是《师说》《论友》《语会》《论潜》诸文所勾画出来的一条改良主义政治路线。何心隐所说的"师"，乃是主观唯心主义学派的"大师"，所说的"友"，乃是主观唯心主义学派的成员，所说的"会",乃是主观唯心主义学派的学术讨论会,所说的"潜",乃是指这种在野的、非官方的政治活动方式。

有些哲学史研究者把何心隐说成是反封建的战士,把他的讲学活动说成是到处联络人,仿佛在准备一场推翻明王朝的起义。这种看法,完全违背实际。

很明显,何心隐的政治路线是为了巩固明王朝的封建统治,但是,它和明王朝封建统治集团又存在着一定的矛盾。这个矛盾突出地表现在何心隐要求讲学和张居正禁止讲学的冲突上。

在《答南司成屠平石论为学书》中,张居正说:

> 夫昔之为同志者,仆亦尝周旋其间,听其议论矣,然窥其微处,则皆以聚党贾誉,行径捷举,所称道德之说,虚而无当,庄子所谓其嗑言者若哇,佛氏所谓虾蟆禅耳!而其徒侣众盛,异趋为事,大者摇撼朝廷,爽乱名实,小者匿蔽丑秽,趋利逃名。嘉、隆之间,深被其祸,今犹未殄,此主持世教者所深忧也。(《张文忠公全集·书牍九》)

张居正是明代中叶地主阶级的改革家。为了挽救明王朝的危机,曾经从军事、政治、经济等各方面进行过一些改革。例如加强边防,裁撤冗官冗员,治理黄河,清丈全国土地,实行"一条鞭"法的赋役制度等。他对泰州学派诸人一味只知空谈曾有不满,"所称道德之说,虚而无当",不能解决明王朝所面临的实际问题。但是,这只是问题的次要一面,主要原因还在于王阳明的弟子们的讲学规模愈来愈大,"讲会"愈来愈多,动辄聚众千人,"徒侣众盛","摇撼朝廷",无论如何这总是使封建统治者不能放心的。在《请申旧章饬学政以振兴人才疏》中,张居正特别强调反对"别标门户,聚党空谈","不许别创书院,群聚徒党"。可见，封建统治者特别害怕的是"聚党"，因为"聚"了"党"，就要形成政治力量、舆论力量，可能不利于自己一统天下。

张居正所反对的，正是何心隐所力争的。"若能体认经书，便是讲明学问"，直接去体认四书、五经一类的圣贤典籍就可以了，不必去搞什么讲学活动，这是张居正的看法。对此，何心隐发表了激烈的反对意见，他说：

> 首相以条陈学政，有不胜其可谏于谏者。今且不能历历指，惟指其首陈首条，遽然以"体认经书便是讲明学问"，何其粗疏于讲学，以隐毒于讲学者耶？且讲学者未必不"体认经书"者也，而"体认经书"，岂足以尽讲学者乎？（《上南昌李大尹书》）

这一段话的最后一句很可玩味，显然何心隐不满足于"体认经书"，而要求更多的活动自由。

1578年（万历六年），何心隐又写作《原学原讲》，长达万言，准备"叩阙上书"。文中，何心隐对讲学活动做了详细的历史考订。一直追溯到《尚书·洪范》、"河图洛书"以及《易经》，追溯到尧、舜、禹、汤、武丁、傅说、文王、武王、周公，尤其突出地推崇孔子、孟子，认为他们是讲学活动的突出代表，结论是学不能不讲。

一个坚决禁止讲学，一个坚决要求开放讲学，这种矛盾尖锐化的结果，就是何心隐的被捕并被杖毙。

张居正的禁止讲学，反映了对泰州学派空谈性理道德的不满，也出于封建统治集团加强对意识形态和社会舆论控制的需要；何心隐的开放讲学则反映部分地主阶级知识分子的政治要求和文化要求，是封建社会后期反"专制"斗争的一种表现。应该指出，张居正与何心隐之间的矛盾是尖锐的，但并不是根本性的利害冲突。明末张宿说得好："有甲乙两国手，俱以活人为心，甲则教人调养元气，保合精神，勿使受病，其言若迂缓不切痛痒者。乙则诊脉视息，临死濒危，施以针灸，投以猛剂，移换脏腑，接续性命，功效亦甚奇捷。"(《刻何心隐爨桐集叙》) 张居正和何心隐的矛盾是对明王朝这个垂危病人的两种医疗方案的分歧而已。

为了给逮捕并杀害何心隐制造理由，封建统治集团在何心隐头上安过一系列的罪名，什么"妖"呀，"逆"呀，"盗"呀，不一而足。这是封建社会里"欲加之罪，何患无辞"的惯用伎俩。宋朝的朱熹，不也是一个方正规矩的道学夫子吗？然而在南宋统治集团的政治斗争中，却被政敌说成"图为不轨"，"寓以吃菜事魔之妖术"，似乎朱熹是当时农民起义的秘密宗教组织中的成员一样。没有一个哲学史家把这些视为朱熹生平的可靠史料。自然，我们也不能把封建统治者捏造的罪名当作何心隐的真实事迹。

第八章

耿定向对于李贽思想的否定

耿定向（1524—1596），字在伦，湖北黄安人，嘉靖三十五年（1556）进士，历任监察御史、南直隶提学道、福建巡抚、户部尚书等职，是泰州学派中的大官僚。

耿定向早年接触过程朱理学。1558年（嘉靖三十七年），在北京与罗汝芳等交往，开始接受泰州学派的影响。1563年（嘉靖四十二年），任南直隶提学道期间，曾派人迎王襞晤谈。其后，更多接触到王艮的学说，对其非常佩服，自居为"私淑"弟子（《观生纪》）。在《新建侯文成王先生世家》一文中，耿定向表示："陆子静有言：'可使不识一字凡夫立地作圣。'玩心斋先生良知旨，信立地作圣诀也。"

耿定向著有《耿天台先生全书》。[1]

耿定向说：

> 昔蒙庄有言曰：形者死矣，而所以形形者未尝死也。吾侪志学，不反身默识所以形形者，所学何事？（《与邹汝光》）

---

[1] 本章语录均出自该书。

形,指人的肉体;所以形形者,指形成人的肉体的本原。耿定向认为,做学问就要从自己身上找出这个本原来。据耿定向自述,他三十六岁时,在五云山头练习静坐,偶因举扇这个动作,得到省悟,对弟弟耿定理说:"嘻!浑身皆知体也。"他的弟弟耿定理则进一步说:"通天彻地,皆知体也。"

耿定向又说:

> 夫曰良知云者,即孔子之所谓仁,是人之所以生生者也。本诸身而能视,能听,能言,能动,显诸伦而为忠,为孝,为悌,为信。(《议从祀疏》)

这就很清楚了。耿定向认为,形成人的肉体的本原是"仁"。这个"仁"表现在人体上,使人能视、能听、能言,能做举扇一类的动作;表现在人伦上,就使人为忠、为孝、为悌、为信。

基于以上认识,耿定向对《论语》中"颜渊问仁"一段有特殊的解释。《论语》原文为:"颜渊曰:'请问其目。'子曰:'非礼勿视,非礼勿听,非礼勿言,非礼勿动。'"耿定向的解释是:颜子问"目",盖请夫子指点礼体、眼、耳、口。夫子因指云云。人所以能视、听、言、动者即礼,非礼勿视、听、言动矣。(《克己复礼》)这样,"礼"就不是一个政治、道德概念,而是人体的精神本原,没有了它,人就失去了"生机",不能视、听、言、动,从而成为"一包脓血,裹一大块骨头"的死人了。

有时,耿定向把这个既称为"仁"又称为"礼"的精神性本原叫作"真常"。他说:"凡此无声无臭,是谓真常;凡涉色象名号者,卒归消灭。"(《万历己卯书勉万孝廉》)他认为,这个"真常"是天赋于人的,所以,又称为"不容已之真机",是"天命我辈流传"的"嫡脉"。他说:"性真之不容已,原是天命之于穆不已。"(《尽心章》)意思是:天命是无穷的、不间断的,人的这种"真机"也是无穷的、不间断的。

既然这个本原是使人能视、能听、能言、能动、能知味的一种精神实体,那么,它自然是人人都有的。"知味之性,即性即道"(《中庸》),"入孝出悌就是穿衣吃饭的这个"(《与周柳塘》)。谁的舌头不能辨别甜、酸、苦、辣?谁不会穿衣吃饭?因此,耿定向认为"道"是平常的、普通的,毫无玄妙之处,都是"愚夫愚妇与知与能"的,圣人也不能在"愚夫""愚妇"的"知""能"之外多"知"些什么,多"能"些什么。他公开提倡人性"平等",说是:

> 吾人眼底看得圣贤太高,是害虚怯症;眼底看得俗人太低,是害癫狂症。实见得无人无我,无圣无凡,如此平等,心方是凝道之舍。(《警言》)

某些地方,他甚至断言圣人还有不如"愚夫""愚妇"的时候。他说:"大抵人心无蔽时,即愚夫愚妇皆圣体也;一有所蔽,即圣人不若愚夫愚妇矣。"(《与周柳塘》)

怎样才能认识这个人人天赋的精神性实体呢?耿定向提出的办法是"默识"。他说:

> 吾侪默而识之,一旦豁然知人不异天,天不离人,则视为天明,听为天聪,动为天机,合之为天德。在亲为孝子,在身为仁人,其于爱憎取舍,经世宰物,焉往而非天道哉!(《知天》四)

在耿定向看来,人只要沉默地思考领悟,一旦豁然贯通,就无往而不是"天道"了。

上述种种，都是泰州学派的基本思想。尽管耿定向和王艮等人没有师传关系，但他所代表的乃是泰州学派的正统。

晚明时期，反道学、反礼教的倾向有所发展，出现了"以礼教为桎梏""以逾闲裂矩为超脱"的趋势。因此，在讲学活动中，耿定向不仅积极阐发泰州学派的观点，劝人恪遵封建道德，而且，尤为注意防止和消除泰州学派某些观点所可能产生的对道学的破坏作用。他曾写信给杨起元，提醒他著文时要严密，以免读者"泥其辞而逆其意"（《与内翰杨复所》）。他又曾严厉指责泰州学派内一个叫邓豁渠的人。此人深受禅宗影响，"父老不养，死不奔丧，有祖丧不葬""髡首而游四方"，公然宣称"色欲之情，是造化工巧生生不已之机"。耿定向骂他"纵而无耻"，其结果必然"穷人欲，灭天理，致令五常尽泯，四维不张，率天下人类而胥入于夷狄禽兽矣"（《与吴少虞》）！

前文已经指出，在泰州学派"百姓日用是道"的命题里，存在着"认欲为理"的可能，因此，耿定向特别注意区分"理"和"欲"。一方面，他大量利用人们日常生活中视、听、言、动等例子来论证封建道德的先天性和全民性，另一方面，又特别强调所谓"天则"。他说：

这就是说，视、听、言、动虽然是天赋的本能，但"视、听、言、动之礼"更是天赋的行为准则，因而，就必须用"天则"来管束自己的行动。耿定向认为：口能说话，这是天赋之性，但"商道论学"和"詈訾媒亵"是有区别的；足能运动，这也是天赋之性，但"履绳蹈矩"和"跌宕趋蹶"是有区别的；食、色，这也是天赋之性，但"礼食亲迎"和"绤臂逾墙"是有区别的。对于罗汝芳在南京大中桥上利用过往行人都会走路这一点来"指示"性体的做法，耿定向不表同意。他说："兹来往桥上者，或访友亲师，或贸迁交易，或傍花随柳，或至淫荡邪辟者，谩谓一切皆是，此则默识之未真也。"（《天台论学语》，《泰州学案》四，《明儒学案》卷三十五）耿定向要求人们用"天则"来指导自己的行动；在耿定向看来，不遵守"天则"就是"混帐卤莽"(《与焦弱侯》)！

人不是动物，人的本能、欲望、行为都必须受思想的支配，道德观念的约束，在阶级社会中，都必须服从一定的阶级利益。从这个意义上说，耿定向注意区分"理"和"欲"并没有错；但是，耿定向所说的"天则"实际上就是封建道德，他是在用封建道德管束人们的行动，这就是反动的了。

前文已经指出，泰州学派的"制欲非体仁"论把锋芒指向了宋明道学所提倡的"省、察、克、治"等一系列修养方法，客观上对反道学思想的发展有利。因此，耿定向提倡"识仁"，他说：

> 学者先须识仁。学不识仁，而徒克伐怨欲，譬之捕贼者日日捕贼，而中无主人翁，无家当垣墉，即日日捕贼，所谓灭于东而生于西，何可胜捕哉！（《克伐怨欲不行》）

这里所说，和罗汝芳的"体仁"论并无二致，但是，他并不排斥"制欲"，不反对"克去己私，复还天理"的修养方法，说什么"学者从念上研几，闲邪去偏，此亦是复性实功"（《与内翰杨复所》）。意思是防止邪念，克去偏见，也是复归人性的实际道路。

耿定向早年接触程朱理学时，曾经对其"主敬"说表示不满，认为"道"是"明伦""尽伦"，即按封建道德生活就可以了，不必要这套"拘拘检押"的功夫（《观生纪》）。但是，当他目睹晚明社会出现反道学、反礼教的倾向之后，却又转而欣赏这套功夫了。他说：

> 自天子以至于庶人，孰可忘恭敬者？诚反身体验，一时恭敬，则一时精神凝定，耳目、四肢、百骸有所归而不乱，不则本乱而末弗治矣。

又说：

> 吾侪须寻思方今天下之所以艾安宁平之故，吾人日用所以受享之因，方解恭敬之道之妙，钦颂我祖宗所以尊崇孔孟之教，表彰程、朱之学者，真是大圣人，睿知天纵，度越千古也。（《答友人问》）

真是神妙极了。地主阶级的天下之所以能"艾安宁平"，地主阶级老爷们之所以能"受享"钟鸣鼎食的生活，据说都是由于"恭敬之道"的作用。于是，耿定向终于领悟到"表彰程朱之学"的重要了。宋明时期，封建地主阶级在理学和心学之间跳来跳去，始终找不到出路。耿定向从不满程、朱，到肯定程、朱，说明地主阶级思想统治术的"技穷"，预示着王阳明学派风靡一时的日子就要结束了。

耿定向是个封建卫道者，这一特点，在他对李贽思想的否定中表现得尤为突出。

李贽（1527—1602），号卓吾，又号宏甫，别号温陵居士，福建泉州府晋江县人。二十六岁中福建乡试举人，三十岁任河南辉县教谕，此后，长期做小官，四十岁时开始接触王阳明学说。1572年（隆庆六年），李贽任南京刑部员外郎期间，结识耿定向和耿定理。1577年（万历五年），李贽出任云南姚安知府，1580年（万历八年）辞官不做，次年赴黄安，寄住于耿定理家。1584年（万历十二年），耿定理去世，李贽曾一度离开黄安，旋又返回。当时，耿定向正在北京做官，他怕李贽教坏了他的子侄[1]，"令后学承风步影，流毒百世之下"（《求儆书

---

[1] 袁中道：《李温陵传》："子庸死，子庸之兄天台公惜其超脱，恐子侄效之，有遗弃之病，数致箴切。"见《珂雪斋近集文钞》。

后》），因此，几次写信给李贽，指责他的思想。李贽则复信予以反驳，并揭露耿定向"实多恶也，而专谈志仁无恶；实偏私所好也，而专谈汎爱博爱；实执定己见也，而专谈不可自是"（《答耿司寇》）。这一时期，李贽因听说主张杀何心隐者为官僚李幼孜，耿与李为"讲学友"，与张居正也关系密切，处在可以救援的位置上而不敢沾手，因此，更加憎恶耿定向（《明儒学案》卷三十五）。1590年（万历十八年），李贽在麻城刊刻《焚书》，公布了写给耿定向的部分信札，对耿多所批判。当时，耿定向正告病在家，他模仿春秋时卫武公的故事，写作《求儆书》并分发各处，中云：

昔夫子得子路，恶声不至于耳，非子路奋勇，遏绝天下之恶声不至也，意必有以求夫子之失，商补其缺，恶声无自至也。余兹不免恶声至，是亦同，心耻也！何以振我而刷我者？子路为人"好勇力"，《史记》载孔子得到子路后，"恶言不闻耳"（《仲尼弟子列传》）。

耿定向此书表面上是在征求别人对自己的警戒，实际上是在鼓动门徒像子路似的保卫他这位"夫子"。果然，不久之后，就有蔡毅中出面将《求儆书》作序梓行。次年，又在耿定向的支持下撰写《〈焚书〉辨》，进一步对李贽加以攻击。自此，李贽受到耿定向的多方面的迫害。1601年（万历二十九年），李贽避难至通州。次年，被明朝政府逮捕下狱，罪名是："刻《藏书》《焚书》《卓吾大德》等书，流行海内，惑乱人心。以吕不韦、李园为智谋，以李斯为才力，以卓文君为善择佳偶，以司马光论桑弘羊欺武帝为可笑，以秦始皇为千古一帝，以孔子之是非为不足据，狂诞悖戾，未易枚举，大都刺谬不经，不可不毁者也。"（《明神宗万历实录》卷三六九）同年，李贽自杀于狱中。

耿定向很重视他和李贽的辩论，自诩是"为天下人争所以异于禽兽者几希界限"（《求儆书后》）。他对李贽思想的否定主要集中在三个问题上。

一、对孔、孟和孔、孟之道的态度

李贽反对学习孔孟。他认为：人，不必取给于孔子而后足，不必舍弃自己，以孔子为学。孔子也没有教人非学他不可。谁学孔子，就是效颦学步的丑妇贱态。孟子学孔子，所以孟子算不得大丈夫。汉、唐、宋三代都以孔子的是非为是非，所以就没有是非。"六经"《论语》《孟子》等书有的是史官过分的"褒崇之词"，有的是臣子的不恰当的"赞美之语"，有的则是"迂阔门徒""懵懂弟子"对于师说的回忆，因此，有头无尾，得后遗前，大半不是圣人之言；即使是那些出自圣人的，也不过是因病发药，随时处方，不是什么"万世之至论"。它们是道学的口实，假人的渊薮。他要求各种思想"并育而不相害""并行而不相悖"。李贽的这些思想，见其所著《答耿中丞》《童心说》《藏书·世纪列传总目前论》等文。

耿定向则认为：孔子是"万世之先觉"，他的学说可以"贯通天下万世"，是"万世师"。人不能没有孔子，离开了孔子就过不了日子。耿定向要求大家"寻孔、孟血脉，走孔、孟途径"，学习"六经"。他说："吾孔氏揭学之一字，以陶天下万世，至其所以为学者，六经具矣。"说"孔氏"不够，还要加上一个"吾"字，以示其和孔子不可分割的联系。

耿定向的这些思想，见其所著《伊尹先觉论》《万历癸未书勉新进士》《书扇》等文中。

孔子思想是中国封建社会的统治思想，西汉以后的历代统治者大都把孔子的一套当作宗教教条强迫人民信奉。李贽敢于对此挑战，破除对孔子的偶像崇拜，而耿定向则竭力维护这种崇拜。李贽是进步的，耿定向则是落后、保守的。"并育而不相害""并行而不相悖"，李贽要求各种思想和平共存，这种思想是错误的、不可能的。在阶级社会中，思想斗争大都是政治斗争直接或曲折的反映，人类历史是进步的阶级不断战胜反动的阶级的历史，人类思想也是真理不断战胜谬误、香花不断战胜毒草的历史。各种思想不可能和平共存。但是，在封建地主阶级把孔子的一套当作宗教教条，用孔子的思想去统一人们的思想时，李贽的"并育而不相害""并行而不相悖"的思想又有其历史的进步性，它实际上反对封建地主阶级的思想禁锢政策，要求给孔子的思想以外的各种思想以存在和发展的余地。

二、对若干封建道德的态度

西汉时有个卓文君，是大商人卓王孙的女儿，喜欢音乐，丧夫家居，与文学家司马相如相爱，共同逃往成都。对于这件事，李贽表示赞许，认为卓文君不待父母之命，自行择配，"忍小耻而就大计"，办得好；不这样的话，必然"徒失佳偶，空负良缘"。

五代时有个冯道，是后唐的大学士、司空。后晋灭唐，冯道归晋，任司徒、中书令。契丹灭晋，归附契丹。后汉建立，归汉任太师。后周灭汉，又归周，任太师中书令。冯道总计历仕四朝，在相位二十多年。李贽认为冯道懂得"社稷为重，君为轻"的道理，他这样做，是为了"安养斯民"，使无辜的老百姓免遭"锋镝"涂炭之苦，因此，虽然先后在不同朝代的几个皇帝手下做事，也并没有什么不妥。

必须指出的是，冯道并不是一个值得肯定的人物，李贽推崇冯道，是错误的。但他的目的是通过这一典型，来反对必须忠于封建皇帝一家一姓的传统观念。这在当时是有进步意义的。

在这个问题上，我们还可以联系李贽对韩信的态度来一起加以考察。韩信在刘邦部下做齐王时，蒯通曾劝韩信造反，韩信不肯，说："汉王遇我甚厚，载我以其车，衣我以其衣，食我以其食"，不可以向利背义。对于这件事，李贽评论说："真可笑。蒯通说得极透彻，尚然不醒！渠解衣推食为着甚的，不过诱你作他奴才耳！这等岂可唤作恩！可称呆狗！"蒯通劝韩信造反，被李贽誉为"说得极透彻"；韩信忠于刘邦，却被骂为"呆狗"。

对于儒家道德观念的核心"仁"，李贽也不表赞成。他认为天下人之所以生活不安定，不得其所，其原因就在于"贪暴者"的骚扰和"仁者"的为害。对于儒家所大力倡导的"孝""悌"等道德观念，李贽有时也态度消极，认为是"痛痒之末"。李贽主张："穿衣吃饭即是人伦物理。除却穿衣吃饭，无伦物矣。"意思是穿衣吃饭就是道德观念，除此之外，就不应该有别的什么道德观念了。李贽认为，圣人没有什么"不容已"的"道理"可以示人，也不应该用一种"条理"去要求别人。他说："夫天下之民物众矣，若必欲其皆如吾之条理，则天地亦且不能。"

李贽的这些思想见其所著《藏书·司马相如传论》《冯道传论》《答耿中丞》《答邓石阳》等文及袁中道的《柞林纪谭》。

和李贽相反，耿定向主张："以一德教臣忠，以一本教子孝，以从一教妇贞。"在耿定向看来，青年男女的自由恋爱是"父母国人之所贱"，卓文君、司马相如的婚姻，无论如何不能学。他说："若相如挑琴于卓氏，不敢曰此赤亦率性无碍也。"他认为女人寡居了，就不能再嫁，饿死事小，失节事大。对于冯道，耿定向则认为连禽兽都不如。推崇冯道，其结果是"子焉而弗父其父，臣焉而弗君其君，妇焉而弗夫其夫""天柱蹶""地维裂""竟成何世"，世界要不成其为世界了。对于"仁"，耿定向认为那是"人之所以人"的基本标志。对于"孝悌"，耿定向认为那是基本的道德观念："除却孝弟，更明何德"，"性命之理，岂复外于孝悌之行哉"！耿定向认为，"父子有亲，君臣有义，夫妇有别，长幼有序"乃是"自有生民以来不容改易的模样"，是"根心不容已的道理"，不仅不可不依仿，而且不能不依仿，不容不依仿，"万世为天下道，为法为则"，是丝毫不能改变的。

耿定向的这些思想，见其所著《求儆》《冯道论》《与李公书》《与吴少虞》《与邓令君》等文。

封建道德是为巩固封建经济基础服务的上层建筑。从与封建道德观念相关的斗争中，可以看出，李贽是进步的，而耿定向则是落后、保守的。

还须指出的是，李贽反对用一种"条理"去要求别人，认为圣人没有什么"不容已"的"道理"可以示人，这一思想在当时有其历史进步性，但同样是错误的。在社会的生产斗争和阶级斗争中，人们总会提出各种各样的"条理""道理"，要求大家去遵守它、信仰它；问题在于，它们的阶级内容和历史内容是进步的还是反动的，不能笼统地反对一切"条理"和"道理"。

三、对人性的看法

李贽认为，自私是人的本性，圣人也不例外。他说："农无心，则田必芜；工无心，则器必窳；学者无心，则业必废。……夫私者，人之心也。"又说："趋利避害，人人同心，是谓天成，是谓众巧。"它们都出于"禀赋之自然"，是天赋本能。李贽肯定人的物质欲望，认为眼、耳、鼻、舌、身等是天生的，必须用"富贵利达"来满足它们的需要。他说："富贵利达所以厚吾天生之五官，其势然也。"李贽主张顺人之性，"各从所好，各骋所长"，听任人们自由发展。你性格"舒徐"也好，"旷达"也好，"雄迈"也好，"沉郁"也好，"古怪"也好，重要的是保持这"未雕未琢"的"自然之性",不可以"一律求之"。

李贽的这些思想,见其所著《藏书·德业儒臣后论》《答邓明府》《明灯道古录》《答耿中丞》《读律肤说》等文。

耿定向则认为:人应该"明明德于天下万世""视其身为天下万世公共之身""上下君民,原吾一体,休戚痛痒,本自相关",不应该"为一身一家私图计""为一时一世近利谋"。眼、耳、鼻、舌、身的官能需要虽然是"性",但还不是"性"的根源。他说:"口之于味,目之于色,耳之于声,是人之生机,使五者不知欲,便是死人,安得不谓之性?然直穷到根蒂上,此等俱从理生。若一纵其性而不知节,可成世界否?是以达人于此寻向上根源。"在耿定向看来,人的"本心"就是恻隐、羞恶、辞让、是非、仁、义、礼、智、忠、孝这些道德观念,必须在这些方面"竭力致身,务尽其心",才算是懂得了人的天性。

耿定向的这些思想,见其所著《求放心》《伊尹先觉论》《口之于味章》《警言》《求儆》等文。

人的本性并不是人的生物性,人是有思想、有意识的。马克思、恩格斯指出:"人们的意识,随着人们的生活条件、人们的社会关系、人们的社会存在的改变而改变。"[1]私有观念是私有制出现以后的产物,在共同劳动、共同生活的原始共产主义社会里,人们就不懂得私有观念为何物。李贽把人看作只有官能物质需要的生物,认为自私是人的本性,这种思想是极端错误的、有害的。但是,在当时的历史条件下,它又具有和宋、明道学对立的意义。

不同阶级有不同的公私观。封建地主阶级有自己阶级的公共事务,有自己阶级的整体利益和长远利益。因此,封建地主阶级也提倡所谓"公",反对所谓"私","克去己私"就是宋明道学在修养上的重要要

---

[1] 马克思、恩格斯《共产党宣言》,人民出版社1964年版,第43页。

求。而实际上,封建地主阶级所提倡的"公"掩盖着的乃是最卑鄙的"私"。即以耿定向为例,他鼓吹什么"明明德于天下万世""视其身为天下万世公共之身",似乎很为"天下万世"着想,究其实,他所说的"公"不过是地主阶级之"公",他所说的"天下万世"不过是地主阶级的长远利益和整体利益,是为了让地主阶级可以千秋万代地剥削人民、压迫人民。他们是虚伪的、口是心非的。李贽揭露耿定向说:"试观公之行事,殊无甚异于人者……均之耕田而求食,买地而求种,架屋而求安,读书而求科第,居官而求尊显,博求风水以求福荫子孙。种种日用,皆为自己身家计虑,无一厘为人谋者。及乎开口谈学,便说尔为自己,我为他人;尔为自私,我欲利他……所讲者未必公之所行,所行者又公之所不讲。"(《答耿司寇》,《焚书》卷一)这一段话,生动地勾画出了耿定向一流道学家的虚伪面目。

"各从所好,各骋所长",李贽的这一思想提倡个性解放,也是有其错误的方面。在阶级社会中,人的本性就是人的阶级性,没有也不可能有超越阶级性的"自然之性"。为了社会进步和人民的利益,总有一些阶级要被打倒,一些阶级的"人性"要被改造。但是,在封建社会里,在地主阶级企图用"道学",用封建道德来"改造"人们的"人性"时,李贽主张"各从所好,各骋所长",反对"一律求之",又有其历史的进步性。

李贽和耿定向的分歧还有不少,这里不一一列举。

可以看出,李贽和耿定向的分歧核心是对以孔、孟为代表的儒学正统和封建道德的态度。尽管李贽思想有着很大的软弱性和不彻底性,在其他一些场合,李贽也讲过肯定孔、孟,肯定封建道德的话,但是,从李贽身上,总表现出某种摆脱儒学正统束缚,摆脱封建道德束缚,要求自由发展的倾向。而耿定向则总是竭力维护儒学正统,竭力维护封建道德。

李贽受过泰州学派的某些影响。1574年（万历二年），他曾在南京拜王襞为师。在他的著作里，对于王艮、罗汝芳、何心隐等泰州学派的代表人物大都做了热情的肯定，说是"心斋真英雄，故其徒亦英雄也"（《为黄安二上人三首》，《焚书》卷二）。此外，李贽哲学中的某些命题和泰州学派也有其相似之处。例如，泰州学派讲"百姓日用"，李贽也讲"百姓日用"；泰州学派讲"无为"，李贽也讲"无为"；泰州学派讲"赤子之心"，李贽讲"童心"；泰州学派讲"自然之谓道"，李贽讲"自然之性"等，但是，它们的内容并不相同。

泰州学派讲"百姓日用"，讲"赤子之心"，讲"自然之谓道"，是为了论证封建道德的先验性和全民性，讲"无为"，是要人民放弃认识现实、变革现实的努力。李贽讲"百姓日用"，讲"童心"，讲"自然之性"，是为了在某种程度上摆脱封建道德的束缚，讲"无为"，是要封建统治者放弃对社会生活的干预，让人们自由发展。

从王艮起，几乎所有泰州学派的人都推尊孔子、孟子。王艮认为："自古英雄谁能此？开辟以来惟仲尼"（《大成学歌》），孔子乃是自有历史以来的头号英雄人物。罗汝芳则认为，老天爷生下孔、孟，是为了给"万世人定魂魄，立性命"，"吾人凡事皆当以孔子为法"（《近溪子集》第五册）。何心隐则更将孔子推尊为讲学的祖师爷。在北京时，曾创建复孔堂，大力提倡复孔（邹元标《梁夫山传》）。由于王阳明主张"个个人心有仲尼"（《咏良知四首示诸生》，《王文成公全书》卷二十），为了防止这一思想削弱孔子的权威，周汝登特别声明："求仲尼于鲁国，而不识自心之仲尼，此是向外驰逐，谓之愚痴；执自心之仲尼，而将鲁国之仲尼抹煞，可乎？不可乎？"（《东越证学录》卷九）

也是从王艮起，几乎所有泰州学派的人都推尊封建道德。王艮强调"君臣大伦"，提倡"孝"道，讲"仁者以天下万物为一体"。罗汝芳主张"天下最大的道理只是仁义"(《近溪子集》第五册),提倡"以孝悌慈和为治"(《近溪子集》第六册),何心隐则大讲"人则仁义,仁义则人",讲"尊尊以君君,亲亲以父父"(《辩无父无君非弑父弑君》)。

在这些问题上,李贽和泰州学派对立。因此,李贽的思想不属于泰州学派。可以说,是晚明的真正的"异端"思想。

结束语

泰州学派是王阳明学派的一个分支。它和王阳明学派有共同点，同时又有着自己学派的特色。

一个人，为什么眼睛能看，耳朵能听，口能发声，手能持，足能行，知疼、知痒、知冷、知热、思食、思饮、思衣……王阳明和泰州学派都不了解这是高度发展的物质——人的肉体，特别是人的神经系统的作用，它是人体物质的一种固有的功能。相反，他们却认为人有一种精神性实体，正是这种精神性实体使得人有了肉体的形躯，使得眼能看，耳能听，口能发声，手能持，足能行……他们把这一精神性实体称为"心之本体"。这样，就把人的生理本能看成是超越于物质、创造物质的某种精神性的东西。是精神产生了物质，而不是物质产生了精神。

从这个头足倒立的颠倒的世界观出发，王阳明和泰州学派都竭力吹捧人的主观精神的作用。他们不仅认为人的主观精神是人的肉体的本原和主宰，而且是宇宙和社会的本原和主宰。"立吾身以为天下国家之本"，在中国哲学史上，王艮把这种主观唯心论更多地引进社会历史领域，提出了他的"淮南格物"论，从宇宙观上的"唯我论"导出了个人创造世界、道德创造世界的唯心史观。

在认识论上，王阳明和王艮都同属于先验论。他们都把人的道德观念和人的生理本能混淆起来，认为道德观念是先天就有、人人具足的。不同点是：王阳明认为"心之本体"可能被蒙蔽，因而，要向内用功，通过一系列的内心修养功夫以复归这个"本体"。而王艮和泰州学派的许多人则认为这个"本体"不可能被蒙蔽，"现现成成""分分明明""亭亭当当"，只要体认一下这个"心之本体"，就可以立地成圣。他们不仅反对程颐、朱熹的唯心主义的向外用功的路线，而且，也反对王阳明的烦琐的向内用功的路线，主张"不费些子气力"，本能地恪遵封建道德。这就把宋明道学的唯心主义认识路线空前地简易化了。

由于泰州学派把人的视、听、持、行等日常生理动作和人的道德观念都看成是精神性本原——"心之本体"的作用。这样，他们就必然认为"百姓日用是道"，把人的一切形体动作、生理知觉都看成是"道"的表现；必然认为"满街人都是圣人"。泰州学派这样说，是为了论证封建道德观念是天赋的、人人具备，是为了提高愚夫愚妇成圣、成贤的信心，加强和扩大封建道德对人民的控制和影响，适应将王阳明学说向社会下层传播的需要。

泰州学派是封建道德的鼓吹者。在明代中叶尖锐的阶级矛盾中，泰州学派提倡自反、自责，爱人直到人亦爱，用容忍和退让去感化罪恶，"一切不见人之不是"，要人们放弃对黑暗现实的任何抗议和不满，放弃一切认识现实、变革现实的愿望和努力，既无为，又无心，安于现状，浑浑噩噩地生活，高高兴兴地受剥削、受压迫。

泰州学派的创始人王艮是劳动阶层出身，后来，由于经济地位的改变，产生了为地主阶级服务的哲学思想。泰州学派曾经在劳动人民中有过较多的传播，少数劳动者受过毒害。韩贞是突出的代表。

从主要的方面看，泰州学派的社会作用是反动的。

但是，任何事物都有其两重性。

人的道德观念在社会生活实践中形成，人的道德品质的锻炼有其过程。泰州学派反对宋明道学一系列的修养方法，把宋明道学的唯心主义认识路线空前简易化，简易化到了"不费些子气力"的程度，这也就取消了封建道德修养。

封建道德观念是封建地主阶级制定的行为规范。泰州学派把人的视、听、持、行等一切日常生活动作都说成是"道"，什么都是"道"，也就等于没有"道"。这就又存在着取消封建道德规范的可能。

圣人是地主阶级理想中的人性典范。泰州学派主张"满街人都是圣人"，人人都是圣人，事实上也就等于取消了圣人。

人的生理本能和人的道德观念不是一回事，泰州学派把这两者混淆起来，认为都是"道"的作用，这就有可能把人的生理本能也看作"道"，从而"认欲为理"。

"六经"《论语》《孟子》等书是儒家的经典。泰州学派虚构了一个先天自足的精神本原——"心之本体"，认为"六经"等书都是"吾心之注脚"，"心即道，道明则经不必用，经明则传复何益"（王艮《年谱》）。这就把"六经"的位置放到了"吾心"之下，泰州学派中的某些人更进一步认为"六经未了性中玄"，"道"不可以语言文字求，主张"经"也不必读。自然，这对地主阶级用"圣经贤传"来控制人们的思想是不利的。

从这些方面看，泰州学派又对宋明道学起着一定的破坏作用。

清朝的陆陇其说：

> 自阳明王氏倡为良知之说，以禅之实而托儒之名，且辑《朱子晚年定论》一书，以明己之学与朱子未尝异。龙溪、心斋、近溪、海门之徒从而衍之……其弊也至于荡轶礼法，蔑视伦常，天下之

人恣睢横肆，不复自安于规矩绳墨之内，而百病交作。(《学术辨》上,《三鱼堂文集》卷二)

陆陇其这里提到的王门后学，除王畿外，王艮、罗汝芳、周汝登都属于泰州学派。"荡轶礼法，蔑视伦常"，正是指泰州学派的思想对于宋明道学所产生的破坏作用。

物极必反，事物都在一定的条件下走向它的反面。泰州学派是宋明道学的一部分，但是，当它把有些命题强调到了过分的、绝对化的地步时，它也就为自身的消亡准备了条件。

两个唯心主义学派的争吵常常有利于进步学派的产生。明代中叶，王阳明学派对程朱学派的批判，动摇了元明以来官方正统哲学的地位，泰州学派的传播又在一定的程度上破坏着宋明道学，这样，李贽的道学反对派的思想就应运而生了。李贽思想的产生，标志着宋明道学已经山穷水尽。在李贽之后，明清之际，唯物主义思潮就空前地高涨起来了。

选自《泰州学派》，(北京)中华书局1980年10月第1版

后记

本篇初稿完成于 1973 年。1980 年出版时，做了部分修改。2022 年编辑本书时，又做了小部分修改。

长期以来，泰州学派被认为是一个具有丰富人民性和异端色彩的唯物主义学派，本书的看法与此相反。相信通过深入的研究和讨论，这一问题将不难解决；我们对宋、明时代的哲学及其发展规律的认识，也将因此进一步得到丰富。

对中国哲学史，著者懂得很少。本书所论，可能有不少谬误。20 世纪 60 年代初，著者就曾在关于王艮的一篇文章后面附言："谨待教。"现在仍然持同样的态度。

原中华书局编辑包遵信鼓励著者写作本书，李学勤、谭家健、吕景琳诸同志细心地审读稿子，提出了不少重要意见，谨此致谢。

附录

君子：儒学的理想人格

——在韩国全南大学的报告

儒学理想人格的最高境界是圣人，但是，圣人千载难求，因此，儒学设计了一种相对易于达到的人格标准，这就是"君子"。孔子说："圣人，吾不得而见之矣，得见君子者，斯可矣。"（《论语·述而》）后来，朱熹就将"君子"定位为二等"圣人"。他说："君子者，才德出众之名"，"次于圣人者也"（《朱子语类》卷二四）。在中国历史的漫长发展中，"君子"长期是中国人心目中的人格典范。2001年，我在美国斯坦福大学和儒学史专家墨子刻（Thomas A. Metzger）教授讨论中西文化异同时，墨子刻教授说："你们中国人提倡的是君子道德，我们美国人提倡的是小人道德。"我要求他进一步解释。他说："你们中国人对人的道德有很高的要求，我们美国人则只要求人守法、纳税，要求很低。"应该承认，墨子刻教授的这一分析很有见地，它从一个方面总结了中国和美国、东方和西方各自的文化特点。这次会议以"君子"为主题词，讨论"君子精神"和二十一世纪的关系，试图超越时空，架构东方古老文化和现代世界之间的桥梁，反映出主办者的慧眼和卓识。

一、先秦时期的"君子"精神

"君子"一词在先秦典籍中多见。《周易》提到"君子"64 处,《诗经》提到 99 处,《春秋左传》提到 141 处,《论语》提到 86 处,《孟子》提到 54 处,可见其使用频率之高,也可见此词在当时社会生活和人的精神生活中的重要性。

何谓"君子"？先秦时代最初只指有地位的人,后来才逐渐向有道德的方向转化。《周易》在提到"君子"时,多次提到"王""大人""大君",有时指的就是"王"。孟子说："无君子莫治野人,无野人莫养君子。"(《孟子·滕文公上》)可见,"君子"是处于社会上层的统治者,《周易》等先秦儒家经籍所提出的道德修养都针对统治者而言,后来才缓慢地演化为对知识分子和社会公众的一般要求。

《周易》为"君子"提出了多方面的人格要求：

1. 要像天的运行一样"自强不息",永不休止。见《周易·上经·乾》。

2. 要观察天道、民风、民情。("君子尚消息盈虚")("观我生")("通天下之志")分别见《周易·上经·剥》《观》《系词上》。

3. 要能跟得上时代的发展变化,与时代共同前进。("与时偕行")见《周易·上经·乾》。

4. 要不断、及时增进自己的道德,修治自己的功业,内心正直,行为方正。("君子进德修业,欲及时也")("君子以自昭明德")("敬以直内,义以方外")分别见《周易·上经·乾》《下经·晋》《上经·坤》。

5. 增进道德的途径：一是自我反省。"反身修德""见善则迁,有过则改"。二是自我克制。"非礼勿履"。三是向古人学习。"多识前言往行，以畜其德。"四是与"朋友讲习"。五是"远小人"等。分别见《周易·下经·蹇》《下经·益》《下经·大壮》《上经·大畜》《下·经兑》《遁》。

6. 要谨慎谦虚，整天忧愁戒惧，夜里也战战兢兢。（"终日乾乾，夕惕若"）（"恐惧修省"）（"谦谦君子，用涉大川"）分别见《周易·上经·乾》《下经·震》《上经·谦》。

7. 要以仁德，甚至以"损上益下"的办法争取人民的拥护。（"君子体仁足以长人"）（"厚德载物"）（"君子得舆，民所载也"）（"损上益下，民悦无疆"）（"劳民劝相"）分别见《周易·上经·乾》《上经·坤》《上经·剥》《下经·益》《下经井》。

8. 文辞要诚实，说话要有内容；做事要坚定，持久不懈。（"修辞立其诚"）（"言有物，行有恒"）分别见《周易·上经·乾》《下经·家人》。

9. 要坚定不移地实现自己的志向，甚至为此献出生命。（"致命遂志"）见《周易·下经·困》。

10. 要"得中道"，不采取极端、偏激的态度。处事要公平，取有余而补不足，权衡事物，公平施与。（"裒多益寡，称物平施"）见《周易·上经·蛊》《谦》。

11. 要正确处理上下关系：不谄媚上级，不轻视下级。居于高贵地位而不骄傲，居于下位而不烦恼。（"上交不谄，下交不渎"）（"居上位而不骄，在下位而不忧"）分别见《周易·上经·豫》《上经·乾》。

《周易》是一本占卜书，它所要解决的是何者为"吉"的问题，但是，"吉"与"善"密切相关，因此《周易》关于"君子"的阐述也就具有伦理意义，反映出古代中国人对个体理想人格的追求。朱熹称：圣人作《易》，本来是为了解疑断惑，并不是要"说道理"，但是，"理却在其中"。（《朱子语类》卷五六）朱熹所说，主要就是指的《周易》的伦理学意义。

在先秦典籍中，全面阐述个体理想人格的是《论语》一书。《论语》对"君子"精神的阐述和《周易》有不少相同之处，但是，它在论述"君子"精神时特别强调以"仁"为核心道德，这是孔子的创造，也是孔子思想对中国伦理学的最大影响所在。关于仁的内容，《论语》有多种说法，主要有三点：第一是正确处理家族关系，孝父敬兄。"君子务本，本立而道生。孝悌也者，其为仁之本与？"（《论语·学而》）第二是"爱人"，将家族之爱推及百姓。"君子学道则爱人，小人学道则易使。"（《论语·阳货》）第三是克制自己，按"礼"的要求规范自己的行动。"非礼勿视，非礼勿听，非礼勿言，非礼勿动。"（《论语·颜渊》）孔子将"仁"作为"君子"精神的最重要的内容，要求任何时刻、任何条件下都不能违离。见《论语·里仁》。以"仁"为核心，"君子"精神向各方面辐射。

在与百姓的关系上，孔子要求："其养民也惠，其使民也义。"（以恩惠教养民众，使用民众要合乎道义）见《论语·公冶长》。"周急不继富"（救济有困难的穷人，而不去帮助富人更富）见《论语·雍也》。"信而后劳其民"（取得民众的信任后再去使用他们）见《论语·子张》。"因民之所利而利之"（选择对民众有利的事情，使民众获利）见《论语·尧曰》。

在人与人的关系上，孔子要求和谐。《论语》提出："己所不欲，勿施于人"（自己不想要的，不要加给别人），见《卫灵公》篇。"己欲立而立人，己欲达而达人"（要想自己站得住，就要帮助别人站得住；要想自己过得好，就要帮助别人过得好），见《雍也》篇。"成人之美，不成人之恶"（成全别人做好事，不成全别人做坏事），见《颜渊》篇。"人不知而不愠"（别人不了解自己不生气），见《学而》篇。《论语》又提出："周而不比"（团结人，但是不勾结），见《为政》篇。《子路》篇提出："和而不同"（协调而不苟同）。《卫灵公》篇提出："矜而不争，群而不党"（庄重而不争论，合群而不结党）。

在义利关系上，孔子要求将义放到第一位，《论语·阳货》提出："君子义以为上"（君子将义视为上等品德）。《论语·里仁》提出："君子喻于义，小人喻于利"（君子懂得大义，小人懂得私利）。

在对物质生活的态度上，孔子提出"君子固穷"，要求安于贫困（《论语·卫灵公》），同时要求"食无求饱，居无求安"（吃东西不要求饱足，居住不要求安逸）（《论语·学而》），要做到以道德为重，"谋道不谋食，忧道不忧贫"（谋求道德而不谋求吃饭，担忧道德而不担忧贫穷），要像他的学生颜回一样，一竹筐饭，一瓜瓢水，住在破旧的小巷里，却仍然很快乐。《论语·卫灵公》

在言行关系上，孔子提倡少说多做，反对言过其实，要求做到"敏于事而慎于言""讷于言而敏于行""耻其言而过其行"。分别见《论语·学而》《里仁》《宪问》。

在修养途径上，《论语》提出："博学于文，约之以礼"（广博地学习文化，用礼法约束自己）；"就有道而正焉"（向有道德的人学习）；"无友不如己者，过则勿惮改"（不要跟不如自己的人交朋友，有过错要不怕改正）；"内省不疚"（自我反省而不感到惭愧）；"君子求诸己"（君子要求自己）。分别见《论语·雍也》《学而》《颜渊》《卫灵公》。

在精神风貌上，孔子提倡："文质彬彬，然后君子"（文采和质朴搭配得当）；"君子坦荡荡""不重则不威""敬而无失"（谨慎而无过失）；"泰而不骄"（安详而不傲慢）；"望之俨然，即之也温，听其言也厉"（远远望去很庄严，接近之后很温和，听他说话很严厉）；"正其衣冠，尊其瞻视"（衣服帽子穿戴整齐，目光端正）。分别见《论语·雍也》《述而》《颜渊》《子路》《子张》《尧曰》。

在生活细节上，《论语·乡党》提出："割不正，不食""席不正，不坐"。

孔子要求保持并坚守自己的人格。《论语·阳货》提出："磨而不磷，涅而不缁"（磨而不薄，染而不污）；《论语·卫灵公》提出："无求生以害仁，有杀身以成仁"（因贪生而损害道德的事不能干，相反，为了维护道德，应该牺牲生命也在所不惜）。

"君子怀德。"《论语》将"德"作为"君子"最重要的特征，要求统治者成为道德表率，首先要"修己以敬"，严肃、认真地修养个人道德，然后才进一步去治理国家、天下，"修己以安人"，"修己以安百姓"。在孔子看来，"君子"应该成为民众的表率，只要"君子"的行为都符合"礼"的规范，那么，国家、天下的问题也就同时解决了："君子笃于亲，则民兴于仁"（《论语·泰伯》）。"一日克己复礼，天下归仁焉。"（《论语·颜渊》）烦难、复杂的问题就轻松、简单地解决了。

《孟子》一书继承《论语》的思想，将"仁"作为"君子"的核心道德。《孟子》的新贡献是：将以"仁"为核心的道德规范进一步扩大，并且力图将它们说成是与生俱来，先天自足。他说："君子所性，仁义礼智根于心。"（《孟子·尽心上》）在孟子看来，仁义礼智等道德规范都是天然人性，不学而知。基于此，孟子提出了他的"存心""养心"的修养论，将人的道德修养视为对人的天性的一种复归。在修养途径上，《孟子·尽心下》提出："养心莫善于寡欲。"这些思想，都下启宋明理学的先河。不过，《孟子》一书在伦理学上给人印象最深的还是"富贵不能淫、贫贱不能移、威武不能屈"以及"吾善养吾浩然之气"的名言。它们虽然不是针对"君子"立论，但显然与"君子"精神相通。

先秦儒学对于"君子"精神的论述体现出中国人对道德修养和道德功用的极端重视，这一传统历代相传、绵延久远，构成中华文化最重要也最鲜明、最亮丽的色彩。余英时说："在西方和其他文化中，只有出世的宗教家才讲究修养，一般俗世的知识分子从没有注意及此。中国知识分子入世而重精神修养是一个极显著的文化特色。"[1]这是抓住了中国文化与其他文化的相异之点的。

关于中国先秦社会的性质,中国学术界意见分歧,恐怕在相当长的时期内都难以得出令人信服的科学结论,因此,在研究先秦儒学时,也就难于联系社会、历史条件做出科学的评价,但是,我们仅就"君子"精神这一伦理学的问题考察,不难发现:它既有原始人道主义、原始民主思想以及民本主义的成分,也有维护等级制社会秩序的保守方面;既有适用于特定时期、特定社会阶层的内容,也有适用于各个时期、各种社会形态的普遍价值。

中国古代有两种征服或统治天下的方式。一种是以德服人,即通过当权者本人的道德力量来赢得和争取民心;一种是以力服人,即通过法律、刑罚、军队来慑服民众。前者可以称为"德治"和"王道",后者可以称为"力治"或"霸道"。人类社会的最初组织形式是原始氏族制。它的领袖人物除了过人的智慧和力量外,一定要具有为氏族成员所共同钦仰的道德。先秦儒家主张"为政以德",歌颂德治,提倡"君子"精神,表现出来的是一种对远古的思慕与怀念,而其实质则是对当时"相竞以力"的现实的不满与抗议。在春秋、战国时期,它是迂腐的、不适时宜的,但是,提倡爱人,要求关怀民众、以民为本,追求"仁政",向往"大同"社会,反对"苛政""暴政",这又是一种富于人民性的政治理念。

人类社会虽有种种形态,各个国家、各个民族的情况也存在着各种各样的差异,但是,人类社会又有共同点,各个时代、各个国家、民族的人在追求真、善、美的过程中,常常面临许多相同或相似的问题。先秦儒学在阐述"君子"精神时提出的许多个人行为和处理人与人关系的准则,所表现出来的对个人道德的热烈而执着的追求,所要求的入世、

---

[1] 余英时:《士与中国文化》,上海人民出版社 2003 年版,第 122 页。

救世精神，都是具有普遍价值的永恒的"善"、永恒的"美"。它所提倡的"致命遂志""临大节而不可夺"以至"杀身成仁"的精神更表现出一种崇高的正气。孟子曾经慨叹："人之所以异于禽兽者几希！"先秦儒学提倡"君子"精神，使人远离动物性，成为高尚的、有道德的人，以至成为伟大的人。长期以来，"君子"精神影响着、锻铸着中国人的民族心理和民族性格。鲁迅说："我们自古以来，就有埋头苦干的人，有拼命硬干的人，有为民请命的人，有舍身求法的人，……虽是等于为帝王将相作家谱的所谓'正史'，也往往掩不住他们的光耀，这就是中国的脊梁。"[1]这种情况，不能说和"君子"精神的提倡没有关系。

先秦儒学所提倡的"君子"精神的缺陷之一是维护长幼尊卑的等级秩序。众所周知，礼是周初确定的一整套典章、制度、规矩和仪节的总称，贯穿于社会生活的各方面，不同的社会等级有不同的规定，不能僭越。《周易》主张"辨上下，定民志"；孔子主张"君君、臣臣、父父、子子"，"克己复礼"，"其事上也敬"，不仅反对"犯上作乱"，甚至连对在上者说几句讽刺的话都讨厌。《论语·阳货》提出："(君子)恶居下流而讪上者。"这都是在维护等级制的权威与稳定。至于《周易》和《论语》都主张的"思不出其位"，就进一步将人的思想也束缚在特定的等级框架中了。

先秦儒学所提倡的"君子"精神的缺陷之二是鄙视生产，将生产以及与生产相关的技术活动都视为"鄙事"。孔子在少年时因为家境贫寒，学会很多技艺，但孔子却以此为耻。《论语·子罕》："吾少也贱，故多能鄙事。君子多乎哉？不多也。"樊迟向他请教如何种庄稼，种菜，被孔子视为"小人"。(《论语·子路》)宋明儒学继承了这一思想，朱熹就将农圃、医药、百工等称作"小道"，要人们不必在此类领域多下功夫。

---

[1]《中国人失掉自信力了吗？》，《鲁迅全集》第6卷，人民文学出版社1981年版，第118页。

他说:"小道不是异端,小道亦是道理,只是小""只一向上面求道理,便不通了"(《朱子语类》卷四九)。应该承认,这对于科学的发展、生产的发展,是有弊无利的。

二、通向君子之途——"克人欲,存天理"

怎样成为"君子",孔子指出的途径是"克己复礼"。宋明儒学虽有程朱学派、陆王学派的分歧,但都共同主张"克人欲,存天理",以此作为通向君子以至圣人的途径。

什么是"人欲"。朱熹在有的地方提出:低水平的为维持人的生存所必需的物质要求是正当的、可以允许的,而高水平的物质生活要求则是"人欲"。例如:夏天穿薄衣,冬天穿厚衣;渴了要喝水,饿了要吃饭,这是"理所当然"。但是,如果要求衣服必须精细,吃饭必须盛美,这就是"人欲"了。(《朱子语类》卷六一)朱熹在有些地方又提出,"是"与"非"是判别"天理"与"人欲"的标准。例如坐得端端正正,立得恭恭敬敬,是"天理",而坐得随随便便,立得歪歪斜斜,就是"人欲"。他说:"一言、一语、一动、一坐,一立、一饮、一食,都有是非,是底便是天理,非底便是人欲。"(《朱子语类》卷三八)还有些地方,朱熹则直接以"礼"作为"天理""人欲"的标准,例如,中国古代规定,供天子观赏的乐舞可用八佾(8行,每行8人),诸侯用六佾,大夫用四佾,士用二佾。鲁国的大夫季氏用了八佾,在朱熹看来,这就是"人欲"。他说:"非礼勿视听言动,便是天理;非礼而视听言动,便是人欲。"(《朱子语类》卷四○)朱熹认为,"天理"来源于天,与生俱来,可以称为"天性",它是纯粹而没有任何渣滓的"善",而"人欲"则来源于人的形体,是后天才发生的。其作用是使"天理"昏蔽不明,不能正常发挥作用,因此是纯粹的"恶"。

宋明理学还有两个与"天理""人欲"相近的概念。这就是"人心"与"道心"。伪《古文尚书》云："人心惟微，道心惟微。惟精惟一，允执厥中。"意思是：人心是危险的，道心是隐微难见的，必须精细地辨别并专一地保持道心，人的行为才能恰到好处。朱熹将这十六个字誉为"尧舜相传之道"。朱熹所说的人心就是人的饥思食、渴思饮等生理本能，源于人的"气质之性"（肉体），而"道心"则指人的忠、孝、仁、义等道德观念，源于"天命之性"。

宋明理学认为"天理人欲不并立"，普遍主张"克人欲，存天理"。朱熹主张，对"人欲"，要像抓"贼"似的，将"人欲"一个一个抓出来，消灭干净。他说："圣人所以下个克字，譬如相杀相似，定要克胜得他。"（《朱子语类》卷四一）王阳明继承朱熹的思想，将"人欲"视为"心中贼"，要求人们"将好色、好货、好名等私，逐一追究搜寻出来，定要拔去本根，永不复起，方始为快。"（《与杨仕德、薛尚诚》，《传习录》）王阳明强调，只要心中有一毫"私欲"，就会"众恶相引而来"，必须铲除干净，使"此心纯乎天理"才是（《传习录》）。

宋明儒学的特点是以哲学论证伦理学。它是在先秦儒学的基础上，吸收了佛学和道教思想的基础上发展起来的。比起先秦儒学，它更加哲理化、细致化、严密化，因此，宋明儒学的"存天理，去人欲"乃是孔子"克己复礼"的新包装。它们的共同特点都在于，将现存社会秩序及其伦理规范视为当然的、铁的法则，要求人们消除一切与之相违背的欲望、思想与行为。秦以后，礼乐崩坏的情况更为严重，礼在社会生活中的规范作用越来越小，哲学家们不得为之做出新的论证。

为了体认"天理"，清除"人欲"，宋明儒学提出了"向外用功"与"向内用功"两条修养路线。所谓"向外用功"，就是通过对天地万物，大而至于日月星辰，小而至于一草一木的探究，体认那个先于万物而又创造万物和人间秩序的"天理"；所谓"向内用功"就是通过内省反求、存养克治等办法（类似于今人所说的思想斗争、自我检讨），提高个人的道德修养。在朱熹那里，还将读圣贤书作为"格物"的重要内容；王阳明认为"心即理"，因此读圣贤书成了并非必要的项目，他说："知识愈广而人欲愈滋，才力愈多而天理愈蔽。"（《传习录上》，《王文成公全书》卷一）发展至末流，更主张"废书不观"了。

宋明儒学以为，道德是通向"太平盛世"的唯一正确道路，只要讲明义理，端正人心，一切问题都可迅速解决。朱熹的朋友陈亮讲求"事功"之学，主张改革政治、经济，将当时的法制"重新洗换一番"，朱熹大不以为然。他说："只就这腔里自有道理。这极易，只呼吸之间，便可以转弱为强，变怯为勇，振柔为刚，易败为胜，直如反掌。"（《朱子语类》卷一一〇）对此，陈亮反唇相讥，批评朱熹等人处于"艰难变故"的民族危机中，只知"议论之当正"，不知"事功为何物"，其结果必将"百事不理"（《上孝宗皇帝第一书》，《陈亮集》卷一）。

人欲并不是坏东西。"食色，性也。"（《孟子·告子上》）人的欲望是多种多样的，饮食、生殖是人的两种基本需要，也可以说是人的两种基本欲望，为维持人的生存、繁衍所必需。可以说，正是人的不断提高物质生活和精神生活的欲望，推动人们不断进行物质和精神生产，并不断提高其水平，社会才得以发展，世界才一天比一天美好。孟子说：天下人都喜欢易牙那样的名厨，师旷那样的音乐家，子都那样的美男子。这是人们共同的喜好，也是人们共同的欲望。人类因为追求美味，才产生了日益丰富的美食文化和日益发达的食品工业。因为喜好悦耳之音，才发展出各种各样的乐器和各种流派的声乐和器乐作品。因为追求美，才发展出越来越精美的纺织品和纺织工业、化妆品和化妆工业。以此类推，人因为想走得快，才产生了车辆、轮船、飞机等交通工具。因为要听得远，才产生了各种各样的有线、无线通信工具。可以说，现存的人类文明都是为满足人类的欲望而发展起来的，人欲是人类发展、社会发展的推进力量。人欲无尽，人类与社会的发展也无尽。人而无欲，人类与社会都将停止发展。

但是，"人欲"又是危险的。一般说来，任何社会产品、财富都是有限的，而"人欲"则是无限的。中国有句成语叫"欲壑难填"，说的就是"人欲"的这种无限性。人为了满足"人欲"，占得更多，享受得更多，就会发生对劳动力和劳动产品的争夺，发生对权力和财富的追求，发生唯利是图、损人利己、尔虞我诈的种种现象。其结果是，人与人之间的矛盾、斗争日益加剧，以至不可调和，进一步诉诸压迫和暴力，社会就会发生动乱以至血与火的战争。因此，听任"人欲"膨胀，必将危害他人，危害社会。为了避免这种状况，维持社会的秩序、安宁和进步，人类有必要制定对有限产品、有限财富的分配制度，有必要将每个人的欲望限制在合理的范围内。中国古代的"礼"，后来的各种各样的等级、身份规定都是为了这一目的，伦理、道德的产生和制定也是为了这一目的。

宋明儒学的错误在于：第一，以伦理为本体，将产生于特定时期、特定社会条件下的伦理、道德视为"天理"，或者将它视为人的本能，与生俱来，不学而知，不习而能。第二，将"人欲"简单化地视为"罪恶"，忽视"人欲"对社会发展的推动作用。第三，片面夸大、神化道德和"德治"的作用，排斥法治，排斥讲求富国强兵的事功学派。其结果是生产不事，富国强兵之学不讲，遂至积贫积弱。鲁迅曾说："宋朝的读书人讲道学，讲理学，尊孔子，千篇一律。虽然有几个革新的人们，如王安石等等，行过新法，但不得大家的赞同，失败了。从此大家又唱老调子，和社会没有关系的老调子，一直到宋朝的灭亡。"[1]这是对历史经验的深刻总结。

宋明儒学的合理内核在于：第一，重视个人的道德修养，主张社会成员，包括皇帝、贵族在内都要自觉地、普遍地进行修养，成为有道

---

[1]《老调子已经唱完》,《鲁迅全集》第7卷，人民文学出版社1981年版，第731页

德的人。这对皇权、官权可以构成一种思想上的限制。朱熹多次要求"格"君心之非，要求皇帝"正心诚意"，就是明证。第二，主张人皆可为圣贤，天性平等，可以极大地鼓舞社会全体成员"立志""修身"的信念与意志。第三，发现"人欲"具有危险性，找到了阻遏罪恶的一条途径。第四，主张道德自律，理性主宰，以理制欲，将人的行为、欲望纳入伦理观念的指导和道德规范的约束之内，防止其恶性膨胀。这是一种理性主义的精神，可以使人彻底摆脱动物的自然本能，成为大写的人、崇高的人，为真理和正义可以牺牲个人一切的人。李泽厚在指出宋明理学对中国民族性格和民族气节形成中的巨大作用后，特别说："宋明理学细密地分析，实践地讲求'立志''修身'，以求最终达到'内圣外王'，把人的社会责任感、历史使命感和人优于自然等方面，提扬到本体论的高度，空前地树立了人的伦理学主体性的庄严伟大。在世界思想史上，大概只有康德的伦理学能与之匹敌或相仿。"（《中国古代思想史论》，第256—257页）

"理"与"欲"是与人类伴生的永恒矛盾，有"人"必有"欲"，有"欲"就必然会出现"善恶并进""善亦进化、恶亦进化"的局面，如何使"善"者更"善"，同时防止"恶"的发生、发展，并且转"恶"向"善"，宋儒处理"理""欲"矛盾的有关思想显然具有永恒价值。

三、东西文化互补，创造世界新文明

世界上的每一种文明都有自己的特点。既有所长，也有所短。众所周知，一般认为，西方文明长于科学与物质，而东方文明则长于精神与道德。这两种文明之间的关系应该互相补充，而不是互相排斥。

人类社会的存在、发展必须依赖于社会生产，这就要求我们必须重视经济，重视生产，重视科学，但是，人类是高级生物。人与其他动物的区别之一就在于人有思想，有道德伦理观念。这就要求我们，必须提倡精神文明，提倡道德修养。将两种文明的优长结合起来，同步发展，那样，在社会物质财富空前繁荣的时候，人的精神世界也得到空前提高。

西方自进入近代以来，科学昌明，物质生产水平空前提高，但是，人们物欲横流、道德沦丧、精神空虚，社会中不断出现政治危机、经济危机、信仰危机。表现在个人生活上是拜金主义、纵欲主义和享乐主义；表现在人际关系上是唯我主义和利己主义；在国际关系上则是强国侵略弱国，大国欺负小国。这些弊端，人们通称为"现代文明病"。它们说明，只重视物质文明之路走不通。东方的情况则反之。由于精神文明一直是儒家学派关注的中心，物质文明的建设受到忽视，结果，科学停滞，生产落后，既贫且弱，成为被西方世界侵略、欺负的对象。这一情况说明，只重视精神文明而忽视物质文明之路也走不通。正确的道路是：科学与道德并重，物质文明与精神文明并进。既大力发展社会财富，同时又大力培养有道德、有文化的新人。

一百六十多年前，一向崇尚诗书礼乐的中国被坚船利炮的西方打败，于是，先进的中国人开始向西方寻找救国真理，在追求西方物质文明的同时，产生过轻视、批判、否定中国传统文明的倾向；与之相反，也产生了力图保存儒学传统优良部分并使之适应时代要求的"现代新儒学"。熊十力称："科学在其领域内之成就，直夺天工，吾无间然。然人类如只要科学，而废反己之学，则其流弊将不可言。"[1] 熊十力这里所说的"反己"之学，就是中国先秦儒学、宋明儒学所最重视的道德修养之学。冯友兰称："我们是提倡现代化的，但基本道德这一方面是无所谓现代化的。"[2] 这段话最清楚不过地表述了新儒家们在新的时代维护中国传统道德的意图。近年

---

[1] 熊十力：《明心篇》，龙门联合书局1959年版，第200页。
[2] 冯友兰：《新理学》，商务印书馆1939年版，第175页。

来，中国在市场经济和物质文明发展起来的同时，"现代文明病"也有所发展，腐败丛生，诚信不立，于是，人们又恍然悟到，传统文明不可一概否定，儒学不可一概否定。道德的作用、精神文明的作用正在日益受到人们的重视，儒学的价值也正在重新评估中。宣扬"东方文明优越论"，将儒学看成"世界文化的希望"，将孔子思想称为"至善至美"之路，固然不对，但是，儒学对于发展21世纪的新文明无疑是有益的养料。

"君子"精神是传统儒学的理想人格。它有不适合现代社会生活的部分，但是它的若干道德理念和行为规范具有永恒价值和普遍价值。它们可以救济、治疗现代文明病，使人变得更善良、更崇高，使人与人、集团与集团、国家与国家之间的关系更协调、更和谐，使世界更安宁、更美好。中国古代的思想家曾经幻想过"人人君子"的理想境界。清代的小说家李汝珍（约1763—约1830）在他的作品《镜花缘》中描写过"君子国"。那里的政治家谦恭和蔼，平易近人。那里的老百姓民风淳厚，相让不争，宁可损己，不能损人。假如人人成为"君子"，国家都成为"君子国"，那么，世界也就进入"大同"社会了。

我们已经进入21世纪，各种情况显示，在这一新的世纪里，科学和社会生产将会有更迅速的发展，精神文明也将向更高的层次攀登。在这一情况下，重提"君子"精神，提倡"君子"精神无疑是重要的、有意义的。

原刊于 A New Millennium and Confucian Profound Persons，
韩国全南大学，2003年11月

禅宗的"作用是性"说与朱熹的批判

一、"作用是性"说是禅宗的理论基点

禅宗有所谓"作用是性"说。据《菩提达摩传》记载,南天竺国王毁慢佛教,达摩派波罗提前往救正,国王与波罗提之间有下列这样一场问答:

王:"何者是佛?"
波罗提:"见性是佛。"
王:"师见性否?"
波罗提:"我见佛性。"
王:"性在何处?"
波罗提:"性在作用。"
王:"是何作用,我今不见。"
波罗提:"今现作用,王自不见。"
王:"于我有否?"
波罗提:"王若作用,无有不是;王若不用,体亦难见。"

王:"若当用时，几处出现？"

波罗提:"若出现时，当其有八。"

王:"其八出现，当为我说！"

于是，波罗提即说一偈:"在胎为身，处世为人。在眼曰见，在耳曰闻，在鼻辨香，在口谈论，在手执捉，在足运奔。遍现俱该沙界，收摄在一微尘。识者知是佛性，不识唤作精魂。"(《景德传灯录》卷三)

据说，南天竺国王闻偈之后，心即开悟，自此咨询佛法，朝夕忘倦。《菩提达摩传》的上述记载反映出禅宗对"佛性"的看法，这就是，"佛性"并不在佛身上，而在人的肉体上，人胎、人身、人的感觉（视觉、听觉、嗅觉）、人的言语及手足动作等都是"佛性"的表现，即所谓"作用"。

其他禅宗僧侣也表述过类似的看法。例如马祖道一就认为：

起心动念，弹指謦咳扬眉，因所作所为，皆是佛性全体之用，更无第二主宰。如面作多般饮食，一一皆面，佛性亦尔。(《圆觉经大疏钞》)

这里，除了弹指、咳嗽、扬眉等动作表情外，人的思维活动"起心动念"也被看作"佛性"的表现。他又说：

一切众生，从无量劫来，不出法性三昧，长在佛性三昧中，着衣吃饭，言谈抵对，六根运用，一切施为，尽是法性。(《古尊宿语录》卷二)

"佛性"之"面"所作的"饮食"真是多种多样，这里，又从思维活动推进到"着衣吃饭"——人的生活欲望领域里了。

另一个禅宗僧侣临济义玄也说：

> 心法无形，通贯十方，在眼曰见，在耳曰闻，在鼻嗅香，在口谈论，在手执捉，在足运奔。本是一精明，分为六和合。

这一段话基本上是《菩提达摩传》有关记载的重复，并无多少新意，不过，它用"心法"一词代替"佛性"，更加接近于心学体系。

此外，还有一个曾经问道于石头和尚与马祖的居士庞蕴，他有两句偈语很有名："神通并妙用，运水与搬柴。"[1]将人的一些简单的生活动作也看作是"佛性"的作用。

"作用是性"说是禅宗的理论基点。其主要特点是利用人体、人的感觉、本能、思维、动作论证"佛性"的存在。禅宗的其他思想都和这一观点密切相关，或由之衍化派生。因此，要研究禅宗，必须研究"作用是性"说。

心学取资于禅宗，同样以"作用是性"说为理论基点。在宋代的儒、禅合流中，出现了心学。心学取之于禅的首先是"作用是性"说。

程颢说："切脉最可体仁。"(《河南程氏遗书》卷三) 又说："医书言手足痿痹为不仁，此言最善名状。仁者以天地万物为一体。"(《河南程氏遗书》卷二上)

程颢的这一思想为其弟子谢良佐所继承。谢说："心者何也？仁是已。仁者何也？活者为仁，死者为不仁。今人身体麻痹，不识痛痒，谓之不仁。"(《上蔡语录》卷上)

程颢与谢良佐的这几段话的共同特点都在于将人的生理本能（脉搏跳动与知痛知痒）和"仁"这一儒学伦理观念联系起来，视之为同一

---

[1]《五灯会元》卷三，中华书局1984年版，第186页。

体,显然是禅宗"作用是性"说的改制。关于这一点,谢良佐说得很坦率。他说:"儒之仁,佛之觉。"(《上蔡语录》卷中)又说:"性,本体也。目视、耳听、手举、足运,见于作用者心也。自孟子没,天下学者向外驰求,不识自家宝藏,被他佛氏窥见一斑半点。"(《上蔡语录》卷上)谢良佐所说的性,指的是仁、义、礼、智等伦理观念,谓之体。在他看来,人的视觉、听觉、动作等都是这个"体"的作用。这段话,抄袭禅宗的痕迹非常明显。不过,为了维护儒学的正统地位,他又抬出了孟子,仿佛孟子是"作用是性"说的首创者一样。

在引进"作用是性"说方面,杨时也是个积极分子。他说:"故寒而衣,饥而食,日出而作,晦而息,耳目之视听,手足之举履,无非道也。"(《答胡康侯》(一),《杨龟山先生集》卷二十)这一段话脱胎于禅宗的痕迹也很明显。他又说:"孟子所言皆精粗兼备,其言甚近而妙义在焉,如庞居士云:'神通并妙用,运水与搬柴。'此自得者之言,最为适理。若孟子之言则无适不然,如许大尧舜之道,只于行止疾徐之间教人做了。"(《语录》,《杨龟山先生语录》卷十一)孟子的伦理观和禅宗的"作用是性"说有重大的不同,但他认为人的日常生活,例如"徐行后长"之类就包含了"尧舜之道",这一点又和禅宗有相似之处,因此,也被杨时抬出来,视为儒、禅相通的证据。

尽管程颢等人引进了"作用是性"说,但是,北宋时期,心学体系还处在萌芽、发育阶段,只有到了南宋,陆九渊明确提出"心即理"这一具有普遍性的命题后,心学体系才臻于成熟阶段。

陆九渊认为:"人皆有是心,心皆具是理。心,即理也。"(《与李宰》,《陆九渊集》卷十一)心,指人的感觉、思维;理,指人的伦理观念,将人的感觉、思维和人的伦理观念等同起来,禅宗"作用是性"说的儒学版就彻底完成了。

陆九渊的哲学具有简单、武断的特色,他没有对"心即理"的命题

做必要的说明,这一任务是王阳明完成的。他说:

> 所谓汝心,却是那能视、听、言、动的,这个便是性,便是天理。有这个性,才能生这性之生理,便谓之仁。这性之生理,发在目,便会视;发在耳,便会听;发在口,便会言;发在四肢,便会动,都只是天理发生。以其主宰一身,故谓之心。这心之本体,原只是个天理。(《王文成公全书》卷一)

原来,人之所以具有仁、义、礼、智等伦理观念,是心的作用;人之所以能视、能听、能言、能动,也是心的作用。王阳明不愧是心学体系的集大成者,上述观点不仅吸收了"作用是性"说,而且也容纳了程颢诸人的有关思想。

至于作为王学支流的泰州学派诸人,例如王艮、王襞、罗汝芳、杨起元、周汝登等,也都无例外地以"作用是性"说作为自己的理论基点。例如,有人问周汝登:"佛氏有神通,吾儒独无神通,何也?"周答道:"目含万象,耳含万声,鼻含万臭,舌含万味,现前俱是神通,此人人所同者,何谓无神通?"(《东越证学录》,卷一)杨起元也表示:"明德不离自身,自身不离目视、耳听、手持、足行,此是天生来真正明德。"(《证学编》)凡此种种,都充分说明了"作用是性"说对心学的深刻而久远的影响。

因此,可以认为"作用是性"说不仅是心学的理论源头,而且也是它滋生蔓衍的基点。要研究心学,就必须研究"作用是性"说。

二、朱熹区别行为和行为规范,奋力批判"作用是性"说

对于禅宗的"作用是性"说,朱熹不遗余力地进行过批判。他说:

> 佛氏元不曾识得这理一节，便认知觉、运动做性。如视、听、言、貌，圣人则视有视之理，听有听之理，言有言之理，动有动之理，思有思之理。
>
> 释氏只知坐底是，行底是。如坐，交胫坐也得，叠足坐也得，邪坐也得，正坐也得，将见喜所不当喜，怒所不当怒，为所不当为。他只是直冲去，更不理会理。吾儒必要理会坐之理当如尸，立之理当如斋，如头容便要直。所以释氏无理。（《朱子语类》卷一二六）

朱熹认为，知觉、运动只是人的本能和行为，但本能和行为并不就是性，当然也并不就是理。例如坐，这是一种行为，但儒家却讲求"坐之理"，要求坐得像古时代表死者受祭的活人——"尸"一样，而不能"交胫坐""叠足坐""邪坐"，这里，朱熹严格区别了两个范畴——人的行为和人的行为规范。前者和人的感觉、思维、本能一起，朱熹称为"心"，后者被朱熹称为"性"，也称为"理"或"礼"。由此形成中国哲学史上著名的"心性之辨"。

朱熹认为，如果承认"作用是性"，心性不分，行为和行为规范不分，那就和告子的"生之谓性"没有二致了。他说：

> 作用是性，在目曰见，在耳曰闻，在鼻嗅香，在口谈论，在足运奔，即告子"生之谓性"之谓也。且如手执捉，若执刀胡乱杀人，亦可为性乎？（《朱子语类》卷一〇一）

战国时，告子主张"食、色，性也"，把人的生理本能视为人性，受到孟子的强烈反对，认为必将"率天下之人而祸仁义"；朱熹将"作用是性"说与"生之谓性"说并列，充分反映出他对这一命题的忧思与敌意。

因此，尽管朱熹在构筑他的理学体系时，也吸收了不少禅宗的内容，但是，他却竭力反对引进"作用是性"说。

有人征询朱熹对谢良佐"以觉为仁"的看法。朱熹说："觉者是要觉得个道理，须是分毫不差，方能全得此心之德，这便是仁。若但知得个痛痒，则凡人皆觉得，岂是仁者耶？"（《朱子语类》卷一二六）确实，知得痛痒，只是表示触觉正常，并不就是儒学的人性楷模——"仁者"。

有人征询朱熹对杨时"饥食渴饮，手持足行便是道"的看法。朱熹说："桀、纣亦会手持足履，目视耳听，如何便唤做道。若便以为道，是认欲为理也。"（《朱子语类》卷六二）据朱熹说：如果"认欲为理"，那危害可就大了，其结果将是"只认目之于色，耳之于声，鼻之于嗅，四肢之于安佚为性，却不认仁之于父子，义之于君臣，礼之于宾主，智之于贤者，圣人之于天道是性"。（《朱子语类》卷六二）原来，朱熹和孟子的担心是一致的，害怕人欲的流行会冲决"仁义"的堤防。

除"认欲为理"外，朱熹认为"作用是性"说的另一个弊端是对道德修养的废弃。他说：

> 若便以日用之间，举止动作便是道，则无所适而非道，无时而非道，然则君子何用恐惧戒谨，何用更学道为？（《朱子语类》卷六二）

确实，如果人们日常的"举止动作"都被承认是"道"，完全符合伦理规范，人们当然就无须进行任何修养了。

正确和谬误常常纠结在一起。朱熹区别本能和人性，行为和行为规范、欲与理等范畴，从理论思维的角度看，都是正确的，但他区别这一切只是为了维护儒学伦理观念，这就错了，而且是从根本上错了。

三、"作用是性"说破坏佛教

朱熹对"作用是性"说的批判完全符合禅宗的发展史。既然"佛性"只是目视、耳听、鼻嗅、手持、足行一类的本能与动作，那么，岂不是人人皆有佛性，人人皆佛，无须任何修行吗？禅宗正是如此。它认为"即心是佛"，反对修行、诵经、讲经等宗教行为，主张不修行即是修行，不追求成佛即是成佛。唐代的一个官僚王常侍向临济义玄提问道：

"这一堂僧还看经吗？"

答云："不看经。"

"还学禅吗？"

"不学禅。"

"经又不看，禅又不学，毕竟作个什么？"

"总教伊成佛作祖去。"（《古尊宿语录》卷四）

禅宗僧侣大师慧海向马祖问道的情况也与此类似。马祖问慧海：

"来此拟须何事？"

答云："来求佛法。"

"我这里一物也无，求甚么佛法？自家宝藏不顾，抛家散走作么？"

慧海问："阿那个是慧海宝藏？"

"即今问我者，是汝宝藏。一切具足，更无欠少，使用自在，何假外求？"（《景德传灯录》卷六）

在禅宗的某些僧侣看来，"无佛可求，无道可成，无法可得"；"求着即转远，不求还在目前"（《古尊宿语录》卷四）。如果追求成佛的话，那就成了"野狐精魅"（《古尊宿语录》卷四）。他们甚至危言耸听地告诫人们："求佛求法，即是造地狱业"；"你若求佛，即被佛魔摄；你若求祖，即被祖魔缚"（《古尊宿语录》卷四）。那么，怎样才能成佛呢？这就是"无事"，像一个普通人一样平平常常、自自然然地生活。临济义玄说："佛法无用功处，只是平常无事，屙屎送尿，着衣吃饭。"（《古尊宿语录》卷四）

作为宗教，必然有一定的教义、教规、仪式，对教徒也有这样那样的修行要求。这一切都否定了，佛被说成是除进食、穿衣、排解大小便之外别无特色的普通人，这也就在事实上否定了佛教。从这个意义上，禅宗对佛教有一定的破坏作用。

如果"佛性"只是作为肉体的人身以及人的本能、感觉、思维、动作，以至穿衣吃饭，岂不是意味着满足人身的需要、本能的需要乃是合理、神圣的吗？

禅宗正是如此，它并不提倡禁欲主义，并不排斥世俗生活。北宋时的禅宗僧侣慧南公然声称："避色逃声，何名作者！"主张"放之自然"（《联灯会要》卷十三）。另一著名禅宗僧侣宗杲主张"不坏世间相，而谈实相"，标榜"富贵丛中参得禅"，"茶里饭里，净处秽处，妻儿聚头处，与宾客相酬酢处，办公家职事处，了私门婚嫁处"，是"第一等做工夫，提撕举觉底时节"（《大慧普觉禅师语录》卷二一）。有一位官僚写信告诉他，从寺院回城之后，"着衣吃饭，抱子弄孙，色色仍旧。既无拘滞之情，亦不作奇特之想。宿习旧障，亦稍轻微。"宗杲复函说："三复斯语，欢喜跃跃，此乃学佛之验也。"（《大慧普觉禅师语录》卷二五）这位禅僧本人也很风流，居然让女信徒住在自己的方丈内，并要首座和尚前去会见，会见之前，说好以"佛法相见"，结果，这位女信徒居然"寸丝不挂,仰卧于床"(《五家正宗赞》卷三)。还有的禅宗僧侣则主张,即使进出"四五百条花柳巷""二三千处管弦楼",也"事事无碍,如意自在"(《古尊宿语录》卷四二、《续古尊宿语录》卷二)。禅宗发展到这种地步,当然意味着对佛教教义的彻底背逆。

四、"作用是性"说破坏理学

朱熹对"作用见性"说的批判也完全符合心学的发展史。

据南宋人曾祖道称,陆九渊曾对他说:"目能视,耳能听,鼻能知香臭,口能知味,心能思,手足能运动,如何更要甚存诚持敬,硬要将一物去治一物,须要如此做甚?咏归舞雩,自是吾子家风。"(《朱子语类》卷一一六)这一段话以人的本能论证人的道德完美自足,不需要做"存诚持敬"一类修养功夫,和禅宗反对宗教修行是一致的。

陆九渊的上述观点不见于他留存下来的语录或其他著作,可能是他后来有感于自己理论的偏颇,因而删弃了。但是,这种现象到了晚明时期,又重新出现。泰州学派的罗汝芳认为人自头至足,一毫一发,都是"灵体贯彻",因此,只要有一个肉体的形躯便是圣人,他说:"只完全一个形躯,便浑然个圣人。"(《近溪子集》第二册)他提倡"不学""不虑",说是"以不学为学,乃是大学;以不虑为虑,乃是虑而能得也"(《近溪子集》第五册)。他的学生周汝登和杨起元都主张只要平平常常过日子,就是道。周汝登说:"士有士之事,农有农之事,工商有工商之事,入有孝之事,出有悌之事,饥有吃饭之事,寒有着衣之事,如是而已矣。能安于是者,无弗玄,无弗妙也。"(《东越证学录》卷十一)杨起元则更进一步表示,一个人,只要天亮了起床,起床后洗脸,洗脸后梳头,梳头后穿衣戴帽,以后或做事,或见客,该说时说,该动时动,该吃饭时吃饭,天黑了就睡觉,第二天照样如此,也就是达到了"道"的要求，不必去从事"会语"讲学一类的活动（《证学编》）。

上述主张，对于主张读圣贤书，讲求"戒慎恐惧"等修养功夫的理学来说，自然具有破坏作用。

在"认欲为理"方面，心学也表现出和禅宗类似的情况。

本来，作为道学，不论是理学或心学，都将"人欲"视为道德伦理的大敌，提倡不同形式的禁欲或克欲主义，但在发展过程中，心学却逐渐出现了理欲不分的情况。曾经有人对王阳明表示："声色货利，恐良知亦不能无。"王阳明对此表示同意。他虽然声称对于初学者来说，必须将声色货利"扫除荡涤"，但又接着说："能致得良知精精明明，毫发无弊，则声色货利之交，无非天则流行矣。"（《传习录》下）这就对"欲"做了某种程度的肯定。及至李贽，则认为"穿衣吃饭即是人伦物理，除却穿衣吃饭，无伦物矣。"（《答邓石阳》，《续焚书》卷一）这一思想，既肯定人的基本生活欲望是理，又将全部儒学道德规范排除出"理"之外，是极为勇敢的言论。泰州学派还有个名叫赵贞吉的人，在讲学时居然公开宣称："与老婆好合"便是良知（《赵大洲先生集》，参见《耿天台先生全书》卷一）。

这里的良知已经没有一丝道学气，而完全等同于人欲了。

晚明时期，出现了一股"尊情反性""认欲为理"的思潮，士大夫的生活崇尚狂放和纵欲，文艺作品中前所未有地出现了对两性生活的描写。这种情况和心学中"认欲为理"的倾向不无关系；近代中国维新运动时期，改良派重铸"心学"，在此基础上提出了反封建、反理学的自然人性论，也不能认为和这种"认欲为理"的倾向没有关系。

五、理论命题的发展自身具有逻辑力量

一种理论体系或一个理论命题的发展趋势，除了取决于社会历史条

件外，还取决于它自身所具有的逻辑力量。这种逻辑力量有时和提出者的意志一致，有时则相背逆。"作用是性"说提出者的本意当然是为了维护佛教，而结果则适得其反。这种背逆的情况后来在"心学"发展中又惊人相似地重演，这当然不是偶然的。

原刊于《朱子学刊》，1989年第1辑（创刊号）

关于王艮思想的评价

——与侯外庐等同志商榷

许多年来，明代泰州学派的创始人王艮（1483—1541）被相当多的著作说成是一个进步的思想家，他的学派被说成具有丰富的人民性和异端色彩。有些人就称为王学左派，以区别于王守仁的代表封建统治阶级利益的主观唯心主义思想体系。有人说他是农民阶级的代言者，有人说他代表了小生产者的利益……总之，一切都是很好的，很进步的。我认为，这些看法都值得研究。本文拟就王艮思想的几个主要方面，提出一点粗浅的见解。

一、唯物主义还是唯心主义

王艮是王守仁的弟子，他的学说是从王守仁那里来的，许多方面明显地受了王守仁的影响，但又有些不同。其一就是王守仁谈论"致良知"较多，王艮则谈"格物"较多；同时，王艮又认为"百姓日用即道"。于是，有些同志就认为王艮的思想方法是从现实生活中的具体问题出发，他冲出了"玄之又玄"的"良知"的迷雾，认为真理在于现实生活中。如杨荣国同志在其主编的《简明中国思想史》中说："他（指王艮——引者）指出，'安身'才是明德亲民之本。'止至善'就是安身。""但如何才能证明百姓是否安身呢？他认为应该从日常生活来证明。这样就把王学的主观唯心主义思想改造成为唯物主义的世界观了。"（中国青年出版社1962年版，第150页）这些意见，牵涉王艮思想的许多方面，为了论述方便，有些问题我们不得不在下面几节内讨论，本节拟先从一个方面来探讨王艮思想唯物抑唯心的本质。

王艮说："维皇上帝，降中于民……学也者，学以修此中也。"（《答问补遗》，《王心斋先生全集》，以下均同）这个"中"在王艮思想里占有极重要的位置，是他许多立论的基础。其语源，从王艮《语录》看，一为《论语·尧曰》的"允执其中"；一为《中庸》的"喜怒哀乐之未发谓之中"。在王艮的学说里，这个"中"又有许多名字，既叫作"良知"，又叫作"天理"，又叫作"天德""道""性"，名虽异而实一，"'道一而已矣'。中也，良知也，性也，一也"（《答问补遗》）。

王艮又说：

> 天理者，天然自有之理也。才欲安排如何，便是人欲。（《语录》）良知之体……自然天则，不着人力安排。

由以上两段话，结合王艮的其他言论，我们可以得知，这个"中"，或者"天理""良知"，有几个特点。第一，它是先天的，人心固有的，是上帝早就给你预备下的，"此人之'天'，即天之'天'"（《孝箴》）。它是一种认识能力，又是一种处理事务的能力，但又是"不虑而知，不学而能""不从闻见而来"的，当你刚离开娘胎时，它就是"现现成成"的了。所以说，"良知一点，分分明明，亭亭当当，不用安排思索"（《与俞纯夫》），是"天然自足之性"。它无须通过人的各种实践活动去获得，也无须经由人的思维活动去掌握，所谓"不须人为立意做作"，"凡涉人为，皆是作伪"，都是这个意思。第二，它永远是自满自足，不增不减，所谓"大行不加，穷居不损"的。人们从上帝那儿获得了这个"中"以后，唯一的任务就是保有它。学习，也就是对这个本来固有的"中"的学习，办法就在于"扫荡清宁"（《答问补遗》），排除外物，排除人在社会活动中所获得的各种认识："但无人文意见参搭其间，所谓天道，王德至矣。"他认为，人们对外物所持的各种见解、看法只会损伤这个"中"。他说："有所见便是妄，妄则不得谓之中矣。"所以他谆谆告诫人们："学者初得头脑，不可便讨闻见支撑。""能无为兮无弗为，能无知兮无弗知。"（《示学者》）又说："良知原有不须知""没有良知之外知。"（《次先师答人问良知》）在这个"中"以外，人们是不必给自己增添什么知识的，所以说："人性上不可添一物。"第三，这个"中"是无人不有，无间贤愚，又是无时不在，无所不包，无所不能，遍宇宙、贯古今的，是"天下之大本"。他说："此道在天地间遍满流行，无物不有，无时不然，原无古今之异。"（《答徐凤岗节推》）它可以支配万事万物，所谓"虚明之至，无物不复"，人有了这个"中"，便具有了斡旋天地的力量，就是"宇宙在我，万化生身"了。

我们说，唯心主义的表现并不只在于否认客观世界的真实性，主张一切皆空，离却我的"灵明"，便没有山河大地了，它是有许多种情况的。和王守仁比较起来，王艮的思想比较片段、零碎；其特点之一也就在于他对本体论一类的问题没有太大兴趣，因而，他确实没有明确地说过"心外无物""心外无理"之类的话，但他承认，在客观现实之上、之外，有一个支配现实的永恒的精神性的本体存在；他承认人类有这样一种认识，它是先于物、不依赖于物的，它和人的各种实践活动无关，甚至，也无须人的思维活动去把握——不管怎样，这种思想仍然只能是唯心主义的。

这里，我们要问，被王艮吹嘘得如此神秘的"中"究竟是什么呢？在《答林养初书》中，他说："明此良知之学，闻天命之性，可谓闻道矣，闻道则中和之气在我矣。以之事亲，斯谓之孝……以之事君，斯谓之忠；以之事长，斯谓之悌。"在《王道论》中，他又说："天理者，父子有亲，君臣有义，夫妇有别，长幼有序，朋友有信。"原来，不过是封建的伦理道德而已。我们知道，一切道德都是一定的社会政治经济关系的反映，是为一定的阶级服务的。不是道德决定了现实，而是现实决定了道德。王艮把封建道德这一意识形态说成是先天的、永恒的、人人固有的，为它制造了一个神秘的哲学概念，并把它说成是支配现实的本体，这不仅是一种本末倒置的唯心主义思辨哲学，而且，是在论证封建道德的合理性、神圣性、权威性，把统治阶级的私货硬塞给人民。其作用是反动的。

二、所谓"百姓日用之学"

王艮《年谱》载：

> 四十二岁……多指百姓日用以发明良知之学。
> 四十六岁……言百姓日用即道。
> 五十一岁，以日用现在指点良知。

确实，"百姓日用之学"是王艮思想的重要特征，不充分地揭穿它的实质，就无法理解王艮并对他的思想做出正确评价。

侯外庐同志在《中国思想通史》（第4卷，下册）中认为，这是一个具有首尾一贯的人民性的进步的命题，它将"神"从神权之"神"的宝座上拉下来，并让"神"寄生在现实世界里。它的含义就是只有劳动人民的生产活动和生活活动才是真理,才是真实的学问[1]。这个看法也是值得商榷的。

我认为,这种思想并不是王艮的独创,它是以其先行者的材料为出发点的。《易·系辞上传》第五章云:

> 一阴一阳之谓道,继之者善也,成之者性也。仁者见之谓之仁,智者见之谓之智;百姓日用而不知,故君子之道鲜矣。

这段话的原意是:道无所不在,它表现在人性上就是"善",就是"性",百姓日用生活无不受这个道的支配,也无不体现这个道,但百姓却不能认识、领会它……王艮的思想就是从这里生发开来的。

其次,王艮的这种思想又是从王守仁那里承袭来的。不妨将两人的话摘抄,作一比较:

> 王守仁:"良知良能,愚夫愚妇与圣人同,但惟圣人能致其良知,而愚夫愚妇不能致,此圣愚之不同处也。"(《答顾东桥书》《传习录》)
>
> 王艮:"百姓日用条理处,即是圣人条理处。圣人知,便不失,百姓不知,便会失。"
>
> 王守仁:"与愚夫愚妇同的,是谓同德;与愚夫愚妇异的,是谓异端。"(《传习录》下)
>
> 王艮:"圣人之道,无异于百姓日用;凡有异者,皆谓之异端。"

不难看出,两个人的话并无多大不同,如果我们肯定王艮,势必也

---

[1] 参见《中国思想通史》,侯外庐等著,人民出版社1960年版,第978—980页。

应该肯定王守仁——当然，科学研究不能简单地类比，更不能望文生义，以主观猜测来代替古人的思想，我们还需要深入地考察一下王艮的"百姓日用之学"的具体内容。

从上引材料看，王艮承认百姓日用条理处也即圣人条理处，似乎把百姓提高到圣人的地步了。然而，紧接着他又说："圣人知，便不失；百姓不知，便会失。"原来，圣与愚还是有区别的，虽然圣人之道与愚夫之道——"良知"都是一样的，同出于上帝的赐予，但是，有知有不知，其奈愚夫愚妇"日用而不知"何！所以，"便会失"，就没有圣人的"条理"了。绕了一个圈子，实质不过是假肯定，真否定而已。《年谱》又说他"指僮仆之往来，视听持行，泛应动作处，不假安排，俱是顺帝之则……"如果说，劳动人民的生产、生活活动就是真理，这自然是个进步的命题，然而，为什么又强调"不假安排，俱是顺帝之则"呢？如果我们联系王艮的先验的"良知"论来考察，那么就不难明白，所谓"不假安排"者，即出于上帝赋予，人心固有之意也。并不是劳动人民的生活就是真理，而是人民的某些活动在王艮看来体现了这个先验的"良知"，"俱是顺帝之则"而已。在劳动人民的生产、生活活动之上，是有一个起支配作用的"帝之则"，也就是"良知"在那里的。后来，王艮的次子王襞曾经把这一层意思说得很清楚，他说："没缘没故，如何能施为作用、穿衣吃饭、待人接物、分青理白，项项不昧的……盖是尔本有具足的良知也。"（《寄会中诸友书》，《王襞集》）但是，这只是指的百姓日用与"道"一致的情况，是不是人民的生产、生活活动永远与"道"相符，"道"永远是真理呢？并非如此。对此，王襞和王艮的弟子、族弟王栋都做过阐释。

王襞说："此圣人与百姓日用同然之体，而圣人者，永不违其真焉者……若百姓则不自知其日用之本真而获持之，一动于欲，一滞于情，遂移其真，而滋其弊，而有不胜之患矣。"（《上敬庵许司马书》）

王栋说:"君子谓百姓日用之道,特指其一时顺应(即不假安排的同义语——笔者),不萌私智者言之……转眼便作蹊跷,非自私则用智,忽入于禽兽之域而亦不自知也。故与道合者才什一,而背于道者恒什九矣。"(《会语续集》,《王栋集》)

可见,"百姓日用即道"的内容并不是如我们有些同志所解释的那样。王襞、王栋的这两段话也反映了泰州学派传人对人民的鄙视。

前面已经说过,"良知"就是封建道德,因而,王艮所谓"百姓日用之学"只是借日常生活中的一些事例来证明良知的先验性、普遍性,人人固有,人人自具仁、义、礼、智、孝、悌、忠、信,人们的日常生活自然而然地符合封建道德的要求,并使烦琐的经院思辨哲学、艰深的封建教义通俗化、具体化而已。这就是所谓"因百姓日用即发明良知""以日用现在指点良知",细品"发明""指点"二词,意义自明。

我们的这种看法不是没有根据的。《年谱》嘉靖十一年(1532)条下有这样的记载:"(王)汝贞持学太严,先生觉之曰:'学不是累人的。'因指旁斫木匠示之曰:'彼却不曾用功,然亦何尝费事。'"这就是百姓日用以发明良知的一个例子,它是用斫木者的生产活动来说明修道之方的。《年谱》中这样的记载还有好几条,例如嘉靖十二年(1533)条载,他与同门黄弘纲对食,有客来访黄,黄辞以不在,他就借此说了一通"欺"与"不欺""通变而宜"的道理。嘉靖十三年(1534)条载,他与林大钦、王惟贤等同登金山,林乘兴直登山顶,王惟贤追得气喘吁吁,他就说:"同行气喘,弗顾,非仁也。"后林跣足坐地,他就说:"隶从失瞻,非礼也。"有人问他的再传弟子韩贞良心是何物,韩贞并不解释,却要老人脱衣服。老人把衣服一件件脱了,最后脱到裤子,对韩说:"愧不能矣。"韩贞便对他说:"即此便是良心。"(《乐吾韩先生遗事》,《韩贞集》)我以为,这也是以"日用现在指点良心"的一个好例子——尽管"良知",也就是羞惭之心人皆有之,但野老"日用而不知"，所以需要韩贞用这种办法来"指点"之，"发明"之。关于这种传道方式的特点，后来王栋也有几句话表述得很清楚。他说："个个人心自中正，盖是指点人良知自有的'中正'示人，非推我所有以与之也。"（《会语续集》，《王栋集》）

这就是王艮的"百姓日用之学"的具体内容。

这种情况，在思想史上并不是没有先例的，佛学历史上慧能所开创的禅宗南宗一派就有过类似的情况。他们主张众生皆有佛性，圣心、凡心，是一非二；也反对烦琐的经院诵习，主张不立文字的教外别传；认为世界上的许多事物，翠竹、黄花，人的许多活动，包括"运水搬柴"一类生活琐事都体现着"般若""妙道"。如果我们对南宗的思想基本上是否定的，那么，我们有什么理由把王艮的思想评价得如此之高呢？

实际上，这种使烦琐的思辨哲学简易化、具体化的过程并不始于王艮，宋明以来的许多唯心主义思想家都不主张把"道"说得过分玄虚，而要求人们在"日用间随处体认天理"，王守仁的老师娄谅甚至"见搬木之人得法，便说是道"。明代中叶以后，阶级矛盾更加尖锐，一方面，统治集团内部互相倾轧；另一方面，人民中的反抗情绪、异端思想更为滋长。晚明时期那种烧遍全国的农民起义的大火这时已见端倪。因而，统治阶级自然比任何时候都需要加强对人民的精神统治，加强封建道德对人民的支配力量。他们不仅对那种客观唯心主义的"支离"之学深为不满，即使是对新起的直指本心、顿悟本体的主观唯心主义的修证方式和思辨哲学也已有怨词，因为那实在是"玄之又玄"，无可捉摸的。他们在寻找一种为人民所易于接受的、更为简易直接而又明确可行的理论和修证方式。王守仁的《传习录》记载过这样一件事：王守仁的学生钱德洪、黄弘纲等在途中对人民讲学，有信有不信，王守仁批评他们道："你们拿一个圣人去与人讲学，人见圣人来，都怕走了，如何讲得行！须做得个愚夫愚妇，方可与人讲学。"王艮正是秉承了师训，迎合了统治阶级的这种要求的。

后来，王栋有两段话也很好地道出了问题的肯綮。他说："夫子教人，只在言动事为上从实体会，而性天之妙自在其中，故曰'下学而上达'，更不悬空说个性与天道使人求高望远。"（《会语续集》，《王栋集》）又说："体用原不可分，良知善应处便是本体，孔门论学，多就用处言之，故皆中正平实。后儒病求之者逐事支离，不得其要，从而指示本体，立论始微，而高虚玄远之蔽所自起矣。"（《会语正集》，《王栋集》）王艮的"百姓日用之学"正是为了克服这种"高虚玄远之蔽"，适应向下层人民说教的需要而提出来的。所以，他不多谈本体论的问题，没有多少玄微奥妙之词，不要求人们虚谈、虚坐、虚想，而是通过日用去体认良知，"举其至近，而远者自寓其中"，讲的虽然都不出于"人事应酬之实"，而个中却都有"圣人神话之精"（《会语正集》，《王栋集》）。因而，王艮称自己的理论是"至无而有，至近而神"（《年谱》）。

这里，应该指出，王栋所说的"高虚玄远之蔽"主要是针对王守仁说的。最初，王守仁提倡一种立地成佛式的顿悟："一悟本体，即是功夫，人己内外，一齐俱透。"（《传习录》下）但是，这实际上只是一种禅学的呓语，怎样才能达到这种境地，王守仁是拿不出办法来的。所以他后来不得不承认"吾讲学亦尝误人"，说这种修证方式的弊端在于"流入空虚"，学者们只"悬空想个本体，一切事为，俱不着实"。他说，这种修证方式只适于少数"世亦难遇"的"上根之人"，对于广大的钝根，即愚夫愚妇们，则要求他们"在良知上实用为善去恶功夫"［参阅《王守仁年谱》嘉靖六年（1527）九月及《附录》嘉靖二十九年（1550）四月条］。在王守仁去世后许多年，他的学生钱德洪还说："（今）四方学者徒喜领悟之易，而未究其躬践之实，或有离伦彝日用，乐悬虚妙顿以为得者。"（《大学问》跋语，《王文成公全书》）他们主张，不能"离视听言动以求仁"［参阅《年谱》《附录》嘉靖二十九年（1550）四月条〕。可见他们将这一问题看得多么重要。

王艮的"百姓日用之学"正是针对王守仁学说的这种阙失而发的。从这一点来说,王艮是深得乃师真传而又青胜于蓝的。

王艮的这种思想在实际生活中会起什么作用呢?一方面,他把"俗人变成了教士"(马克思语),"满街人都是圣人"(王艮语,王守仁《传习录》下),诱使愚夫愚妇们相信自己也具有成圣成贤的资质,增加和巩固他们修行与学道的信心;同时,这种思想又无异是在论证人们的一切举动都应该符合封建道德的要求,把封建道德的作用扩展到人民生活的一切方面,在人民身上捆上无数条精神的绳索。

韩贞说得好:"一条直路与天通,只在寻常日用中。"(《勉朱平夫》)这条路通向哪里?通向封建道德。王艮的"百姓日用之学"是"教化愚蒙",宣扬封建道德的特殊方法。

"淮南格物"的实质是什么?王艮的"百姓日用之学"又是和他的"格物论"紧密相关的。《语录答问补遗》记王艮说:

> 安身者,立天下之大本也。本治而末治,正己而物正也,大人之学也。是故身也者,天地万物之本也;天地万物,末也。……格,絜度也。絜度于本末之间而知本乱而末治者否矣。此格物也。
>
> 诸生问"格"字之义。子曰:"格"如"格式"之"格",即后絜矩之谓。吾身是个矩,天下国家是个方。絜矩,则知方之不正,由矩之不正也。是以只去正矩,却不在方上求,矩正则方正,方正则成格矣。……修身,立本也。立本,安身也。安身以安家而家齐,安身以安国而国治,安身以安天下而天下平也。

王艮这里解释"格物"二字与宋、明以来的许多理学家、心学家都不一样,就是跟他的老师王守仁似乎也有很大差别,这就是所谓

"淮南格物"。

它的具体内容究竟是什么呢？

从上引材料可以看出，"格物"的第一个要求是"絜度于本末之间"，即搞清楚个人（身）与"天地万物"的关系。从主观唯心主义的极端唯我主义出发，王艮认为"我"是天下万物的主宰，是斡旋造化的力量，个人是本，天地万物是末，因而，在这里，王艮提出了他的保身、安身、尊身说和"格己正人"论。前者是他的处世态度和进退之道，即他个人从事政治活动的方针；两者紧密联系而不可分割，其终极目的都在于治国平天下，为统治者奠定统治万世江山的基础。

它既然是天下国家的根本，身与道二而一，身存则道存，因而，王艮首先主张必须"爱身如宝"（《明哲保身论》）。他认为一个人既不应该做弃绝现实、洁身自好的隐士，也不应该因从事政治活动而危及个人的生命安全，而主张要"见险知止""危邦不入，乱邦不居"。有鉴于前代许多知识分子不为统治者重用的悲剧命运，王艮特别强调要尊身，说："至尊者此身也，至尊者此道也。"（《答问补遗》）他提醒人们不要轻于出仕，一般的小官小职不必干，官职虽高而不能施展自己的才能抱负的事儿也不必干；必须要最高统治者"致敬尽礼"，"君相求之，百执事荐之"以后才可出山。那样，就可以大展宏图，做一番事业了。否则，实在不如退居讲学，"为天下万世师"，等候"王者自来取法"的好。结合着明朝的政治情况，王艮自然知道不可能有三顾茅庐的刘备，不可能让他"乘六龙以御天"，因而，他很满足于做一个有影响的在野派，提倡"以见龙为家舍"。

这就是王艮的"进不失本，退不遗末"的安身论，也是他的格物论的第一项内容。

王艮"格物论"的第二项内容是"格己正人"论，或者说修身论。

既然身是天下国家的根本，那么，要解决社会问题，就必须从自身做起。"天下国家不方,还是吾身不方。"社会问题的最终根由还在于个人的道德修养上。身治,家就齐;家齐,则国治;国治,则天下平。如何从自身做起呢?这就是修身,进行自身的道德修养,使自己的品德达到一种高度完美的道德境界。王艮说:"格物却正是止至善。"所谓"止至善",即"止仁、止敬、止慈、止孝、止信"的一套封建道德教条。王艮认为,一个人完成了道德修养,就为天下人树立了表率,就可以推己及人,使人人如己,所谓"矩正而方正""己正而物正",都是这个意思。天下人都有了高度的道德修养,一切社会问题自然都迎刃而解,天下也就太平了。所以王艮说:"修身是天下国家之本。"如何使天下人都懂得修身的重要,一心向善呢?王艮认为办法就是讲学,他说:"师道立而善人多,善人多而朝廷正。"在他看来,尧舜的事业不过是与人为善,孔子的最伟大之处就在于教人不厌,诲人不倦,以先知觉后知。他说:"讲学是经世第一事业。"通过讲学,使人人都懂得致良知、修身立本之道,据说,这样便是"致中和、位天地、育万物"的事业了。理解了这一点,我们便可以明白王艮为什么那样热心于制五常冠,乘"招摇车",周游天下,随处教化愚蒙,以及后来为什么那样热心于开门受徒了。

这就是他的所谓"大成之学",是他想传给徐樾而终于没有传成的。他说:"与人为善谁同之,尧舜之为乃如此。……只此心中便是圣,说此与人便是师……常将中正觉斯人,便是当时大成圣。"(《大成学歌寄罗念庵》)又说:"修身乃立本,枝叶自新鲜。诚能止至善,大哉圣学全。至易而至简,至近至神焉。"(《送胡尚宾归省》)你看,封建统治者最关心也最难解决的问题,我王艮居然找到了这样一个实行起来"不费些子气力"的办法,一切社会问题都还原为一个修身齐家的问题:"圣人经世,只是家常事。"这样做下去,就"大明万世还多多",统治者就可以坐稳江山了。陶醉在自己的主观设想中,王艮很得意地称自己的学说为"易简之道"。

以修身来解释"格物致知"，这和王守仁并无多大不同，所以王栋说："格物之说，明翁云：'格者正也，正其不正，归于正也。'此是格之成功。先师（指王艮——笔者）却云：'格如格式，有比则推度之义，物之所正取者也。'则自学者用功言之，其究亦同归于正而已矣。但谓之格式，则于格字文义亲切，可以下手用功。明翁所谓正其不正，已自含此意。"（《会语续集》，《王栋集》）只不过是王守仁谈"致良知"较多，比较玄虚，王艮则特别突出地谈格物，谈修身，谈己正、物正，因而，比较落实，有一条具体的路子好走。这里，王栋《年谱》中又有几句话把问题说得很清楚，他说："越中提出良知要旨，教人体识；淮南指出格物把柄，教人下手。"王艮的格物论不过是王守仁"致良知"说的下手的"把柄"而已，这是一。

第二，实际上，王守仁也并非不谈格物。只是他和王艮的着眼点不同。上文我们已经谈到，有鉴于自己学说的容易流入空虚，因而，王守仁也特别要求学者躬行实践，为"省察克治实功"，"实用为善去恶功夫"，去人欲，存天理，格去其心之非，是从私欲私念发生以后的救治着眼；王艮谈己正、物正，一正百正，谈"格"如格式之格，是让人从私欲私念发生前就进行正面的封建道德的学习和自我修养。据说这样就"文义亲切"了。在《会语正集》里，王栋在大力推崇王艮后，曾经激烈地批评过王守仁的这种修证方式，说："察私防欲，圣门从来无此教法。"但依我们看，他们的分歧只是细微末节的问题，其目的都在于推尊封建道德，无伤其为基本的一致。

把个人的道德修养视为解决社会问题的根本途径和办法，既是一种唯心主义的主观空想，也是一种对人民的精神麻醉剂。在封建社会中，它迎合封建统治阶级的需要，使人民恪遵封建道德，稳固封建统治秩序，转移人民的视线，削弱人民为争取自身的解放和权益而作的斗争。

历史证明，许多反动统治者在其没落前夜，总是慨叹世风日下，侈谈道德的作用；今天，世界上不是还有人在发起什么"重整道德运动"吗？

三、退让、妥协、驯服的说教

要正确地评价王艮，还必须深入地考察他的修身论的具体内容。

"反己"，是王艮修身的第一项要求。他说："反己是格物的功夫。"（《答问补遗》）所谓反己，指的是反躬自问，是一种自我的道德省察，即在待人接物以及处理一切问题时"反求诸己"，一切责任都在自己身上，一切都是自己不好。王艮提出了许多规条，例如不发怨言，不责备旁人，不妒忌境遇胜过自己的人，不批评别人的过失，"攻己之过，毋攻人之过"；一旦批评了别人，那就是最大的过失；"若说己之过，斯过矣；若说人有过，斯亦过矣"。曾经有过这样一件事：王艮的一个朋友在他面前提到了别人的过失，王艮马上严厉地批评道："尔过矣，尔何不取法君子，见不贤而自省之不暇，那有许多功夫去较量别人的过失！"（殊不知，王艮这里首先就违背了他自己的戒条！）在对于政治的态度上，王艮主张不评判时政，提倡"居是邦不非其大夫"，"无道，其默足以容"。根据这个要求，王艮甚至对孔子的某些行事也有不满。孔子从其没落的贵族领主立场出发，曾经对季氏舞"八佾"于庭，仲孙、叔孙、季孙三家歌"雍"于堂的僭越行为有所讥刺，王艮认为这是孔子的"早年"之事，不足为训。对于罪恶，王艮主张容忍、妥协，听其自化，说："恶者容之则恶自化"，"容得天下人，然后能教得天下人"，主张要用自己的真诚和努力去感化罪恶。他提倡爱人、敬人、信人，认为要"爱人直到人亦爱，敬人直到人亦敬，信人直到人亦信"，如果人有不爱我、敬我、信我的情况，那就是自己功夫未做到家，还要从自己这一方面去努力。他说：

故爱人者，人恒爱之，信人者，人恒信之，此感应之道也。于此观之，人不爱我，非特人之不仁，已之不仁可知矣；人不信我，非特人之不信，已之不信可知矣！君子为己之学，自修之不暇，奚暇责人哉！（《勉仁方》）

这是一种什么样的说教呢？无非是叫人退让、妥协、驯服而已。这是一种最坏的奴隶式说教，王艮所要建立的也是最坏的奴隶道德。既然大家都自省、自责之不暇，那么，还会有什么统治集团的内部纠纷，人民又怎么会起来和他们的剥削者、压迫者斗争呢？

这真是一剂消弭阶级矛盾的好汤药。"自反然后方能不校"，这样就不会有什么斗争了，王栋道出了王艮这种奴隶道德的秘密。

四、"乐"向何处寻

"去欲"，是王艮修身论的第二项内容。

王艮有一首《乐学歌》，颇为人们所传颂：

人心本自乐，自将私欲缚。私欲一萌时，良知还自觉。一觉便消除，人心依旧乐。

乐是乐此学，学是学此乐……

王艮的学生朱恕字乐斋，再传弟子韩贞字乐吾，可见，"乐学"确实是王艮思想的一个重要特征。有些同志说：王艮主张人心本体就是快乐，这个学说的实质是主张满足和发展人的生理的自然的要求。如果按照这种说法，王艮的思想就带有人文主义色彩了。在中世纪，这自然是进步的。但是，问题并不这样简单。我们必须追问一句："乐"在哪里?怎样才能"乐"?佛教中的净土宗不也宣扬它的西方佛国为"乐土",为"极乐世界"吗?

历来的人文主义者都认为,"乐"是离不开社会物质生活的,"乐"就在现实世界里,并不在什么缥缈的天国。唯物主义更认为,"乐"是一种情感,一种心理状态,它永远是人对外界客观事物的一种主观的反映。而王艮呢?则不然。他认为"乐"是先天的、人心固有的。世人为什么常常不"乐"呢?那是因为被"私欲"蒙蔽了。只要回复了这个本然之初,体认了"良知",也就依然"乐"了。王艮要人们离开现实,特别是物质生活条件,到自己的内心里去找"乐"。他说:"此乐多言无处寻,原来还在自家心"(《和王寻乐韵》)。他认为,现实生活里的"乐"是假"乐",只有这种人心本有之"乐"才是"自家一个真乐"。有了它,即使境遇再困窘些也没有关系。他在一首名为《勉友人处困》的诗中曾说过:"若得吾心有主张,便逢颠沛也无伤……愿期学到从容处,肯为区区利欲忙。"后来,王襞把这种思想表述得更清楚:

这就是说,不管客观环境如何,你都是应该乐的;受人剥削,受人压迫,也应该是乐的。无论是为生活忧愁,还是为被压迫、被剥削的命运忧愁的人,都是小人,"常戚戚就是小人"(王栋语)。我们知道,在封建社会里,广大劳动人民是生活在苦海中的,他们自然希望过快乐的、幸福的生活,然而,王艮却告诉人们,"乐"不在现实生活里,每个人的内心里都有一个"极乐世界",到你的内心里去寻"乐"吧!这种理论在现实中能起什么作用呢?

而且,问题还不止于此。他进一步指出:

良知一萌时,人心依旧乐。(王艮《乐学歌》)
得证则日用头头无非妙动……快乐难名。(王襞《语录遗略》)

原来,"致良知"后就有无限快乐。"良知"是什么?就是封建道德。只要你遵守封建道德,就"快乐难名"了。我们也知道,封建道德是最虚伪、最违反"人性"的,然而,王艮却说有无限快乐在其中,这种理论又会起什么作用呢?

樵夫朱恕和陶匠韩贞就是被王艮这种思想毒害了的两个人。他们都是劳动人民出身,生活都是穷困的,但据说都能乐于贫贱。朱恕"疲则弛所负担,趺坐以息,逾时,仰天浩歌,声若金石,适然自得也"。一个姓宗的人送他数十金,希望他另谋生计,可避樵采之劳。朱恕接金低头沉思后,拒绝说:"子非爱我。吾兹目此,此衷经营念憧憧起矣,是子断送我一生也。"(耿定向《王艮传》)终于没有接受。韩贞呢,穷得常有断炊之危,但据说:"宇内一切龌龊,不撄其中。飘然物外,随境随适……屡空,晏如也。"(宗彝《韩乐吾先生集续》,《韩贞集》)

当劳动人民挣扎在饥饿线上,辗转于统治阶级的压迫之下时,宣传这种"人心本自乐"的理论,其作用只能是帮助剥削者,而不是相反。

叛逆还是奴隶

恪守"孝悌"等封建道德,是王艮修身论的第三项要求。

王艮曾经为明王朝制定了一个安邦定国的大计,这就是提倡孝道。他在《与南都诸友书》中说:

> 初月,颁取天下之孝者,无择其贵贱贤愚。次二月,颁取在各司之次位。次三月,颁赏爵禄。次四月,任以官事,次五月,颁以举之司徒。次六月,颁取进诸朝廷,天子拜而受之,登之天府,转以颁诸天下,以能教不能,是以孝者教不孝者也。

据说,只要时时如此,日日如此,月月如此,岁岁如此,在上者,操纵鼓舞，在下者承流宣化，使得"穷乡下邑"的"愚夫愚妇"皆可与知与能，就可以进入"人人君子，比屋可封"的太平世界了。

王艮也确是"孝道"的身体力行者。他的父亲生了痔疮，疼得很厉害，王艮居然"以口吮之"。王艮为什么这样积极地提倡"孝道"呢？因为在他看来，"孝"是一切封建道德的基础。他曾引述孟子的话说："人人亲其亲长其长而天下平。""孝者，所以事君也。"又曾引述有若的话说："'其为人也孝悌而好犯上者鲜矣，不好犯上而好作乱者未之有也，'然而天下有争斗者鲜矣。"(《与南都诸友》)原来如此，着重点还在于稳固封建统治秩序。事情确实也是这样，封建家族关系是封建秩序的第一环。一个人能恪遵家族的孝道，在整个封建的国家机构中自然是忠臣了。

王艮对于封建道德，不遗余力地宣扬。在《王道论》中他对于当时人民中所谓"饱食暖衣，逸居无教"的情况是痛心疾首的，认为这是"近于禽兽"，结果必将"伤风败俗，轻生灭伦，贼君弃父，无所不至"，因而，他提倡改革学校制度，选取有"道德仁义"的人来担任学校教师，传授"孝悌忠信礼义廉耻之学"，同时，他又主张适当地变通科举制度，务使天下人知道"德行为重""六艺为轻"。

对于维护封建等级制度，特别是封建最高统治者的权威，王艮也是不遗余力的。他曾经不止一次地对"无父无君""弑父弑君"的行为加以唾骂。他说：

君臣大伦，岂一日可忘。君臣上下，名分秩然。

还有这样一件有意思的事。汉光武帝刘秀在做了皇帝后与故人严光共榻，严光在睡梦中把脚伸到了刘秀的肚子上。在历史上，这是一段美谈。但王艮却很不以为然，他认为刘秀与严光共榻，是伸私情，"非尊贤之道"，严光没有辞谢，是"失贵贵之道"。"周武革命"，这是过去许多封建正统的历史家、思想家都肯定了的，但王艮却有不同看法。他认为纣可伐，但天下不可取，周武王应该去迎立纣的异母哥哥微子，自己则恪守臣职。请看，王艮表现在这里的封建等级观念和"家天下"思想是何等严重！这哪里有一点点人民性的味道呢？

有些同志说王艮态度狂放，有"狂士特点"，说王艮所创立的学派有浓厚的左派色彩，是与正宗圣学不相同的异教旁门，颇有类于"黄巾五斗"云。当然，我们如果只注意他戴着纸糊的怪帽子，捧着笏板，坐着自己设计的蒲轮车"招摇"过市时，是会同意这种看法的。但是，我们可以稍稍研究一下。原来，这种纸糊的怪帽子叫作"五常冠"；五常者，仁义礼智信也。笏板上写的是："非礼勿视，非礼勿听，非礼勿言，非礼勿动。"王艮平日"行则规圆矩方，坐则焚香默识"，他的行动无一不是谨守着封建道德和礼法的要求的。

王艮修身论所培养出来的究竟是封建社会的叛逆者呢，还是奴隶、顺民，这是不难看出来的。

五、结语

上面，我们已经逐条地分析了王艮思想的几个方面，现在，把我们的意见归纳一下，这就是：王艮的思想核心是道德伦理论，他除积极宣扬"忠孝"等封建伦理纲常外，还在积极宣扬一种退让、妥协、驯服的奴隶道德。他认为封建统治者推广这些东西，就可以挽救它所面临的崩溃危机，奠定万年江山的基础。为了论证封建道德的合理性、神圣性和权威性，他把它说成是先天的、人心固有的，从而陷入了唯心主义。为了向下层人民传播封建道德，克服王守仁学说的"高虚玄远之蔽"，他提出了"百姓日用即道"的学说，其特点是"以日用现在指点良知"，通过日常生活中的某些事例来说明封建道德的先验性、普遍性，从而说明人们应该在日常生活中进行修证，以"用"证"体"，以期成"圣"成"贤"。这样，就使得王守仁的"致良知"说变得切实可行，有了下手的把柄，使宋明以来日渐趋向简易的思辨哲学更为简易，从而形成了他自己学派的特色。王艮的思想是明代中叶以后阶级矛盾尖锐化的产物，是为统治阶级服务的；其作用，从主要的方面看，应该说是反动的。

在当时，王艮的思想很受明代统治者欢迎。王艮生前，就受到刘节、朱孔阳、吴悌等官僚的荐辟，死后，又有那么多的官吏为他建祭祠，定祀典。本来，明制，谥不及于小臣，尤不及于布衣。但偏偏有那么多人为他请谥，要把他送进孔子庙从祀。真可谓"赢得生前身后名"。这在《王心斋遗集》卷四《谱余》、卷五《疏传合编》中都曾提及。他们说，王艮是"扶天纲地维于不坠"（《李桂轩奠文》）的人，他的学问是"民生日用之饮食"（《耿定向撰传文》），他们特别称道他的学说"简易径截""匪玄匪虚"。他们更一次又一次地向最高统治者疏陈王艮学说的价值，说是"世道之升降，本于人心；人心之邪正，系乎学术"。他们指出，当时正是"世衰道微""风会日下""忠孝节义之念衰于士林"的时候，因而，王艮的学说就是"振觉世之金声"（吴甡：《请从祀疏》）了。有意思的是，愈到阶级矛盾紧张、统治阶级面临危机时，这种呼声愈高。天启三年（1623），竟有二十三个扬州籍京官联名贴出揭帖，为王艮请谥；也就在崇祯三年（1630），经过最高统治者的同意，将王艮的从祀问题下部周咨。据韩贞后人韩载尧先生告诉我，后来，统治者还给韩贞树了牌坊，给了他一个"东海贤人"的称号。如果王艮及其弟子们的思想是具有丰富的人民性和异端色彩的，或者说，是什么"地主阶级反对派"的话，那么，这些现象该如何解释呢？

王艮思想是确曾起过为统治者稳定社会秩序的作用的，当晚明阶级矛盾紧张时，江淮一带只有王艮的家乡安丰场是"安定"的。一个叫龙紫海的官僚在《请谥奏疏》中说：

> 向者东巡海上，每见风俗多浇恶不可言，独过安丰场，谒艮祠，见其家后裔，雍肃知礼，而一方父老，多敦行孝悌，侈言礼让，皆艮风所遗。

这段话是说明王艮思想的社会实践效果的最好不过的材料了。

这里，也许有人要问：依你这种说法，王艮思想就没有一点积极意义了吗？例如，他也主张，不能让人民"冻馁其身"，还有，他的《鳅鳝赋》流露了那么多的对人民疾苦的同情呢！我说，评价一个思想家必须把他的整个思想当作一个体系来考察，不能只看他的阶级出身，不能孤立地抽出一句话、一篇文章来任意引申；尤其是不能被他的某些美好但却空洞的言辞所迷惑，不要只看他善良的愿望，而要看他提出了什么样的解决社会问题的方案，这些方案在社会实践中将会起什么作用，对哪一个阶级有利。历史上尽管有这样的思想家，他们在某种场合、某种条件下似乎说过一些同情人民的话，例如，王守仁就是如此，但其思想体系仍然是反动的——我们正是根据这样的观点来评价王艮的。

以上所论，未必正确，谨待教。

原刊于《新建设》，1963年第9期

韩贞的保守思想

窑匠韩贞和樵夫朱恕，都是明代泰州学派中比较著名的人物。许多思想史著作都乐于提到他们，以证明这一学派的人民性和它的异端色彩。但是，关于他们的思想究竟是怎样的，却很少有人谈到。最近，我从韩氏后人手中阅到《韩先生遗集》，觉得有些问题可以提出来谈谈。

韩贞，别号乐吾，江苏兴化县（今兴化市）韩家窑人。正德四年（1509）生，万历十三年（1585）卒。他是泰州学派创始人王艮的再传弟子，王艮子王襞的门人。《韩先生遗集》是韩贞去世后由其弟子编辑而成的。集中仅存诗，无文，说是诗，不过是有韵的语录而已，是研究韩贞本人思想的重要材料。此外，集内尚有后人编订的《乐吾韩先生遗事》，辑录韩贞的生平事迹颇详，也很有价值。本书有万历二十六年（1598）刻本，我所见到的是1922年兴化明善子的翻印本。

从集中可以看出，韩贞的思想基本上不曾超出王阳明的主观唯心主义学说的范畴。

韩贞认为物质世界是虚幻的："有意观空空亦物，无心应物物还空。"（《勉朱平夫》）在物质世界之上，有一个支配物质的本体，这就是"心"。万事万物都可以包容在这个"心"内,他说:"万有深融方寸内。"(《闲居》)它是那样地通广大,居然可以"包罗天地大,贯彻古今深。"(《勉松泉陆孝卿》)不仅如此,这个"心"还是知识、智慧、道德、伦理等的本源,它先天自满自足,不依赖于客观世界,也不依赖于人的实践活动。他说:

道即是心心即道。(《勉刘守恒》)
万理俱在人心。(《示沙子贤良知》)
虚灵半点不容添,性体空空万善全。(《与魏东岗》)
人人天地性,个个圣贤心。原不少些子,何须向外寻。(《自在吟》)

既然这个"心"是如此多能,里边一应各物俱全,因而,自然就不必"外寻",不用去认识客观世界了。在韩贞那里,人的认识变成了对这个本"心"的认识,人的道德修养也就只是对这个本"心"的复归了。

怎样去认识这个本"心"呢?韩贞认为既不在于谙习儒、释、道三家经典,也不在于传经讲道。他说:"此般至理人人有,莫向三家纸上寻。"(《答问三教》)又说:"千圣难传心里诀,六经未了性中玄。"(《答友二道》)

圣贤和圣贤的经籍都靠不住,最靠得住的还是自己的心。这里,本来是一个思想解放的缺口,由此很可能引申出一些异端言论来。可惜,在韩贞这里,这只是一个假设的命题,目的不过是借此论证他的主观唯心主义,提高"心"的地位和作用而已。他并不曾讲过什么超出封建主义思想体系的话来。韩贞认为,认识和发现这个本"心"的唯一办法就是"直指先天",是"悟",它是不能用语言文字来表述的。他说:"直指先天一脉真,此真真处口难陈。若言默会终成垢,才说思通也落尘。"(《答友二首》)又说:"迷时万里源头塞,悟后千年道脉开。"(《简李中秘敏斋先生》）经过"悟"，就可以消灭物我对立、内外对立，即主观和客观的对立，使得物我交融，主观的我吞并了客观的物，达到他所说的"物物性空无内外"（《寄王云衢》）、"心忘物我先天合"（《出游》）的境界。据说"悟"了之后，就可以不受外物干扰：

> 于今养得天君定，劈面风来也不寒。（《勉盛子忠》）

而且，安邦定国的大计也就在其中了："悟得胸中无一物，澄清天下岂多方。"（《新秋与刘子华夜坐》）

这个"心"是否人人都有呢？韩贞的回答是肯定的。他说："固知野老能成圣，谁道江鱼不化龙！自是不修修便得，愚夫尧舜本来同。"愚夫和尧舜的本心是一样的，经过修行，一样可以成贤成圣。这一思想看来具有人民性，但是实际上，它不过是禅宗"一切众生皆有佛性"思想的翻版，王阳明等也有类似的看法，我们不应估价过高。而且，更重要的是要看这种思想将把"愚夫"们引导到哪里去，"成圣"的内容和途径是什么。韩贞说：

> 七情不动天君泰，一念才萌意马狂。（《寄江爱吾》）
> 理从欲尽源头觅，身向心萌念处修。（《赠孙迎栖》）
> 有私非入道，无欲始凝神。（《示董子儒》）

这里，韩贞提倡灭"情"、灭"欲"、灭"私"，要人们摒弃客观世界，灭绝一切思维活动，放弃一切生活愿望和欲念，使内心形成一种空无所有的寂灭状态，这是一种僧侣主义、禁欲主义的理论。它只能有利于封建统治阶级而不利于劳动人民反剥削、反压迫、争取生存权利的斗争。

与此相适应，在社会思想上，韩贞更大力提倡清静无为、与世无争，提倡"淡泊""寂静"、顺应"自然"，反对人们的任何改变现实的努力。他说：

> 且饮三杯欢喜酒，不争一个皱眉钱。尧功舜业浮云过，底事人生不自然！（《樵歌五首》）
> 世路多歧未许游，得休休处且休休。（《与东村》）

他要人民安分守己，尊敬长上，孝悌为先，不要胡思乱想，安安分分地被统治、被剥削。他曾作过一些格言诗，如《孝亲》《敬长》《安分》《戒非》等，略抄一点：

> 士农工贾各勤劳，自有荣华自富饶。勿漫起贪登垄断，羡鱼还恐失担樵。（《安分》）
> 凡百非为不可为，为非何日不招非。（《戒非》）

《韩先生遗集》中还有这样一条记载：隆庆三年（1569），兴化大水，人民生活困苦异常，阶级矛盾顿时紧张，"人心汹汹思乱"，县令请出了韩贞，韩贞便驾了小船，带着门人环游各村，作诗劝喻。诗云："养生活计细思量，切勿粗心错主张。鱼不忍饥钩上死，鸟因贪食网中亡。安贫颜子声名远，饿死夷齐姓字香。去食去兵留信在，男儿到此立纲常。"据说，"民为之感动"，"故虽卖妻鬻子，而邑中无萑苻之警"云。

封建统治阶级是很善于利用韩贞的。当时兴化县学教谕就曾提出要把韩贞请到城中，馆于净室，让各"约正"都到他那里去听讲，使得"本县之所愿化百姓者，而此老能化之"。

以上所述，韩贞的思想和活动究竟对哪一个阶级有利呢？他在哪些地方表现了泰州学派的人民性和战斗性呢？韩贞的出身确是陶匠，这一点没有任何疑问。但是陶匠出身的思想家，并不一定反映陶匠或劳动者阶级的利益。统治阶级的思想毕竟是一个时代的统治思想，韩贞的思想还是为当时统治阶级服务的。

泰州学派是一个复杂的学派，其中的一些人确实是假王阳明学派，但是也有很多人并未和王学划清界限，甚至还是王学的奴仆；泰州学派的确在劳动人民中有过广泛的传播，很多人出身贫苦，但是并不都具有进步意义。对它进行研究时，需要充分掌握材料，具体分析，不宜笼统地下结论。

原刊于《光明日报》，1962年10月26日。

儒学在近代中国[1]

尽管孔子一生困顿，命途多舛，但是自汉武帝罢黜百家，独尊儒术之后，儒学成为占统治地位的官学，孔子的地位就日益提高，以至于达到"吓人的高度"。[2]在漫长的两千多年的岁月中，很少有人敢向孔子的崇高地位挑战。这种情况，到了近代，才有明显改变。随着中国社会的变迁和进步，在西方文化和日本维新思潮的影响下，逐渐出现了非儒反孔思潮。与之相联系，崇儒尊孔的主张以前所未有的复杂形态多样化地表现出来。两种意见互相诋排，各不相下，成为思想史上引人注目、发人深省的现象。

龚自珍是近代中国第一个对儒学独尊地位提出挑战的人。他在一首诗中写道：

兰台序九流，儒家但居一。诸师自有真，未肯附儒术。后代儒

---

〔1〕在日本横滨第二次汉字文化圈国际论坛的演讲。
〔2〕鲁迅：《在现代中国的孔夫子》，《鲁迅全集》第6卷，人民文学出版社1981年版，第316页。

亦尊，儒者颜亦厚。

洋洋朝野间，流亦不止九。不知古九流，存亡今孰多？或言儒先亡，此语又如何？[1]

九流，指的是班固在《汉书·艺文志》中所分列的九个学术流派。龚自珍认为，儒家只是九家中的一家，并无特殊之处；儒家以外的其他各家也都有其符合真理的一面，不需要依附儒术；后来，儒家的地位被愈抬愈高，儒者的脸皮也愈来愈厚。这首诗，表现了龚自珍对儒学独尊地位的强烈不满以及对其他各家历史命运的关心。他甚至发出了儒家可能"先亡"的疑问。龚自珍的时代，中国封建社会已经到了暮色苍茫、悲风四起的"衰世"，龚自珍的疑问反映了一种信仰危机和对一种新的学术派别的憧憬。但是，由于长期儒学独尊的影响，龚自珍没有也不可能彻底摆脱儒学的束缚，他只能借助东汉以来长期衰微的今文经学派，利用其"微言大义"来表达自己的观点。

鸦片战争期间，中国人在西方的坚船利炮面前败下阵来，蒙受了奇耻大辱。先进的知识分子痛定思痛，对儒学的不满和怀疑增长了。魏源等人开始痛骂"腐儒""庸儒"，开始鄙弃程、朱、陆、王的"心性"之学，主张"师夷长技以制夷"，觉得西洋文化在某些方面比中国高明。后来，这种向西方学习的要求又从"长技"发展到经济、政治等方面。但是，魏源以下一辈人，如冯桂芬、王韬、薛福成、马建忠、郑观应、陈炽、何启、胡礼垣等，一般地只敢批判程、朱、陆、王等后儒，而不敢批判先儒；只敢批判汉学和宋学，而不敢直接把矛头指向孔学。在他们看来，孔子和儒学还是完美无缺的，其崇高地位是不能动摇的。例如

---

[1]《自春徂秋，偶有所触，拉杂书之，漫不诠次，得十五首》，《龚自珍全集》，上海人民出版社1975年版，第487页。

王韬就说过："盖万世不变者，孔子之道也，儒道也。"[1]这种情况，固然反映出思想家自身的特质，但更多反映出的却是儒学传统的强大力量和深厚影响。

正是在这种儒学传统的重压下，康有为等人的维新变法理论不能不包裹在儒学的外衣中，并力图借助于"孔圣人"的权威。他利用今文经学派的"《公羊》三世说"来阐述自己的以进化论为核心的社会历史观，并利用对古文经的辨伪来动摇人们对传统的信仰。康有为力图说明，西汉经学，根本没有所谓古文经，所有古文经书都是刘歆伪造的。刘歆之后的两千多年，千百万知识分子，二十个王朝礼乐制度的订立者都上了刘歆的当。这样，在龚自珍之后，康有为就进一步动摇了古文经学派的地位，引起人们对这部分儒学经典的怀疑。当顽固派在祖坟前叩头礼拜，表示要"恪守祖训"的时候，康有为却在旁边大喝，你这个祖坟是假的。这自然具有思想解放的意义。

同时，康有为又力图说明，孔子是维新变法的祖师爷。他主张"法后王""削封建"，实行"大一统"，反对"男尊女卑"，创立"选举制"，最高理想是实行民主共和云云。（《孔子改制考》卷十一、九、八、三、十二）因此，康有为称孔子为"万世教主""制法之王""生民未有之大成至圣"。康有为建议，清王朝"尊孔圣为国教"，以孔子纪年，全国设教部，地方设教会，每七日还要公举懂"六经""四书"的人为"讲生"，宣讲"圣经"。（《请尊孔圣为国教，立教部、教会，以孔子纪年而废淫祀折》）

近代以来，有不少人，例如曾国藩、张之洞以及清代统治者尊孔，目的是维护旧秩序；戊戌时期的康有为尊孔，目的是变法。两种尊孔的意图迥然不同。但是，康有为笔下的孔子明显不符合孔子的本来面目，

---

[1] 王韬：《杞忧生〈易言〉跋》，《弢园文录外编》，中华书局1959年版。

它是维新派按照自己的理想和需要，改铸出来的形象。

和康有为比起来，谭嗣同的思想显得激烈、深刻、锐利得多。他怀着满腔悲愤批判儒学所鼓吹的纲常伦理，分析其"惨祸烈毒"，揭露封建统治者以之残酷迫害人民的事实。当时，一位朝鲜人曾说："地球上不论何国，但读宋明腐儒之书，而自命为礼义之邦者，即是人间地狱。"谭嗣同完全同意这一观点。(《仁学》)他尤为激烈地批判君主专制主义，认为君主是人民推举出来"为民办事"的，可以共举，也可以共废，其恶劣者，"人人得而戮之"(《仁学》)。谭嗣同的思想已经越出改良主义的樊篱，走到革命民主主义的边缘。但是，谭嗣同仍然要挂上孔学的旗号。在谭嗣同笔下，孔子"废君统，倡民主，变不平等为平等"，不仅是维新派，简直就是民主主义者(《仁学》)。他认为，孔门传人曾子、子思、孟子、夏子等人还是继承了孔子的民主传统，只是到了荀子，孔学才被篡改为"钳制束缚"的工具，荀学也就因此统治中国两千余年。谭嗣同严格地区分孔学和儒学，认为儒学使孔子之道愈见狭小，起了恶劣作用(《仁学》)。因此，他以马丁·路德自励，立志为恢复"孔教"的本来面目而奋斗。

在维新派中，严复对西学有精深的研究，因此，他的维新思想的理论基础以及批判儒学的理论武器都不是取自儒学自身，而是取自西方自然科学和社会政治学说。他不仅批判"宋明腐儒"，而且破天荒地提出"'六经'且有不可用者"。[1]出于对儒家学派的强烈不满，严复甚至认为秦始皇焚书坑儒的行为也并不过分。他以热烈的语言赞扬西学的完美与严整，认为中学重三纲，西学重平等；中学亲亲，西学尚贤；中学以孝治天下，西学以公治天下；中学尊主，西学隆民；中学夸多识，西学尊亲知；中学委天数，西学恃人力……这是近代中国思想史上最初也是

---

[1]《辟韩》，《严复集》，中华书局1986年版，第35页。

最鲜明的中西文化比较论，标志着在"西学"冲击下，中国人对传统文化的进一步怀疑和否定。[1]尽管如此，严复仍然维护孔子的权威，认为孔教不谈鬼神，不谈格致，专明人事，平实易行，千万不能破坏[2]。他甚至认为，精通西学之后，才能更好地理解中国圣人的"精意微言"[3]。

戊戌维新是一次政治改革运动，也是一次思想启蒙运动。它本应对孔子和儒学的独尊地位有较大的冲击，但是，历史展示给人们的情景却是，孔子的地位还要继续提高。这里，我们再一次看到了传统的强大力量和历史缠住现实，这令人痛苦的情况。

作为弟子，梁启超支持过康有为的保教论。戊戌政变后，梁启超流亡日本，于1902年发表《保教非所以尊孔论》，开始反对师说。他认为，孔子是哲学家、经学家、教育家，而非宗教家；保教之说束缚国民思想。他指出，孔子思想中有"通义"和"别义"两部分，前者万世不易，后者则"与时推移"，应该博采佛教、耶教以及古代希腊以至"欧美近世诸哲"的学说，进一步光大孔学[4]。尽管梁启超仍然断言，孔学将"悬日月，塞天地"，"万古不能灭"，但他承认孔学中有不适用、不够用的部分，这毕竟是有意义的进步。

真正动摇了孔子和儒学独尊地位的是以章太炎为代表的革命党人。19世纪末20世纪初，作为维新思潮的反映，日本社会出现了一些非儒反孔的著作家，如远藤隆吉、白河次郎、久保天随等。在他们的影响和启迪下，章太炎一方面肯定孔子是中国古代优秀的历史学家、教育普及家、无神论者，同时，他也发表了不少对孔子和儒学激烈批评的文章。1902年，他在《訄书》修订本中指出，孔子的名望远远超过了实

---

[1]《论世变之亟》，《严复集》，中华书局1986年版，第3页。
[2]《保教余义》，《严复集》，中华书局1986年版，第85页。
[3]《救亡决论》，《严复集》，中华书局1986年版，第49页。
[4]《新民丛报》1902年第2号。

际，其学术也并不十分高明，荀子、孟子都比他强得多。1906年，他在东京中国留学生大会上发表演说，批评孔子"最是胆小"，"不敢去联合平民，推翻贵族政体"。又说：孔教的最大污点，是使人不脱富贵利禄的思想。他明确表示："孔教是断不可用的。"[1]其后，他又根据《庄子》《墨子》等书的记载，在《诸子学说》中，批评孔子"哗众取宠""污邪诈伪""热中竞进"，是个道德品质不好的人。由此，他进一步批评历史上的儒家学派投机善变，议论模糊，认为无论就道德言，就理想言，儒家均不可用[2]。1908年，日本《东亚月报》刊登孔子像，章太炎就此著文发挥说：孔子已经死了两千多年了，他的思想早已成为过去，"于此新世界者，形势礼俗岂有相关？"[3]

章太炎对孔子和儒学的批评并不科学。第一，他的批评根据有不少出自《庄子》《墨子》，庄、墨都是儒家的对立面，所述并不可靠。第二，章太炎的批评矛头在许多地方实际指向康有为。在他所描绘的孔子形象中，我们依稀可见康有为的面影。现实的斗争需要常常使人不能严谨地对待历史，即使是章太炎这样的大学问家亦不能免。然而，章太炎将中国封建社会的至圣先师作为议论、批评的对象，仍然是件了不起的大事。在章太炎之后，各种批评孔子的言论就多起来了。

1903年，上海爱国学社的刊物《童子世界》载文认为："（孔子）如今看起来，也是很坏。"[4]《中国白话报》载文认为，孔子是个"顶喜欢依赖皇帝的东西"[5]。同盟会员宁调元直呼孔子为"民贼"。他说："古之所谓至圣，今之所谓民贼也。"[6]1912年，民国建立，南京临时政府

---

[1]《民报》第6号。
[2]《国粹学报》丙午（1906）第8、9号。
[3]《答梦庵》，《民报》第21号。
[4] 君衍：《法古》，《童子世界》第31期。
[5] 林獬：《国民意见书》，《中国白话报》第18期。
[6]《宁调元集》，湖南人民出版社1988年版，第395页。

教育部通令废除中小学读经课程。时任教育部部长的蔡元培明确宣布："尊孔与信教自由相违。"[1]同年7月，蔡元培主持临时教育会议，进一步通过"学校不拜孔子案"[2]。这样，孔学作为官学的地位就被否定了。

随着非儒反孔言论的增加和孔学作为官学地位的被否定，崇儒尊孔的呼吁也日益强烈。辛亥革命前后发表崇儒尊孔言论的人员构成很复杂。一种是革命派，如《国粹学报》的邓实、黄节等，他们视孔子为中国文化的代表；一种是康有为等保皇党，以孔学作为反对革命、维护君主制的工具；一种是清朝统治者及袁世凯、张勋等军阀，利用孔学维护其统治或复辟君主制；一种是某些外国传教士或来华人士，如林乐知（Y.J.Allen）、李提摩太（T.Richard）、李佳白（G. Reid）、庄士敦（R.F.Johnston）、盖沙令（H.Keyserling）、尉礼贤（R.Wilhelm）、有贺长雄等。1906年，清政府颁布《教育宗旨》，宣称孔子不仅是"中国万世不祧之宗"，而且是"五洲生民共仰之圣"[3]。1913年6月，袁世凯发布尊孔令，宣称孔学"返之人心而安，放之四海而准"[4]。8月，孔教会代表陈焕章等上书，请定孔教为国教。10月，《天坛宪法草案》规定："国民教育，以孔子之道为修身大本。"1914年9月，袁世凯在北京举行了盛大的祭孔典礼。袁世凯复辟帝制失败后，康有为于1916年9月再次上书，要求"以孔教为大教，编入宪法，复祀孔子之拜跪"[5]。他说："不拜孔子，留此膝何为？"[6]1917年3月，各省尊孔团体在上海组织全国公民尊孔联合会，发动所谓"国教请愿运动"。同年7月，张勋拥废帝溥仪复辟。

---

[1]《对于新教育之意见》，《民立报》1912年2月10日。
[2]《临时教育会议日记》，《教育杂志》4卷6号。
[3]《学部奏请宣示教育宗旨折》，《大清教育新法令》第1册第2编。
[4]《袁大总统书牍汇编》卷2。
[5]《致总统总理书》，《孔教十年大事》卷八，山西宗圣社1923年印行。
[6]《致总统总理书》，《孔教十年大事》卷八，山西宗圣社1923年印行。

为什么近代的守旧复辟势力都崇儒、尊孔，这不能不引起先进知识分子的思考，于是，一场新的非儒反孔热潮因而兴起。

五四前夜发表批孔文章的先锋是易白沙，主将则是陈独秀，吴虞、鲁迅、李大钊等人都作出了巨大贡献。当时对孔子和儒学的批判主要集中在以下几个方面：

（一）孔子和儒学维护尊卑等级制度，是历代帝王专制的护符。易白沙称：孔子"尊君权，漫无限制，易演成独夫专制之弊"。他阐述了历代帝王以孔子为傀儡，借以巩固其统治的情况，说明不能不归咎于孔子自身。[1]李大钊认为："孔子生于专制之社会，专制之时代，自不能不就当时之政治制度而立说，故其说确足以代表专制社会之道德，亦确足为专制君主所利用资以为护符也。"[2]陈独秀提出："孔教与帝制有不可离散之因缘。"[3]吴虞也说："孔氏主尊卑贵贱之阶级制度，由天尊地卑演而为君尊臣卑，父尊子卑，夫尊妇卑。尊卑既严，贵贱遂别。"因此，"专制之威愈演愈烈"[4]。

（二）儒学伦理是片面的、不平等的、人压迫人的"奴隶道德"。陈独秀认为：君为臣纲，则民于君为附属品；父为子纲，则子于父为附属品；夫为妻纲，则妻于夫为附属品；由此产生的忠、孝、节等道德都是不平等的"以己属人"的"奴隶道德"[5]。于是，"君虐臣，父虐子，姑虐媳，夫虐妻，主虐奴，长虐幼"，种种人压迫人的现象因而发生[6]。吴虞从分析孝、悌等伦理规范入手，揭示中国古代的宗法家族制度和专制政治之间的关系，说明儒学伦理"专为君亲长上而设"，目的是让人们

---

[1]《康南海与中央电》，《青年》1卷6号。
[2]《自然的伦理观与孔子》，《李大钊文集》（上），人民出版社1984年版，第264页。
[3]《驳康有为致总统总理书》，《新青年》2卷2号。
[4]《儒家主张阶级制度之害》，《吴虞文录》，上海亚东图书馆版，第72—73页。
[5]《一九一六年》，《新青年》1卷5号。
[6]《答傅桂馨》，《新青年》3卷1号。

"不要犯上作乱",把中国弄成一个"制造顺民的大工厂"。他说:"麻木不仁的礼教,数千年来不知冤枉害死了多少无辜的人。"[1]鲁迅则通过"狂人"之口,以形象的文学语言说明中国历史一面充塞"仁义道德"的说教,一面充塞着血淋淋的"吃人"现象这一残酷现实。吴虞盛赞鲁迅的这一发现,说是"把吃人的内容和仁义道德的表面看得清清楚楚","孔二先生的礼教讲到极点,就非吃人、杀人不成功"[2]。

（三）孔子之道不适用于现代生活。陈独秀认为:宇宙间一切物质、精神,无时不在变迁进化之途。一定的学说产生并适应于一定的社会,社会变迁了,学说也应随之变迁。他说:"现代社会以经济为命脉,盛行个人独立主义,经济上财产独立,伦理上个人人格独立,崇尚自由平等,而儒学则以纲常阶级（等级）为教,恰恰与此相反"[3]。他们坚决反对在民国宪法上载入以孔子之道为修身大本一类字眼。在当时,他们尤其着重指出,专制与自由不相容,孔子之道与共和制势不两立。吴虞说:"共和之政立,儒教尊卑贵贱不平等之义,当然劣败而归于淘汰。"[4]陈独秀则斩钉截铁地表示:"孔教与共和乃绝对两不相容之物","主张尊孔,势必立君","势必复辟"[5]。李大钊在"五四"前就认为孔子其人"已为残骸遗骨,其学说之精神已不适于今日之时代精神"[6];"五四"后,他又对此做了深层分析,说明孔学是"中国二千余年来未曾变动的农业经济组织反映出来的产物"。他说:"不但中国,就是日本、高丽、越南等国,因为他们的农业经济组织和中国大体相似,也受了孔门伦理的影响不少。"他进一步指出,西洋的工业经济打进东方以

---

[1]《吴虞文录》,美信印书局1933年版,第5—6,17页。
[2]《吴虞文录》,美信印书局1933年版,第64、71页。
[3]《孔子之道与现代生活》,《新青年》2卷4号。
[4]《吴虞文录》,第7页。
[5]《复辟与尊孔》,《新青年》3卷6号。
[6]《自然的伦理观与孔子》,《李大钊文集》(上),人民出版社1984年版,第264页。

后，孔子的学说就"根本动摇"了[1]。

（四）孔子缺少民主学风，孔子和儒学的独尊地位阻碍思想和文化的发展。易白沙认为：孔子讲学，不许问难，易演成思想专制之弊[2]。陈独秀认为：九流百家，无非国粹，汉武帝罢黜百家，是一种思想、学术上的专制主义，不仅遮盖了其他各家的光辉，而且窒息人们的聪明才智，摧残创造活力和独立思考精神，为害较之政治上的君主专制主义还要厉害[3]。李大钊认为：自孟子辟杨、墨之后，儒学形成了一种排拒异说的作风，自以为包揽天下的一切真理，完全听不得不同意见，动辄指斥别人为"淫词邪说"。他说："真理正义，且或在邪说淫词之中也。"[4]易白沙、陈独秀都指出，"人间万事，以竞争而兴，专占而萎败"，即以孔学本身而论，独尊的结果是失去竞争、辩难的对象，必然日形衰败[5]。据此，陈独秀等声称："无论何种学派，均不能定于一尊"；"各家之学，亦无须定尊于一人"[6]。

"五四"时期，陈独秀诸人对孔子和儒学的批判大体如上。经过"五四"运动，在中国封建社会中长期树立起来的孔子和儒学的独尊地位遂轰然倒塌。

真理是无边无际的大海。任何人、任何学派对真理的认识都是有限的、局部的，以为一个人、一个学派可以穷尽全部真理，以为在这个人、这个学派的思想学说中不包含任何谬误，可以适用于一切时代，一切地域，并以之作为检验真理的标准，都是一种可笑的幻想和迷信。

---

[1]《由经济上解释中国近代思想变动的原因》，《李大钊文集》（下），人民出版社1984年版，第178—180页。
[2]《孔子平议》，《青年》1卷6号。
[3]《宪法与孔教》，《新青年》2卷3号。
[4]《民彝与政治》，《李大钊文集》（上），人民出版社1984年版，第169—171页。
[5]《答常乃德》，《新青年》2卷6号
[6] 陈独秀：《答吴又陵》，《新青年》2卷5号；易白沙：《孔子平议》（下），《新青年》2卷1号。

"五四"时期陈独秀诸人批判这种迷信，推倒了孔子和儒学的独尊地位，不仅是一次反封建的思想革命，而且是一次思想解放运动，其意义是深远的。

应该指出的是，陈独秀等人并不全盘否定孔子和儒学，尤其不否定孔子在当时的历史地位和价值。一个人、一个学派在当时当地的作用和它在后世的作用常常有所不同。前者可以称为当时价值，后者可以称为后世价值。由于时代、地域和传述者的情况不同，一个人、一个学派的后世价值是复杂多变的。陈独秀等人，包括最偏激的钱玄同在内，都一致认为孔子"自是当时之伟人"，他们所否定的主要是孔子的后世价值，特别是20世纪初它在中国的现实价值。陈独秀说："吾人讨论学术，尚论古人，首当问其学说、教义尚足以实行于今世而有益与否？非谓其于当时之社会毫无价值也。"[1] 20世纪初年，中国人的任务是追求民主和科学，建设现代化的国家与社会，康有为、袁世凯们却力图利用尊孔维护旧道德、旧文化，复辟封建专制主义，这自然不能不引发先进知识分子的反击，所以陈独秀又说："愚之非难孔子之动机，非因孔子之道之不适于今世，乃以今之妄人强欲以不适今世之孔道支配今世之社会国家，将为文明进化之大阻力也。"[2] 显然，"五四"时期的非儒反孔思潮乃是一场从属于现实政治斗争的思想斗争，而不是严格的科学讨论。它不可能是全面的、辩证的、充分理智的，而必然带有片面、绝对和情绪化的特征。这表现在谈孔子和儒学的当时价值少，谈现实价值多；谈积极面少，谈消极面多；谈教育学、文献学方面的贡献少，谈政治学和伦理学方面的缺陷多。至于在工业化的过程中，如何利用孔学作为调整人际关系的凝聚剂，在高度工业化之后，如何利用孔学作为现代文明弊病

---

[1]《答常乃德》，《新青年》3卷2号。
[2]《复辟与尊孔》，《新青年》3卷6号。

的救正剂，这些问题，更非"五四"时期的思想家所能想见。

在世界文化史上，儒学是一个博大、深刻、有着鲜明特征的思想体系。它既有保守、落后的封建性一面，曾经成为中国人民长期的精神枷锁，今后也将成为中国人民走向现代化的精神障碍；但是它也有反映人类社会普遍需要、普遍特点和普遍规律的真理性一面。有些思想，经过改造和转换，会成为有益于现代社会的成分。李大钊曾经说过："孔子之道有几分合于此真理者，我则取之；否者，斥之。"这是一种正确的态度，但是，"五四"时期的人们没有可能做到这一点。历史地、科学地、全面地评价孔子和儒学，探讨它的当时价值和在今天的现实价值，评估它的未来价值，这是当代中国人的任务，也是一切关心儒学命运的人们的共同任务。从某种意义上说，它也许是一项永远说不完的话题。

蒋介石与宋明理学[1]

我今天演讲的题目是"蒋介石与宋明理学"。坦率讲，我今天略微有点紧张，为什么呢？我最近若干年一直以蒋介石作为自己的研究中心，应该说，对蒋介石比较熟悉。但是我们这一次是"中华文化四海行"，总得讲一点文化方面的问题。想了想，蒋介石一辈子信奉、研究宋明理学，实践宋明理学，所以我就把题目确定下来，讲"蒋介石与宋明理学"。

可是要讲这个问题，对我而言有两点困难，首先，"宋明理学"所使用的一些概念、范畴和我们当代生活距离比较远，要把它通俗化、讲明白，有一定的困难。

其次，我个人研究"宋明理学"是三十年以前的事情了。当年我曾经写过几本小书，然而这些年来，中国哲学史的研究有了很大的进展。三十年以前的一些知识，哪些地方已经落后了，我现在不敢说。

---

[1] 2013年6月28日在贵阳孔子学堂的演讲，收录于《找寻真实的蒋介石：蒋介石日记解读》（4），东方出版社2018年版。

但是，这个题目我觉得还是一个很重要的题目。首先，宋明理学是中国儒学一个重要的发展阶段，也是中国文化的一个重要发展阶段。如果我们不懂得宋明理学，恐怕很难懂得中国哲学，很难懂得中国文化。其次，我们要研究民国史，研究国民党，研究蒋介石，也都需要懂得宋明理学。

一、宋明理学与朱熹、王阳明的分歧

宋明理学，我们在习惯上也称为"宋明道学"。中国儒家的前辈两千多年以前就在讨论一个问题，就是人和动物的区别在什么地方。

孟子讲过一段话，他说"人之所以异于禽兽者几希"。我们讨论人和动物的差别，"几希"是很小很小的意思。儒家学派认为，人和动物的重要差别之一就在于人有道德伦理观念。所以说，从很早的时候开始，儒家学派就开始讨论人的道德伦理观念问题：道德伦理是什么？从哪里来？它和自然、和人类社会有什么样的关系？对于人类和社会来说，它的作用是什么？宋明理学就是对上述问题的讨论和回答。因此，我们可以称宋明理学为道德哲学，它是从哲学上来回答道德的问题。

中国儒学的发展经过几个阶段，一开始，就是我们大家熟悉的先秦的儒学，这是土生土长的中国思想、中国哲学。先秦儒学之后，唐代是佛学盛行的历史时期。中唐以后，有些学者将佛学加进儒学，出现"援佛入儒"的现象。到了宋朝，中国的儒学吸收了唐代佛学的内容，就发展成为宋明新儒学，也就是我们通常所讲的"宋明理学"。可以说不了解"宋明理学"就不可能了解儒学和中国文化。

"宋明理学"的最高范畴是"理"，或者称为"道"，或者称为"性"。"宋明理学"是将儒学的伦理观念哲学化，将伦理上升为天地的本源、人性的本源，从而提出了一系列的修养方法，它的目的是希望人成为"圣人"和"贤人"。这是中国哲学和西方哲学,特别是和古希腊哲学之间的一个重要不同点。

西方哲学,特别是古希腊哲学,教人认识自然,成为智者。而中国古代哲学呢?它教人认识人的本身,成为道德完美的"圣人"。

"宋明理学"有两大流派,一派叫"朱熹学派",或者称为"程朱学派",北宋的程颐、程颢弟兄二人和南宋的朱熹所创建的学派。"朱熹学派"的基本思想就是三个字,"性即理"。就是说天上的"性"降到人心中,就成为"理"。这个理从哪儿来的?朱熹认为这个"理"是老天爷降到人心里来的。它是独立于人的感觉之外的一种客观精神。我这样讲,大家可能觉得比较抽象,用现代语言来讲,朱熹所讲的"理",实际上是规律和伦理二者的综合。

朱熹举例说,我们现在坐的椅子一定要有四只脚,如果你把四只脚椅子的一只脚抽去,那么这把椅子一定会倒下来。另外,朱熹还讲过,我们大家每天早晨起来都要照镜子,镜子是可以照人的,想知道脸洗干净了没有,就要照镜子。没有哪一个傻瓜拿着木板子来照的。朱熹还讲水一定是往下流的,那火焰呢?一定是往上烧的。朱熹讲的这几个现象都是自然界的必然现象。

朱熹实际上讲的是自然界的规律。四只脚的椅子为什么抽掉一只脚要倒,这在今天的物理学上可以解释。为什么镜子可以照人,木板子不能照人,这在物理学上也是可以解释的。朱熹学派所讲的"理"具有必然性,具有规律的内容。

朱熹所讲的"理"有双重含义:一种"理"叫"在物之理",就是刚才讲的椅子、镜子、水、火,这些"物"所具有的"理"。同时,还有"在心之理",在人的头脑里面,或者说,在人的思想里面的这种"理"。这种"理"叫什么?就是通常所讲的忠、孝、仁、义这样一系列的道德伦理概念。所以说,朱熹所说的"理"具有两方面的内容:一个讲的是物质的规律，物的必然性，另外，就是讲的人的道德伦理观念。朱熹的"理"是把客观物质世界的规律和人的道德伦理综合在一起，用人必须遵守规律来论证人必须服从忠、孝、仁、义这样一些伦理道德观念。

朱熹认为，这个"理"是天赋于人，老天爷给人的，人人先天具足，生下来就什么都有，什么都完美无缺。那么，为什么人还有千差万别呢？主要是由于"气禀"不同，金、木、水、火、土，这五行叫气，有的人"金气"多一点，有的人"水气"多一点，有的人可能别的什么气多一点，或少一点，这种情况，叫"气禀之偏"，偏于某一方面了，不全了，不完美无缺了。

另外，朱熹认为，人的物质欲望这个因素也会影响人的天赋之"理"的表现，朱熹把它叫作"物欲之私"。一个"气禀"，一个"物欲"，使人先天具有的这种"理"被蒙蔽了，遮盖了。怎么办？朱熹认为，有两条路线可以解决。一条路线叫向外用功，一条路线叫向内用功。什么叫向外用功呢？就是"今天格一物""明天格一物""今日穷一理，明日穷一理"。"格"的物多了，穷的理多了，你的天赋之"理"也就恢复了，回来了。朱熹所说的这个"格"字，你可以把它当成研究去理解。今天研究一件事，一个物，明天你再研究一件事，一个物；今天你去讨论、探索一个道理，明天再去探讨另外一个道理。朱熹认为，天地之大，万物之多，要一件件，一个事物一个事物地去研究，去探索，这个叫"格物"。

朱熹认为，"穷理之要，必在读书"。在探讨、研究自然和社会各种事物的时候，最重要的是读书，就是说，你要去探讨真理，首先要做的是读书，特别要读儒家学派的书。

今日格物，明日格物，这叫向外用功。还有另外一条路线叫向内用功，什么意思？就是要省、察、克、治。省是反省自己；察，考察自己；克是克服自己；治是治理、管好自己。这些讲的都是人的自我道德修养。朱熹提倡，要用一种很严肃、很诚恳的态度去进行省、察、克、治等功夫，自我修养。态度很严肃，很诚恳，这叫"主敬"，"敬"就是要严肃，要恭恭敬敬、诚诚恳恳，和我们今天提倡"敬业"精神的"敬"，意思差不多。

向外用功也好，向内用功也好，目的是把人的各种欲望，特别是不正当物质欲望去掉，把老天爷给你的伦理道德观念，发扬起来，这就叫"去人欲、存天理"。朱熹认为这样做了之后，人就不是一个普通的人，就成为圣人，成为贤人了。

朱熹还提出来，"要先知后行"。在知行关系问题上，朱熹主张首先要知，比如说你从北京到贵阳来，你首先要了解一下贵阳在什么地方，怎么样才能从北京到贵阳。所以要"先知"，将"知"放在第一位，先要认识，先要了解，然后你才能够行，去进行道德修养。

朱熹的学说是明清时期的官方哲学，长期在思想界占据着主流和统治地位，统治者觉得这一派的学说很稳妥，很正当，没有多大弊病，也没有偏激不当之处，所以除了南宋后期一段很短的时间外，统治者大都提倡这一学派，表彰这一学派。

朱熹学派之外另外一个学派就是"阳明学派"——明朝的浙江人王阳明所创立的学派。这个学派的创始人是南宋的陆九渊，所以又称为"陆王学派"。

"阳明学派"跟"朱熹学派"有很多不同的地方。朱熹认为"性即理"，王阳明则认为"心即理"，还说什么"心外无物""心外无理"。什么是"心"？讲的不是存在于人体内的永远跳动的物质的心，讲的是人的感觉和知觉。王阳明认为，人的感觉、知觉和人的伦理观念是同一体。他有一段很著名的论证：耳朵是人一生下来就能听，就具有很高的听力，眼睛是人一生下来就能看，就具有很高的视力，这就叫"耳自聪，目自明"，是人的天赋生理功能，不需要后天的学习和培养。每个人都是这样，除了先天的遗传的残疾人，正常的人一生下来都如此，王阳明把人的这种能力叫"良能"。由此，王阳明认为人有一种天赋道德观念，见父，必定知孝，见兄，必定知悌，懂得孝敬父母，尊敬兄长。在阳明学派看来，人的伦理道德观念，忠、孝、仁、义，这些道德观念，和人的生理功能是综合体，是一致的，叫"良知"。

既然人生下来耳朵就能听，眼睛就能看，与生俱来，本无欠缺，不必他求，人人如此，自然，不需要再去学习，不需要再去追求，这就叫"心即理"。与"心即理"相联系的是王阳明的"致良知"学说。王阳明认为，良知就是人的天赋道德观念，人一生下来，就有道德观念，它是完整的，不学而知，不虑而能，既不需要学习，也不需要思考。这样的话，就必然得出一个结论，如果道德观念是不需要学习，不需要思考，不需要后天培养的话，那么向内用功，恢复这个"良知"就可以了，何必要像朱熹那样主张向外用功，费那么多精力去研究万事万物呢？这个恢复天赋"良知"的过程，王阳明称为"致良知"。

王阳明主张，一个人最重要的不是要去研究天、研究地、研究世界上的万事万物，而是首先要发现找到天赋于人的本心。如果你能将道德观念作为自己的主宰，懂得道德观念是怎么回事，那么人的各种各样的、不正当的欲望就会自动消除。这就是所谓"主于道，则欲消"。所以"阳明学派"和"朱熹学派"都主张"去人欲，存天理"。但是途径不同。朱熹是主张格物穷理，一件件事物去研究，一个道理一个道理地去探讨；而王阳明则主张，只要把人的本心所具有的道德观念恢复了，发现了，那么各种各样的不正当的欲望自然就会消除。

在知行关系上，朱熹主张知先行后，先要知然后才能行；王阳明主张知行合一，不分先后。

阳明学派以朱学的反对派的面貌出现，它强调人的感觉、知觉，人的思维，也就是强调人的主观精神。在反对权威主义、教条主义、本本主义等方面起过思想解放的作用。但是，由于阳明学派强调人的主观精神，强调人的感觉、知觉，而人的感觉、知觉又因人而异，没有标准，没有规范，因此历代的统治者对王学总是不放心，觉得它有可能从这里出现一个缺口，产生一些异端的思想。所以历代统治者大部分不把阳明学派列为正宗的儒学。

明清以来，"程朱学派""陆王学派"经常互相攻击。其争论的要点如下：

第一，"支离"与"简易"之争。王阳明这一派批评朱熹那一派"支离"。什么叫"支离"？就是说，你要培养自己的道德观念，直接向自己的内心去找寻就可以了，为什么要兜着圈子、绕着弯子去了解天地万物？"支"就是兜圈子，绕弯子；"离"，就是离开了培养道德观念这个根本的目的。为什么镜子可以照人，木板子不能照人，你研究了半天，把原理搞清楚了，对你培养道德观念有何作用？王阳明年轻的时候，有一天他对着竹子观察、研究，想从竹子的生长悟出道德应该怎么培养，怎么成为圣人、贤人。大家想，你在那里对着竹子发呆，在那里朝思暮想，当然与你的道德观念的形成没有关系。所以说，王阳明认为朱熹的办法"支离"。"支"，走了岔路，绕了弯子，"离"，离开了道德培养这个根本目的。朱熹学派批评陆王学派"简易"。不必研究万事万物，也不必读书穷理，这太简单，太容易了。

第二，"宗经"与"六经注我"之争。朱熹主张，"六经"、孔子、孟子的著作是"理"的最完备的体现，世上的人，都必须将六经和孔、孟著作做根本，做规范，不能离开，更不能背弃。阳明学派认为，"宗经"、读经都并不太重要，如果我掌握了"道"，把自己道德修养的问题解决了，"六经"不过是对我自己思想的一个解释罢了，这叫"六经注我"。按照这一说法，圣人孔子、孟子讲的话，不过是我心里面想讲的话。在这里，"我"处于第一位，作为标准、作为规范的就不是"六经"，不是孔子、孟子的话，而是"我"了。

第三，"读书穷理"与"束书不观，游谈无根"之争。朱熹主张"读书穷理"，要多读书，一书不读，则缺乏一份道理。"阳明学派"由于强调首先要发现人的本心，所以不那么强调读书，特别不强调多读书，苦读书。其末流就产生一个偏向，叫什么"束书不观"，把书捆起来，根本不用去看，"游谈无根"，海阔天空地神聊、神侃，没有根据。

第四，"窒欲"与"认欲为理"之争。"朱熹学派"主张人的欲望是坏东西，要尽可能把它堵塞了，窒息了。他认为"阳明学派"有可能产生一个偏向，就是把人的欲望，人的生理欲望看成是合理的，符合伦理道德的。

这两个学派在明清时代互相批评，互相攻击，一直吵嚷不休。

以上是我讲的第一点。希望大家对于"宋明理学"，对于"朱熹学派"和"阳明学派"的基本内容有一个概略的了解。

二、蒋介石与宋明理学

蒋介石少年顽劣，养成了许多坏毛病。蒋介石自己讲，"狎邪自误，沉迷久之"。"狎邪"是什么意思？泡妞儿，搞"三陪"。蒋介石承认，青年时期，他有很多时间泡在妓院里面。

蒋介石还有八个字，都是他自己的回忆，说年轻时候"荒淫无度，惰事乖方"。惰事，做事不勤快；乖方，不正派。蒋介石还讲自己少年时，"师友不良，德业不讲"，老师不好，交的朋友也都是些狐群狗党，完全不讲求个人的道德修养，到了今天，要想"正心修身，困知勉行"，已经晚了。可见，蒋介石年轻的时候，生活相当荒唐，相当不正派。

蒋介石什么时候开始改变的呢？最大的、最重要的关节是1916年，1916年有一个叫陈其美的人被暗杀了，蒋介石很悲伤。陈其美是辛亥时期的一个革命家，孙中山的助手，是陈其美把蒋介石介绍给孙中山，是陈其美介绍蒋介石参加同盟会，成为革命者，可以说，陈其美是蒋介石参加革命的引路人。

1916年，陈其美在上海被袁世凯派人暗杀了，这件事情给了蒋介石非常大的刺激，他立志要学习陈其美，要做陈其美的接班人。这以后蒋介石就立下一个志愿，他要做中华民国的模范。

怎样学习陈其美？怎样做中华民国的模范呢？蒋介石找到的办法就是学习儒家学派的理论。儒家学派认为修身是人生的第一大事，也是各项事业的起点。儒家的重要著作《礼记》里面有一个篇目叫《大学》，里面讲什么呢？"大学之道在明明德"，说的是，一个人，最大、最重要的学问是，首先要研究，要弄明白自身有的无比光辉的道德（明明德，第一个"明"是动词），而且《大学》里面又规定了修身、齐家、治国、平天下这样一套人生的程序。

怎样"修身"？到了宋明时期，道学家们在孔子"克己复礼"思想的基础上进一步提出了以"去人欲，存天理"为核心的一系列修身主张。一方面将儒学伦理规范上升到天理的高度；一方面前所未有地、细致地设计了各种遏制人欲的办法。这一套，正适合蒋介石修身，做中华民国模范的需要。蒋介石为什么信仰儒学，为什么特别信仰宋明理学？主要的目的在修身，进行个人道德修养。

我们还是用蒋介石自己的话来说吧。蒋自称："回沪后，乃即东渡亡命。"1912年那一年，蒋介石把另外一个革命党人陶成章刺杀了，事后他逃到日本，到了日本以后，有几年他热衷研究宋明理学，力求端正品行，改掉自己原来的坏毛病。他在这个时候看谁的书呢？看曾国藩的书。看到什么程度？看到眼睛都坏了。蒋介石还说，民国三年到四年，就是1914到1915年这段时间，感到自己在道德方面有很大的进步，常常感到昨天错了，今天努力不够。为什么会有这种感觉呢？其原因在于经常读曾国藩、王阳明、胡林翼三个人的著作，觉得有心得，有收获，甚至于做梦的时候也忘不了这三个人的著作。

从此以后，蒋介石经常处于反省过程中。宋明时期，有些理学家有一个小本，这个小本叫"功过簿"。什么叫"功过簿"？做什么好事了，在这个本上画个红圈；做什么坏事了，画个黑圈。有什么好的念头了，画红圈；有什么坏的念头了，画黑圈。蒋介石没有"功过簿"，但是他有日记，日记就发挥了和"功过簿"同样的作用。蒋介石的日记从1915年开始一直记到1972年，前后记了53年。蒋介石记日记的作用之一就是：自我反省，克己复礼。

我举一些比较具体的例子：例如：

1920年1月17日，蒋介石日记说："中夜，自检过失，反复不能成寐。"这一段是说，半夜检讨自己的毛病，反反复复，睡不着了。

1922年10月25日日记说："今日仍有几过，慎之。"这段日记是说，检查的结果，发现几处毛病，提醒自己要当心。

1925年2月4日的日记说："存、养、省、察功夫，近日未能致力。"存，保存自己的良好道德。养，培养自己的良好道德。省，反省。察，检查。蒋介石提醒自己，近来，有几天没有下功夫进行个人的道德修养了。

1925年9月8日，蒋的日记又讲："每日做事，自问有无疚心。朝夕以为相惕。"要求自己每天做事的时候，自问有没有感到惭愧、自咎的地方，早晨、晚上都要这样想想，提高警觉。

蒋介石为什么要这样检讨，每天反省呢？蒋介石年轻时候有许多坏毛病，其中最大的毛病是好色。蒋介石为了要做中华民国的模范，为了道德自我完善，他跟自己好色的这个毛病进行过长期的、反复的斗争。为了说明这一点，我们还是看他的日记吧。

1919年3月，那段时间，蒋介石被孙中山派到福建去带兵打仗，在福建建立一块革命的根据地。中间，蒋介石请假回上海，路过香港，3月8日，他的日记中说："好色为自污、自贱之端，戒之、慎之。"提醒自己谨慎小心，别犯错误。但是，这一天，蒋介石"见色起意"，看到一个漂亮的女孩子，动了念头，于是在日记里面为自己"记过一次"。

第二天，他又写日记，勉励自己要经受住花花世界的考验，说是："日读曾文正书，而未能守其窒欲之箴。在闽不见可欲，故无邪心，今初抵香港，游思顿起，吾人砥砺德行，乃在繁华之境乎！"曾文正，就是曾国藩，他要求人们堵塞、遏制物质欲望。蒋介石检讨自己，虽然每天读曾国藩的书，但是却未能遵从他的"窒欲"的教训。在福建时没有见到漂亮女孩子，所以没有产生过"邪心"，现在到了香港，各种各样的念头（游思）就都冒出来了，这可是"砥砺德行"，进行个人道德修养的好机会呀！

蒋介石把繁华世界看成是锻炼自己品德的好机会。这一段时间，蒋介石的日记里面留下了大量的自我控制和自我放纵的记载。

例如：1920年1月6日，日记说："今日邪心勃发，幸未堕落耳。如再不强制，乃与禽兽何异？"这一天，蒋介石有了"邪心"，很强烈，但是幸亏自我控制，没有堕落。蒋介石说，如果不强行控制，抑制冲动，那与禽兽有何区别？

过了几天，1月14日，蒋介石晚上外出游荡，大概游荡到妓院或者是"三陪"的场所里去了，蒋介石在日记中骂自己说："身份不知堕落于何地！"

第二天，蒋介石从外面回来的路上又起"邪念"，日记说："何窒欲之难也！"遏制、堵塞自己的欲望怎么这样困难呀！

1月25日，蒋介石在路上走着走着，又产生了不正当的念头，日记说："徒行顿起邪念。"宋明理学家主张"一念之萌"，就是一个念头刚刚产生时，就要考虑这个念头是"天理"还是"人欲"。如果这个念头是好念头，符合道德观念，那就"敬以存之"，恭恭敬敬地严肃地把这个念头保存下来；如果这个念头属于人的欲望，那就"敬以克之"，很严肃地克服它。我刚才举的这些日记，大体上都属于"敬以克之"一类。

年纪大的朋友都经过"文革"。"文革"的时候林彪曾经讲过一句话，叫"狠斗私字一闪念"，就是你这个脑子里有个念头一闪，如果这个念头不对，就要"狠斗"。大家看了我上面介绍的日记，蒋介石是不是有一点"狠斗私字一闪念"的味道？我刚才讲到，蒋介石早年身上有许多坏的毛病，在他的修养过程里面，有的毛病得到克服，克服得不错。例如，我刚才讲到的，蒋介石早年好色，生活放荡。但是从中年以后，这个毛病改得就比较好了。所以我们今天要找蒋介石的绯闻，中年以后就找不到（有些这方面的传闻，不可靠）。但是有些坏毛病是终生难改。例如，蒋介石爱骂人，爱发脾气，这些毛病几乎跟着蒋介石一辈子，蒋介石想改，但是没改掉。

三、蒋介石与王学

蒋介石初次研究王学在民国初年，也就是在1914到1915年间，蒋介石想改自己的坏毛病的时候。他读了三个人的著作，其中一个就是王阳明。

蒋介石再次研究王学是在20世纪20年代到30年代。1926年11月17日，蒋介石从江西九江出发，在车里面读《阳明格言》。1931年7月26日，读王阳明的《年谱》，觉得"有益"。8月31日日记记载："今日看《阳明集》，认此为救国之本，当提倡之。"当时，蒋介石正在想办法对付广东的地方政府，他觉得可以从王阳明的书里面找到救国的道理。

蒋介石最肯定、最欣赏王阳明的"知行合一"学说，但是孙中山却最不喜欢王学，在《孙文学说》中对它有过严厉批判。蒋介石在1932年5月，1950年7月，两次出面演讲，说明王阳明和孙中山在"知"的认识上各有不同，但在重视"行"这一点上完全一致。

四、蒋介石与朱学

民国初年，蒋介石读曾国藩的书，是他研究朱学的开始。蒋介石再次研究朱学，约在20世纪20年代末。1929年7月18日，他的日记记载，正在读朱熹的全集《朱子全书》。1933年8月13日、14日，蒋介石住在庐山下面的白鹿洞，这是当年朱熹讲学的地方，蒋介石在日记中写道："所游之地，所到之处，皆为当年朱子亲历之境，身入圣域胜地，而不能身体力行，复兴中华固有之道德而发扬光大之，岂不有忝所生乎？"到了朱熹当年讲学的地方，蒋介石觉得自己不能够像朱熹那样，身体力行，发扬光大中华的固有道德、文化，很惭愧，白活了。

蒋介石研究朱熹的学问有一个特点，他试图把德国的黑格尔哲学和朱熹的哲学结合起来。1940年2月1日他有一篇日记，记述阅读中国学者研究黑格尔的书《黑格尔学术》，联系朱熹的"太极学说"，觉得有心得，认为朱熹的学说实在是"中华唯一哲理"，给了朱熹哲学非常高的评价。

蒋介石还将自己和朱熹比较。朱熹生前，曾经认为自己的短处在于"急迫浮露"，没有"雍容深厚"的风度。2月17日，蒋介石检讨自己，认为朱熹的短处正是自己的毛病，急躁、外露，不冷静，不含蓄，不从容，不深厚。

可以看出，蒋介石对阳明学派及朱熹学派都给予高度的评价。但是，在 20 世纪 40 年代，蒋介石思想却有很大的转变，这个转变就表现在对于"理学"的怀疑和对"颜李学派"的肯定上。所以，蒋介石并不是一辈子都信奉"宋明理学"的，有一段时间，他对"宋明理学"是怀疑的。这一点，到目前为止还很少有人知道。

五、对颜（元）、李（塨）学派的赞扬，对理学的怀疑

1942 年，蒋介石看梁启超的一本书《中国近三百年学术史》，里面有一章论述"颜李学术"。颜是颜元，李是李塨，都是明末清初的学者。梁启超把他们称为"实践实用主义"。蒋介石日记说："我花半天的工夫把'颜李学术'这一章读完了，非常敬佩颜、李这两个人学术的伟大。以他们两个人的学术成就，实在可以称为'汉唐以来罕有之大儒'。而且，他们的学术完全和我提倡的'行的道理'相同"。蒋介石说："原来我自己很得意，认为'不行不能知'是自己的一大发明，可谓'发前人所未发'。现在发现，颜元先生在我之前已经讲过'不知只是不行'这样的话，感到敬佩和安慰。当年孔祥熙在孔子诞辰时要我发表《孔学宗旨》一文，因为心不自安，没有发表，否则还要作文更正。现在，读了《颜李学术》之后，对于宋明的'程、朱、陆、王'之说'更增疑问'了。"[1]

在知行关系上，孙中山强调"行"的重要，1918 年写作的《孙文学说》，其中有一章，标题就是"不知亦能行"，说明人类进步，科学昌明，"皆发轫于不知而行"，最初不知，通过"行"而后发展了"知"，增加了"知"。蒋介石认为，在孙中山这句话后面，还可以加一句话："不行不能知。"1939 年 1 月 3 日，蒋介石在日记中写道："吾则继之曰：

---

[1]《蒋介石日记》（手稿本），1942 年 8 月 25 日。

不行不能知。唯有行而后乃能知其知之真伪与是非也。"同年3月15日，他发表题为《行的道理》的演讲，继续强调"行"的重要。他说："我们除了基本的革命大义以外所知的实在有限，因此我们一方面固然应当竭力求知，同时还应该从力行中去求真知。凡是我学问经验中认为已经获得的知识，如果不是经过实行而证明为有效，就不能断定所知者果为真知。所以我们一切的事业，必须实行而后始有真知。""如果经过实行或实验以后，而我们所得的知识，所用的方法，证明为不能见效，我们就可以察觉此前所认为已知者，其实不是真知。"[1]从总体上、根本上考察，一切"知"均源于"行"，蒋介石所补充的"不行不能知"这句话，将"行"看作"知"的来源，是对的。他所说的"唯有行而后乃能知其知之真伪与是非"这句话，将"行"看成检验"知"的"真伪"与"是非"的途径，也是对的。宋明时期的理学家或"实学"家们还很少这样明确地讲过。

《大学》里有一句话，叫"致知在格物"。对于这一句话，历来的儒家有很多解释。其中有唯物主义的解释，也有唯心主义的解释。蒋介石在1942年8月28日的日记中讲，"格物之格，以研究而后分析，分析而后明别，确定其物事之理性是也。简言之，分析其事物之理性，谓之格物也。"将"格物"解释为去研究、去分析事物的道理，这是唯物主义的解释。

过了几天，蒋介石又在日记中写道："《颜李学案》在途中得以窥见大略，开拓我此生之学业最大，若不见此，几乎为程、朱、陆、王之学误此一生矣。"还是赞扬颜元、李塨学说，后悔朱熹、王阳明等人的学说害了自己。

---

[1]《行的道理》（行的哲学），引自秦孝仪编：《总统蒋公思想言论总集》16卷，（台湾）中国国民党中央党史委员会1984年版，第154页。

1943年8月,蒋介石在《上星期反省录》中写道:"习斋"(颜元),"恕谷"(李塨)的话,都是"先获我心"之言。自从去年在兰州读到了他们的书,对于中国学术传统的观念,就"彻底改变",这些改变,都由颜、李的书"得益而来"。还写道:本周看梁任公著《中国近三百年学术史》,读到"颜习斋学案",手不能释卷,更觉此书重要。

我讲上面的情况,就是说明蒋虽然崇拜朱熹和王阳明的学说,但是在20世纪40年代,一度对"朱熹学派"和"阳明学派"产生怀疑。大家研究中国哲学史的话,会发现颜元的学术、李塨的学术被公认为符合唯物主义思想。

六、晚年蒋介石对"朱学""王学"的新认识

蒋介石到台湾以后重视科学,提出"科学第一"的思想,哲学思想也随之变化。1949年,蒋介石逃到台湾,很沉痛地进行自我反省。提了四个字的新口号,叫"科学第一"。这时,蒋介石对于"朱学",对于"王学",有了新的认识。

开始的时候,他对王阳明还是很佩服,感叹阳明的学问简易精博,愿"终身私淑",做王阳明的学生。[1]"终身私淑",就是没有正式拜师,但愿意终身当王阳明的学生。

但是这一时期,他再度阅读"颜习斋学案",表示要"重新研究"。[2]同时,对于朱熹、王阳明两个学派之间的争论也有批评,认为像王阳明这样的学者把朱熹的学说看成敌人,大可不必,这就是"意气之争"。他说:"此种心物之理,不能固执一偏(不能够只看一个方面)。

---

[1]《蒋介石日记》(手稿本),1954年7月1日。
[2]《蒋介石日记》(手稿本),1953年7月4日。

阳明以晦庵（朱熹）为有误，则可照其己意解释，不必以敌对相视也。"他表示，阳明说"理在心"可以，但认为"物无理"，则不可。他说："至今科学之理，则物有其理更明矣。"[1]

蒋介石对王阳明的最严厉批评表现在1962年6月的日记里面，他说："阳明认为心之外无物，乃是陷于极端唯心论。试问无物，何有人的世界耶？"[2]这是蒋介石晚年对王阳明学说最严厉的批评。到了1968年，他继续研究朱熹和王阳明关于"无极而太极"的辩论，认为朱熹的学问"近于科学"，而王阳明的学问"近于唯心"。[3]

蒋介石批评王阳明对"物"的解释。对什么是"物"，王阳明有自己特别的解释。他说什么是物，事就是物。所以蒋介石批评王阳明"将具体之实物于不理。乃对于中国科学研究发生不利之影响"。例如，王阳明早年研究竹子，但他不懂得生物学，也不懂得物理学，所以"研究不得法"，在竹子面前苦思苦想了半天，最后失败了。[4]到了1970年6月，蒋介石去世之前5年，他又写了一段话，赞扬朱熹对"格物"二字的理解，他说："致知在格物，在近时科学原理读之，尤觉其释词正确。"他说，千年以前，持有这一思想，除了朱熹以外没有第二个人。这是因为，"当时儒家全为唯心论，只知有心之理，而无物之理，此所以对朱子剖释格物致知之说，诋毁排斥，无所不至，因之中国之大，至今落后、衰弱，反为世界所欺凌、侮辱，如此其极也"。[5]

蒋介石夸奖朱熹说：自孔子删《诗》《书》，作《春秋》以来，能够使中华文化连续不断地发展的，朱熹是"第一人"。[6]这就表明，蒋介

---

[1]《蒋介石日记》（手稿本），1962年6月14日。
[2]《蒋介石日记》（手稿本），1966年6月22日。
[3]《蒋介石日记》（手稿本），1968年4月14日。
[4]《蒋介石日记》（手稿本），1968年5月17日。
[5]《上月反省录》，《蒋介石日记》（手稿本），1970年6月30日。
[6]《上月反省录》，《蒋介石日记》（手稿本），1970年6月30日。

石从欣赏王学到欣赏朱学，充分肯定了朱熹在保存和发展中国文化上的功绩。

1970年10月，蒋介石再次在日记中批评王阳明的"事物观"。他说："（阳明）以事为物，事物不分。"这是阳明"格物"之说的"最大错误"，"难怪后之学者认为其唯心论也"。他表示："事为内心，物为外表，不能混为一谈。"[1]应该指出，物是独立于精神（内心）之外的客观世界，朱熹将之解释为"外表"，也并不准确。

王阳明曾经在贵州生活、工作了很长一段时间。贵州有些学者对于阳明学的评价比较高，和蒋介石这里的评价有很大的差距。其实，朱学与王学各有其特点，各有其贡献，也各有其局限和消极影响。我们的任务是消除门户派别和地域之界，实事求是还原其本来面目，科学地、全面地评价其学说和影响。蒋介石在日记里表述的看法可以作为进一步研究"宋明理学"的一种参考意见。

蒋介石重视宋明理学，重视个人的道德修养，这使他在个人修身方面做出了成绩。刚才我讲到，蒋介石早年生活荒唐，但是，中年、晚年生活比较正派。除了"修身"之外，我觉得他在"齐家"方面也还做出了一些成绩。

这里我讲蒋氏家族几个人的例子，一个是宋美龄。作为蒋介石的夫人，但她基本不干政，干政的几件事情都是好事情。例如抗战期间她到美国访问，游说美国朝野，争取美国同情和支援中国抗战，这是好事情。例如，宋美龄曾经支持中国建设空军，对于抗战时期中国空军的建设起了推动作用。

蒋介石培养蒋经国也培养得不错，蒋经国建设台湾，开放党禁，开放老兵回乡探亲，促进海峡两岸的交流方面都做出了贡献。

---

[1]《蒋介石日记》（手稿本），1970年10月28日。

蒋纬国不是蒋介石的亲儿子,是戴季陶的儿子。抗战胜利以后国民党的大员从重庆到了南京、上海,搞"五子登科",抢五样东西,抢房子,抢车子(小汽车),抢条子(金条),抢票子(钞票),抢婊子(姨太太)。1947年,蒋纬国也趁这个机会在上海抢了一座别墅,蒋介石知道以后,在日记里边写了一段话。说此子"招摇不规〔轨〕,不知自爱",让蒋经国通知蒋纬国,赶快把抢来的别墅交回去。[1]

蒋孝文是蒋介石的长孙,是蒋介石最疼爱的一个孙子。1960年在台湾结婚,他和新婚夫人向公家要了一辆敞篷吉普车,到日月潭去兜风。蒋介石知道以后,在日记里写了一段话,大意是招摇过市,影响太坏,马上通知蒋孝文把吉普车退回公家。[2]

上述事例说明,蒋介石研究"宋明理学",除了个人修身、自己进行道德修养之外,在"齐家"方面应该说也还做得可以。

儒家学说是讲"修身、齐家、治国、平天下"的,在"治国、平天下"方面,应该说蒋介石的成绩很差。在这一方面,"宋明理学"没有能够向蒋介石提供有积极意义的内容。毕竟"宋明理学"是中世纪的思想遗产,解决不了二十世纪中国的问题。

七、理与欲——人类的永恒矛盾

"理与欲",道德伦理和人的欲望之间存在着永恒的矛盾。只要有人类,一定会有道德观念和人的欲望之间的矛盾。人类永存,理和欲的矛

---

[1]《蒋介石日记》(手稿本),1947年10月23日:"朝课后与经儿聚餐谈话,为纬国招摇不规,不知自爱,为人轻视,为家庭羞,言之不胜痛愤。先准经儿代为教戒,当视其以后行为能否改过也。"10月24日:"令纬国归还沪寓于敌产管理处。"
[2]《蒋介石日记》(手稿本),1960年7月7日:"闻孝文借搭敞篷汽车往日月潭蜜月,心甚不悦,即令该车当日回来,恐其招摇游逸,为世诟病,且不能成材也。"

盾永存。

人的欲望，人的需要，是人类社会和文明不断发展、不断进化的驱动力。例如，口之于味，使人类发展出各种各样的美食。目之于色，使人类发展出缤纷艳丽的色彩、图案和绘画。耳之于声，使人类发展出各种优美动听的旋律。足之于行，人想走得更快，于是就创造了汽车、火车。人想像鸟那样飞翔，于是就发明了飞机，如此等等。因此我们说，人的欲望、人的需要不是罪恶，不能禁欲、窒欲。

但是人的欲望是无穷的，是难以完全满足的，听任物欲横流是危险的，可怕的。所以要用"理"，用道德伦理观念来约束，来控制欲望，这个思想叫"以理制欲"，用道德、伦理来控制、约束人的欲望，这个思想我认为还是合理的，是正当的。

我们一方面要反对僧侣主义，反对禁欲主义，同时又要反对纵欲主义、享乐主义，反对奢靡之风。儒学，特别是"宋明理学"提出了理和欲的矛盾，主张"以理制欲"，是对人类思想史的重大贡献。

宋儒曾经讲过十六个字，叫十六字"心传"——"人心唯危，道心唯微，唯精唯一，允执厥中"。"人心"，指人的生理上的欲望，"唯危"，很危险；"道心"，指人的道德观念，伦理观念，"唯微"，微细而不能够看到。那么我们应该怎么办？"唯精"就是精益求精，"唯一"就是专心致志，"允执厥中"就是保持一个恰当的标准，采取恰当的处理。"中"，就是《中庸》所讲的"中"，"无过无不及"，既不要过头、过激、超越、超前，也不要落后、不足，不到位。我觉得这"十六个字"有道理，人必须正确地处理道德伦理和人的欲望之间的关系。

一个政府，一个执政党，应该充分发展物质生产和精神生产，最大限度地满足人民群众的合理的物质和精神的欲望。但是，也必须提倡道德观念和个人修养，用法律惩治贪污、腐化，将依法治国和以德治国结合起来。就是说，人的物质欲望，人的精神欲望是合理的、正当的。所以，国家、政府、执政党，应该充分地发展物质生产，充分地发展精神生产，满足人民群众合理的欲望。但是，还必须提倡道德观念，提倡个人修养。用法律管理全体人员，一方面依法治国，一方面以德治国。以理制欲，用道德伦理来约束、控制人的欲望，这是防治资本主义社会物欲泛滥病的有效药剂。资本主义社会最大的弊病就在于贫富两极分化，金钱万能，物欲横流。用什么来解决资本主义的病症？这就要提倡以理制欲。我觉得，这也是反腐、防腐的有效良药之一。这些年，我们揭露了不少腐败分子，揭露了不少贪官。他们之所以成为腐败分子，成为贪官，原因何在？不就是不能够控制自己对金钱的欲望，不能控制自己肉体的欲望嘛！贪污了一千万还不够，还要贪污两千万，贪污三千万，贪污上亿。一个"二奶"不够，还要两个"二奶"，三个"二奶"，几十个"二奶"。所有的腐败分子，所有的我们现在已经抓出来的"老虎"，都在于他们不懂得"以理制欲"，用道德来控制自己的欲望。

以理制欲是人类社会永恒的道德要求

——宋儒关于"理""欲"关系论述的现代启示,兼谈文化传统的创造性转化与阐释

对于外国先进文化,鲁迅曾提出"拿来主义"。对于中国文化的优良传统,中国思想、中国文明、中国智慧、中国精神的许多部分,我认为,也是可以"拿来"就用的。中央文史研究馆曾经编了一部《中华传统美德一百句》,摘录了历代先贤们的许多名言,都是可以"拿来"就用的。我想说的是,还有一部分,看似糟粕、看似落后、应予淘汰、应予批判的部分,实际上经过"创造性地转化"或"创造性地阐释"之后,也可以点铁成金,化腐朽为神奇,成为大有用于社会主义及新时期的思想成分。例如,宋儒关于"理""欲"关系的论述,清儒戴震就曾激烈地批判其"以理杀人",然而,实际上它也包含着"真理的颗粒",可以捡拾、发挥。

欲,人的欲望,或者说人的物质和文化需求,这是与生俱来的。古人说:"食色,性也。"又说:"饮食男女,人之大欲也。"这就是说"食"和"色",是人的天性,是基本需求。没有饮食之"欲",没有男女之"欲",人类无法生存,社会无法发展。从这个意义上说,正是人的欲望,人的不断增长、不断发展的物质和文化需求,推动了人类的社

会生产和科技进步，因此人类社会也才能不断发展、进步，世界才一天比一天美好。孟子说，天下人都喜欢易牙那样的名厨，师旷那样的音乐家，子都那样的美男子。这是人们共同的喜好，也是人们共同的欲望。人类因为追求美味，世界上产生了日益丰富的美食文化和日益发达的食品工业。因为喜好悦耳之音，市场上生产出各种各样的乐器、产生了各种流派的声乐和器乐作品。因为追求美，才发展出越来越精美的纺织品和纺织工业、化妆品和化妆工业。以此类推，人因为想走得快，诞生了车辆、轮船、飞机等交通工具。因为要听得远，才有了各种各样的有线、无线通信工具。可以说，现存的人类文明都是在满足人类欲望的基础上发展起来的，人欲是人类发展、社会发展的推进力量。人欲无尽，人类与社会的发展也无尽。人而无欲，人类、社会都将停止发展。

但是"人欲"又是危险的。一般说来，任何社会产品、财富都是有限的，而"人欲"则是无限的。中国有句成语："欲壑难填"，说的就是"人欲"的这种无限性。为了满足"人欲"，占有得越多，享受得越多，就会发生对劳动力和劳动产品的争夺，发生对权力和财富的追求，发生唯利是图、损人利己、尔虞我诈的种种现象。其结果是，人与人之间的矛盾、斗争日益加剧，以至不可调和，进一步诉诸压迫和暴力，社会就会发生动乱以至血与火的战争。资本主义社会最大的弊病就在于贫富两极分化，金钱万能，物欲横流。因此，听任"人欲"膨胀，必将危害他人，危害社会、危害人类。为了避免这种状况，维持社会的秩序、安宁和进步，人类有必要制定对有限产品、有限财富的分配制度，有必要将每个人的欲望限制在合理的范围内。中国古代的"礼"，孔子所说的"克己复礼"的"礼"，后来的各种各样的等级、身份规定都是为了这一目的，伦理、道德的产生和制定也是为了这一目的。

宋儒强调"天理人欲不并立"，普遍主张"克人欲，存天理"。朱熹主张，对"人欲"，要像抓"贼"似地，将"人欲"一个一个抓出来，消灭干净，甚至主张像抓老虎一样将"人欲"抓起来。他说："圣人所以下个克字，譬如相杀相似，定要克胜得他。"明朝的王阳明继承朱熹的思想，将"人欲"视为"心中贼"，要求人们"将好色、好货、好名等私欲，逐一追究搜寻出来，定要拔去本根，永不复起，方始为快。"王阳明强调，只要心中有一毫"私欲"，就会"众恶相引而来"，必须铲除干净，使"此心纯乎天理"才是。我将宋明儒学的这些思想概括为"以理制欲"，用道德观念来控制、克服不正当的过于膨胀的欲望。

宋明儒学的错误在于：第一，以伦理为本体，将产生于特定时期、特定社会条件下的伦理、道德视为"天理"，或者将其视为人的本能，与生俱来，不学而知，不习而能。第二，将"人欲"简单化地视为"罪恶"，忽视"人欲"对推动社会发展的一面。第三，片面夸大、神化道德和"德治"的作用，排斥法治，排斥讲求富国强兵的事功学派。其结果是生产不事，富国强兵之学不讲，遂至积贫积弱。鲁迅在《老调子已经唱完》一文中曾说："宋朝的读书人讲道学，讲理学，尊孔子，千篇一律。虽然有几个革新的人们，如王安石等等，行过新法，但不得大家赞同，失败了。从此大家又唱老调子，和社会没有关系的老调子，一直到宋朝的灭亡。"这是对历史经验的深刻总结。

概括上文可见：人欲，人的物质欲望，人的精神欲望与生俱来，不可没有，是合理的、正当的，是推动社会进步、发展的力量。所以，国家、政府、执政党，应该充分地发展物质生产，充分地发展精神生产，满足人民群众不断增长的合理的欲望。但是"人欲"又是危险的，听任其发展、膨胀，是会通向罪恶、通向毁灭的。近年来，我们揭露了不少腐败分子，揭露了不少贪官，他们之所以成为腐败分子，成为贪官，原因何在？不就是不能够控制自己对金钱的欲望，不能控制自己肉体的欲望吗！贪污了一千万还不够，还要贪污两千万，贪污三千万，贪污一个亿、两个亿。占有了一公斤、两公斤黄金不够，还要占有几十公斤，一个"二奶"不够,还要两个"二奶",三个"二奶",几十个"二奶"。所有的腐败分子,所有的我们现在已经抓出来的"老虎",都在于他们不懂得对"欲"要控制。

政府要将以法治国和以德治国结合起来。就是说,除了"法治",用制度的力量,用法律的力量来管住贪腐分子,使之无法贪,不能贪,同时使之震慑,不敢贪,贪了就一定会受到惩处。此外,还必须提倡道德观念,提倡个人修养。一方面依法治国,一方面以德治国。作为个人,除了遵纪守法外,还必须用道德伦理来约束、控制自己的欲望,这就是要像孔子所说的"克己复礼",宋儒所说的"克人欲,存天理",或者说"以理制欲",使自己不仅不敢贪,而且自觉认识到不应贪,继而不愿贪。

"理"和"欲"的矛盾是人类社会的永恒矛盾,认识和发现这一矛盾是宋儒的贡献、中国思想家的贡献。因此,提倡以"理"制"欲",是人类社会的永恒道德要求,这不仅是救治资本主义物欲横流的良药,也是在一切社会中反贪腐、反奢靡的良药。这也是宋儒的贡献、中国思想家的贡献。

宋儒辨析理欲关系,主张"克人欲,存天理",本意在于维护封建社会的安定。我们依据创造性转化、创造性阐释的原则对之加以分析,可以看出,它完全可以突破时间和空间的局限,适用于今后和未来的社会,可以大大提高人们的思想和道德水平,提高社会的文明度和廉洁度,创造和谐、安定、繁荣的局面。

原刊于《同舟共进》,2015 年第 6 期。